DÉVELOPPER
SON PLEIN POTENTIEL

DÉVELOPPER SON PLEIN POTENTIEL

Les stratégies et compétences qui vous permettront
de libérer vos pouvoirs cachés pour réussir

Brian Tracy

Développer son plein potentiel
Les stratégies et compétences qui vous permettront de libérer vos pouvoirs cachés pour réussir
Brian Tracy

ABP Éditions
Copyright ©1993 Brian Tracy
Titre original: Maximum Achievement
Strategies and Skills That Will Unlock Your Hidden Powers to Succeed
Traduit de l'anglais par Fabienne Mardon ©2023 Fabienne Mardon, ABP Éditions

Tous droits réservés. Publié par ABP Éditions, appartenant au groupe ABP Publishing Ltd.
ABP Éditions est une marque déposée d'ABP Publishing Ltd.

Photo pour la couverture © Michael Campbell
Design de couverture : Natalia Gulina
Composition et mise en pages : Akadil Belgara
Rédactrice en chef : Viktoria Salnikova
Rédactrice : Elizaveta Ishniazeva

ISBN (broché) : 978-1-62861-699-6
ISBN (relié) : 978-1-62861-703-0
ISBN (numérique) : 978-1-62861-704-7
ISBN (livre audio) : 978-1-62861-701-6

Ce livre est dédié avec amour à ma merveilleuse épouse, Barbara, la meilleure amie, épouse, mère et partenaire dont j'aurais pu rêver. Que Dieu vous bénisse et merci pour tout. Vous faites de moi un homme très chanceux.

REMERCIEMENTS

Écrire un livre est une entreprise incroyable, surtout si vous ne l'avez jamais fait auparavant. Il faut des années de recherche et d'expérience, puis des mois, voire des années, d'écriture et de réécriture. Ce livre est le fruit des milliers d'heures de séminaires que j'ai animés et des innombrables suggestions et observations des milliers d'hommes et de femmes avec lesquels j'ai eu le privilège de travailler au fil des ans.

Ma vie a été un long processus continu de développement personnel et professionnel, grâce à la lecture de milliers de livres et d'articles, l'écoute de milliers d'heures d'enregistrements sur cassettes audio et la participation à d'innombrables cours et séminaires. Comme le dit Tennyson dans «Ulysse», «Je suis une part de toutes ces rencontres». J'ai été influencé par plus de personnes que je ne peux en compter, mais je tiens à remercier certaines d'entre elles d'avoir rendu ce livre possible.

Tout d'abord, permettez-moi de remercier les nombreux hommes et femmes de qualité qui ont participé à mes séminaires et conférences au fil des ans. Leurs points de vue, leurs observations et leurs expériences m'ont été d'une valeur inestimable et ont été indispensables à la rédaction de ce livre. Vous savez qui vous êtes, et ma gratitude à votre égard est sans limite!

Je remercie tout particulièrement le regretté John Boyle de m'avoir ouvert les yeux sur le pouvoir de l'esprit dans la détermination de tout ce qui nous arrive. Je remercie Earl Nightingale pour ses merveilleuses idées sur le potentiel de l'individu moyen et Denis Waitley d'avoir résumé les principes de la réussite dans son programme de cassettes audio *Attitude d'un gagnant*. J'ai été grandement influencé dans ma réflexion par de nombreux penseurs, écrivains et orateurs merveilleux tels que Stephen Covey, Ken Blanchard et Tom Peters, ainsi que par Zig Ziglar, Jim Rohn, Tony Robbins et Wayne Dyer.

Je suis extrêmement reconnaissant envers mes amis de Nightingale-Conant Corporation, Vic Conant, Kevin McEneeley, Mike Willbond et Jill Schachter, qui ont travaillé avec moi pendant des années pour assurer la qualité des enregistrements audio de ces idées.

Je suis particulièrement reconnaissant envers mes sponsors de séminaires, John Hammond, Dan Bratland, Jim Kaufman et Suanne Sandage, qui ont mis ces principes à la disposition de milliers de personnes en organisant avec moi des séminaires publics dans toutes les grandes villes d'Amérique du Nord au fil des ans.

Dans mon entreprise, passée et présente, plusieurs personnes m'ont aidé et m'aident encore de façon incommensurable. Je remercie chaleureusement Victor Risling, qui a travaillé avec moi pendant des années, commençant tôt et restant tard, et qui a apporté une contribution essentielle à ma carrière dans ses phases de formation. Je remercie mon ami et partenaire, Michael Wolff, ma directrice du marketing, Donna Villerilli, mes assistantes de direction et secrétaires, Mavis Hancock et

Shirley Whetstone, sans l'aide desquelles ce livre n'aurait peut-être jamais été achevé, car elles ont tapé et retapé le manuscrit.

Je remercie mes amis de Simon & Schuster, en particulier mon éditeur Bob Bender, pour leur soutien et leurs encouragements lors de la préparation du manuscrit, et sans qui ce livre n'aurait pas vu le jour. La personne la plus importante dans tout ce processus a peut-être été Margaret McBride, mon agent littéraire, dont la foi et la confiance en moi et en mon travail ont été l'étincelle cruciale qui a déclenché l'écriture de ce livre. Merci, Margaret.

L'une des leçons les plus importantes que j'ai apprises dans la vie est que personne n'y arrive jamais seul. Nous dépendons tous des autres pour pratiquement tout. Je voudrais remercier tant de personnes, mais je manquerais de place, alors permettez-moi de conclure ces remerciements en remerciant ma merveilleuse épouse, Barbara, pour tout, mais surtout pour m'avoir patiemment supporté pendant des mois alors que je travaillais sur ce livre. Et à mes chers enfants, Christina, Michael, David et Catherine, qui ont été continuellement privés de mon temps. Je promets de me rattraper.

TABLE DES MATIÈRES

11	Introduction
23	Chapitre 1. Faites de votre vie un chef-d'œuvre
47	Chapitre 2. Les sept lois de la maîtrise mentale
87	Chapitre 3. Le programme directeur
167	Chapitre 4. L'esprit stratégique
215	Chapitre 5. La compétence majeure
281	Chapitre 6. Le pouvoir maître
315	Chapitre 7. La décision maîtresse
369	Chapitre 8. L'objectif principal
407	Chapitre 9. Maîtriser les relations humaines
449	Chapitre 10. Maîtriser les relations personnelles
487	Chapitre 11. Maîtriser l'art d'être parent
517	Chapitre 12. La maîtrise : le pouvoir de l'amour
543	Annexe A. Brian Tracy / Conférencier
544	Annexe B. Brian Tracy International

INTRODUCTION

Le système que vous allez apprendre à connaître peut changer votre vie. Ce livre contient une synthèse unique d'idées, de méthodes et de techniques réunies pour la première fois en un seul endroit. Les différents éléments de ce système ne sont toutefois pas nouveaux, ils ont été appris et réappris à toutes les époques de l'histoire de l'humanité. Ces principes et pratiques ont été testés et éprouvés par des millions d'hommes et de femmes, et toutes les grandes réussites reposent sur eux.

En intégrant ces idées et ces méthodes dans votre vie quotidienne, vous vous sentirez plus heureux, en meilleure santé et plus sûr de vous. Vous éprouverez un plus grand sentiment de puissance, d'utilité et d'autodétermination. Vous serez plus positif, plus concentré et plus à même d'atteindre vos objectifs. Vous vous entendrez mieux avec les personnes importantes de votre vie. Vous réussirez davantage dans votre carrière et vous vous sentirez mieux dans votre peau.

Vous apprendrez à libérer les grandes réserves inexploitées de potentiel qui se trouvent au plus profond de vous. En pratiquant les exercices qui accompagnent chaque chapitre, vous obtiendrez des résultats qui vont bien au-delà de vos efforts. Vous propulserez votre vie entière sur la voie du succès, de la réussite et d'un bonheur plus grand que vous ne l'avez peut-être jamais connu.

Pour utiliser une analogie simple, la vie est comme une serrure à combinaison, mais avec plus de chiffres. Si vous utilisez les bons chiffres dans le bon ordre, la porte s'ouvrira à vous. Il ne s'agit pas d'un miracle ni d'une question de chance. Peu importe qui vous êtes, tant que vous avez les bons chiffres. De même, il existe une combinaison appropriée de pensées et d'actions qui vous permettra d'accomplir presque tout ce que vous voulez vraiment, et vous pouvez trouver cette combinaison si vous la cherchez.

La santé, la richesse, le bonheur, la réussite et la sérénité relèvent tous du même principe. Si vous faites les bonnes choses de la bonne manière, vous obtiendrez les résultats que vous souhaitez. Si vous pouvez déterminer exactement ce que vous voulez, vous pouvez découvrir comment d'autres y sont parvenus avant vous. Si vous faites alors ce qu'ils ont fait, vous obtiendrez les mêmes résultats qu'eux.

Ce « secret de la réussite » est si simple que la plupart des gens l'ignorent. Tout ce que vous voulez, vous pouvez l'avoir, si vous le voulez suffisamment et si vous êtes prêt à persister suffisamment longtemps et avec suffisamment d'acharnement à faire ce que d'autres ont fait pour accomplir des choses similaires avant vous. Peu importe que vous soyez jeune ou vieux, homme ou femme, noir ou blanc.

Peu importe que vous soyez né avec une cuillère d'argent dans la bouche ou que vous veniez d'un milieu défavorisé. La nature est neutre. Elle ne fait pas de différence entre les individus. Elle ne favorise personne. Elle vous rend ce que vous lui donnez, ni plus ni moins. Et vous pouvez déterminer ce que vous y mettez.

Goethe a écrit un jour : « La nature ne comprend pas la plaisanterie ; elle est toujours vraie, toujours sérieuse, toujours sévère ; elle a toujours raison, et les erreurs et les fautes sont toujours celles de l'homme. Elle méprise l'homme incapable de l'apprécier, ne se résigne et ne révèle ses secrets qu'à ceux qui sont aptes, purs et vrais. »

Les personnes qui ne réussissent pas ont du mal à accepter cette idée parce qu'elles ont l'habitude de chercher les raisons de leur vie en dehors d'elles-mêmes. Mais la preuve est partout autour de nous. Où que vous regardiez, vous voyez des hommes et des femmes de toutes origines, jeunes et vieux, noirs et blancs, éduqués ou non, accomplir de grandes choses et apporter une contribution précieuse à la société dans laquelle ils vivent. Dans le même temps, vous voyez des hommes et des femmes ayant tous les avantages en matière de formation et d'éducation qui semblent n'aller nulle part dans leur vie. Ils occupent des emplois qu'ils n'aiment pas, restent dans des relations qu'ils n'apprécient pas et vivent bien en deçà de leur potentiel de réussite et de bonheur.

Pour être heureux et réussir, pour obtenir plus que ce que vous voulez vraiment dans la vie, il faut connaître les combinaisons des serrures. Au lieu de faire tourner la roue de la vie en espérant avoir de la chance, comme si vous jouiez à la machine à sous, vous devez étudier et imiter ceux qui ont déjà fait ce que vous voulez faire et obtenu les résultats que vous souhaitez.

C'est ce que propose ce livre. Il contient le meilleur de ce qui a été découvert en matière d'accomplissement individuel, en un seul endroit, sans jargon ni complexité, prêt à être mis en œuvre. Ce système vous donne les combinaisons des serrures dans pratiquement tous les domaines de votre vie.

Je sais que ces idées fonctionnent pour deux raisons majeures. Premièrement, je les ai testées et éprouvées par des essais et des erreurs pendant de nombreuses années. Deuxièmement, j'ai enseigné ce système à plus d'un million de personnes et il a fonctionné pour chaque personne qui a appliqué sérieusement ces idées dans sa vie.

Certains étudient le droit, d'autres l'ingénierie. Certains lisent les pages sportives et deviennent des références en matière de football, de baseball ou de basket-ball. D'autres consacrent de nombreuses heures à l'apprentissage de la cuisine, de l'histoire, des timbres, de l'informatique ou d'un millier d'autres sujets. J'ai étudié la réussite sous toutes ses formes.

Dès mon plus jeune âge, j'ai voulu savoir pourquoi certaines personnes réussissaient mieux que d'autres. Les disparités en matière de richesse, de bonheur et d'influence que je voyais autour de moi me laissaient perplexe. Quelque chose au fond de moi me disait qu'il devait y avoir des raisons à cette inégalité apparente, et j'étais déterminé à les découvrir.

Je venais d'une famille pauvre et je n'aimais pas cela. Mon père n'avait pas toujours un emploi régulier et nous n'avions jamais assez d'argent pour acheter autre chose que le strict nécessaire.

Pendant les dix premières années de ma vie, la plupart de mes vêtements provenaient des associations caritatives Goodwill et de Saint-Vincent-de-Paul.

Pendant mon enfance, j'avais des problèmes de comportement. J'avais toujours des ennuis, je me mettais en colère et je m'en prenais à la vie sans savoir pourquoi. J'ai été exclu plusieurs fois et renvoyé de deux lycées. J'ai eu plus de retenues que n'importe quel autre enfant dans toutes les écoles que j'ai fréquentées, de la cinquième à la terminale.

J'ai échoué au lycée, abandonnant six cours sur sept en dernière année. Mon premier véritable emploi a consisté à faire la plonge dans la cuisine d'un petit hôtel. Après cela, je suis passé d'un emploi à l'autre, vivant dans des pensions, des petits hôtels ou des appartements d'une pièce, et dormant parfois dans ma voiture ou sur le sol à côté.

J'ai travaillé dans des scieries à empiler du bois et dans des équipes d'exploitation forestière à débroussailler avec une tronçonneuse. Pendant un certain temps, j'ai creusé des puits. J'ai travaillé comme ouvrier du bâtiment et dans une usine sur la chaîne de montage. À vingt et un ans, j'ai trouvé un emploi de garçon de cuisine sur un cargo norvégien et je suis parti à la découverte du monde. Les années suivantes, j'ai voyagé jusqu'à ce que je n'aie plus d'argent, puis j'ai travaillé jusqu'à ce que je puisse me permettre de voyager à nouveau.

À l'âge de 23 ans, je travaillais encore comme ouvrier agricole itinérant le jour et je dormais sur le foin dans la grange du fermier la nuit. Lorsque je n'ai plus réussi à trouver d'emploi, je me suis lancé dans la vente, travaillant à la commission, me faisant payer tous les soirs pour pouvoir manger et payer ma chambre d'hôte, un jour après l'autre.

Tout au long de ces premières expériences, qui m'ont beaucoup appris sur la vie, j'ai continué à chercher la réponse à la question : « Pourquoi certaines personnes réussissent-elles mieux que d'autres ? »

J'étais un lecteur vorace. J'étais passionné par le fait de savoir, de comprendre. Je lisais tout ce que je pouvais trouver pour donner un sens et un ordre à ce que je voyais autour de moi. C'était comme une quête pour moi, comme Don Quichotte qui se battait contre des moulins à vent, mais avec une grande différence.

Je suis très pragmatique. Je cherchais des explications claires sur des choses spécifiques que je pouvais immédiatement faire pour obtenir de meilleurs résultats. Je n'avais aucune patience pour les grandes théories ou les principes abstraits. La seule question que je me posais à propos de chaque nouvelle idée était : « Est-ce que ça marche ? »

Lorsque je me suis lancé dans la vente, j'ai tourné en rond pendant plusieurs mois, jusqu'à ce que je commence à me demander : « Pourquoi certains vendeurs réussissent-ils mieux que d'autres ». Je me suis attaqué à la question sérieusement, en lisant tout ce que je pouvais trouver sur la vente, en écoutant toutes les cassettes audio disponibles et en participant à tous les séminaires de formation qui se présentaient. J'ai demandé aux meilleurs vendeurs quelle était leur méthode et ce qu'ils faisaient pour résoudre les problèmes constants auxquels les vendeurs sont confrontés.

J'ai essayé tout ce qui me paraissait logique et je l'ai amélioré au fur et à mesure. Mes ventes ont commencé à augmenter, petit à petit. En six mois, j'étais devenu le meilleur vendeur de mon entreprise. J'ai rapidement enseigné aux autres ce qui avait fonctionné pour moi, et nombre d'entre eux sont devenus à leur tour d'excellents vendeurs.

Lorsque j'ai commencé à travailler dans le management, j'ai lu tout ce que j'ai pu trouver qui pouvait m'aider à être plus efficace dans l'obtention de résultats par les autres. J'ai utilisé ce que j'avais appris pour mettre en place une organisation commerciale composée de quatre-vingt-quinze personnes réparties dans six pays et générant des millions de dollars de nouvelles affaires chaque mois.

Lorsque j'ai décidé de me lancer dans la promotion immobilière, j'ai de nouveau consulté les livres. J'ai obtenu une licence immobilière et j'ai lu tout ce que je pouvais trouver sur le sujet. Pour mon premier projet, alors que je n'avais jamais rien développé auparavant, j'ai acquis un centre commercial de trois millions de dollars, je l'ai financé, loué, construit et vendu. J'ai appris tout ce que je devais savoir en étudiant et en posant des questions à d'autres promoteurs qui avaient réussi.

Au cours des cinq années suivantes, j'ai été responsable de l'achat, de l'annexion, de la planification, du développement, de la construction, de la location et de la vente de propriétés commerciales, industrielles et résidentielles d'une valeur de plusieurs millions de dollars.

Je suis passé d'un minuscule appartement d'une chambre à coucher avec des meubles loués à mon propre condominium, puis à une maison, puis à une maison encore plus grande avec une piscine et un garage pour trois voitures.

J'ai étudié la vente, la gestion et le commerce pour apprendre à bien gagner ma vie. J'ai terminé mes études secondaires le soir et en suivant des cours par correspondance. Sur la base de mes expériences de vie et d'un score élevé au test d'aptitude scolaire, j'ai été admis à un programme de MBA pour cadres. J'ai donc passé trois ans à étudier la théorie des affaires, avec une spécialisation en planification stratégique et en marketing.

Je suis ensuite devenu consultant en gestion et j'ai utilisé mes connaissances et mon expérience pour faire gagner ou économiser des millions de dollars à mes clients.

J'ai toujours été fasciné par le sujet du bonheur et par les raisons pour lesquelles certaines personnes étaient manifestement plus heureuses et plus épanouies que d'autres. Pour trouver les réponses, j'ai étudié la psychologie, la philosophie, la religion, la métaphysique, la motivation et l'accomplissement personnel.

Pour résoudre mes problèmes de personnalité, j'ai étudié les relations, la psychologie interpersonnelle, la communication et les styles de personnalité. Lorsque je me suis marié, j'ai lu et écouté tout ce que je pouvais trouver sur la parentalité et l'éducation des enfants. Pour améliorer mes relations avec les gens, j'ai lu des livres qui m'ont aidé à mieux me comprendre et à comprendre les raisons pour lesquelles je me sentais et agissais comme je le faisais.

J'ai étudié l'histoire, l'économie et la politique afin d'acquérir une meilleure connaissance du passé et du présent, et pour savoir pourquoi certains pays, et certaines régions de pays, sont plus riches que d'autres.

Au total, j'ai probablement consacré plus de vingt mille heures d'études sur une période de vingt-cinq ans. Beaucoup de ces études se sont déroulées simultanément. Certaines ont duré deux ou trois ans, comme des obsessions. Mais ces études avaient un point commun : elles avaient toutes pour objectif une compréhension pratique. Il s'agissait d'une recherche continue d'idées, de perspectives et de méthodes testées et éprouvées qui pouvaient être appliquées pour améliorer immédiatement les résultats.

Ainsi, j'ai fait une grande découverte. J'ai découvert que je pouvais apprendre tout ce dont j'avais besoin pour réussir ce qui me tenait vraiment à cœur. La connaissance rendait tout possible.

Il m'a fallu vingt ans pour échapper à la pauvreté et ne plus me préoccuper constamment de l'argent. J'ai alors conclu que si je rassemblais ce que j'avais appris sur la réussite dans un système d'idées que tout le monde pourrait utiliser, je pourrais fournir aux gens des outils qui leur épargneraient des milliers de dollars et des années du travail acharné.

En 1981, je me suis assis et j'ai élaboré un « système de réussite » à l'intention des autres. J'ai conçu un séminaire de deux jours intitulé « Le jeu intérieur de la réussite » (The Inner Game of Success) que j'ai ensuite proposé par publipostage et publicité dans les journaux.

Les idées présentées dans le séminaire me tenaient à cœur. J'avais un désir intense de les partager avec d'autres. Je savais que ces idées fonctionnaient et j'étais convaincu que quiconque appliquerait ne serait-ce qu'une petite partie de ce système pourrait apporter des changements rapides et positifs dans sa vie.

Tout ce qui vaut la peine prend du temps. Le séminaire a mis trois ans à s'imposer. Pendant cette période, j'ai dépensé tout ce que je possédais pour peaufiner le contenu et la présentation du cours. Peu à peu, au fur et à mesure que je réglais les problèmes, le séminaire a commencé à gagner en popularité. Les participants étaient de plus en plus nombreux et venaient de plus en plus loin.

Dès le début, les gens décrivaient le séminaire avec des mots tels que « C'est comme si l'on me donnait une nouvelle chance dans la vie » ou « Ce séminaire est comme un chèque en blanc pour l'avenir ». Nous avons fini par changer le nom du cours en Séminaire Phoenix, d'après le symbole mythique de la transformation et de la nouvelle vie.

En 1984, Nightingale-Conant Corporation, le plus grand distributeur de programmes d'apprentissage audio et vidéo au monde, a publié le séminaire sur cassette audio sous le titre *La psychologie de la réussite* (*The Psychology of Achievement*). Il est rapidement devenu un best-seller et s'est vendu à près de cinq cent mille exemplaires.

En 1985, la demande pour ce séminaire a dépassé ma capacité à le présenter personnellement. Je l'ai enregistré sur cassette vidéo avec un manuel d'accompagnement et j'ai formé des personnes pour qu'elles puissent le présenter de manière professionnelle. Nous l'avons intitulé « Séminaire Phoenix sur la Psychologie de la réussite » (Phoenix Seminar on the Psychology of Achievement). La version vidéo est devenue si populaire qu'elle a été traduite en douze langues et est présentée dans vingt-quatre pays.

Ce séminaire est utilisé comme cours de base pour la transformation des personnes et des entreprises. Les hommes et les femmes qui suivent le programme en ressortent plus positifs et optimistes vis-à-vis d'eux-mêmes, de leur famille, de leur travail et de tous les aspects de leur vie. Ils se sentent plus confiants, compétents et capables de diriger et de contrôler leur vie de manière plus productive.

Les entreprises utilisent le « Séminaire Phoenix sur la Psychologie de la réussite » pour améliorer la productivité, les performances et le rendement. Elles l'utilisent comme cours de base pour les programmes de travail d'équipe et de gestion de la qualité totale, constatant que lorsqu'elles forment des « personnes de qualité totale », ces dernières construisent l'entreprise.

Ce livre est ma réponse aux milliers de diplômés qui m'ont demandé de présenter ces concepts sous forme écrite. Le système que vous apprendrez dans les pages qui suivent est le même que celui enseigné lors du Séminaire Phoenix sur la Psychologie de l'accomplissement. Il s'agit d'une approche complète et exhaustive de l'art de bien vivre, d'une vie caractérisée par le bonheur, l'harmonie, la santé et la véritable prospérité.

Un dernier point avant de commencer : au fil des ans, des milliers de mes diplômés sont revenus me voir, parfois quelques heures seulement après avoir appris ce système, et m'ont dit : « Vous n'allez pas croire ce qui m'est arrivé ! »

Ils m'ont ensuite raconté les choses merveilleuses qui se sont produites dans leur travail et leur vie personnelle depuis qu'ils ont commencé à appliquer ces idées.

Je veux donc que vous sachiez à l'avance que j'y croirai, quoi qu'il en soit. Je sais que lorsque vous commencerez à mettre en pratique ces principes dans votre vie, vous connaîtrez des succès que vous n'auriez jamais imaginés auparavant, et plus vous utiliserez ces idées, mieux elles fonctionneront pour vous. Votre avenir ne sera plus limité que par votre imagination !

Chapitre 1

FAITES DE VOTRE VIE UN CHEF-D'ŒUVRE

Nous vivons l'ère de l'accomplissement. Jamais autant de personnes n'ont accompli autant de choses dans des domaines aussi variés qu'aujourd'hui. Plus de gens réussissent à un rythme plus rapide qu'à n'importe quelle autre période de l'histoire. Il n'y a jamais eu autant d'opportunités de transformer vos rêves en réalité qu'aujourd'hui.

D'éminents futurologues et hommes d'affaires prédisent que l'humanité entre dans un âge d'or. Les idéaux occidentaux de démocratie, de liberté individuelle et de libre entreprise balayent le monde et apportent prospérité, croissance et liberté humaine partout où ils sont sérieusement mis à l'épreuve. Il n'y a probablement jamais eu de meilleur moment pour vous permettre d'obtenir plus de succès, de liberté, de bonheur et d'indépendance financière qu'en ce moment même.

Ce livre vous montrera comment améliorer votre vie, atteindre vos objectifs et réaliser votre plein potentiel de réussite et de bonheur. Peu importe qui vous êtes ou quelle est votre situation, vous avez en vous, dès maintenant, la capacité d'accomplir plus que vous ne l'avez jamais fait auparavant. Vous avez le potentiel de dépasser tous vos niveaux d'accomplissement antérieurs. Vous pouvez être, avoir et faire plus que vous n'avez peut-être jamais imaginé. Tout ce que vous avez à faire, c'est d'apprendre à le faire, puis de mettre en pratique ce que vous avez appris.

Tout ce qui figure dans ce livre a été testé et prouvé dans le creuset de la vie réelle. Ma propre expérience a fait de moi une sorte de cobaye pour ces idées. Si j'avais conçu mon début de vie comme un test idéal, je n'aurais probablement pas pu faire mieux. Je suis parti de si loin que personne n'aurait pu me reprocher de n'être arrivé à rien.

MON HISTOIRE PERSONNELLE

Je suis né au Canada en 1944. Mes parents étaient de bonnes personnes et travaillaient dur, mais nous n'avions jamais assez d'argent. Je me souviens encore de mes parents répétant sans cesse, pendant mon enfance : « Nous ne pouvons pas nous le permettre, nous ne pouvons pas nous le permettre, nous ne pouvons pas nous le permettre ». Peu importe ce que c'était, nous ne pouvions pas nous le permettre. Ils avaient vécu la Grande Dépression et ne s'étaient jamais complètement remis de l'expérience de se préoccuper constamment de l'argent.

À l'adolescence, j'ai pris conscience pour la première fois que beaucoup d'autres familles semblaient s'en sortir beaucoup mieux que nous. Elles avaient de plus belles maisons, des vêtements plus récents et de meilleures voitures. Elles avaient l'air de ne pas se préoccuper autant de l'argent que nous, et elles semblaient pouvoir s'offrir beaucoup de choses dont notre famille ne pouvait même pas rêver. C'est à cette époque que j'ai commencé à me poser la question suivante : « Pourquoi certaines personnes réussissent-elles mieux que d'autres ? »

Je me suis demandé pourquoi certaines personnes semblaient gagner plus d'argent, avoir des relations et des familles plus heureuses, vivre dans de plus belles maisons et, de manière générale, tirer beaucoup plus de joie et de satisfaction de la vie que d'autres.

Il se trouve que j'ai eu beaucoup de temps pour réfléchir à cette question, car je passais beaucoup de temps seul. J'étais ce qu'on appelait un perdant. Je faisais des bêtises en classe. Je fréquentais une mauvaise bande de gamins. J'étais toujours en train de parler pour attirer l'attention, et j'ai fini par devenir très impopulaire.

On dit que tout le monde est bon à quelque chose, même si c'est pour donner le mauvais exemple. C'était mon cas. J'étais l'enfant que les parents et les enseignants désignaient comme un avertissement. « Si tu ne te reprends pas », disaient-ils, « tu finiras comme Tracy. »

À seize ans, j'ai eu la première révélation qui a changé le cours de ma vie. Un jour, j'ai compris que si je voulais que les choses changent pour moi, c'était à moi de changer. Si je n'aimais pas être malheureux, impopulaire et constamment en difficulté, c'était à moi de faire quelque chose pour y remédier. C'est ainsi qu'a commencé sérieusement la recherche de la réponse à la question : « Pourquoi certaines personnes réussissent-elles mieux que d'autres ? »

Après avoir abandonné mes études secondaires et travaillé comme ouvrier pendant plusieurs années, j'ai finalement économisé un peu d'argent et je suis parti voir le monde.

Depuis, j'ai voyagé ou travaillé dans plus de quatre-vingts pays sur six continents. J'ai vécu des situations et des expériences que la plupart des gens ne pourraient pas imaginer. J'ai été très pauvre, j'ai manqué de nourriture et j'ai dormi à même le sol un nombre incalculable de fois dans des pays lointains et étrangers.

J'ai également séjourné dans de magnifiques hôtels et dîné dans des restaurants raffinés dans les grandes villes du monde. Avec le temps, je suis devenu cadre supérieur d'une société de développement de 265 millions de dollars. J'ai rencontré quatre Présidents et trois Premiers ministres. Ma femme et moi avons même dîné avec le président des États-Unis moins de six mois après m'être fixé cet objectif.

Au fil des ans, surtout rétrospectivement, j'ai tiré diverses leçons, dont l'une des plus importantes est la suivante : vous ne pouvez pas atteindre un objectif que vous ne voyez pas. Vous ne pouvez pas accomplir des choses merveilleuses dans votre vie si vous n'avez aucune idée de ce qu'elles sont. Vous devez d'abord être absolument clair sur ce que vous voulez si vous voulez vraiment libérer le pouvoir extraordinaire qui réside en vous.

Tous les succès que j'ai connus sont arrivés après avoir pris le temps de réfléchir à ce à quoi ressemblerait mon objectif une fois qu'il serait atteint. Depuis, j'ai rencontré et discuté avec de nombreux hommes et femmes qui ont connu une grande réussite et ils avaient tous un point commun : ils savaient exactement ce qu'ils voulaient. Ils avaient tous une vision claire de leur vie idéale et de leurs réalisations. Cette vision de l'avenir qu'ils voulaient se créer est devenue une puissante source de motivation qui les a incités à aller de l'avant. La réalisation de leurs objectifs semblait découler de l'exercice consistant à les déterminer en premier lieu.

La fixation d'objectifs est un élément important de ce système, que j'expliquerai en détail au chapitre cinq. Mais bien avant cela, vous devez faire quelque chose que très peu de gens font. C'est absolument essentiel pour que ce système fonctionne, et c'est ceci : vous devez décider exactement de ce que signifie pour vous la « réussite ». Vous êtes obligé de décider à quoi ressemblerait votre vie si vous en faisiez un chef-d'œuvre.

Voici comment commencer. Utilisez la « pensée zéro ». Imaginez que vous puissiez reprendre toutes les situations de votre vie depuis le début et recommencer à zéro. Comme si vous teniez un cadre photo et que vous voyiez les différentes parties de votre vie et de vos relations à travers lui, posez la question suivante : « Si j'avais cette décision à prendre aujourd'hui, en sachant ce que je sais maintenant, que ferais-je ? »

Refusez de faire des compromis sur vos réponses. Soyez parfaitement honnête avec vous-même. Définissez votre idéal dans chaque situation avant de vous laisser submerger par toutes les raisons pour lesquelles ce n'est pas possible pour vous. Toute grande réussite commence par le fait de décider ce que vous voulez vraiment et de vous consacrer de tout cœur à sa réalisation.

LES SEPT INGRÉDIENTS DU SUCCÈS

Tout ce que vous pourriez souhaiter obtenir en plus, ou tout facteur que vous considéreriez comme important pour votre bonheur, peut être classé dans l'une des sept catégories. Ces sept ingrédients du succès sont cohérents avec tout ce qui a été écrit ou découvert sur la réussite et le bien-être. Ils caractérisent la vie et les réalisations de tous les femmes et les hommes performants. Ils comprennent tout ce que vous pouvez désirer.

Votre vie idéale est un mélange de ces sept composants dans la combinaison exacte qui vous rend le plus heureux à chaque instant. En définissant votre réussite et votre bonheur en fonction d'un ou de plusieurs de ces sept ingrédients, vous vous fixez un objectif à atteindre. Vous pouvez alors mesurer votre performance. Vous pouvez identifier les domaines dans lesquels vous devez apporter des changements si vous voulez que votre vie s'améliore.

Vous devez commencer par votre idéal, votre vision d'un avenir parfait. En levant les yeux et en « voyant » votre vie exactement comme si elle était déjà parfaite à tous égards, vous commencez à libérer vos pouvoirs intérieurs. Votre première tâche consiste à créer un plan, une image claire de l'endroit où vous allez et de ce à quoi cela ressemblera lorsque vous y serez arrivé. Cette image servira ensuite de principe d'organisation, de guide, de repère, à l'aune duquel vous pourrez mesurer et comparer tout ce que vous ferez au cours du processus de transformation en réalité.

LA SÉRÉNITÉ

Le premier de ces sept ingrédients du succès, et de loin le plus important, est la sérénité. C'est le bien le plus précieux de l'homme. Sans elle, rien d'autre n'a de valeur. C'est pourquoi vous vous efforcez de l'obtenir tout au long de votre vie. Vous évaluez généralement votre réussite à tout moment en fonction de la paix intérieure dont vous jouissez.

La sérénité est votre gyroscope interne. Lorsque vous vivez en harmonie avec vos valeurs les plus élevées et vos convictions les plus profondes, lorsque votre vie est parfaitement équilibrée, vous pouvez être serein. Si, pour une raison quelconque, vous compromettez vos valeurs ou allez à l'encontre de votre guidance intérieure, c'est votre calme qui en pâtit en premier.

La sérénité, ou l'harmonie, est essentielle au fonctionnement optimal de tous les groupes humains, qu'il s'agisse de vos relations avec vos amis et les membres de votre famille, ou des entreprises et organisations dans lesquelles vous travaillez. Toutes les interactions entre les personnes s'appuient sur des relations harmonieuses. Toutes les manières, la morale, l'étiquette et la diplomatie s'articulent autour du désir de chacun d'assurer sa quiétude en ne perturbant pas celle des autres.

Dans les entreprises, la sérénité se mesure selon l'harmonie qui règne entre les collaborateurs. Les entreprises productives et rentables sont celles dans lesquelles les personnes se sentent bien dans leur peau. Elles se sentent en sécurité et heureuses au travail. Elles peuvent être occupées, voire frénétiques, mais elles sont en paix intérieurement.

Ce qui est merveilleux à propos de la sérénité, c'est qu'elle reflète votre état naturel et ordinaire. Le bonheur vous appartient par naissance. Il vous appartient. Ce n'est pas quelque chose que vous expérimentez occasionnellement, si vous avez de la chance. Votre existence est profondément liée à la sérénité. C'est la condition sine qua non pour jouir de tout le reste.

Il est primordial que la recherche de la paix intérieure soit au cœur de l'organisation de votre existence. Elle doit devenir l'objectif primordial auquel tous vos autres objectifs sont subordonnés. En fait, vous ne réussissez en tant que personne que dans la mesure où vous parvenez à atteindre votre propre bonheur, votre propre satisfaction, votre propre sentiment de bien-être personnel – en bref, votre propre sérénité.

L'idée même de viser spécifiquement la réalisation de mon propre bonheur m'a causé beaucoup de confusion et d'anxiété à une certaine époque. Mon passé religieux m'avait inculqué le concept que mon bien-être personnel n'était pas une considération valable pour mes choix et mes comportements.

Au contraire, on m'a dit que le bonheur n'était qu'un effet secondaire de ma vie, destiné à apporter du bonheur aux autres. On m'a fait savoir que si j'ai ressenti de la satisfaction, c'était grâce à la chance. Et si ce n'était pas le cas, c'était mon lot dans la vie. L'idée même de me fixer le bonheur comme objectif spécifique était qualifiée d'égoïste et d'indifférente.

Un tournant majeur s'est produit pour moi lorsque j'ai appris deux choses. Premièrement, j'ai appris que si je ne m'engageais pas à atteindre mon propre bonheur, personne d'autre ne le ferait. Si mon but dans la vie était uniquement de rendre les autres heureux, je serais toujours à la merci des sentiments d'autrui, quelle que soit leur nature. Et j'ai découvert qu'essayer d'organiser ma vie pour satisfaire les autres était un exercice interminable de frustration et de déception, parce que ce n'était tout simplement pas possible.

Deuxièmement, j'ai découvert que je ne pouvais pas donner ce que je n'avais pas. Je ne pouvais pas apporter du bonheur à autrui en étant moi-même malheureux. Comme l'a dit Abraham Lincoln, « on ne peut pas aider les pauvres en devenant l'un d'entre eux ». Je me suis rendu compte que je ne pouvais pas rendre les autres heureux si je ne l'étais pas d'abord moi-même.

La sérénité est si importante pour tout ce que vous accomplissez qu'elle doit faire l'objet d'une analyse rigoureuse. D'où vient-elle ? Dans quelles conditions existe-t-elle pour vous ? Comment pouvez-vous en obtenir davantage ?

En termes simples, vous ressentez le bonheur et la sérénité lorsque vous êtes complètement libéré des émotions destructrices, à savoir la peur, la colère, le doute, la culpabilité, le ressentiment et l'inquiétude. En l'absence d'émotions négatives, vous jouissez de la paix de l'esprit naturellement, sans effort. La clé du bonheur consiste donc à éliminer systématiquement, ou du moins à minimiser les aspects de votre vie qui vous causent de la négativité ou du stress de quelque nature que ce soit.

Cette idée m'a bouleversé lorsque je l'ai découverte pour la première fois il y a de nombreuses années. Imaginez ! Pour vivre une vie épanouissante et fructueuse, il est essentiel d'atteindre votre propre sérénité en éloignant systématiquement les personnes, les situations et les émotions négatives qui vous rendent malheureux.

Ouah ! Est-ce que le bonheur dans la vie pourrait vraiment être si simple ? Et c'est là que le bât blesse. Le principal obstacle à l'élimination de la négativité qui nuit à votre bonheur est votre attachement aux personnes et aux situations négatives qui en sont la cause. Votre esprit rationnel invente toutes sortes de raisons astucieuses pour justifier le maintien de votre situation actuelle. Au lieu de travailler pour vous, au lieu de vous fournir des solutions à vos problèmes, votre cerveau extraordinaire travaille frénétiquement à vous maintenir dans cette situation.

Plus loin dans ce livre, je vous montrerai diverses façons de contrôler, et finalement de faire disparaître, vos émotions négatives. Je vous montrerai des techniques puissantes que vous pouvez utiliser pour neutraliser la colère et l'inquiétude en quelques instants. Je vous expliquerai comment prendre le contrôle total de vos émotions et comment les garder positives la plupart du temps.

Pour l'instant, cependant, votre tâche consiste à vous engager dans ce que l'on appelle la « pensée au sommet ». Projetez-vous en avant et imaginez votre vie idéale. Quelle fusion d'éléments serait nécessaire pour vous apporter un bonheur absolu ? Ne vous souciez pas de ce qui pourrait être réalisable pour vous à court terme. Libérez votre esprit de toute limitation et soyez parfaitement égoïste. Définissez votre vie exactement comme elle devrait être pour que vous puissiez jouir de la sérénité à laquelle vous aspirez.

Que feriez-vous ? Où vivriez-vous ? Qui serait là avec vous ? Comment passeriez-vous votre temps, jour après jour ? Rappelez-vous que vous ne pouvez pas atteindre un objectif que vous que vous ne voyez pas. Mais si vous pouvez clairement l'imaginer, vous avez de fortes chances d'y parvenir !

Si vous êtes dans les affaires, créez une vision idéale de ce que serait votre emploi ou votre travail s'il était absolument excellent à tous égards. Quelles actions seriez-vous prêt à entreprendre (ou à abandonner) afin d'accroître le degré d'harmonie et de coopération au sein de votre milieu professionnel ?

Dans votre famille, à quoi ressemblerait votre vie si vous et les personnes qui vous sont chères viviez dans un état de paix et de satisfaction totales ? Que feriez-vous pour aider les autres à être heureux tout en atteignant votre propre bonheur ?

Lorsque vous vous fixez comme objectif la sérénité et que vous planifiez tout ce que vous faites en fonction de ce qui contribue ou non à la réalisation de cet objectif, il est probable que vous ne commettrez plus jamais d'erreurs. Vous ferez et direz les bonnes choses. Vous vous apercevrez que vous agissez selon des principes plus élevés. Vous vous sentirez bien dans votre peau. La sérénité est la clé.

SANTÉ ET ÉNERGIE

Le deuxième ingrédient de la réussite concerne la santé et l'énergie. Tout comme la sérénité est votre état mental normal et naturel, la santé et l'énergie sont votre état physique normal et naturel.

Votre corps a un penchant naturel pour la santé. Il produit de l'énergie facilement et en abondance sans interférences mentales ou physiques. Et votre santé est radieuse lorsqu'aucune douleur, maladie ou affection ne vient lui nuire. Il est étonnant de constater que votre corps est construit de telle manière que si vous arrêtez de lui faire subir certaines choses, il se rétablit souvent de lui-même et redevient sain et énergique.

Si vous accomplissez toutes sortes de choses dans le monde matériel, mais que vous perdez votre santé ou votre sérénité, vous ne pourrez que peu ou pas du tout profiter de vos autres accomplissements.

Imaginez-vous en parfaite santé. Envisagez la version idéale de votre forme physique et imaginez-vous en elle. De quoi auriez-vous l'air ? Comment vous sentiriez-vous ? Quel serait votre poids ? Quels types d'aliments mangeriez-vous et quels types d'exercices feriez-vous ? Que feriez-vous en plus ou en moins ?

Un participant à l'un de mes séminaires, un homme d'affaires, est venu me voir après avoir réfléchi à cette « image idéale ». Il m'a confié que s'il était en parfaite santé, il serait capable de courir un marathon. Il devait faire face à un dilemme : âgé de quarante ans, il traînait vingt kilos en trop et n'était pas en forme. Il doutait que ce soit possible pour lui, mais le processus de réflexion avait commencé.

À mesure qu'il se projetait dans l'image de ce qu'il pourrait devenir, au lieu de se limiter à ce qu'il était, son enthousiasme pour l'idée de s'entraîner pour un marathon grandissait. Il a commencé à se voir mince et en forme. Il était de plus en plus convaincu qu'il pouvait y arriver.

Parallèlement, il a investi dans les bons vêtements et les bonnes chaussures de course. Au fil des semaines, il a progressivement augmenté sa distance, ce qui l'a conduit à participer à des « courses pour s'amuser » et des mini-marathons. En l'espace d'un an, il a couru son premier marathon, de 42,49 km (26,4 miles). Il a réalisé sa vision et est devenu la personne qu'il avait imaginé être. Plus important encore, il s'est senti plus en forme, plus mince, plus fort et plus énergique par rapport aux années précédentes.

LES RELATIONS PERSONNELLES

Le troisième ingrédient de la réussite, ce sont les relations personnelles. Il s'agit des relations avec les personnes que vous aimez et par rapport aux années précédentes. Elles constituent le véritable indicateur de votre succès en tant qu'individu. La majeure partie de votre bonheur et de votre malheur dans la vie provient de vos relations avec les autres, et celles-ci font de vous un être humain à part entière.

L'une des principales qualités d'une personne en pleine possession de ses moyens est sa capacité à nouer et à entretenir des liens d'amitié à long terme et des relations intimes avec d'autres personnes. L'essence même de votre personnalité se manifeste dans la manière dont vous vous entendez avec les autres et dont ils s'entendent avec vous.

À tout moment ou presque, vous pouvez mesurer la qualité de vos relations à l'aide d'un simple test : le rire. Le fait que deux personnes ou une famille rient ensemble en est l'indicateur le plus sûr. Lorsqu'une relation est vraiment bonne, les gens rient beaucoup lorsqu'ils sont ensemble. Quand une relation prend un mauvais tournant, le premier élément à disparaître est le rire.

Il en va de même pour les entreprises. Les organisations très performantes et très rentables sont celles où les gens rient et plaisantent ensemble. Ils se respectent mutuellement et apprécient leur travail. Ils fonctionnent en équipe de manière harmonieuse et heureuse. Leur attitude est plus positive, ils sont plus réceptifs aux nouvelles idées, plus inventifs et plus adaptables.

J'ai toujours pensé que les personnes étaient un élément important de toute entreprise. Puis j'ai appris une grande vérité : ce sont les personnes qui constituent l'entreprise.

Le mobilier et les installations peuvent être remplacés. Les produits, les services et les clients changeront au fil du temps. Mais si vous avez les bonnes personnes, l'entreprise continuera à prospérer.

La responsabilité la plus importante du dirigeant est d'assurer l'harmonie et le bonheur des personnes dont il ou elle est responsable, de créer un climat d'optimisme, d'enthousiasme et un bon état d'esprit. Cet « esprit de corps » est la qualité distinctive de toutes les organisations de classe mondiale.

Imaginez votre relation idéale. Comment serait-elle et avec qui la vivriez-vous ? Si vous pouviez concevoir vos relations importantes dans les moindres détails, que voudriez-vous avoir en plus ou en moins ? Que pourriez-vous faire, dès aujourd'hui, pour créer ces conditions dans votre propre vie ?

Si vous n'avez pas une idée précise de ce que vous voulez vraiment dans une relation avec une autre personne, vous vous retrouverez probablement dans des situations que vous n'aurez pas choisies. Les problèmes de la vie sont presque toujours des « problèmes de communication ». Ils arrivent avec des complications et vous tiennent tête.

Les problèmes liés aux personnes perturbent votre sérénité et minent votre santé plus que n'importe quel autre facteur. L'un de vos principaux objectifs dans la vie doit donc être de créer un environnement humain dans lequel vous pouvez être heureux, satisfait et épanoui. Vous devez examiner vos relations, une à une, et élaborer un plan pour rendre chacune d'entre elles agréable et satisfaisante.

Ce n'est qu'une fois que vous aurez maîtrisé vos relations et qu'elles fonctionneront en harmonie que vous pourrez vous exprimer et vous épanouir, ce qui vous permettra d'atteindre votre plein potentiel.

LA LIBERTÉ FINANCIÈRE

Le quatrième ingrédient de la réussite est la liberté financière. Être libre financièrement signifie que vous avez suffisamment d'argent pour ne pas vous en préoccuper continuellement, comme le font la plupart des gens. Ce n'est pas l'argent qui est à l'origine de tous les maux, mais le manque d'argent. Atteindre votre propre indépendance financière constitue l'un des buts et l'une des responsabilités les plus essentiels de votre existence. C'est bien trop important pour être laissé au hasard.

Près de 80 % de la population est préoccupée par les problèmes financiers. Ils pensent à l'argent et s'en préoccupent en se levant le matin, en prenant leur petit-déjeuner et tout au long de la journée. Le sujet revient le soir. Ce n'est pas une façon heureuse et saine de vivre. Cela ne permet pas de donner le meilleur de soi-même.

L'argent est important. Bien que je le place en quatrième position sur la liste des ingrédients de la réussite, il s'agit d'un facteur essentiel à la réalisation des trois premiers. La plupart des soucis, du stress, de l'anxiété et de la perte de sérénité sont dus à des soucis financiers. De nombreux problèmes de santé sont provoqués par le stress et les problèmes d'argent. De nombreux problèmes relationnels en découlent, et l'une des principales causes de divorce est une dispute au sujet de l'argent. Vous vous devez donc de développer vos talents et vos capacités jusqu'à ce que vous sachiez que vous pouvez gagner suffisamment d'argent pour ne pas avoir à vous en soucier.

Le sentiment de liberté est essentiel à la réalisation de tout autre objectif important, et vous ne pourrez être libre que si vous avez suffisamment d'argent pour ne plus vous en préoccuper. L'un de vos principaux objectifs dans la vie doit être d'assurer votre propre indépendance financière, en évitant toute illusion, toute procrastination et toute confiance aveugle en la chance.

Imaginez que vous ayez une baguette magique et que vous puissiez l'agiter pour concevoir votre vie financière comme vous l'entendez. À quoi ressemblerait votre vie si vous atteigniez tous vos objectifs financiers ? Quelle différence cela ferait-il dans vos activités quotidiennes ? Quelles actions feriez-vous davantage, ou moins souvent ?

Combien aimeriez-vous gagner dans un an, dans cinq ans, dans dix ans ? Quel style de vie souhaiteriez-vous avoir ? Combien voudriez-vous avoir en banque ? Combien espérez-vous gagner à la retraite ?

Ce sont des questions très importantes ! La plupart des gens ne se les posent jamais et n'y répondent jamais de toute leur vie. Néanmoins, en ayant une idée précise de votre destination financière, vous pouvez acquérir les connaissances essentielles et entreprendre les actions requises pour y parvenir. De nombreux participants à mes séminaires ont changé leur vie et sont passés de la misère à la richesse. Ils sont devenus présidents de grandes entreprises. Certains sont devenus millionnaires. Ils ont créé et développé leur propre entreprise avec réussite, ou ont été promus rapidement dans leur entreprise ou leur secteur d'activité, mais seulement après avoir décidé de ce qu'ils voulaient.

Une fois que vous aurez précisément défini à quoi vous voulez que votre situation financière ressemble, vous pourrez utiliser ce système pour atteindre vos objectifs plus rapidement que vous ne l'auriez imaginé. Tout commence par une définition claire de votre avenir financier et par l'élaboration d'un plan pour le réaliser. Tout en découlera, comme vous l'apprendrez plus loin dans ce livre.

DES OBJECTIFS ET DES IDÉAUX VALABLES

Le cinquième ingrédient de la réussite est composé d'objectifs et d'idéaux dignes valables. Selon le Dr Viktor E. Frankl, auteur de *Découvrir un sens à sa vie* (*Man's Search for Meaning*), votre motivation subconsciente la plus profonde est peut-être le besoin d'un sens et d'un but dans la vie. Pour être vraiment heureux, vous avez besoin d'une orientation claire. Vous devez vous engager dans quelque chose de plus grand et de plus important que vous-même. Vous devez avoir le sentiment que votre vie a un sens, que vous apportez d'une manière ou d'une autre une contribution précieuse au monde qui vous entoure.

Le bonheur a été défini comme « la réalisation progressive d'un idéal valable ». Vous ne pouvez être heureux que si vous travaillez progressivement vers quelque chose de vraiment important pour vous.

Réfléchissez aux activités et aux réalisations qui vous intéressent. Que faisiez-vous dans le passé et qui vous rendait le plus heureux ? Quelles sortes d'activités vous apportent le plus grand sentiment de signification et de but dans la vie ?

LA CONNAISSANCE DE SOI ET LA CONSCIENCE DE SOI

Le sixième ingrédient de la réussite est la connaissance et la conscience de soi. Tout au long de l'histoire, la connaissance de soi a toujours été associée au bonheur intérieur et aux accomplissements extérieurs. La phrase « Homme, connais-toi toi-même » remonte à la Grèce antique. Pour donner le meilleur de vous-même, vous devez savoir qui vous êtes et quelles sont les raisons de ce que vous pensez et ressentez. Vous devez comprendre les forces et les influences qui ont façonné votre caractère depuis votre plus tendre enfance. Vous devez savoir pourquoi vous réagissez et répondez comme vous le faites aux personnes et aux situations qui vous entourent. Vous pourrez commencer à avancer dans les autres domaines de votre vie lorsque vous vous comprendrez et que vous accepterez.

L'ÉPANOUISSEMENT PERSONNEL

Le septième ingrédient de la réussite est le sentiment d'épanouissement personnel. C'est le sentiment que vous êtes en train de devenir tout ce dont vous êtes capable. C'est la certitude que vous progressez vers la réalisation de votre plein potentiel en tant qu'être humain. Le psychologue Abraham Maslow a appelé cela « l'accomplissement personnel ». Selon lui, il s'agit de la principale caractéristique des hommes et des femmes les plus sains, les plus heureux et les plus performants de notre société.

L'un des principaux avantages de ce livre est qu'il vous montrera comment devenir votre propre psychologue. Vous apprendrez à adopter et à conserver une attitude mentale positive, optimiste et joyeuse dans presque toutes les circonstances. Vous apprendrez à développer une personnalité pleinement intégrée, pleinement fonctionnelle et pleinement mature.

La définition des sept ingrédients de la réussite vous donne une série d'objectifs à atteindre. Lorsque vous définissez votre vie en termes idéaux, lorsque vous avez le courage de décider exactement ce que vous voulez, vous entamez le processus de libération de vos pouvoirs cachés pour réussir. Dans les chapitres qui suivent, vous découvrirez un système éprouvé de pensée et d'action que vous pouvez utiliser pour atteindre les objectifs que vous vous fixez. Mais savoir où vous voulez arriver est la première et la plus importante étape.

Dans le chapitre deux, vous apprendrez les *Sept lois de la maîtrise mentale* et comment les utiliser pour créer la vie que vous pouvez imaginer pour vous-même. Dans le chapitre 3, vous découvrirez votre *Programme directeur* et la manière dont il contrôle tous les aspects de vos pensées et de vos sentiments à l'égard de vous-même. Vous apprenez à le reprogrammer pour l'aligner sur ce que vous voulez vraiment dans votre vie.

Dans le chapitre 4, vous découvrirez votre *Esprit stratégique* et apprendrez à exploiter vos pouvoirs mentaux pour obtenir des résultats optimaux. Vous découvrirez les méthodes et les techniques utilisées par les hommes et les femmes les plus prospères de notre époque pour atteindre leurs objectifs.

Dans le chapitre cinq, vous étudierez les *Compétences majeures de la réussite*. Vous apprendrez peut-être le processus le plus puissant de fixation et de réalisation d'objectifs jamais organisé et présenté en un seul endroit. Cette compétence majeure vous permettra de réaliser plus au cours de la prochaine année ou des deux prochaines années que de nombreuses personnes n'en accomplissent en toute une vie.

Dans le chapitre 6, vous découvrirez le *Pouvoir maître*, le super-conscient qui est toujours à votre disposition. L'utilisation correcte de cet esprit vous permet d'atteindre pratiquement tous les objectifs que vous pouvez vous fixer. La découverte et l'application de la faculté super-consciente sont à la base de tous les grands succès de l'expérience humaine, et vous apprendrez à l'utiliser aussi naturellement que l'inspiration et l'expiration.

Au chapitre sept, vous découvrirez la *Décision maîtresse* que vous devez prendre avant d'activer vos pouvoirs supérieurs pour réussir sur le plan personnel et professionnel. Vous apprenez la différence essentielle entre les personnes très performantes et les personnes peu performantes. Vous verrez comment prendre le contrôle total de chaque aspect de votre expérience et comment faire de votre vie quelque chose de vraiment merveilleux.

Dans le chapitre huit, vous découvrirez *l'Objectif principal*, la paix intérieure et la manière d'organiser chaque aspect de votre vie pour assurer votre plus grand bonheur et celui des personnes qui vous entourent. Vous apprenez les causes profondes du stress et de la négativité, et comment les éliminer de votre vie. Vous apprenez à être plus positif et optimiste dans tout ce que vous faites.

Dans le chapitre 9, vous commencerez à rassembler tout ce que vous avez appris dans les chapitres précédents pour vous concentrer sur une plus grande efficacité avec les gens qui vous entourent. *Dans Maîtriser les relations humaines*, vous apprendrez les principes de base de la psychologie interpersonnelle et apprenez comment mieux interagir avec les autres dans presque toutes les situations.

Dans le chapitre dix, *Maîtriser les relations personnelles*, vous apprendrez à être plus heureux dans vos relations amoureuses. Vous apprendrez pourquoi les relations sont fructueuses et pourquoi elles échouent. Vous verrez une série de choses simples que vous pouvez faire, ou arrêter de faire, et qui peuvent transformer celles-ci du jour au lendemain, et parfois même plus rapidement.

Dans le chapitre onze, *Maîtriser l'art d'être parent*, vous verrez comment devenir un excellent parent. Vous apprendrez à interagir avec vos enfants, quel que soit leur âge, de manière à ce qu'ils grandissent heureux, en bonne santé et sûrs d'eux. Vous découvrirez comment neutraliser les erreurs du passé et construire des relations d'amour qui durent pour le reste de votre vie.

Enfin, dans le chapitre douze, *Maîtrise : le pouvoir de l'amour*, vous découvrirez le « secret des siècles », la force la plus puissante de l'univers, celle qui façonne le caractère et le destin, et la seule chose qui compte vraiment. Vous découvrirez la clé pour devenir pleinement humain, pour réaliser votre potentiel. Vous apprendrez à intégrer les principes de l'amour dans tout ce que vous faites et dans tout ce que vous êtes.

Lorsque vous commencerez à mettre en pratique ce que vous apprendrez dans ce livre, vous bénéficierez d'une sérénité accrue, d'une meilleure santé et d'une plus grande énergie, de relations amoureuses plus nombreuses et de meilleure qualité, d'une plus grande liberté financière, d'objectifs et d'idéaux passionnants pour lesquels vous pourrez vous engager, d'une meilleure connaissance de vous-même et d'une plus haute conscience de vous-même, ainsi que d'un merveilleux sentiment d'accomplissement personnel et de réussite personnelle.

Les idées, les perspectives et les conseils pratiques contenus dans les pages qui suivent vous apporteront plus de santé, de bonheur et de prospérité que vous n'en avez jamais connus. En appliquant ces principes à votre vie, vous constaterez des améliorations qui vous paraîtront étonnantes, que ce soit au niveau de vous-même, de votre situation ou des personnes qui vous entourent. Votre vie entière s'ouvrira et s'étendra à l'horizon de vos possibilités, tandis que vous vous engagerez sur la voie royale de l'accomplissement maximal.

EXERCICE D'APPLICATION

Ce système est extrêmement pratique. Chaque chapitre contient des exercices à faire. Ils sont conçus pour vous donner les outils dont vous avez besoin pour prendre le contrôle total de votre vie, et pour que ces outils fonctionnent, vous devez vous entraîner. Vous devez vous obliger à faire les exercices dans l'ordre afin de bénéficier pleinement de leur effet cumulatif.

Votre premier exercice a été décrit tout au long de ce chapitre. Il s'agit pour vous de prendre le pinceau de votre imagination et de commencer à peindre un chef-d'œuvre sur la toile de votre vie. C'est à vous de décider clairement ce qui vous rendrait le plus heureux dans tout ce que vous faites.

Décidez de ce qui est bon pour vous avant de décider de ce qui est possible. Créez votre vie idéale dans les moindres détails. Ne vous inquiétez pas du processus pour passer de votre situation actuelle à celle où vous souhaitez vous rendre. Pour l'instant, concentrez-vous sur la création d'une vision de votre avenir parfait. Dans les chapitres suivants, vous apprendrez comment transformer vos visions en réalités.

Chapitre 2

LES SEPT LOIS DE LA MAÎTRISE MENTALE

Il existe aujourd'hui plus d'informations pratiques sur la façon de réussir dans n'importe quel domaine qu'il n'y en a jamais eu à n'importe quelle époque. Pourtant, seuls 5 % de la population sont financièrement indépendants à la fin de leur vie professionnelle. Près de 80 % des personnes qui travaillent aujourd'hui préféreraient faire autre chose, et 84 % d'entre elles, de leur propre aveu, estiment qu'elles travaillent en deçà, voire bien en deçà, de leur potentiel. Seuls 5 % d'entre eux estiment qu'ils travaillent à leur pleine capacité.

Le nombre de personnes malades, en surpoids, inaptes et en mauvaise santé n'a jamais été aussi élevé. Les États-Unis consacrent une part plus importante de leur produit national brut aux soins de santé que tout autre pays, et les coûts ne cessent d'augmenter. Aujourd'hui, nous savons qu'un très grand nombre de maladies sont causées par des attitudes mentales négatives et des malheurs de toutes sortes. Les gens se rendent malades et empoisonnent leurs relations par leurs propres pensées.

L'Amérique est une société libre. Toutes les options sont disponibles pour chaque individu. Les personnes peuvent faire n'importe quoi, être n'importe quoi, aller n'importe où, changer n'importe quel aspect de leur vie pour le meilleur, quand ils le veulent. Comment se fait-il alors que tant de gens persistent dans leur négativité et leur pessimisme alors qu'ils sont libres de penser ce qu'ils veulent ? Comment se fait-il que si peu de personnes réalisent leur potentiel ?

LA RECHERCHE

Lorsque j'étais enfant, il ne m'est jamais venu à l'esprit que pour être bon dans un domaine, il fallait l'étudier à fond et le pratiquer assidûment. Je pensais que les choses arrivaient d'elles-mêmes. La santé, le bonheur, la paix, la prospérité et la réussite se produisent tout simplement dans le cours de la destinée humaine si l'on se trouve au bon endroit au bon moment.

Vivre avec cette idée, comme le fait la grande majorité, soumet une personne à la loi de l'accident. Cette loi, qui devient une loi dans la mesure où elle est acceptée par défaut, est le principe directeur de la plupart des gens. En termes simples, elle dit que ne pas planifier, c'est planifier l'échec.

Si vous voulez être médecin, vous étudiez et pratiquez la médecine. Si vous souhaitez être un bon cuisinier, vous étudiez la cuisine en vous procurant des livres de cuisine et en utilisant des recettes éprouvées. Si vous avez pour objectif de vivre une vie pleine de joie, de bonheur et d'épanouissement personnel, vous étudiez les personnes les plus heureuses et les plus prospères que vous puissiez trouver, puis vous faites ce qu'elles font jusqu'à ce que vous obteniez les mêmes résultats dans votre propre vie.

Cette idée m'a semblé étonnante. Cela paraissait si simple ! Ce n'est sûrement pas aussi simple que cela. Et bien sûr, ce n'est pas le cas. Rien de ce qui vaut la peine n'est facile. On croit à tort que si une chose est juste, elle devrait être accessible, comme une relation. Si vous devez vraiment y travailler, disent certains, c'est qu'il y a probablement quelque chose qui ne va pas. Ce genre de raisonnement est fatal au bonheur.

Alors que j'entamais ma quête du Saint-Graal de la belle vie, j'ai formulé trois principes de base qui m'ont été d'une aide inestimable.

Premièrement, la vie est difficile. Elle l'a toujours été et le sera toujours. Cela n'a jamais été différent pour vous, moi ou n'importe qui d'autre. Ce qui est bien, c'est que si vous acceptez cette vérité fondamentale, la vie devient un peu plus facile parce que vous ne souffrez plus autant de sentiments de frustration et d'injustice.

Deuxièmement, tout ce que vous êtes ou serez à l'avenir dépend de vous. Vous êtes là où vous êtes aujourd'hui parce que c'est là que vous avez choisi d'être. Vous êtes toujours libre de choisir vos actions, ou vos inactions, et votre vie actuelle est la somme totale de vos choix, bons ou mauvais. Si vous voulez que votre avenir soit différent, vous devez faire de meilleurs choix.

Troisièmement, et c'est peut-être le plus important, vous pouvez apprendre tout ce que vous avez besoin d'apprendre pour devenir qui vous voulez, pour réaliser tout ce que vous voulez. Il y a très peu de limites et la plupart d'entre elles se trouvent à l'intérieur, pas à l'extérieur.

Si la nécessité est la mère de l'invention, la douleur doit être le père de l'apprentissage. Il semble que nous ayons besoin d'une piqûre de frustration et de détresse avant de nous ouvrir à de nouvelles idées et à de nouvelles façons de faire les choses. C'était certainement le cas pour moi au début de ma vingtaine.

Pour aller de l'avant, il faut à la fois apprendre et désapprendre certaines choses. Vous êtes bloqué à votre niveau actuel de connaissances et de compétences. Vous ne pouvez pas aller plus loin avec ce que vous savez maintenant. Votre avenir dépend en grande partie de ce que vous apprendrez et pratiquerez à partir de maintenant.

J'ai commencé à étudier le succès, le bonheur et la réussite en me basant sur les principes précédents. Ils sont devenus la base sur laquelle j'ai construit la superstructure du système que je partagerai avec vous tout au long de ce livre. Chaque partie de ce livre complète l'autre, tout comme un magnifique édifice s'élève, pièce par pièce, jusqu'à ce que la structure soit complète dans toute sa gloire.

Pensée par pensée, action par action, vous apprendrez à faire de votre vie un chef-d'œuvre. Vous découvrirez comment créer quelque chose de vraiment beau à partir de vos efforts. Vous verrez comment prendre le contrôle total de votre destin. Vous apprendrez à accomplir plus que vous ne l'auriez jamais imaginé. Mais ne vous attendez pas à ce que ce soit facile.

BRIQUE PAR BRIQUE

Lorsque j'ai commencé à étudier la psychologie et la science de l'accomplissement humain, je me suis servi de moi-même et de ma propre situation pour tester ce qui était vrai ou non. Vous devez faire de même. Écoutez votre voix intérieure. Indépendamment de tout ce que vous avez pu apprendre ou choisir de croire, demandez-vous simplement : « Est-ce que c'est vrai pour moi ? »

Comme vous le comprendrez plus en détail au chapitre 6, les hommes et les femmes supérieurs se font profondément confiance. Ils sont très sensibles à la question de savoir si quelque chose leur paraît juste. Il devrait en être de même pour vous. Vous devriez trouver que tout ce qui est dit dans ce livre vous semble juste, mais si ce n'est pas le cas, mettez-le de côté pour l'instant et revenez-y plus tard, lorsque cela aura plus de sens.

Theodore Roosevelt a dit un jour : « Faites ce que vous pouvez, avec ce que vous avez, là où vous êtes ». C'est ce que j'ai fait. Lorsque j'ai commencé à me demander pourquoi certaines personnes réussissaient mieux que d'autres, je me suis attaqué au sujet. Même si j'avais été un mauvais élève, j'étais un lecteur vorace et je n'avais pas peur de travailler dur. Pendant que les gens autour de moi sortaient et dansaient, j'étudiais pour rattraper le temps perdu.

Une chose que j'ai apprise, c'est que si tout ce qu'il fallait pour vivre une vie merveilleuse, c'était des livres et des idées, alors nous serions tous riches et heureux. Il existe aujourd'hui plus de livres, de cassettes, de vidéos et de cours sur la manière de réussir dans tous les domaines de la vie qu'il n'y en a jamais eu dans toute l'histoire de l'humanité. Et je n'ai jamais lu, vu ou écouté un livre qui n'avait pas quelque chose de précieux à offrir. Mais tous ces livres ne suffisent pas.

Vous devez avoir un système. Sans système que vous pouvez utiliser pour intégrer les idées que vous apprenez, vous êtes comme une personne qui essaie d'assembler un puzzle sans avoir l'image complète. Presque tous les systèmes sont préférables à l'absence de système. Mais vous devez apprendre le système et vous obliger à le suivre jusqu'à ce que vous obteniez les résultats souhaités.

Personne n'essaierait sérieusement de maîtriser un sujet complexe sans apprendre tout ce qui est possible de la part de ceux qui l'ont précédé et qui ont fait preuve de maîtrise dans ce domaine. C'est vrai en droit, en médecine, en ingénierie et en affaires. C'est également vrai pour les relations humaines, le bonheur, la santé, la richesse et la sérénité. Pratiquement tout ce que vous pourriez souhaiter être, avoir ou faire se prête à l'apprentissage et au travail acharné. Mais vous devez avoir un système et vous devez travailler avec.

LES PRINCIPES DE FONCTIONNEMENT DE BASE

La raison principale de tant d'échecs et de frustrations est tout simplement que les gens ne savent pas comment tirer le meilleur parti d'eux-mêmes. Ils ne savent pas comment utiliser leurs qualités pour obtenir un maximum de performance et de bonheur. Ils ne connaissent pas leurs principes de fonctionnement de base et, par conséquent, ils perdent de nombreuses heures, voire des années, à vivre bien en deçà de leur potentiel.

Imaginez, par exemple, que quelqu'un vous offre un ordinateur personnel sophistiqué et coûteux. Il a été livré à votre domicile et, lorsque vous avez sorti toutes les pièces des cartons, vous avez constaté qu'il ne manquait qu'une seule chose : le mode d'emploi. Imaginez maintenant que vous n'avez aucune formation en informatique ou en langage informatique. Imaginez ensuite que vous deviez maintenant comprendre comment fonctionne l'ordinateur, comment le configurer, comment le faire fonctionner, comment le programmer et comment lui faire produire quelque chose de valeur. Combien de temps pensez-vous qu'il vous faudrait, sans aide ni conseils, pour comprendre comment utiliser un ordinateur personnel sur cette base ?

La réponse est que, même si vous étiez très motivé et déterminé, il vous faudrait probablement des années pour comprendre comment faire fonctionner un ordinateur par vous-même. Et il est certain que, bien avant cela, vous vous seriez tourné vers autre chose et auriez recommencé à faire votre travail avec la même lenteur.

Imaginons maintenant que vous receviez le même ordinateur, mais cette fois-ci accompagné d'un mode d'emploi simple et qu'un expert en informatique soit venu vous montrer, étape par étape, comment configurer l'ordinateur, comment le faire fonctionner, comment le programmer et comment l'exploiter avec une efficacité maximale.

Grâce au mode d'emploi et à la formation dispensée par l'expert, vous pourriez faire fonctionner l'ordinateur en un après-midi. À partir de ce moment-là, vous l'utiliserez de mieux en mieux, et la qualité et la quantité de ce que vous produirez augmenteront rapidement.

Voici ce qu'il faut retenir : vous venez au monde sans mode d'emploi. Vous naissez avec un cerveau extraordinaire, dont la complexité et les possibilités sont si vastes que nous ne pouvons pas encore les comprendre. Ce merveilleux organe d'un kilo contient pas moins de 100 milliards de cellules et traite 100 millions de bits d'information par heure. Il maintient un équilibre chimique parfait dans chacune des milliards de cellules de votre corps grâce à votre système nerveux autonome. Correctement utilisé, votre incroyable cerveau peut vous faire passer de la misère à la richesse, de la médiocrité à la popularité, de la maladie à une santé rayonnante, et de la dépression au bonheur et à la joie, si vous apprenez à l'utiliser à bon escient.

L'ensemble de ce livre peut être considéré comme un mode d'emploi conçu pour vous aider à tirer le meilleur parti de vous-même. Il vous montrera comment exploiter l'incroyable pouvoir de votre esprit pour obtenir tout ce que vous voulez vraiment dans la vie.

VOTRE ESPRIT MULTIDIMENSIONNEL

Votre esprit joue le rôle d'une unité centrale de traitement au sein d'un grand réseau informatique. Plusieurs opérateurs ou sources y accèdent, l'influencent et le programment. Toutes les entrées de données affectent et influencent d'autres données. Toutes les informations entrantes sont immédiatement disponibles pour influencer les données en cours de traitement par n'importe lequel des utilisateurs individuels. Une nouvelle information, qu'elle soit vraie ou fausse, peut immédiatement modifier les opérations dans tous les autres domaines.

Votre subconscient est votre unité centrale de traitement. Votre travail principal pour atteindre vos objectifs consiste à reprogrammer cette unité afin que vos pensées, vos émotions et vos croyances deviennent l'équivalent mental précis de ce que vous voulez expérimenter et apprécier.

Les points d'accès à votre subconscient sont à la fois internes et externes. En interne, vous êtes influencé par vos pensées, vos images mentales ou votre imagination et vos sentiments. À l'extérieur, vous êtes influencé par votre environnement suggestif, par tout ce qui s'inscrit dans votre esprit conscient. Vous êtes affecté par ce que vous faites, dites, entendez, voyez, lisez, regardez, écoutez et, surtout, par les personnes que vous fréquentez et les conversations auxquelles vous participez. Chacune de ces influences peut déclencher ou stimuler une ou plusieurs autres influences. Toutes ces influences combinées ont contribué à créer, et continuent de créer, la personne que vous êtes aujourd'hui, ainsi que chaque aspect de votre vie.

Lorsque vous avez une pensée, quelle qu'en soit la raison, elle entraîne souvent une autre pensée, voire un courant de conscience qui vous éloigne de la pensée initiale. Votre esprit se précipite, tel un torrent, vous emportant vers vos objectifs ou vous en éloignant, selon le degré de contrôle mental que vous choisissez d'exercer.

Vos pensées déclenchent des images ou des photos qui leur correspondent, et ces images peuvent aller de l'une à l'autre et vous éloigner de la pensée qui en est à l'origine, ou au contraire vous y ramener.

Les pensées ou les images provoquent des émotions de toutes sortes. Vos sentiments eux-mêmes déclenchent des pensées et des images, qui peuvent à leur tour déclencher d'autres sentiments, et ainsi de suite.

Les pensées que vous avez, les images que vous conservez, les sentiments que vous éprouvez déclenchent des mots et des actions qui leur correspondent. Si vous pensez à vos objectifs, si vous les voyez déjà réalisés et si cette pensée vous rend positif et enthousiaste, vous parlerez positivement et agirez efficacement tout au long de votre journée.

Ce que vous lisez peut influencer vos pensées, vos images, vos sentiments, vos mots et vos actions, et ceux-ci peuvent à leur tour influencer ce que vous lisez ensuite. Les personnes qui vous entourent, vos conversations, auront un effet sur votre façon de parler, de marcher, et de vous comporter.

Les morceaux que vous écoutez dans votre voiture, les émissions que vous regardez à la télévision, les séminaires auxquels vous assistez et les choses que vous faites chaque jour affecteront la personne que vous deviendrez et, à leur tour, affecteront, multiplieront, diminueront, augmenteront et modifieront d'autres influences et d'autres informations stockées.

En plus de tous ces facteurs, vos expériences passées, vos antécédents de renforcement, bons ou mauvais, déterminent vos attitudes et vos perceptions à l'égard de tout ce qui vous arrive et de tout ce qui vous entoure.

Si cela vous semble un peu compliqué, c'est que c'est le cas. Votre esprit et votre vie sont comme une salle pleine de musiciens, chacun jouant différents instruments et différentes mélodies, et tous essayant d'attirer votre attention. Au milieu de toute cette confusion, faut-il s'étonner que la grande majorité des gens aient l'impression de ne pas maîtriser leur vie ? Faut-il s'étonner que la plupart des gens préfèrent faire autre chose, ailleurs, et dans de nombreux cas, avec quelqu'un d'autre ? Faut-il s'étonner que la plupart des gens aient le sentiment qu'ils pourraient faire beaucoup mieux qu'ils ne le font, mais qu'ils se sentent impuissants à changer les choses ? Cette situation est à la fois le grand défi et la grande opportunité de votre vie.

En prenant le contrôle de votre vie et de votre avenir, votre principale tâche est de devenir le chef d'orchestre de votre vie. Vous devez prendre le contrôle des aspects internes et externes de votre vie et les faire jouer en harmonie autour d'un thème central de votre choix. Votre rôle est de créer une musique magnifique avec votre vie, de faire de votre existence une grande performance.

COMPRENDRE LES DIFFÉRENTES LOIS

Vous savez peut-être déjà qu'il existe deux types de lois dans l'univers : les lois créées par l'homme et les lois naturelles. Vous pouvez enfreindre des lois créées par l'homme, comme le Code de la route, et vous pouvez ou non vous faire prendre. En revanche, si vous tentez d'enfreindre les lois naturelles, vous vous faites systématiquement prendre, sans exception.

Les lois naturelles, à leur tour, peuvent être divisées en deux catégories : les lois physiques et les lois mentales. Le fonctionnement des lois physiques, comme celles qui régissent l'électricité ou la mécanique, peut être prouvé par des expériences contrôlées et des activités pratiques.

Les lois mentales, en revanche, ne peuvent être prouvées que par l'expérience et l'intuition, et en les voyant fonctionner dans votre propre vie.

Certaines lois mentales ont été écrites dès 2000 avant J.-C., soit il y a quatre mille ans. Dans l'Antiquité, ces lois ou principes étaient enseignés dans ce que l'on appelait les « écoles des mystères ». Les élèves entraient dans ces écoles et suivaient de longues périodes de formation, qui duraient plusieurs années, au cours desquelles ils étaient progressivement initiés, un par un, à ces principes.

À l'époque, ces principes n'étaient pas censés être partagés avec le grand public. Les responsables de ces anciennes écoles estimaient que le commun des mortels comprendrait mal et utiliserait mal ces lois, et à l'époque, ils avaient probablement raison.

Aujourd'hui, la plupart de ces lois sont abordées et écrites ouvertement, bien que seule une infime partie de la population en soit consciente. En étudiant la vie et l'histoire d'hommes et de femmes qui ont réussi, j'ai découvert que presque tous utilisaient ces lois, consciemment ou inconsciemment, et qu'en conséquence, ils étaient souvent capables d'accomplir plus en deux ou trois ans que ce que la moyenne des gens accomplit en une vie. En fait, tout succès réel et durable provient de l'organisation de votre vie en harmonie avec ces principes généraux.

Voici un point important : les lois mentales sont comme les lois physiques, c'est-à-dire qu'elles s'appliquent en permanence. La loi de la gravité, par exemple, s'applique partout sur la planète Terre vingt-quatre heures sur vingt-quatre. Si vous sautez d'un immeuble de dix étages, vous tomberez sur le trottoir avec la même force, que vous soyez à New York ou à Tokyo.

Peu importe que vous connaissiez la gravité, que vous soyez d'accord avec elle ou qu'on vous en ait parlé dans votre enfance. La loi est neutre. Elle s'applique à vous partout, que vous la connaissiez ou qu'elle vous convienne particulièrement à ce moment-là.

Les lois mentales, bien que leurs effets physiques ne soient pas visibles aussi facilement, fonctionnent également en permanence. Lorsque votre vie se déroule bien, cela signifie que vos pensées et vos activités sont alignées et en harmonie avec ces lois mentales invisibles. Lorsque vous rencontrez des problèmes, quels qu'ils soient, c'est presque toujours parce que vous violez une ou plusieurs de ces lois, que vous en soyez conscient ou non. Étant donné qu'elles sont au cœur de votre bonheur, il est essentiel que vous les connaissiez bien et les intégriez dans tout ce que vous faites.

1. LA LOI DU CONTRÔLE

Selon la loi du contrôle, vous avez une image positive de vous-même dans la mesure où vous avez l'impression de contrôler votre propre vie, et une image négative dans le cas contraire ou si vous croyez être contrôlé par une force, une personne ou une influence extérieure.

Cette loi ou ce principe est largement reconnu en psychologie. Il s'agit de la théorie du « locus de contrôle ». Il est généralement admis que la plupart du stress, de l'anxiété, de la tension et des maladies psychosomatiques résultent du sentiment de perte de contrôle ou de non-maîtrise d'un aspect important de la vie.

Par exemple, si vous avez l'impression que votre vie est contrôlée par vos dettes, votre patron, votre mauvaise santé, une mauvaise relation ou le comportement des autres, vous souffrirez de stress. Ce stress se manifestera par de l'irritation, de la colère et du ressentiment. S'il n'est pas traité, il peut évoluer vers l'insomnie, la dépression ou des maladies de toutes sortes.

Vous pouvez avoir une vision interne ou externe du contrôle. En d'autres termes, vous pouvez vous sentir maître de votre vie, heureux, positif et confiant, ou vous sentir contrôlé par d'autres, impuissant, piégé, comme une victime.

Dans tous les cas, le contrôle de votre vie commence par vos pensées, la seule chose sur laquelle vous avez un contrôle total. Ce que vous pensez d'une situation détermine ce que vous ressentez, et vos sentiments déterminent votre comportement.

L'autodiscipline, la maîtrise de soi, le contrôle de soi commencent tous par le contrôle de votre pensée. Aucune personne ni situation ne peut vous faire ressentir quelque chose - c'est uniquement la manière dont vous pensez à une situation qui détermine vos sentiments. Et vous pouvez contrôler votre façon de penser. Comme l'a dit Eleanor Roosevelt : « Personne ne peut vous insuffler un sentiment d'infériorité sans votre consentement ».

Il y a essentiellement deux façons de maîtriser une situation qui vous stresse ou vous rend malheureux. Premièrement, vous pouvez agir. Vous pouvez aller de l'avant et faire quelque chose pour changer la situation. Vous pouvez vous affirmer dans la situation et la modifier d'une manière ou d'une autre. Deuxièmement, vous pouvez tout simplement vous éloigner. Vous pouvez souvent reprendre le contrôle en laissant tomber une personne ou une situation et en vous occupant d'autre chose.

Parfois, la meilleure chose à faire dans une situation où vous avez l'impression de perdre le contrôle est tout simplement de partir. Si vous avez déjà mis fin à une relation malheureuse ou quitté un emploi désagréable, vous vous souviendrez à quel point vous vous êtes senti mieux lorsque vous avez cessé de lutter. En décidant de ne plus résister, vous avez repris le contrôle de la situation.

La loi du contrôle explique pourquoi il est si important pour vous d'être décisif. Elle explique pourquoi il est si important que vous sachiez exactement ce que vous voulez. La confiance en soi qui découle du sentiment de maîtrise est la raison pour laquelle une personne qui a un objectif clair et un plan a toujours un avantage sur une personne qui est vague ou incertaine.

Examinez les différents domaines de votre vie à l'aide d'une liste de contrôle mentale et déterminez où vous vous sentez positif et maître de la situation, et où vous ne l'êtes pas. Commencez ensuite à réfléchir aux mesures spécifiques que vous pourriez prendre pour reprendre le contrôle des aspects de votre vie qui vous causent du stress. Pensez également aux situations que vous feriez mieux d'abandonner.

L'une de vos principales responsabilités est de maîtriser votre vie et de la garder sous contrôle. Ce sentiment de contrôle devient votre fondation pour bâtir un bonheur et un succès accrus dans le futur. Veillez à ce qu'il soit solide comme le roc.

2. LA LOI DE CAUSE À EFFET

La loi de cause à effet dit que pour chaque effet dans votre vie, il y a une cause spécifique. Cette loi est si importante qu'on l'a appelée la « Loi d'airain de l'univers ». Elle dit que tout arrive pour une raison, que vous la connaissiez ou non. Il n'y a pas d'accidents. Nous vivons dans un univers ordonné, strictement régi par la loi, et cette compréhension est au cœur de toutes les autres lois ou de tous les autres principes.

La loi de cause à effet stipule qu'il existe des causes spécifiques de réussite et des causes spécifiques d'échec. Il y a des causes spécifiques à la santé et à la maladie. Il existe des causes spécifiques de bonheur et de malheur. Si vous souhaitez obtenir un effet dans votre vie, il vous suffit de remonter aux causes et de répéter ces causes. S'il y a un effet dans votre vie que vous n'appréciez pas, vous devez remonter aux causes et vous en débarrasser.

Cette loi est si simple qu'elle déconcerte la plupart des gens. Ils continuent à faire, ou à ne pas faire, des choses qui leur causent du malheur et de la frustration, puis ils accusent les autres ou la société d'être à l'origine de leurs problèmes.

La folie a été définie comme le fait de « faire les mêmes choses de la même manière et de s'attendre à des résultats différents ». Dans une certaine mesure, nous sommes tous coupables de cela. Nous devons regarder cette tendance en face et y faire face honnêtement.

Un proverbe écossais dit : « Il vaut mieux allumer une petite chandelle que de maudire l'obscurité ». Il est de loin préférable de s'asseoir et d'analyser soigneusement les raisons de vos difficultés plutôt que de vous énerver et de vous mettre en colère.

Dans le livre des proverbes, il est dit : « Tout ce qu'un homme sème, il le moissonnera aussi ». Cette version de la loi de cause à effet s'appelle la loi des semailles et de la récolte. Elle dit que tout ce que vous semez, vous le récolterez. Elle dit aussi que ce que vous récoltez aujourd'hui est le résultat de ce que vous avez semé dans le passé. Si vous souhaitez obtenir une récolte différente dans un domaine quelconque de votre vie à l'avenir, vous devez planter des graines différentes aujourd'hui, et bien sûr, il s'agit principalement de graines mentales.

L'application la plus importante de la loi de cause à effet, ou des semailles et de la récolte, est la suivante : « Les pensées sont des causes et les conditions sont des effets. »

Vos pensées sont les causes premières des conditions de votre vie. Tout ce que vous avez vécu a commencé par une pensée, la vôtre ou celle de quelqu'un d'autre.

Tout ce que vous êtes ou serez un jour est le résultat de votre façon de penser. Si vous changez la qualité de votre pensée, vous changez la qualité de votre vie. Le changement de votre expérience extérieure suivra le changement de votre expérience intérieure. Vous récolterez ce que vous aurez semé. C'est ce que vous faites en ce moment même.

La beauté de cette loi immuable est qu'en l'acceptant, vous prenez le contrôle total de votre pensée, de vos sentiments et de vos résultats. En appliquant la loi de cause à effet, vous vous mettez en harmonie avec la loi de contrôle. Vous vous sentez immédiatement mieux et plus heureux dans votre peau.

Chaque aspect de la réussite ou de l'échec d'une entreprise peut s'expliquer par cette loi fondamentale. Si vous semez les bonnes causes, vous récolterez les effets souhaités. Si vous fabriquez des produits ou des services de qualité que les clients veulent, dont ils ont besoin et pour lesquels ils sont prêts à payer, et que vous en faites une promotion vigoureuse, vous réussirez à les vendre. Dans le cas contraire, vous n'y parviendrez pas.

Si vous effectuez un travail de qualité et obtenez les résultats dont votre entreprise a besoin pour se développer et prospérer, vous réussirez et serez heureux dans votre carrière. Si vous traitez bien les autres, ils vous traiteront bien. Vous obtiendrez toujours de la vie ce que vous y mettez, et **vous** contrôlez ce que vous y mettez.

3. LA LOI DE LA CROYANCE

La loi de la croyance dit que tout ce que vous croyez, avec des sentiments, devient votre réalité. Plus vous croyez intensément que quelque chose est vrai, plus il y a de chances que cela soit vrai pour vous. Si vous croyez vraiment à quelque chose, vous ne pouvez pas imaginer qu'il en soit autrement. Vos croyances créent une sorte de vision étroite. Elles vous poussent à ignorer les informations qui ne correspondent pas à ce que vous avez décidé de croire.

William James , de Harvard, a dit : « La croyance crée le fait réel ». Dans la Bible, il est dit : « Il vous est fait selon votre foi [croyance] ». En d'autres termes, on ne croit pas nécessairement ce que l'on voit, mais on **voit** ce que l'on croit.

Par exemple, si vous êtes absolument convaincu que vous êtes destiné à réussir dans la vie, quoi qu'il arrive, vous continuerez à aller de l'avant pour atteindre vos objectifs. Rien ne vous arrêtera.

En revanche, si vous pensez que la réussite est une question de chance ou d'accident, vous serez facilement découragé et déçu chaque fois que les choses ne marcheront pas pour vous. Vos croyances vous préparent au succès ou à l'échec.

Les gens ont habituellement deux façons de voir le monde. La première est ce que l'on appelle une vision **bienveillante** du monde. Si vous avez cette vision bienveillante, vous pensez généralement que le monde est un endroit où il fait bon vivre. Vous avez tendance à voir le bien dans les gens et les situations, et à croire qu'il y a beaucoup d'opportunités autour de vous et que vous pouvez en profiter. Vous pensez que même si vous n'êtes pas parfait, vous êtes une bonne personne dans l'ensemble. Vous croyez en l'avenir, pour vous et pour les autres. Tout d'abord, vous êtes optimiste.

La deuxième façon de voir le monde est une vision du monde **malveillante**. Une personne ayant cette vision adopte généralement une attitude négative et pessimiste envers elle-même et envers la vie. Elle tend à croire que « vous ne pouvez pas lutter contre la mairie », que « les riches s'enrichissent et les pauvres s'appauvrissent » et que, même si vous travaillez dur, vous n'arriverez pas à avancer parce que tout est fait pour vous nuire.

Ce type de personne voit l'injustice, l'oppression et le malheur partout. Lorsque les choses tournent mal pour elles, comme c'est généralement le cas, elles mettent cela sur le compte de la malchance ou des mauvaises personnes. Elles se voient comme des victimes. À cause de cette attitude, elles ne s'aiment pas et ne se respectent pas beaucoup.

Il va sans dire que les personnes qui ont des convictions optimistes ont tendance à être celles qui font bouger les choses, qui construisent et qui créent l'avenir. Elles ont tendance à être positives et joyeuses, et elles considèrent le monde comme un endroit agréable et lumineux où il fait bon vivre. Elles ont une attitude mentale optimiste qui leur permet de réagir de manière positive et constructive aux inévitables hauts et bas de la vie quotidienne. Le développement et le maintien de cette vision bienveillante ou positive du monde constituent un élément clé de votre parcours vers la réussite.

Les plus grands obstacles mentaux que vous aurez à surmonter sont peut-être ceux qui sont contenus dans **vos croyances auto-limitantes**. Il s'agit de croyances qui vous limitent d'une manière ou d'une autre. Elles vous retiennent en vous empêchant même d'essayer. Elles vous font souvent voir des choses qui ne sont tout simplement pas vraies.

Il se peut que vous ayez le sentiment d'être limité en intelligence parce que vous avez obtenu des notes moyennes ou médiocres à l'école. Vous pensez peut-être que votre capacité créative est limitée, de même que votre capacité d'apprentissage et de mémorisation, ou bien que vous n'êtes pas très sociable ou que vous n'avez pas beaucoup de connaissances en matière d'argent. Certaines personnes pensent qu'elles ne peuvent pas perdre du poids, arrêter de fumer ou être attirantes pour les membres du sexe opposé.

Mais quelle que soit votre croyance, si vous y croyez suffisamment fort, elle devient votre réalité. Vous marchez, parlez, vous comportez et interagissez avec les autres d'une manière conforme à vos croyances. Même si vos croyances sont totalement fausses, si vous y croyez, elles seront vraies pour vous.

Pendant des années, comme beaucoup de gens, je me suis retenu et je me suis dévalorisé parce que je n'avais pas obtenu mon diplôme de fin d'études secondaires. Je considérais les diplômés de l'université avec admiration et respect. Je pensais inconsciemment que mon avenir était limité. En raison de cette croyance, je ne me suis fixé que des objectifs limités et je n'ai pas été surpris de ne pas les atteindre. Après tout, j'avais de mauvais résultats à l'école, à quoi pouvait-on s'attendre ?

Un jour, j'ai lu l'histoire vraie d'un jeune homme d'une petite ville qui avait obtenu son diplôme de fin d'études secondaires avec une mention très bien. Il s'est ensuite inscrit à l'université d'État pour y être admis. Dans le cadre de la procédure d'admission, il a dû passer le test d'aptitude scolaire (Scholastic Aptitude Test), comme tous les candidats aux universités du pays. Quelques semaines plus tard, il reçoit une lettre du service des admissions l'informant qu'il a obtenu un score dans le 99e centile au test et qu'il est accepté pour le semestre d'automne.

Il était heureux d'être accepté, mais il y avait un problème. Il n'était pas familier avec le concept des percentiles et a conclu à tort que le 99ᵉ (quatre-vingt-dix-neuvième) centile correspondait à son QI. Sachant que le QI moyen est de 100, il a pensé qu'il ne pourrait jamais réussir à l'université avec son intelligence soi-disant « limitée ».

Pendant tout le semestre d'automne, il a échoué ou failli échouer à tous les cours. Finalement, son conseiller l'a convoqué et lui a demandé pourquoi il avait de si mauvais résultats.

« Vous ne pouvez pas m'en vouloir. Je n'ai qu'un QI de 99. » Le conseiller avait le dossier de l'étudiant devant lui. « Pourquoi dites-vous cela ? », demande-t-il.

« C'est ce qui est écrit dans ma lettre d'admission à l'université », répond l'étudiant.

Lorsque le conseiller a compris ce qui s'était passé, il a expliqué la différence entre un QI et un centile.

« Un 99e centile signifie que vous avez obtenu un résultat égal ou supérieur à 99 % de tous les étudiants américains qui ont passé ce test. Vous êtes l'un des enfants les plus brillants de ce campus. »

Lorsque le jeune homme s'est rendu compte de son erreur et a modifié sa perception de son intelligence, il est devenu une personne différente.

Il a repris ses cours et s'est mis au travail avec un nouveau sentiment de compétence et de confiance. À la fin du semestre, il figurait au tableau d'honneur et a fini par obtenir son diplôme parmi les dix premiers de sa classe.

Cette histoire est porteuse d'une leçon précieuse pour vous, comme elle l'a été pour moi. Nous acceptons trop facilement d'être limités d'une manière ou d'une autre. Puis, nous ignorons ou rejetons toute preuve qui contredit ce que nous avons déjà décidé de croire.

Un professeur a demandé à un jeune garçon : « Savez-vous jouer d'un instrument de musique ? »

« Je ne sais pas », répondit-il. « Je n'ai pas encore essayé. »

D'une certaine manière, vous êtes comme ce jeune garçon. Vous ne savez pas non plus ce que vous pouvez vraiment faire. Ne soyez pas si prompt à vous dévaloriser. Refusez d'accepter les limites de votre potentiel. Vous pouvez probablement faire bien plus que ce que vous n'avez jamais fait auparavant.

La plupart de vos croyances auto-limitantes sont fausses. Elles sont basées sur des informations négatives que vous avez reçues et acceptées comme vraies. Une fois que vous les avez acceptées, votre croyance en fait un fait pour vous. Comme l'a dit Henry Ford : « Si vous pensez que vous pouvez faire une chose, ou si vous pensez que vous ne pouvez pas la faire, dans les deux cas, vous avez raison ».

Au chapitre 3, vous apprendrez à construire un système de croyances solide et fiable, en parfaite cohérence avec ce que vous souhaitez réaliser dans votre vie. Entre-temps, vous devriez commencer à identifier les croyances auto-limitantes qui vous empêchent d'avancer. Souvent, votre conjoint ou un ami de confiance peut vous aider à reconnaître et à identifier les idées et les croyances auto-limitantes dont vous n'êtes pas conscient. Rappelez-vous qu'elles font autant de mal si vous ne les connaissez pas que si vous les connaissez.

4. LA LOI DES ATTENTES

La loi des attentes dit que tout ce que vous attendez avec confiance devient une prophétie qui se réalise d'elle-même. En d'autres termes, ce que vous obtenez n'est pas nécessairement ce que vous **voulez** dans la vie, **mais ce que vous attendez**. Vos attentes exercent une influence puissante et invisible qui pousse les gens à se comporter et les situations à se dérouler comme vous l'aviez prévu.

D'une certaine manière, vous agissez toujours comme un voyant dans votre propre vie par la façon dont vous parlez de la manière dont vous pensez que les choses vont se dérouler. Les hommes et les femmes qui réussissent ont une attitude confiante et positive. Ils **s'attendent** à réussir, ils **s'attendent** à être aimés. Ils s'attendent à être heureux et sont rarement déçus.

Les personnes qui ne réussissent pas ont une attitude d'attentes négatives, de cynisme et de pessimisme qui, d'une manière ou d'une autre, fait que les situations se déroulent exactement comme elles l'avaient prévu.

Dans son livre *Pygmalion à l'école*, le Dr Robert Rosenthal de l'université de Harvard décrit comment les attentes des enseignants ont un impact énorme sur les performances de leurs élèves. Il a également constaté que si les élèves sentaient qu'on attendait d'eux qu'ils réussissent, ils réussissaient beaucoup mieux qu'ils ne l'auraient fait en l'absence de ces attentes.

Lors d'une expérience célèbre menée dans la région de la baie de San Francisco par le Dr Rosenthal à la fin des années 1960, au début de l'année scolaire, trois enseignants ont été convoqués dans le bureau du directeur. Celui-ci leur a dit : « Nous avons observé votre façon d'enseigner et nous avons conclu que vous êtes les trois meilleurs enseignants de cette école. En guise de récompense spéciale pour l'excellence de votre enseignement, nous allons vous donner à chacun une classe des enfants les plus brillants de l'école. Ces enfants ont été sélectionnés sur la base de tests de QI récents, et nous nous attendons à ce qu'ils fassent des bonds de 20 à 30 % dans leurs résultats scolaires au cours de l'année à venir. Mais comme nous ne voulons pas être accusés de discrimination, nous vous demandons de garder cela confidentiel. Nous ne le dirons pas aux parents et vous ne devez pas dire aux élèves qu'ils ont été spécialement sélectionnés pour cette classe avancée.

Les enseignants sont ravis. Le rêve d'un enseignant est d'avoir une classe entière d'enfants doués à qui enseigner. Ils sont retournés dans leurs classes avec un enthousiasme renouvelé.

Pendant toute l'année scolaire, les classes ont été suivies et les enseignants observés. Les enseignants semblaient enseigner avec plus d'engagement. Ils semblaient être plus patients avec les élèves qui ne comprenaient pas immédiatement une nouvelle matière. Ils passent plus de temps à donner des cours de soutien aux élèves après l'école. Lorsqu'un enfant avait des difficultés à comprendre quelque chose, l'enseignant supposait que le problème venait de l'enseignement, et non de l'élève.

À la fin de l'année scolaire, les trois classes étaient en tête non seulement de l'école, mais aussi de l'ensemble du district scolaire en ce qui concerne les notes obtenues aux tests standardisés. Elles avaient amélioré leurs résultats scolaires de 20 à 30 % par rapport à l'année précédente, comme cela avait été prédit.

Lorsque les résultats des tests ont été connus, le directeur a fait revenir les enseignants dans son bureau et les a fait asseoir. Il les a félicités d'avoir passé une si belle année avec leurs élèves. Les enseignants ont unanimement remercié le directeur de leur avoir donné tant de jeunes gens doués auxquels enseigner. Ils ont déclaré qu'il était facile d'enseigner lorsqu'on avait de si bons élèves et qu'ils avaient eu plus de plaisir à enseigner cette année-là que n'importe quelle autre.

Ensuite, le directeur leur a expliqué que tout cela avait été une expérience. Les élèves n'étaient pas du tout exceptionnels. Leurs noms avaient été tirés au sort parmi l'ensemble des élèves de l'école. Ils avaient été assignés de manière aléatoire aux classes des trois enseignants. En fait, il s'agissait d'élèves moyens.

Inutile de dire que les professeurs ont été surpris. Comment les élèves avaient-ils pu réussir aussi bien, comme on l'avait prédit ? Alors, l'idée leur vint que leur excellence en tant qu'enseignants était la raison derrière les résultats. C'est leur expertise en tant qu'enseignants qui est à l'origine des résultats.

Le directeur leur a alors expliqué qu'ils avaient également été choisis au hasard. Au début de l'année scolaire, les noms de tous les enseignants de l'école avaient été mis dans un chapeau et ils avaient été les trois premiers à être tirés au sort.

C'est ce qu'on appelle une expérience en double aveugle. Les expérimentateurs ont maintenu un niveau constant pour tous les éléments, à l'exception des attentes. Les attentes du directeur à l'égard des enseignants étaient claires et explicites. Il leur a dit : « Vous êtes d'excellents professeurs et nous attendons de vous que vous obteniez d'excellents résultats avec ces classes d'élèves supérieurs ».

Les attentes des enseignants à l'égard des élèves étaient implicites et tacites. Ils ont simplement traité les enfants comme s'ils étaient très intelligents et ont attendu d'eux qu'ils obtiennent des résultats conformes aux informations qui leur avaient été données.

Dans les deux cas, les attentes étaient basées sur de fausses informations. Cependant, dans les deux cas, les attentes, parce qu'elles étaient créées par une source crédible, sont devenues des prophéties auto-réalisatrices.

Ceci est très important. Vos attentes sont directement proportionnelles au respect que vous portez à la validité de la source. Plus vous admirez une autre personne, plus elle aura d'influence sur vos attentes à votre égard.

Les professeurs ont enseigné de manière excellente et les élèves ont appris à un rythme plus élevé qu'ils ne l'avaient jamais fait auparavant. L'un des élèves participant à l'expérience est passé d'un QI de 90 à un QI de 115, soit un bond de 25 points de QI, selon les tests, en un an, sous l'influence d'un enseignant qui avait des attentes positives. De nombreuses études ont révélé que lorsque les enseignants s'attendent à ce que leurs élèves réussissent, ces derniers travaillent dur et se montrent à la hauteur des attentes de leurs enseignants.

De nombreux parents qui ont participé à nos séminaires ont transformé la vie scolaire de leurs enfants en demandant aux enseignants de commencer à les traiter comme s'ils étaient particulièrement intelligents. Ils ont constaté que les enseignants étaient, dans la plupart des cas, tout à fait disposés à accepter cette idée. Les parents ont ensuite fait de même à la maison.

Les résultats ont été étonnants. Des enfants qui obtenaient des C et des D sont passés à des A et des B en l'espace de deux mois seulement. Des enfants qui étaient démotivés et s'ennuyaient à l'école parce qu'ils avaient de mauvais résultats sont devenus enthousiastes et désireux d'apprendre sous l'influence de parents et d'enseignants qui attendaient d'eux, avec confiance et positivité, qu'ils obtiennent de bons résultats.

Les quatre types d'attentes

Il existe quatre sources d'attentes qui ont un impact sur votre vie. La première est celle de vos parents. Nous sommes tous inconsciemment programmés pour essayer d'être à la hauteur, ou au-dessous, des attentes que nos parents ont exprimées à notre égard pendant notre enfance. Le besoin d'approbation de nos parents persiste même après leur disparition. Si vos parents attendaient de vous que vous réussissiez, et vous encourageaient avec confiance et positivité à faire de votre mieux et à donner le meilleur de vous-même, cela a sûrement eu une influence majeure sur la personne que vous êtes aujourd'hui. Si, comme c'est souvent le cas, vos parents ont exprimé des attentes négatives à votre égard, ou n'ont pas exprimé d'attentes du tout, vous risquez de porter inconsciemment le fardeau d'essayer de ne pas décevoir vos parents.

Dans une étude, 90 % des détenus interrogés par des psychologues ont déclaré que leurs parents leur avaient répété à maintes reprises, lorsqu'ils étaient enfants : « un jour, tu finiras en prison ».

La deuxième source d'attentes influençant votre comportement est celle liée aux espérances de votre supérieur concernant vos performances. Les personnes qui travaillent sous les ordres de patrons qui ont des attentes positives sont toujours plus heureuses, plus performantes et plus productives que celles qui travaillent sous les ordres de patrons négatifs ou critiques. Étant donné que vous êtes excessivement influencé par les attentes des personnes dont vous dépendez pour vos revenus, il est peu probable que vous puissiez être heureux ou réussir en travaillant pour ou avec des individus affichant des attitudes et des comportements négatifs.

La troisième source est constituée par les attentes que vous avez à l'égard de vos enfants, de votre conjoint et de vos employés ou collaborateurs. Vous avez un impact énorme sur la personnalité, le comportement et les performances des personnes qui attendent de vous des conseils et un avis. Plus votre rôle est crucial dans la vie de quelqu'un, plus vos attentes auront un impact puissant sur leurs performances. Le comportement motivant le plus efficace et le plus prévisible que vous puissiez adopter est sans doute d'attendre constamment et avec confiance le meilleur des autres. Les gens essaieront toujours de ne pas vous décevoir.

Je dis toujours à mes enfants : « Tu es le meilleur de l'Ouest ; tu es le meilleur petit garçon (ou la meilleure petite fille) du monde ». Je leur dis que je les aime et que je pense qu'ils sont des enfants formidables et qu'ils accompliront de grandes choses dans leur vie.

Cela a-t-il un impact sur leur personnalité ? Vous feriez mieux d'y croire ! Essayez vous-même et vous verrez. De nombreuses personnes qui ont réussi attribuent une grande partie de leur progression dans la vie à l'influence d'une personne qu'elles respectaient et qui leur exprimait constamment sa confiance dans leur capacité à devenir plus que ce qu'elles étaient. La chose la plus aimable que vous puissiez faire pour une autre personne est peut-être de lui dire : « Je crois en toi. Je sais que tu peux y arriver ».

La quatrième source est constituée par les attentes que vous avez envers vous-même. Ce qui est merveilleux avec les attentes, c'est que vous pouvez créer les vôtres. Vous pouvez créer votre propre état d'esprit, votre propre façon d'aborder le monde, avec confiance, en attendant le meilleur de vous-même dans chaque situation. Vos attentes à votre égard sont en elles-mêmes suffisamment puissantes pour l'emporter sur toutes les attentes négatives que d'autres peuvent avoir à votre égard. Vous pouvez créer un champ de force d'énergie mentale positive autour de vous en vous attendant avec confiance à tirer quelque chose de chaque situation.

W. Clement Stone, multimillionnaire, est célèbre pour être un « paranoïaque inversé ». Il s'agit d'une personne qui croit que l'univers conspire pour lui faire **du bien**. Un paranoïaque inversé considère que chaque situation est envoyée par le ciel pour lui conférer un avantage ou lui enseigner une leçon précieuse qui l'aidera à réussir. Cette forme de paranoïa inverse est le fondement d'une attitude mentale positive. C'est la qualité la plus visible d'un homme ou d'une femme performant(e).

L'un des diplômés de notre séminaire, qui était au chômage à l'époque, m'a raconté qu'il avait commencé à se dire chaque matin : « Je crois qu'il va m'arriver quelque chose de merveilleux aujourd'hui ».

Il a répété cette phrase encore et encore jusqu'à ce qu'il développe une attitude d'attente qui lui permettait de se réjouir de chaque événement de la journée. Ce qui est étonnant, c'est qu'une série d'événements merveilleux ont commencé à se produire. Après avoir été au chômage pendant six mois, il a reçu deux offres d'emploi dans la semaine qui a suivi le début de cet exercice. Ses problèmes financiers et juridiques se sont miraculeusement dissipés. Chaque instant lui a apporté des nouveautés merveilleuses.

Imaginez que vous passiez votre journée à croire que quelque chose d'exceptionnel est sur le point de vous arriver. Réfléchissez à quel point vous seriez plus positif, optimiste et de bonne humeur si vous étiez absolument convaincu que tout conspire à votre bonheur et à votre réussite.

Je peux vous promettre ceci : si vous faites cet exercice pendant seulement trois jours, à la fin du troisième jour, il vous sera arrivé tellement de choses merveilleuses que vous ne pourrez pas les raconter toutes.

Vous ne pourrez jamais vous élever plus haut que les attentes que vous avez envers vous-même. Comme elles sont entièrement sous votre contrôle, veillez à ce que vos attentes soient cohérentes avec ce que vous souhaitez voir se produire. Attendez toujours le meilleur de vous-même.

Lorsque vous commencerez à travailler consciemment avec cette loi mentale, vous disposerez d'un pouvoir bénéfique pratiquement illimité. Le pouvoir des attentes positives peut à lui seul changer toute votre personnalité et votre vie.

5. LA LOI DE L'ATTRACTION

De nombreux livres ont été écrits sur cette loi, et beaucoup de gens pensent qu'elle est essentielle pour comprendre la condition humaine. La loi de l'attraction dit que vous êtes **un aimant vivant**. Vous attirez invariablement dans votre vie des personnes et des situations en accord avec vos pensées dominantes. Ce qui se ressemble s'assemble. Les oiseaux qui se ressemblent s'assemblent. Tout ce qui est dans votre vie, vous l'avez attiré à vous en fonction de la personne que vous êtes, et surtout grâce à vos pensées.

Vos amis, votre famille, vos relations, votre travail, vos problèmes et vos opportunités ont tous été attirés par votre façon habituelle de penser dans chaque domaine.

Il existe un exemple de ce phénomène en musique, appelé **le principe de la résonance sympathique**. Si vous avez deux pianos dans une grande pièce et que vous appuyez sur la note do d'un piano, puis traversez la pièce jusqu'à l'autre piano, vous constaterez que la corde de do de l'autre piano vibre au même rythme que la corde de do du premier piano. Selon le même principe, vous aurez tendance à rencontrer et à vous impliquer auprès de personnes et de situations qui vibrent en harmonie avec vos propres pensées et émotions dominantes.

En observant chaque aspect de votre vie, qu'il soit positif ou négatif, vous constaterez que votre monde entier est le fruit de vos propres actions. Plus vous attachez d'émotions à une pensée, plus le taux de vibration sera élevé et plus vous attirerez rapidement dans votre vie des personnes et des situations en harmonie avec cette pensée.

Vous pouvez observer cette loi en action tout autour de vous. Vous pensez à un ami et à ce moment-là, le téléphone sonne et c'est lui qui est à l'autre bout du fil. Vous décidez de faire quelque chose et, immédiatement après, vous commencez à recevoir des idées et de l'aide. Vous êtes comme un aimant qui attire la limaille de fer.

Beaucoup de gens se retiennent parce qu'ils ne savent pas comment aller de là où ils sont à là où ils veulent aller. Cependant, grâce à la loi de l'attraction, il n'est pas nécessaire d'avoir toutes les réponses avant de commencer. Tant que vous êtes clair sur ce que vous voulez et le genre de personnes avec lesquelles vous souhaitez vous entourer, vous les attirerez dans votre vie.

Vos pensées sont une forme d'énergie qui vibre à une vitesse déterminée par le niveau d'intensité émotionnelle qui accompagne la pensée. Plus vous êtes excité ou effrayé, plus vos pensées rayonnent rapidement et attirent des personnes et des situations similaires dans votre vie.

Les personnes heureuses semblent attirer d'autres personnes heureuses et agréables. Une personne qui a une conscience de la prospérité semble attirer des idées et des occasions de gagner de l'argent. Les vendeurs optimistes et enthousiastes attirent des clients plus importants et de meilleure qualité. Les hommes d'affaires positifs attirent les ressources, les clients, les fournisseurs et les banquiers dont ils ont besoin pour bâtir des entreprises prospères. La loi de l'attraction fonctionne partout et en tout temps.

Comme les autres lois mentales, la loi de l'attraction est neutre. Elle peut vous aider ou vous nuire. En fait, cette loi pourrait être considérée comme une variante de la loi de cause à effet, ou des semailles et de la récolte. C'est pourquoi le philosophe dit :

> sème une pensée et tu récoltes une action ;
>
> sème une action et tu récoltes une habitude ;
>
> sème une habitude et tu récoltes une force de caractère ;
>
> sème une force de caractère et tu récoltes un destin.

Vous avez la possibilité d'acquérir davantage, de vous épanouir davantage et d'accomplir davantage car vous avez la capacité de transformer la personne que vous êtes. Vous pouvez changer vos pensées dominantes en exerçant une maîtrise mentale rigoureuse. Vous pouvez vous discipliner en concentrant vos pensées sur ce que vous voulez et en refusant de penser à ce que vous ne voulez pas.

Les personnes qui utilisent la loi de l'attraction de manière positive sont souvent qualifiées de chanceuses. C'est une autre façon d'expliquer pourquoi tant de bonnes choses et de personnes utiles sont attirées dans la vie de ceux qui sont clairs sur leurs objectifs et constamment optimistes quant à leur réalisation.

6. LA LOI DE LA CORRESPONDANCE

La loi de la correspondance est l'une des lois les plus importantes qui soient et, à bien des égards, est un résumé qui en explique beaucoup d'autres. Elle dit : « À l'intérieur comme à l'extérieur. ». Elle dit que votre monde extérieur est le reflet de votre monde intérieur. Cette loi déclare que vous pouvez savoir ce qui se passe en vous en observant ce qui se passe autour de vous.

Dans la Bible, ce principe est expliqué par les mots suivants : « Vous les reconnaîtrez à leurs fruits ». Tout dans votre vie va de l'intérieur vers l'extérieur. Votre monde extérieur de manifestation correspond à votre monde intérieur de pensées et d'émotions.

Votre monde extérieur de relations correspondra à la personne que vous êtes vraiment à l'intérieur, à votre véritable personnalité intérieure. Votre monde extérieur de santé correspondra à votre attitude intérieure. Votre monde extérieur de revenus et de réussite financière correspondra à votre monde intérieur de pensée et de préparation. La façon dont les gens vous répondent et réagissent reflète votre attitude et votre comportement à leur égard.

La voiture que vous conduisez et l'état dans lequel vous la gardez correspondent à votre état d'esprit à un moment donné. Lorsque vous vous sentez positif, confiant et maître de votre vie, votre maison, votre voiture et votre lieu de travail auront tendance à être bien organisés et efficaces. Lorsque vous vous sentez débordé par le travail, ou frustré et malheureux, votre voiture, votre lieu de travail, votre maison et même vos placards auront tendance à refléter cet état de désarroi et de confusion. Vous pouvez voir les effets de cette loi de correspondance partout.

Tout va de l'intérieur vers l'extérieur. Ma grande erreur, lorsque j'étais plus jeune, a été de me concentrer sur l'action plutôt que sur l'être. Je pensais que je pouvais obtenir les choses que je voulais en utilisant certaines méthodes et techniques. J'ai fini par apprendre qu'une bonne pratique était nécessaire, mais pas suffisante.

Le philosophe allemand Goethe a dit : « Il faut **être** quelque chose pour pouvoir **faire** quelque chose ». Vous devez vous changer vous-même. Vous devez devenir une personne différente à l'intérieur avant de voir des résultats différents à l'extérieur. Et vous ne pouvez pas faire semblant très longtemps, voire pas du tout.

La plupart des gens essaient d'améliorer ou de changer certains aspects de leur vie en essayant de faire changer les autres. Ils n'aiment pas ce qu'ils voient dans le miroir de leur vie et s'efforcent donc de polir le miroir au lieu d'aller à la source du reflet.

Emerson a écrit : « Ce que vous êtes fait tellement de bruit que je n'entends pas ce que vous dites ». Vous transmettez toujours votre véritable essence aux autres. Vous trompez rarement quelqu'un. Et la seule façon de changer durablement les choses extérieures est de changer les choses intérieures.

William James a écrit : « La plus grande révolution de notre génération est la découverte que les individus peuvent changer les aspects extérieurs de leur vie en changeant les attitudes intérieures de leur esprit ».

L'une des questions les plus importantes que vous puissiez vous poser est la suivante : « Quel genre de personne dois-je être pour gagner le respect des personnes qui me sont chères et vivre le genre de vie que je veux vivre ? »

7. LA LOI DE L'ÉQUIVALENCE MENTALE

La loi de l'équivalence mentale est également appelée la loi de l'esprit et pourrait en fait être considérée comme une reformulation des lois précédentes. En substance, elle signifie que *les pensées s'objectivent elles-mêmes*. Vos pensées, imaginées et répétées avec force, chargées d'émotion, deviennent votre réalité. Presque tout ce que vous avez dans votre vie a été créé par votre propre pensée, pour le meilleur ou pour le pire.

En d'autres termes, les pensées sont des choses. Elles ont leur propre vie. D'abord vous les avez, puis elles vous ont. La plupart du temps, vous agissez conformément à ce que vous pensez. Vous finissez par devenir ce à quoi vous pensez. Et si vous changez votre façon de penser, vous changez votre vie.

Tout ce qui se passe dans votre vie commence et se déroule d'abord sous la forme d'une pensée. C'est pourquoi *la réflexion* est une qualité essentielle des hommes et des femmes qui réussissent. Devenir un penseur compétent dans votre propre vie signifie utiliser vos facultés mentales de manière à ce qu'elles servent toujours au mieux vos intérêts.

Lorsque vous commencez à penser de manière positive et confiante aux principaux aspects de votre vie, vous prenez *le contrôle* de ce qui vous arrive. Vous mettez votre vie en harmonie avec *les causes et les effets*. Vous semez des causes positives et récoltez des effets positifs. Vous commencez à *croire* plus intensément en vous-même et en vos possibilités. *Vous vous attendez* à des résultats plus positifs. Vous *attirez* des personnes et des situations positives et, bientôt, les résultats de votre vie extérieure commenceront à *correspondre* à votre monde intérieur de pensées constructives.

Toute cette transformation commence par vos pensées. Changez votre façon de penser et vous changerez inévitablement votre vie. La seule chose que vous devez faire est de créer *l'équivalent mental* de ce que vous voulez vivre dans votre réalité. Tout le reste en découlera.

METTRE CES IDÉES EN PRATIQUE

Au chapitre 1, vous avez commencé l'exercice de transformation consistant à peindre un chef-d'œuvre mental en définissant vos objectifs idéaux et vos aspirations dans chaque domaine majeur de votre vie. Maintenant, prenez le temps, en tenant compte de l'impact de ces lois mentales, de réfléchir à la façon dont vos modes de pensée habituels ont créé chaque aspect de votre vie actuelle.

Tout d'abord, vos relations. Qu'est-ce qui, dans vos attitudes, vos croyances, vos attentes et vos comportements, est à l'origine de vos problèmes avec les autres ?

Deuxièmement, votre santé. Quelles sont vos idées et croyances concernant votre poids, votre niveau de forme, votre apparence personnelle, votre régime alimentaire et votre repos ? Comment ces croyances vous aident-elles ou vous nuisent-elles ?

Troisièmement, votre carrière. Comment vos pensées affectent-elles votre position, vos progrès, la qualité de votre travail et le degré de satisfaction que vous retirez de ce que vous faites ?

Quatrièmement, votre niveau de réussite financière. Qu'aimeriez-vous augmenter ou améliorer ? Quelles sont vos croyances et vos attentes concernant votre bien-être matériel ? Quelle somme souhaiteriez-vous gagner et pourquoi ?

Cinquièmement, la qualité de votre vie intérieure - vos pensées, vos sentiments, votre sérénité et votre bonheur. Quelles sont les croyances, les attitudes et les attentes qui créent votre monde aujourd'hui ? Quelles sont celles que vous devez changer ?

Si vous faites preuve d'honnêteté envers vous-même, vous réaliserez que vous avez des schémas de pensée limitatifs dans un ou plusieurs de ces domaines. C'est tout à fait normal. Regarder honnêtement la réalité en face est le point de départ d'une amélioration rapide de soi.

Chapitre 3

LE PROGRAMME DIRECTEUR

Tout ce qui vous arrive, tout ce que vous devenez et accomplissez est déterminé par votre façon de penser, par la façon dont vous utilisez votre esprit. Lorsque vous commencez à changer votre esprit, vous commencez à changer votre vie. Mais comment êtes-vous arrivé là où vous êtes aujourd'hui ? Quelles influences se sont conjuguées pour faire de vous la personne que vous êtes aujourd'hui ? Pourquoi pensez-vous et ressentez-vous ce que vous ressentez, et quels sont les facteurs qui vous ont amené à votre situation actuelle ?

Dans ce chapitre, vous découvrirez votre « programme directeur » et la façon dont vous avez été mis sur une sorte de pilote automatique, dès votre plus jeune âge. Vous apprendrez à prendre le contrôle de votre système d'orientation interne et à éliminer les influences et les obstacles qui nuisent à votre bonheur sans même en avoir conscience. Vous apprendrez à modifier votre programme principal pour qu'il corresponde mieux aux résultats que vous souhaitez obtenir.

À l'âge de vingt ans, je vivais dans un petit appartement, sans travail. C'était le milieu de l'hiver et il faisait trente-cinq degrés en dessous de zéro. J'étais seul dans une nouvelle ville, à des milliers de kilomètres de l'endroit où j'avais grandi.

Onze ans plus tard, à l'âge de 31 ans, je me retrouvais de nouveau seul dans un petit appartement. De nouveau, il faisait froid dehors, trente-cinq degrés en dessous de zéro. J'étais très endetté, au chômage et à des milliers de kilomètres de ma famille et de mes amis.

Après onze ans de travail et de voyages, peu de choses avaient changé. J'étais plus âgé et plus sage, mais j'avais toujours l'impression de tourner en rond.

Je me sentais frustré. J'avais l'impression de faire très peu de progrès. J'avais toujours nourri la conviction secrète que j'avais le potentiel d'en faire plus dans ma vie, mais je n'avais aucune idée de la manière d'exploiter ce potentiel.

J'avais entendu dire qu'une personne moyenne n'utilise que 10 % ou moins de son potentiel au cours de sa vie. On estime qu'Albert Einstein, l'un des plus grands génies du XXe siècle, n'a utilisé qu'environ 15 % de son potentiel.

Des recherches menées à l'université de Stanford ont conclu que l'individu moyen n'utilise qu'environ 2 % de ses capacités mentales, sur la base d'études du néocortex, le « cerveau pensant » de l'être humain.

Ce sujet m'a fasciné. Quel était le potentiel de l'individu moyen ? Quel était mon potentiel réel ? Comment pourrais-je tirer davantage de moi-même ? J'essayais d'ouvrir une serrure à combinaison sans les bons chiffres. Alors, j'ai lu et réfléchi, et j'ai finalement découvert les réponses, une par une. J'ai appris la combinaison de la serrure de la porte du potentiel humain. Cette combinaison m'a permis de changer ma vie, tout comme elle vous permettra de changer la vôtre.

Tout d'abord, dans toute l'histoire de l'humanité, il n'y a jamais eu, et il n'y aura jamais, quelqu'un comme vous. Les chances qu'une autre personne possédant votre combinaison unique de caractéristiques et de qualités naisse un jour sont supérieures à 50 milliards contre un. Vous avez le potentiel de faire quelque chose de spécial, voire d'extraordinaire, de votre vie, quelque chose que personne d'autre ne peut faire. La seule vraie question à laquelle vous devez répondre est la suivante : allez-vous le faire ?

Il est vrai que certaines personnes naissent avec des dons extraordinaires, mais la plupart d'entre nous commencent avec des talents et des capacités plus ou moins moyens. La plupart des hommes et des femmes qui réussissent dans n'importe quel domaine le font en développant leurs talents et aptitudes naturels à un niveau très élevé dans un domaine d'intérêt particulier. Votre potentiel individuel est là, à l'intérieur de vous, mais il doit être identifié et développé si vous voulez obtenir davantage de ce qui vous est vraiment possible de faire.

UNE ÉQUATION SIMPLE

Une définition du potentiel individuel est contenue dans l'équation $[AI + AA] \times A = PHI$. Les deux premières lettres, AI, désignent *les attributs innés*. Il s'agit de ce avec quoi vous êtes né, de vos tendances naturelles, de votre tempérament et de vos capacités mentales générales.

Les deux lettres suivantes, AA, désignent *les attributs acquis*. Il s'agit des connaissances, des compétences, des talents, de l'expérience et des aptitudes que vous avez acquis ou développés en grandissant et en mûrissant.

La lettre suivante, A, représente *l'attitude*, ou le type d'énergie mentale que vous mettez au service de votre combinaison d'attributs innés et acquis. PHI signifie *performance humaine individuelle*. La formule est donc la suivant : **Attributs Innés plus Attributs Acquis multipliés par votre Attitude égale votre Performance Humaine Individuelle.**

Vos attributs innés, vos talents et aptitudes naturels, les « aspects intérieurs » de votre personnalité sont en grande partie fixés à la naissance. Ils constituent votre patrimoine génétique. Vous ne pouvez pas faire grand-chose pour les changer.

Vos attributs acquis sont les compétences et les aptitudes que vous développez en canalisant vos talents naturels par le biais de votre éducation et de votre expérience. Ce sont vos domaines de compétence et de maîtrise potentielle.

Vous pouvez développer, améliorer et modifier vos attributs acquis au fil du temps par l'étude et la pratique, mais le processus est lent et délibéré, et nécessite de la patience, de la discipline et des efforts considérables.

La seule variable inconnue dans cette équation est A, c'est-à-dire l'attitude. Voici l'une des idées qui a changé ma vie.

Étant donné que la qualité de votre attitude peut être améliorée presque sans limites, même une personne ayant des *attributs innés* moyens et des *attributs acquis* moyens peut réaliser des performances de haut niveau si elle a *une attitude mentale très positive*. Et votre attitude peut être améliorée immédiatement et presque sans limite. C'est pourquoi c'est autant votre attitude que vos aptitudes qui déterminent ce que vous accomplissez. Et votre attitude est sous le contrôle direct de votre volonté. Vous pouvez décider de ce qu'elle sera à chaque minute de chaque jour.

Earl Nightingale a qualifié *l'attitude* de mot le plus important de la langue. Nous savons que nous devons avoir une attitude mentale *positive*. Nous entendons cela depuis des années. Mais de quoi s'agit-il exactement ?

Votre attitude est la façon dont vous abordez la vie. C'est votre « angle d'attaque ». C'est votre état d'esprit général et l'expression extérieure de vos pensées et de vos sentiments. Une attitude mentale positive est une manière généralement optimiste et joyeuse d'accueillir les personnes, les problèmes et les événements que vous rencontrez tout au long de votre journée.

Votre attitude est l'un des meilleurs indicateurs de la personne que vous êtes réellement à l'intérieur. Les gens vous renvoient l'image de l'attitude que vous avez envers eux. C'est pourquoi les personnes heureuses et joyeuses semblent bien s'entendre où qu'elles aillent.

Développer ce type d'attitude positive à l'égard de vous-même et de votre vie est la première étape pour libérer tout votre potentiel. Et la seule façon de savoir quel type d'attitude vous avez vraiment est d'observer comment vous réagissez lorsque les choses vont mal. Comme l'a écrit Épictète, « les circonstances ne font pas l'homme, elles ne font que le révéler à lui-même ». C'est en observant la façon dont vous vous comportez lorsque vous êtes sous pression que vous saurez le mieux de quoi vous êtes fait. Votre vraie personnalité se révèle, pour le meilleur ou pour le pire.

Mais d'où vient votre attitude ? Qu'est-ce qui fait qu'une personne est positive et une autre négative ? Votre attitude est déterminée par vos *attentes*. Vos attentes à l'égard de vous-même et de votre vie sont très puissantes. Elles exercent une influence considérable sur votre personnalité.

Si vous vous attendez à ce qu'il vous arrive de bonnes choses, vous serez positif et optimiste dans votre approche des gens et des situations. Si vous cherchez le bien chez les autres, vous le trouverez probablement. Si vous vous attendez à ce qu'une chose merveilleuse vous arrive aujourd'hui, cela se produira probablement.

Les attentes positives sont le signe d'une personnalité supérieure. Elles instaurent en vous une attitude d'anticipation positive qui s'associe au bonheur et à la confiance en soi. Elles vous donnent une forme de résilience mentale, un optimisme nonchalant qui vous permet de répondre de manière constructive aux défis auxquels vous êtes confronté chaque jour. Et comme je l'ai évoqué dans le chapitre deux, vous pouvez créer vos propres attentes en décidant de le faire.

D'où viennent alors vos attentes ? En sondant les différentes couches de votre personnalité, une à une, vous pourrez réellement remonter à la cause profonde de votre façon de penser et de ressentir. C'est le seul moyen de provoquer des changements rapides et permanents dans votre vie et dans vos performances. Tout va de l'intérieur vers l'extérieur. Ce que vous faites et dites à l'extérieur a toujours ses racines dans votre vie intérieure.

Vos attentes sont déterminées par vos *croyances* sur vous-même et sur le monde dans lequel vous vivez. Vos attentes à l'égard des gens, du travail et de chaque aspect de votre vie sont générées par ce que vous croyez être vrai dans ce domaine. Même si vous avez des croyances fausses ou auto-limitantes, elles se manifesteront dans vos attentes, vos attitudes et, en fin de compte, dans vos résultats.

Selon la loi de la croyance, si vous avez une vision du monde *bienveillante*, si vous croyez que le monde est bon et que vous êtes une bonne personne, alors vous attendrez le meilleur de vous-même, des autres et des situations que vous rencontrez. Vos attentes positives se traduiront par une attitude mentale positive et, en vertu de la loi de la correspondance, les gens vous renverront l'image de votre attitude à leur égard. Vous recevrez en retour ce que vous donnez.

Vos croyances déterminent donc la qualité de votre personnalité. Mais d'où viennent ces croyances ? Cela nous amène peut-être à la plus grande avancée de la psychologie au vingtième siècle : la découverte de l'« image de soi ».

LE PROGRAMME DIRECTEUR

L'image de soi est l'ensemble des croyances que vous avez sur vous-même et sur tous les aspects de votre vie et de votre monde. C'est le « programme directeur » de votre ordinateur subconscient. La loi des croyances dit que vos croyances déterminent votre réalité parce que vous voyez toujours le monde à travers un écran de préjugés formés par votre structure de croyances. Votre image de vous-même, votre structure de croyances, précède et prédit vos performances et votre comportement dans tous les domaines de votre vie. Vous agissez toujours d'une manière conforme à l'idée que vous vous faites de vous-même, à l'ensemble des croyances que vous avez acquises depuis l'enfance.

En d'autres termes, vous êtes là où vous êtes et ce que vous êtes en raison de ce que vous croyez être. Que vous soyez riche ou pauvre, heureux ou malheureux, gros ou mince, que vous ayez réussi ou échoué, ce sont vos croyances qui vous rendent ainsi.

Si vous changez vos croyances dans n'importe quel domaine de votre vie, vous commencez immédiatement à changer dans ce domaine. Vos attentes, vos attitudes, votre comportement et vos résultats changent tous.

Votre monde extérieur est l'expression de votre monde intérieur et il ne peut en être autrement. « Vous n'êtes pas ce que vous pensez être, mais vous êtes ce que vous *pensez*. »

Chacun de nous a été programmé pour marcher, parler, penser et agir comme il le fait aujourd'hui. Vous ne pouvez pas penser, ressentir ou vous comporter différemment à l'extérieur si vous ne changez pas votre programme directeur, votre concept de vous-même, à l'intérieur. Une idée négative ou erronée dans votre image de vous-même se traduira par des attitudes et des comportements négatifs dans votre vie et vos relations.

Mais vous pouvez changer votre programme, votre image de vous-même, en remplaçant les idées et les croyances qui vous limitent par des pensées qui vous libèrent. Vous pouvez commencer à vous voir comme vous voulez être plutôt que comme vous êtes. Vous pouvez décider de rendre chaque partie de votre vie positive, excitante et édifiante. Vous pouvez créer votre vie comme un chef-d'œuvre. Et lorsque vous le faites, ces nouvelles pensées constructives commencent immédiatement à s'habiller de réalités physiques.

LES ASPECTS DE L'IMAGE DE SOI

Il existe une relation directe entre la façon dont vous faites quelque chose et l'image que vous avez de vous-même dans ce domaine. Vous êtes aussi performant que vous vous croyez capable de l'être. Vous êtes aussi efficace que vous pensez l'être dans tout ce que vous faites. Vous ne pouvez jamais être meilleur ou différent à l'extérieur que ce que vous croyez être à l'intérieur.

Chaque fois que vous vous sentez bien dans votre peau et que vous obtenez de bons résultats dans votre travail, dans vos relations ou dans votre sport, vous faites preuve d'une image positive de vous-même dans ce domaine. Chaque fois que vous avez des résultats médiocres, que vous vous sentez inférieur ou maladroit, ou que vous avez un comportement inadéquat dans certaines situations, vos croyances négatives sur vous-même se manifestent dans votre comportement. À l'intérieur comme à l'extérieur.

Ce qui rend possible un changement positif pour vous, c'est que votre image de vous-même est en grande partie subjective et non objective. Vos croyances sur vous-même, en particulier vos croyances auto-limitantes et vos doutes, ne sont pas du tout fondées sur des faits. Les idées négatives sur vous-même et vos capacités sont généralement fondées sur de fausses informations et impressions que vous avez reçues et acceptées comme vraies.

Dès que vous commencez à rejeter ces idées auto-limitantes, elles commencent à perdre leur pouvoir sur vous. En changeant délibérément l'idée que vous vous faites de vous-même, votre véritable potentiel devient illimité.

Un jeune homme d'environ vingt-cinq ans, venu à mon séminaire, travaillait comme ouvrier dans le bâtiment. Lors de notre discussion sur l'influence de l'image de soi, il a eu un choc mental. Les lumières se sont allumées pour lui. Il était abasourdi.

Il m'a raconté que son père, un ouvrier sans éducation, répétait sans cesse à ses enfants : « Notre famille a toujours été ouvrière et le sera toujours. C'est notre lot dans la vie. C'est comme ça que ça se passe. » Au fur et à mesure qu'il grandissait en entendant cela, il l'acceptait comme un fait, une croyance, et lorsqu'il a quitté l'école, il est allé travailler comme ouvrier.

Au séminaire, il s'est soudain rendu compte qu'il avait accepté la vision limitée de la vie de son père sans poser de questions. Il avait avalé tout cru le système de croyances de son père. Il se voyait et voyait le monde de la même manière que son père.

Sept ans plus tard, il travaillait toujours « à la sueur de son front ». Il avait involontairement permis à son père de façonner l'image qu'il avait de lui-même en ce qui concerne son travail et ses possibilités. Il a vu comment ses croyances sur lui-même avaient façonné ses attentes et son attitude. Il s'est rendu compte qu'il n'avait jamais attiré que des opportunités de travail et que son monde extérieur, ses relations et son mode de vie avaient tous été déterminés par ses croyances.

Il a décidé à ce moment-là qu'il n'aimait pas être ouvrier. Il avait toujours eu le sentiment de pouvoir faire beaucoup plus, mais il s'était aussi senti piégé. Aujourd'hui, il éprouve un nouveau sentiment de liberté et de contrôle. Il a réalisé pour la première fois que ses limites se trouvaient à l'intérieur, et non à l'extérieur.

Après le séminaire, il a quitté son emploi d'ouvrier et s'est lancé dans la vente, en commençant au bas de l'échelle. Au début, ses résultats étaient médiocres, mais il était déterminé. Il a lu tous les livres qu'il a pu trouver sur la vente. Il a écouté tous les programmes sur cassettes audio. Il a assisté à tous les séminaires de vente disponibles dans sa région et s'est même rendu à des séminaires dans d'autres villes.

Nous sommes restés en contact. En l'espace d'un an, il a doublé ses revenus. Deux ans plus tard, il gagnait quatre fois plus. Il est monté au sommet de son équipe de vente et a bientôt été embauché ailleurs pour un meilleur salaire et de plus grandes opportunités.

En l'espace de cinq ans, il gagnait plus de cent mille dollars par an, avait une belle maison, une femme charmante, deux enfants et un avenir passionnant devant lui. Il était maître de son destin.

Le tournant pour lui, comme pour moi et des milliers d'autres, a été d'apprendre comment son image de lui-même contrôlait sa vie et de décider de la changer. Tout a suivi.

Non seulement vous avez une image de vous globale, qui est un résumé général de vos croyances sur vous-même, mais vous avez aussi une série de « mini-images de vous ». Ces parties de votre image de vous-même contrôlent vos performances et votre comportement dans chaque domaine individuel de votre vie que vous considérez comme importante.

Vous avez une image de vous-même en ce qui concerne votre poids, votre alimentation, votre activité physique ou votre forme physique.

Vous avez une image de vous-même sur la façon dont vous vous habillez et ce que vous renvoyez aux autres. Vous avez une image de vous-même en tant que parent et en tant qu'enfant pour vos parents. Vous avez une image de vous-même relative à votre popularité, au travail et parmi vos amis.

Vous avez une image de vous-même pour la qualité de votre jeu dans chaque sport, et même dans chaque partie de chaque sport. Un golfeur peut avoir une image de lui-même comme étant un excellent frappeur et celle d'un mauvais putter, et c'est ainsi qu'il jouera.

Si vous travaillez dans la vente, vous avez une image de vous globale qui vous permet de vous considérer comme un bon vendeur, ce qui détermine vos résultats dans la vente. Vous avez également des images de vous-même individuelles sur votre capacité à prospecter, à identifier les besoins, à présenter des solutions, à répondre aux objections et à conclure. Dans chacun de ces domaines, vous serez détendu et compétent, ou tendu et incertain, selon l'idée que vous vous faites de vous-même dans l'accomplissement de ces tâches.

Vous avez une image de votre propre niveau d'organisation et d'efficacité, que ce soit dans votre vie personnelle ou au travail. Vous vous comporterez toujours d'une manière conforme à l'idée que vous vous faites de vous-même. Vous ne pouvez pas vous comporter d'une manière différente de votre programmation subconsciente, pas plus qu'un ordinateur ne pourrait décider d'ignorer sa programmation.

Vous avez une idée générale de votre compétence dans votre domaine et de la somme d'argent que vous êtes capable de gagner. Vous ne pouvez jamais vous élever beaucoup plus haut que le niveau de compétence que vous vous êtes fixé, ni gagner beaucoup plus ou moins que le niveau de revenu que vous vous êtes fixé.

En fait, si vous vous trouvez à plus de 10 % au-dessus ou en dessous de ce que vous estimez être votre valeur, vous ressentirez un fort malaise. Vous commencerez immédiatement à adopter un comportement compensatoire. Si vous gagnez 10 % de trop, vous commencerez à dépenser l'argent, à le prêter, à l'investir dans des choses dont vous ne savez rien, voire à le donner ou à le perdre. Ce type de comportement « jetable » est pratiqué par toute personne qui se retrouve soudainement avec plus d'argent que ce qui correspond à l'idée qu'elle se fait d'elle-même.

Il existe de nombreuses histoires d'hommes et de femmes qui ont gagné de grosses sommes d'argent à diverses loteries. Dans la plupart des cas, s'ils travaillaient comme ouvriers lorsqu'ils ont gagné l'argent, deux ou trois ans plus tard, ils ont retrouvé le même travail, leur argent avait disparu, et ils n'avaient aucune idée de comment il avait été dépensé.

Si vos revenus sont inférieurs de 10 % ou plus au niveau de revenu que vous vous êtes fixé, vous commencez à adopter un comportement de « débrouille ». Vous commencez à penser de manière plus créative, à travailler plus longtemps et plus intensément, à rechercher des opportunités de revenus secondaires ou à envisager de changer d'emploi afin de ramener vos revenus dans la fourchette de l'image que vous avez de vous-même.

En ce qui concerne l'argent, le poids ou toute autre chose, vous entrez progressivement dans vos différentes « zones de confort » et, une fois que vous y êtes, vous faites tout ce qui est en votre pouvoir pour y demeurer. Vous résistez à toute forme de changement, même positif.

La zone de confort est le grand ennemi du potentiel humain. Vos zones de confort deviennent des habitudes de vie dont il est difficile de se défaire. Et toute habitude qui persiste finit par devenir une ornière. Alors, au lieu d'utiliser votre intelligence pour sortir de l'ornière, vous utilisez la majeure partie de votre énergie à rendre votre ornière plus confortable. Vous justifiez et rationalisez votre situation comme étant immuable. Vous vous dites : « Je ne peux rien faire ».

Pourtant, il y a beaucoup de choses que vous pouvez faire pour changer votre avenir. Dans les pages qui suivent, vous apprendrez à sortir de votre zone de confort. Vous apprendrez comment vous approcher du clavier de votre propre ordinateur mental et y intégrer un nouveau système de croyances pour vous-même. Vous apprendrez à redéfinir l'image que vous avez de vous-même afin d'obtenir davantage de ce que vous voulez vraiment dans la vie.

LES TROIS PARTIES DE VOTRE IMAGE DE VOUS-MÊME

L'image que vous avez de vous-même est composée de trois parties, comme les trois couches d'un gâteau. La première de ces trois parties est **votre idéal personnel**. Il s'agit de la vision ou de la description idéale de la personne que vous aimeriez être à tous égards. Cette image idéale exerce une influence puissante sur votre comportement et sur la façon dont vous vous percevez.

Votre idéal personnel est une combinaison des qualités et des attributs que vous admirez le plus chez d'autres personnes, vivantes ou décédées. C'est la somme de vos aspirations dominantes. C'est votre vision de ce que devrait être la personne parfaite.

Les hommes et les femmes d'exception ont des idéaux personnels très clairs, vers lesquels ils tendent en permanence. Ils se fixent des objectifs élevés et s'efforcent de les atteindre. Il en va de même pour vous. Plus vous êtes clair sur la personne que vous voulez devenir, plus vous avez de chances d'évoluer vers cette personne jour après jour. Vous vous élèverez à la hauteur de vos aspirations dominantes pour vous-même. Vous deviendrez ce que vous admirez le plus.

Malheureusement, les hommes et les femmes qui ne réussissent pas et qui sont malheureux ont des idéaux très flous ou, dans la plupart des cas, pas d'idéal personnel du tout. Ils ne réfléchissent que peu ou pas du tout à la personne qu'ils veulent être ou aux qualités qu'ils aimeraient développer chez eux. Leur croissance et leur évolution finissent par ralentir et s'arrêter. Ils s'enlisent dans une ornière mentale et y restent. Ils perdent toute envie de s'améliorer.

Lorsque l'on admire et respecte les qualités d'intégrité, de détermination, de courage et d'orientation vers l'action des autres, on commence à intégrer ces valeurs en soi.

À mesure que vous clarifiez vos valeurs fondamentales et que vous vous efforcez de les intégrer dans tout ce que vous faites, votre personnalité s'améliore et, parce que votre vie extérieure reflète votre vie intérieure, votre travail, vos relations et tous les aspects de votre vie extérieure s'améliorent également. Nous y reviendrons plus tard.

La deuxième partie de votre image de vous-même est votre **représentation personnelle**. Votre représentation personnelle est la façon dont vous vous voyez et dont vous vous **considérez** dans vos activités quotidiennes. Votre représentation personnelle est souvent appelée votre « miroir intérieur », dans lequel vous vous regardez pour voir comment vous êtes censé vous comporter ou agir dans une situation donnée. Votre comportement est toujours conforme à l'image que vous avez de vous-même à l'intérieur. C'est pourquoi vous pouvez améliorer vos performances en modifiant délibérément les images mentales que vous avez de vous-même dans ce domaine.

Ce processus de modification de votre représentation personnelle est l'un des moyens les plus rapides et les plus fiables d'améliorer vos performances. Lorsque vous commencez à vous voir et à vous considérer comme étant plus compétent et plus confiant, votre comportement devient plus ciblé et plus efficace.

Lorsque vous modifiez délibérément votre représentation personnelle, comme vous apprendrez à le faire plus loin dans ce chapitre, vous marcherez, parlerez, agirez et vous sentirez mieux que jamais auparavant. Vous changerez à la fois votre personnalité et vos résultats en modifiant vos images mentales.

La troisième partie de votre image de vous-même est votre **estime personnelle.** Votre estime personnelle est la façon dont vous vous **sentez** dans votre peau. C'est la composante émotionnelle de votre personnalité et c'est la qualité fondamentale de la haute performance. C'est la clé du bonheur et de l'efficacité personnelle. C'est comme le cœur du réacteur d'une centrale nucléaire. Il s'agit de la source de l'énergie, de l'enthousiasme, de la vitalité et de l'optimisme qui alimentent votre personnalité et font de vous un homme ou une femme performant(e).

Votre niveau d'estime personnelle est déterminé par deux facteurs, qui sont comme les faces opposées d'une même pièce. Le premier est le sentiment de valeur et d'utilité que vous avez de vous-même, la mesure dans laquelle vous vous appréciez et vous acceptez comme une bonne personne. C'est l'aspect « évaluation personnelle » de l'estime de soi. Il s'agit de l'évaluation que vous faites de vous-même, indépendamment de ce qui se passe dans votre vie à ce moment-là.

Ce premier facteur ne dépend pas de variables externes. Une personne ayant une estime de soi véritablement élevée peut connaître d'innombrables difficultés et échecs dans sa vie et conserver une image positive et élevée d'elle-même en tant qu'être humain. Malheureusement, très peu de personnes ont atteint ce stade d'évolution qui leur permet de conserver un sentiment de valeur intérieure indépendamment des circonstances extérieures.

Le deuxième facteur qui détermine votre niveau d'estime personnelle est votre sentiment d'« auto-efficacité », c'est-à-dire la mesure dans laquelle vous vous sentez compétent et capable dans tout ce que vous faites. C'est l'aspect « performance » de l'estime de soi. C'est le socle sur lequel se construisent la confiance en soi et le respect de soi les plus réels et les plus durables.

Ces deux aspects de l'estime de soi se renforcent mutuellement. Lorsque vous vous sentez bien dans votre peau, vous êtes plus performant. Et lorsque vous êtes performant, vous vous sentez bien dans votre peau. Ces deux éléments sont essentiels. Aucun des deux ne peut subsister sans l'autre.

La meilleure mesure de l'estime de soi est **la façon dont vous vous aimez**. Plus vous vous appréciez, plus vous réussissez dans tout ce que vous entreprenez. Plus vous vous appréciez, plus vous avez confiance en vous, plus votre attitude est positive, plus vous êtes en bonne santé, plus vous avez d'énergie et plus vous êtes heureux en général.

Et comme la façon dont vous vous sentez est largement déterminée par la façon dont vous vous parlez, silencieusement ou à voix haute, vous pouvez augmenter votre estime personnelle à volonté en répétant, encore et encore, avec enthousiasme et conviction, les mots « Je m'aime ! Je m'aime ! Je m'aime ! »

Ou, mieux encore, vous pouvez dire « Je m'adore ! Je m'adore ! Je m'adore ! » Cette phrase peut sembler cliché la première fois que vous l'entendez, mais elle est extrêmement puissante. À titre expérimental, levez les yeux de cette page et dites-vous, comme si vous le pensiez du fond du cœur, « Je m'aime » plusieurs fois. Mieux encore, regardez dans le prochain miroir devant lequel vous passez et dites « Je m'aime ». Vous verrez que vous ne pourrez pas le dire cinq ou six fois sans vous sentir vraiment mieux dans votre peau.

C'est ce que nous avons appris à nos enfants. Chaque fois qu'ils sont mécontents ou se comportent mal, nous les incitons à dire « Je m'aime », et ils ne tardent pas à sourire et à se réjouir. Il semble que plus une personne est ouverte et réceptive à ce message, plus il a d'impact sur sa personnalité.

S'aimer soi-même est très sain. En fait, c'est la clé de l'efficacité personnelle et des relations heureuses avec les autres. Plus vous vous appréciez et vous vous respectez, plus vous êtes performant dans tout ce que vous faites. Vous êtes plus détendu et plus positif. Vous avez davantage confiance en vos capacités. Vous faites moins d'erreurs. Vous avez plus d'énergie et vous êtes plus créatif.

Certaines personnes ont appris à croire que le fait de s'aimer soi-même était synonyme de vanité ou d'arrogance. Or, c'est exactement le contraire qui est vrai. Le « complexe de supériorité », qui consiste à se comporter de manière arrogante ou vaniteuse, et le « complexe d'infériorité », qui consiste à se déprécier, sont tous deux des manifestations d'une faible estime de soi, d'un manque d'amour de soi. Les personnes qui ont une véritable estime personnelle s'entendent facilement et bien avec à peu près tout le monde.

LES RÈGLES DE L'ESTIME DE SOI

Il existe deux règles en matière d'estime de soi et d'amour-propre : la règle numéro un est que vous ne pouvez jamais aimer quelqu'un **d'autre** plus que vous ne vous aimez **vous-même**. Vous ne pouvez pas donner ce que vous n'avez pas.

La deuxième règle est que vous ne pouvez jamais attendre de quiconque qu'il vous aime ou vous apprécie plus que vous ne vous appréciez, ne vous aimez ou ne vous respectez vous-même.

Votre propre niveau d'appréciation et d'acceptation de vous-même est la soupape de contrôle de la qualité de vos relations humaines. C'est le problème ou la solution dans chaque situation humaine. Tout ce que vous faites pour construire et renforcer votre propre estime de vous-même augmente le degré de satisfaction et de bonheur que vous éprouvez avec les autres personnes qui font partie de votre vie.

Si votre image de vous-même est le **programme directeur** de votre ordinateur subconscient, d'où vient-il ? Comment se forme-t-il ? De quoi est-il composé ? Et surtout, comment pouvez-vous le reprogrammer pour vous améliorer et augmenter votre efficacité dans tout ce que vous faites ?

LA FORMATION DE L'IMAGE DE SOI

Vous n'êtes pas né avec une image de vous-même. Tout ce que vous **savez et croyez** sur vous-même aujourd'hui, vous l'avez appris grâce à ce qui vous est arrivé depuis votre enfance. Chaque enfant vient au monde en tant que pur potentiel, avec un tempérament particulier et certains attributs innés, mais sans aucune image de soi. Chaque attitude, comportement, valeur, opinion, croyance et peur que vous avez aujourd'hui a été appris. Par conséquent, si certains éléments de votre image de vous-même ne vous servent pas, vous pouvez les désapprendre.

Par exemple, j'ai lu récemment l'histoire d'une femme de trente-deux ans impliquée dans un accident de voiture. Après s'être cognée la tête, elle est devenue totalement amnésique. Au moment de l'accident, elle était mariée et avait deux enfants de huit et dix ans. Elle était extrêmement timide, bégayait et était très nerveuse en présence d'autres personnes. Elle avait une mauvaise image d'elle-même et une faible estime personnelle. Pour aggraver ce problème, elle ne travaillait pas et son cercle social était limité.

En raison de son amnésie totale, lorsqu'elle s'est réveillée à l'hôpital, elle ne se souvenait de rien de sa vie passée. Elle ne se souvenait pas de ses parents, ni de son mari et de ses enfants. Son esprit était complètement vide.

C'était tellement inhabituel que plusieurs spécialistes, neurochirurgiens et psychologues ont été amenés à lui parler et à l'examiner.

Son cas était si particulier qu'elle est devenue très connue. Lorsqu'elle s'est rétablie physiquement, elle a été interviewée à la radio et à la télévision. Elle a commencé à étudier son état et a fini par écrire des articles et un livre décrivant son expérience.

Elle a commencé à voyager et à donner des conférences à des groupes médicaux et professionnels. Finalement, elle est devenue une autorité reconnue en matière d'amnésie.

N'ayant aucun souvenir de ses expériences antérieures, de son enfance et de son éducation, et parce qu'elle était au centre de l'attention et traitée comme une personne très importante, elle a développé une toute nouvelle personnalité. Elle est devenue positive, confiante et extravertie. Elle est devenue sociable et extrêmement amicale, et a développé un excellent sens de l'humour. Elle est devenue populaire et a rencontré et évolué dans un tout nouveau cercle social. En fait, elle a développé une toute nouvelle image d'elle-même qui était totalement cohérente avec des performances élevées, le bonheur et la satisfaction de la vie. Elle a remplacé un programme mental par un autre. **Vous pouvez faire la même chose.**

Une fois que vous aurez compris comment votre image de vous-même s'est formée, vous serez en mesure d'apporter des changements qui feront de vous le genre de personne que vous admirez et à laquelle vous voulez ressembler. Vous apprendrez à devenir le genre de personne capable d'atteindre les objectifs et de réaliser les rêves qui sont les plus importants pour vous.

Les enfants viennent au monde sans aucune image d'eux-mêmes. Les enfants apprennent qui ils sont et à quel point ils sont importants et précieux (ou non) par la façon dont ils sont traités dès leur plus jeune âge. Les nourrissons ont un énorme besoin d'amour et de contact. L'amour dans leur environnement est comme leur oxygène émotionnel. On ne peut pas donner trop d'amour et d'affection aux enfants pendant leurs années de formation. Les enfants ont besoin d'amour comme les roses ont besoin de pluie, presque autant qu'ils ont besoin de nourriture, de boisson et d'un abri pour grandir sainement.

Les fondements de la personnalité sont posés au cours des trois à cinq premières années de la vie. La santé de l'adulte sera largement déterminée par la qualité et la quantité d'amour et d'affection ininterrompus que l'enfant reçoit de ses parents et de son entourage pendant cette période.

Un enfant élevé avec une abondance d'amour, d'affection et d'encouragements aura tendance à développer une personnalité positive et stable dès le début de sa vie. Un enfant élevé dans la critique et la punition aura tendance à grandir dans la peur, la méfiance et la défiance, avec le risque d'avoir divers problèmes de personnalité qui se manifesteront plus tard dans la vie. Les adultes ayant une faible estime d'eux-mêmes et des attitudes mentales négatives sont invariablement des enfants qui ont été privés de l'amour et de la sécurité dont ils avaient besoin pendant leurs années de formation.

LES QUALITÉS DES ENFANTS

Les enfants naissent avec deux qualités remarquables. La première est qu'ils naissent en grande partie **sans peur**. Ils viennent au monde avec seulement deux peurs physiques, la peur des bruits forts et la peur de tomber. Toutes les autres peurs doivent être enseignées à l'enfant par la répétition et le renforcement pendant qu'il grandit.

Quiconque a déjà essayé d'élever un enfant jusqu'à l'âge de cinq ou six ans sait qu'il n'a peur de rien. Ils grimpent sur des échelles, se précipitent au milieu de la circulation, saisissent des instruments tranchants et font généralement des choses qui paraissent suicidaires à un adulte. Ils n'ont aucune crainte jusqu'à ce que leurs parents et d'autres personnes leur en inculquent.

La deuxième qualité remarquable des enfants est qu'ils sont complètement **désinhibés**. Ils rient, ils pleurent, ils mouillent leur pantalon. Ils disent et font exactement ce dont ils ont envie, sans se soucier de l'opinion des autres. Ils sont totalement spontanés et s'expriment facilement et naturellement, sans aucune inhibition. Avez-vous déjà vu un bébé gêné ?

Merveilleusement, c'est votre état naturel, la façon dont vous venez au monde, sans peur et sans inhibition, complètement sans crainte et capable de vous exprimer librement et facilement dans toutes les situations. Vous savez que c'est vrai parce que, des années plus tard, chaque fois que vous vous trouvez dans une situation sans risque, avec des personnes en qui vous avez confiance, vous revenez souvent à cet état naturel d'intrépidité et de spontanéité. Vous vous sentez détendu et à l'aise, totalement libre de vous laisser aller et d'être vous-même. Ce sont les meilleurs moments de votre vie, les expériences les plus fortes, celles où vous êtes vraiment heureux. Et c'est votre état normal, naturel.

L'APPRENTISSAGE DES ENFANTS

Les enfants apprennent de deux manières principales. Tout d'abord, ils apprennent en imitant l'un de leurs parents ou les deux. Nombre de vos habitudes d'adulte, y compris vos valeurs, vos attitudes, vos croyances et vos comportements, ont été formées en observant et en écoutant vos parents pendant votre enfance. Les dictons « Tel père, tel fils » ou « Telle mère, telle fille » sont certainement vrais. Souvent, l'enfant s'identifiera fortement à l'un de ses parents et sera plus influencé par lui que par l'autre.

La deuxième façon dont les enfants apprennent est de passer de l'inconfort au confort, ou de la douleur au plaisir. Sigmund Freud a appelé cela le « principe de plaisir ». Sa conclusion, et celle de la plupart des psychologues, est que la recherche du plaisir ou du bonheur est la motivation fondamentale de tout comportement humain. Le développement de l'enfant, de l'apprentissage de la propreté aux habitudes alimentaires, en passant par tous les aspects de sa socialisation, est façonné par cet élan ou cette motivation continuelle **vers** le confort ou le plaisir personnel, vers ce qui est agréable et **loin** de ce qui est désagréable.

De tous les malaises dont un enfant peut souffrir, le retrait de l'amour et de l'approbation de ses parents est le plus traumatisant et le plus effrayant. Les enfants ont un besoin intense de sécurité émotionnelle, d'amour, de soutien et de protection de la part de leurs parents. Lorsque le parent retire son amour dans le but de discipliner, de contrôler ou de punir l'enfant, ce dernier se sent extrêmement mal à l'aise et peu sûr de lui. Il a peur.

La perception de l'enfant est primordiale. Ce n'est pas ce que les parents voulaient ou avaient l'intention de faire qui compte, c'est ce que l'enfant perçoit qui affecte ses sentiments et ses actions. Lorsque l'enfant perçoit que l'amour lui a été retiré, il modifie immédiatement son comportement pour tenter de regagner l'amour et l'approbation de ses parents. L'enfant se sent comme une personne en train de se noyer qui cherche une bouée de sauvetage.

Sans un flux continu et ininterrompu d'amour inconditionnel, la sécurité de l'enfant est menacée. Frustré, l'enfant perd son audace et sa spontanéité.

La plupart des problèmes de personnalité dans la vie sont le résultat d'un « refus d'amour ». Il est probable qu'une grande partie de ce que nous faisons dans la vie, depuis l'enfance, est faite soit pour obtenir de l'amour, soit pour compenser le manque d'amour. La plupart de nos mauvais souvenirs d'enfance sont associés à un manque d'amour perçu. La plupart de nos problèmes relationnels à l'âge adulte trouvent leur origine dans ces expériences antérieures de manque d'amour.

Très tôt, à la suite des erreurs commises par les parents dans l'éducation de leurs enfants, en particulier lorsqu'ils utilisent des critiques destructrices et des punitions physiques, l'enfant commence à perdre son intrépidité et sa spontanéité naturelles. Il commence à développer des habitudes négatives, des façons négatives de réagir à la vie. Toutes les habitudes, positives ou négatives, sont des réponses conditionnées à des stimuli. Elles sont acquises par la répétition, encore et encore, jusqu'à ce qu'elles soient fermement ancrées dans le subconscient. Elles fonctionnent alors automatiquement, chaque fois qu'elles sont déclenchées par un stimulus.

Les habitudes négatives deviennent des comportements habituels, des éléments de notre concept de soi. Elles deviennent nos zones de confort. Une fois qu'elles sont programmées et qu'elles font partie de notre constitution psychologique, nous ne nous sentons à l'aise que lorsque nous nous comportons ou réagissons d'une manière négative particulière. Nous nous laissons guider par la peur plutôt que par le désir.

LE SABOTEUR DE LA RÉUSSITE

La critique destructive est l'un des comportements humains les plus néfastes. Elle diminue l'estime de soi, crée une mauvaise représentation personnelle et nuit aux performances de l'individu dans tout ce qu'il entreprend. La critique destructive ébranle la confiance en soi de l'individu, le faisant se sentir inférieur, se crispe et commet des erreurs chaque fois qu'il tente quelque chose pour laquelle il a été critiqué dans le passé. L'individu peut renoncer à toute tentative et éviter tout simplement le domaine d'activité en question.

Le parent moyen critique ses enfants huit fois pour chaque fois qu'il les félicite. Les parents critiquent leurs enfants sans réfléchir, dans l'espoir de les amener à améliorer leur comportement. Or, c'est exactement le contraire qui se produit. Parce que la critique destructrice sape l'estime de soi de l'enfant et affaiblit l'idée qu'il se fait de lui-même, l'efficacité diminue au lieu d'augmenter. Les performances de l'enfant s'aggravent au lieu de s'améliorer.

La critique destructrice donne à l'individu un sentiment d'incompétence et d'inadéquation. Il se sent en colère et sur la défensive et veut riposter ou s'échapper. Les performances chutent. Toutes sortes de conséquences négatives se produisent. En particulier, la relation entre le parent et l'enfant se détériore.

Les enfants qui sont critiqués pour leur travail scolaire développent rapidement une association négative entre le travail scolaire et l'image qu'ils ont d'eux-mêmes. Ils commencent à le détester et à l'éviter autant que possible. Ils considèrent le travail scolaire comme une source de douleur et de frustration. Et en raison des lois de l'attraction et de la correspondance, ils commencent à se lier avec d'autres enfants ayant les mêmes attitudes.

Souvent, les gens commettent l'erreur de penser qu'ils font une « critique constructive » alors qu'en réalité, ils ne font que démolir l'autre personne et la qualifient de « constructive » pour justifier leur comportement. Une véritable critique constructive permet à la personne de se sentir mieux et d'être plus à même de faire un meilleur travail à l'avenir. Si la critique n'améliore pas les performances en renforçant l'estime de soi et l'efficacité personnelle de l'individu, elle n'a été qu'un acte destructeur d'expression personnelle à l'encontre d'une personne qui n'est pas en mesure de résister.

La critique destructrice est à l'origine de nombreux problèmes de personnalité et de beaucoup d'hostilité entre les individus. Elle laisse derrière elle des esprits brisés, de la démoralisation, de la colère, du ressentiment, du doute de soi et toute une série d'émotions négatives.

Lorsque les enfants sont critiqués dès leur plus jeune âge, ils apprennent rapidement à se critiquer eux-mêmes. Ils se déprécient, se dévalorisent et interprètent leurs expériences de manière négative. Ils se sentent continuellement « pas assez bons », quels que soient leurs efforts et leurs résultats.

L'objectif de la critique, si vous devez la formuler, est « l'amélioration des performances ». Il s'agit d'aider l'autre personne à s'améliorer. La critique constructive n'est pas faite pour se venger. Elle n'est pas un moyen d'exprimer votre mécontentement ou votre colère. Son intention est d'aider, pas de blesser, ou vous devriez vous abstenir de l'utiliser totalement.

Voici sept étapes à suivre pour vous assurer que ce que vous donnez est un « retour d'information constructif » plutôt qu'une critique destructrice.

Premièrement, protégez à tout prix l'estime de soi de la personne concernée. Traitez-la comme un ballon de baudruche, et vos paroles comme des aiguilles potentielles. Faites preuve de délicatesse. Avec mes enfants, je commence toujours le processus de correction par les mots « Je t'aime beaucoup », puis les retours et les conseils dont ils ont besoin pour s'améliorer.

Deuxièmement, concentrez-vous sur l'avenir, pas sur le passé. Ne pleurez pas sur le lait renversé. Parlez plutôt de « Qu'est-ce qu'on fait à partir d'ici ? » Utilisez des mots comme « La prochaine fois, pourquoi ne pas... »

Troisièmement, concentrez-vous sur le comportement ou la performance, et non sur la personne. Remplacez le mot « vous » par une description du problème.

Au lieu de dire « Vous ne vendez pas assez », dites plutôt « Vos chiffres de vente sont inférieurs à ce que nous attendons. Que pouvons-nous faire pour les augmenter ? »

Quatrièmement, utilisez des messages avec « je » pour garder la maîtrise de vos sentiments. Au lieu de dire « Vous me mettez très en colère », dites plutôt « Je suis en colère quand vous faites cela » ou « Je ne suis pas content de cette situation et j'aimerais discuter de la façon dont nous pourrions la changer ».

Cinquièmement, obtenez un accord clair sur ce qui doit changer, quand et dans quelle mesure. Soyez précis, orienté vers l'avenir et vers la solution. Dites par exemple : « À l'avenir, il est important que vous preniez des notes précises et que vous vérifiiez deux fois avant de faire des envois définitifs ».

Sixièmement, proposez votre aide. Demandez : « Que puis-je faire pour vous aider dans cette situation ? » Soyez prêt à montrer à la personne ce qu'il faut faire et comment le faire. En tant que parent, ou si vous êtes en position d'autorité, l'une de vos tâches principales est d'enseigner. Vous ne pouvez pas attendre d'une autre personne qu'elle fasse quelque chose de différent sans lui montrer comment procéder.

Septièmement, partez du principe que l'autre personne veut faire du bon travail et que, si elle a fait un mauvais travail ou une erreur, ce n'était pas délibéré. Le problème réside dans des compétences limitées, des informations incomplètes ou un malentendu quelconque.

Faites preuve de calme, de patience, de soutien, de sensibilité, de clarté et d'esprit constructif plutôt que de colère ou d'esprit destructeur. Renforcez la personne au lieu de la démolir. Il n'y a probablement pas de moyen plus rapide de renforcer l'estime de soi et l'efficacité personnelle des autres que de cesser immédiatement toute critique destructrice. Vous remarquerez immédiatement la différence dans toutes vos relations.

LES HABITUDES NÉGATIVES

Il existe deux grands types d'habitudes négatives que nous apprenons tous dans l'enfance. Il y a celles qui vous poussent à aller de l'avant et celles qui vous freinent. Elles affectent tout ce que vous pensez, ressentez et faites. Elles contrôlent et déterminent votre destin dans la vie, et vous n'en êtes que vaguement conscient. Ce sont les habitudes **inhibitrices** et les **compulsives.** Comprendre leur impact sur votre vie et apprendre à contrecarrer leur influence sur votre comportement est absolument indispensable pour vous permettre d'atteindre le genre de réussite et de bonheur qui vous est possible.

L'enfant acquiert des habitudes négatives *inhibitrices* lorsqu'on lui répète sans cesse : « Ne fais pas ça ! Éloigne-toi de ça ! Arrête ça ! Ne touche pas à ça ! Attention ! » L'impulsion naturelle de l'enfant est de toucher, goûter, sentir, ressentir et explorer chaque partie de son monde. Lorsque les parents réagissent au comportement exploratoire de l'enfant en criant, en s'énervant, en lui donnant une fessée ou toute autre forme de désapprobation, l'enfant n'est pas en âge de comprendre ce qui se passe. Au lieu de cela, l'enfant internalise le message suivant : « Chaque fois que j'essaie quelque chose de nouveau ou de différent, papa ou maman se fâche contre moi et cesse de m'aimer. C'est sûrement parce que je suis trop petit, que je suis incompétent, que je suis incapable, que je ne peux pas, que je ne peux pas, que je ne peux pas ».

Ce sentiment de « ne pas pouvoir » se cristallise rapidement en « peur de l'échec ». Et *la peur de l'échec* est le plus grand obstacle à la réussite dans la vie adulte. La peur de l'échec monte en vous chaque fois que vous envisagez de prendre un risque, de faire quelque chose de nouveau ou de différent impliquant un risque de perte de temps, d'argent ou d'émotion.

Dans mon cas, comme j'avais eu de mauvais résultats à l'école, je craignais de ne pas être assez intelligent pour faire beaucoup mieux que ce que je faisais. Lorsque je voyais d'autres personnes autour de moi faire des pirouettes, prendre des risques, décrocher des emplois et conclure des affaires, je détournais le regard. Je supposais qu'ils avaient des attributs d'intelligence et d'audace que je n'avais pas.

Lorsque j'étais enfant, parce que j'avais été élevé dans la crainte des coups de fouet de mon père, j'avais peur des brutes dans la cour de récréation. Lorsque je me suis lancé dans la vente, j'ai eu peur des appels à froid. Quand j'ai commencé à diriger, j'ai eu peur de m'affirmer. Lorsque j'ai gagné un peu d'argent, j'ai eu peur d'investir, et lorsque j'en ai eu l'occasion, j'ai eu peur de créer ma propre entreprise, de peur d'échouer et de perdre mon investissement.

Mes parents avaient été craintifs et ils m'ont élevé dans la crainte. Ils ont fait du bon travail. Ce n'est que plus tard, lorsque j'ai appris que mes peurs n'étaient que dans mon esprit, qu'il n'y avait rien à craindre, que ma vraie vie a commencé.

Vous ressentez toutes les habitudes négatives dans votre corps. Lorsque vous êtes sous l'emprise d'une habitude négative, vous vous sentez et réagissez exactement comme si vous étiez en danger physique. L'endroit où vous ressentez le schéma d'habitudes négatives inhibitrices, la peur de l'échec, se trouve sur le devant de votre corps, en commençant par votre plexus solaire et en se propageant à partir de là.

Si, par exemple, vous avez peur de parler en public et que l'on vous annonce que vous allez être appelé devant un large public, votre première réaction sera un sentiment de faiblesse, de peur dans votre plexus solaire, le centre émotionnel de votre corps. Et plus vous penseriez à l'événement à venir, plus la peur se propagerait. Votre cœur se met à battre plus vite. Vous commencez à respirer plus rapidement et plus superficiellement.

Votre gorge pourrait s'assécher et vous pourriez ressentir des coups lancinants dans la partie avant de votre tête, semblables à ceux d'une migraine. Votre vessie pourrait également se remplir et vous auriez une envie irrésistible de courir aux toilettes. Vous réagissez comme si vous étiez sur le point de recevoir une fessée. Toutes ces manifestations physiques de l'habitude négative inhibitrice sont généralement programmées dans votre subconscient avant l'âge de six ans.

Les habitudes négatives déclenchent également des sentiments d'anxiété et de nervosité, accompagnés de transpiration, de battements de cœur rapides et de réactions émotionnelles telles que l'irritation, l'impatience et les accès de colère. Plus le schéma d'habitudes négatives est profondément ancré, plus votre réaction à la situation sera extrême.

La peur de l'échec, de l'inhibition, caractérisée par les mots « je ne peux pas », s'apprend de trois manières différentes.

Premièrement, vous l'apprenez par l'association répétée avec un événement particulier, associée à une critique destructrice ou à une punition physique. Si un enfant reçoit une fessée chaque fois qu'il touche le piano, il finira par développer une réaction conditionnée de peur qui peut être déclenchée à la seule idée de jouer du piano.

Un médecin participant à mon séminaire m'a raconté comment il avait été battu par un père alcoolique lorsqu'il était enfant. Le père se levait de sa chaise sans prévenir et frappait le garçon. Aujourd'hui, cinquante ans plus tard, si le médecin voit à la télévision quelqu'un se lever rapidement, tout son corps réagit exactement comme s'il était sur le point d'être attaqué. Son plexus solaire se crispe. Son rythme cardiaque s'accélère. Il commence à transpirer. Il tremble de tous ses membres. Il s'agit d'une réaction conditionnée causée par un traumatisme de l'enfance, et il ne s'en remettra probablement jamais.

Deuxièmement, vous pouvez acquérir une habitude négative à cause d'influences négatives *subtiles* dont vous n'êtes peut-être pas conscient. Certaines personnes acceptent les critiques à leur égard sans se poser de questions, comme si elles étaient vraies. D'autres croient aux qualités négatives décrites dans leur horoscope. Certaines personnes font mal les choses la première fois et en concluent qu'elles n'ont aucune aptitude dans ce domaine.

L'important pour vous est de vous demander en permanence : « Et si j'avais la capacité d'être vraiment bon dans ce domaine ? » Ensuite, supposez que vous avez cette capacité inhérente et travaillez sur vous-même. Lorsque vous commencerez à vous débarrasser de vos croyances et de vos peurs auto-limitantes, vous constaterez qu'il y a très peu d'obstacles devant vous. Ils se trouvent presque tous dans votre esprit, dans vos réponses automatiques.

La troisième façon dont vous pouvez acquérir des habitudes négatives ou une réaction de peur est le résultat d'un événement traumatique unique.

Une expérience particulièrement effrayante, telle qu'une quasi-noyade ou une chute dans l'enfance, peut vous donner une peur « irrationnelle » de l'eau ou des hauteurs pour la vie. L'idée même de faire cette chose particulière déclenche chez vous une forme de paralysie.

Ces peurs sont parfois appelées phobies et peuvent être progressives. Une expérience négative, continuellement ressassée et revécue, peut devenir une peur majeure qui affecte une grande partie de votre vie et interfère sérieusement avec votre bonheur.

Le mot clé ici est « irrationnel ». La situation déclenche des sentiments d'anxiété extrême et vous met en colère, mais vous ne savez pas pourquoi. Le simple fait d'y penser vous perturbe et interfère avec votre travail ou vos relations.

L'une des conditions pour devenir une personne positive est de faire le vide dans votre esprit, de vider votre subconscient, ce qui exige que vous identifiiez et traitiez toutes les peurs qui pourraient vous empêcher d'avancer.

Parlez de vos peurs à un bon ami ou à votre conjoint. Les autres peuvent souvent voir des choses que vous ne voyez pas. Consultez un psychologue ou un psychiatre si nécessaire. Un thérapeute professionnel peut souvent vous aider à vous libérer des obstacles mentaux qui bloquent vos progrès depuis des années.

Le deuxième grand type d'habitudes négatives que les enfants acquièrent est la **compulsion**. Les habitudes négatives compulsives sont apprises par l'enfant lorsqu'on lui répète sans cesse : « Tu ferais mieux, sinon... ». Les parents disent : « Si tu ne fais pas, ou si tu arrêtes de faire, telle ou telle chose, tu auras de gros ennuis ». Pour l'enfant, les problèmes avec les parents signifient toujours le retrait de l'amour et de l'approbation.

Lorsque les parents **conditionnent** leur amour aux performances ou au comportement de l'enfant, celui-ci intériorise rapidement le message suivant : « Je ne suis pas aimé et je ne suis donc pas en sécurité tant que je ne fais pas ce qui plaît à mes parents ». Je dois donc faire ce qui leur plaît. Je dois faire ce qui les rend heureux. Je dois faire ce qu'ils veulent. Je dois le faire, je dois le faire, je dois le faire ».

Ce schéma de comportement négatif compulsif se développe lorsque les parents conditionnent leur amour plutôt que de le donner de manière *inconditionnelle*. Il se manifeste par *la peur du rejet*. Et la peur du rejet est la deuxième raison majeure de l'échec et de la sous-performance dans la vie adulte.

Si vous avez été élevé avec un amour conditionnel, vous pouvez le constater à l'âge adulte. Vous serez excessivement préoccupé, voire obsédé, par l'opinion des autres, en particulier par celle de vos parents, de votre conjoint, de votre patron ou de vos amis.

Le mot est « excessivement ». Il est normal et naturel d'être attentif aux pensées et aux sentiments des autres. C'est ce souci et ce respect de l'opinion des autres qui constituent le ciment de la société. Sinon, ce serait le chaos.

Cependant, poussée à l'extrême, comme toutes les peurs, elle peut être paralysante. Elle peut atteindre le point où les gens sont incapables de prendre une décision par eux-mêmes tant qu'ils n'ont pas reçu l'approbation de quelqu'un d'autre.

Nous avons besoin du respect des autres et nous nous efforçons de l'obtenir, mais les personnes supérieures, les hommes et les femmes en quête d'accomplissement personnel, ont suffisamment confiance en eux pour prendre en compte les opinions des autres, et prendre ensuite leurs propres décisions en fonction de ce qu'ils estiment être bon pour eux.

Souvenez-vous, nous avons tous des peurs. En particulier, nous craignons la critique et la désapprobation. Nous ferons tout pour gagner la bienveillance et l'approbation des personnes que nous admirons. Nous ferons toutes sortes de sacrifices pour être appréciés. Les soldats risquent même leur vie pour ne pas décevoir les autres.

Mais vous devez être constamment conscient de cette influence insidieuse. Comme l'a écrit Francis Bacon, elle peut « rendre un homme incapable de poursuivre ses propres objectifs de quelque manière que ce soit ».

Dans chaque situation où les opinions des autres sont en jeu, demandez-vous : « Qu'est-ce que je veux vraiment faire ? Qu'est-ce qui me rendrait le plus heureux ? » Ensuite, prenez vos décisions pour la personne qui devra les assumer, c'est-à-dire vous-même.

Le modèle de comportement compulsif négatif se manifeste physiquement sous forme de tension dans le cou et les épaules, ainsi que de douleurs dans le bas du dos. Elles se manifestent généralement lorsque vous vous sentez surchargé, « sous pression », ou lorsque vous avez trop de choses à faire et trop peu de temps. Ces douleurs physiques sont le résultat majeur du stress et de la surcharge de travail. Elles peuvent entraîner de graves problèmes psychosomatiques.

Les femmes ont tendance à manifester la peur du rejet par la dépression, le repli sur soi et des symptômes physiques. Les hommes ont tendance à manifester cette habitude négative compulsive par ce que l'on appelle un « comportement de type A ». Ce comportement découle généralement de la relation entre le père et le fils, ou entre le père et la fille. Il est causé par le sentiment de l'enfant qu'il n'a jamais reçu la qualité et la quantité d'amour adéquates de son père.

Pour les hommes, cette quête inconsciente d'amour de la part de leur père est transférée, à l'âge adulte, au patron sur le lieu de travail. Le comportement de type A se manifeste alors par une préoccupation excessive pour l'approbation du patron. Dans les cas extrêmes, cela peut conduire un homme à devenir obsédé par son travail, au point de ruiner sa santé et sa famille.

Je me souviens quand mon père est décédé, j'ai très mal pris la nouvelle. J'avais l'impression de n'avoir jamais réussi à faire les choses correctement, de n'avoir jamais fait ce qu'il fallait pour qu'il m'aime et m'accepte complètement. Deux ans après sa mort, je ressentais toujours un grand sentiment de perte et de vide chaque fois que je pensais à lui.

Un soir, j'ai invité ma mère à dîner et je lui ai fait part de mes sentiments. Elle a été surprise et m'a dit que je n'avais aucune raison d'être triste ou bouleversé. Elle m'a expliqué que mon père n'avait jamais eu beaucoup d'amour à donner à qui que ce soit.

À cause de son enfance et de ses premières expériences, il avait très peu d'amour pour lui-même, et donc très peu pour ses enfants, y compris moi. Elle m'a dit que je n'aurais rien pu faire pour obtenir plus d'amour que j'en ai reçu.

Avec le temps, j'ai constaté que la plupart des hommes qui souffrent d'un comportement de type A essaiaient toujours de gagner l'amour et le respect de leur père. Mais ce que j'ai appris après la mort de mon père, c'est que, quel que soit l'amour que l'on reçoit, ou que l'on a reçu, de son père, c'est tout ce qu'il avait à donner. Il n'y a rien que vous auriez pu faire, et rien que vous puissiez faire maintenant, pour changer cela. Une fois que vous avez compris et accepté cela, vous pouvez vous détendre un peu et passer à autre chose.

L'IMAGE DE SOI DANS L'ENTREPRISE

Chaque groupe de personnes, qu'il s'agisse d'un couple ou d'une grande organisation, se forge une image de soi. C'est la personnalité globale des individus lorsqu'ils sont ensemble, ou lorsqu'ils se considèrent comme faisant partie d'un ensemble plus vaste. On peut parler de moral ou de culture, mais c'est bien plus que cela. C'est le ton psychologique général de l'organisation. Par-dessus tout, c'est le degré de satisfaction des individus en tant que membres d'un groupe plus large. C'est le degré de fierté et de confiance qu'ils ressentent, ou ne ressentent pas, dans leur appartenance à la grande entité.

Chaque couple a une image de lui-même. C'est la façon dont ils se voient et se sentent lorsqu'ils sont ensemble. Elle s'exprime dans la quantité de rires qu'ils ont ou n'ont pas. Les couples et les familles qui ont une image d'eux-mêmes positive sont heureux et enthousiastes l'un envers l'autre et à l'idée d'être ensemble. Les couples et les familles qui ont une image d'eux-mêmes négative se caractérisent par des plaintes, des critiques et des disputes constantes.

Les entreprises ont également une image d'elles-mêmes, tout comme chaque division, service ou groupe de personnes au sein de l'entreprise, jusqu'à la personnalité de l'équipe de nettoyage qui intervient après les heures de travail.

L'image de soi d'une entreprise se compose de trois éléments de base. Le premier, l'idéal personnel, est une combinaison de la vision, des valeurs, de l'éthique et de la mission de l'organisation. Lorsque ces éléments sont clairs et positifs et que la direction s'y engage, les employés de l'entreprise sont plus heureux, plus positifs et plus confiants en eux-mêmes et en leur avenir.

L'une des responsabilités les plus profondes et les plus incontournables de la direction (ou des parents) est de formuler clairement cet idéal personnel, puis d'incarner leurs valeurs dans leur comportement envers les autres, de répéter aux autres ce en quoi ils croient et ce qu'ils représentent, puis de montrer l'exemple.

Le deuxième ingrédient de l'image de soi de l'entreprise est l'image de soi collective. Il s'agit de la manière dont la direction et les employés de l'entreprise se voient et se perçoivent. Cette image de soi est largement déterminée par la manière dont ils estiment faire leur travail, remplir leurs fonctions. Elle est particulièrement influencée par la qualité de leurs produits et services, ainsi que par la façon dont ils estiment être perçus sur le marché par leurs clients et fournisseurs.

Lorsque je travaille avec des entreprises dont les ventes sont en hausse, dont la part de marché augmente et dont les bénéfices sont respectables, tout le monde semble heureux, ouvert et confiant. Lorsque je travaille avec des entreprises en difficulté, sur le marché ou pour des raisons internes, les employés sont souvent comme les membres d'une équipe qui perd trop de matchs. Ils sont malheureux, incertains et négatifs quant à leurs perspectives. Ils se défoulent les uns sur les autres en se critiquant, en se plaignant et en se mettant des bâtons dans les roues.

L'une des tâches du cadre ou du chef d'équipe est de maintenir le moral des gens en leur disant continuellement à quel point ils sont bons. Tout le monde se tourne vers le haut pour savoir comment interpréter ce qui se passe. Le rôle de l'exécutif est de maintenir le moral élevé en présentant les événements sous le meilleur angle possible et en incitant les gens à se concentrer sur les possibilités futures plutôt que sur les problèmes passés.

Le dernier ingrédient de l'image de soi de l'organisation, l'estime de soi, est la somme totale des idéaux de l'entreprise, des performances actuelles de l'organisation et de la manière dont chaque personne se sent traitée par ses supérieurs et ses collègues. Le rôle de l'exécutif est de maintenir le moral élevé en présentant les événements sous le meilleur angle possible et en incitant les gens à se concentrer sur les possibilités futures plutôt que sur les problèmes passés. Cette haute estime de soi se manifeste par l'optimisme, l'énergie, la créativité, la coopération et l'engagement. C'est l'ingrédient le plus difficile à construire et à maintenir, mais les personnes qui s'apprécient et se respectent en tant que membres d'une équipe de premier ordre deviennent une force puissante sur un marché concurrentiel. Elles deviennent une victoire qui ne demande qu'à s'exprimer.

Une entreprise, une organisation, un service, une division, une équipe de travail ou une famille qui a une image positive d'elle-même est une entreprise dans laquelle les gens se sentent bien dans leur peau. La création d'un tel groupe est l'art suprême de la gestion. C'est la compétence suprême de l'individu dans la société. Avec une image de soi élevée et positive, les gens sont plus productifs, plus résistants, plus confiants et plus heureux qu'ils ne pourraient l'être sans cette image.

Avec ce type d'équipe ou de famille, vous pouvez faire des choses merveilleuses. Vous pouvez réaliser votre potentiel tout en aidant les autres à réaliser le leur.

LA PLUS GRANDE MENACE DE LA VIE

Le plus grand problème de la vie humaine est la peur. C'est la peur qui nous prive du bonheur. C'est la peur qui nous pousse à nous contenter de bien moins que ce dont nous sommes capables. C'est la peur qui est à l'origine des émotions négatives, du malheur et des problèmes dans les relations humaines.

La seule bonne chose à propos de la peur, s'il y a quelque chose de bon, c'est qu'elle s'apprend et que, pour cette raison, elle peut être désapprise.

La peur de l'échec et la peur du rejet sont des réponses apprises, programmées en vous avant l'âge de six ans. Ces peurs fixent généralement les limites supérieures et inférieures de votre zone de confort. À cause d'elles, vous en faites assez pour ne pas être critiqué ou rejeté dans la partie inférieure, et vous restez bien en deçà de vos limites afin d'éviter le risque ou l'échec dans la partie supérieure. Une fois que vous avez glissé dans votre zone de confort, vous y restez, en essayant d'éviter tout sentiment de peur ou d'anxiété. Vos peurs vous empêchent d'accéder à la plupart des possibilités qui s'offrent à vous.

Le contraire de la peur est l'amour, à commencer par l'amour de soi ou l'estime de soi. Il existe une relation inverse entre l'estime de soi et les peurs de toutes sortes. Plus vous vous aimez, moins vous craignez l'échec et le rejet. Plus vous vous appréciez, plus vous êtes prêt à aller de l'avant et à prendre les risques qui vous mèneront au succès et au bonheur. Plus vous vous appréciez, plus vous êtes disposé à prendre les mesures qui vous permettront de sortir de votre zone de confort et de réaliser vos véritables objectifs et désirs.

Vous commencez le processus d'amélioration de votre estime de vous-même et de dépassement de vos peurs en répétant les mots puissants suivants : « Je m'aime ! Je m'aime ! Je m'aime ! »

Commencez chaque jour en répétant « Je m'aime » cinquante ou cent fois jusqu'à ce que ces mots pénètrent votre subconscient. Vous verrez et sentirez bientôt la différence dans votre confiance en vous, vos compétences et vos relations avec les autres. Vous commencerez à vous sentir bien dans votre peau.

PROGRAMMER VOTRE ESPRIT POUR RÉUSSIR

En raison de l'idée que vous vous faites de vous-même, vous devenez ce à quoi vous pensez la plupart du temps. Vos pensées et aspirations dominantes deviennent votre réalité. Les choses auxquelles vous pensez et la façon dont vous y pensez déterminent vos niveaux de santé, de richesse et de bonheur dans tous les domaines de votre vie. On peut savoir si l'on veut vraiment quelque chose en voyant si l'on est prêt à obliger sa pensée à **ne** penser **qu'**aux choses que l'on veut et à ne pas penser à celles que l'on ne veut pas.

Vous avez créé votre vie d'aujourd'hui à partir de toutes vos pensées antérieures. Vous êtes là où vous êtes et ce que vous êtes grâce à vous-même. Vous pouvez changer votre avenir à tout moment en prenant le contrôle de votre esprit conscient à partir de maintenant. Vous pouvez faire de votre vie quelque chose de merveilleux, une expérience de liberté, de joie, de santé, de bonheur et de prospérité, simplement en décidant de le faire et en refusant d'entretenir des pensées contradictoires en même temps. C'est à vous de décider.

En raison de la nature de votre esprit multidimensionnel, vous pouvez réécrire votre programme directeur en bombardant délibérément votre esprit d'une série de messages, formulés de différentes manières et provenant de plusieurs directions. Si vous voulez être en bonne forme physique, vous ferez des exercices qui sollicitent tout votre corps. Si vous voulez devenir mentalement en forme, positif et en bonne santé, vous devez vous assurer que les messages qui entrent dans votre esprit conscient sont cohérents avec la vie idéale que vous voulez vivre.

Il n'est pas facile de changer la personne que vous êtes, afin de pouvoir profiter de la vie que vous voulez vraiment. Il vous a fallu toute votre vie pour arriver là où vous êtes aujourd'hui, avec votre état d'esprit actuel. Il vous faudra déployer des efforts considérables pour changer. Heureusement, le jeu en vaut la chandelle, et les résultats que vous obtiendrez seront à la fois rapides et sans commune mesure avec les efforts que vous aurez consentis.

L'HOMÉOSTASIE

Pour obtenir des résultats différents, vous devez vous transformer. Vous devez changer vos objectifs et vos idéaux pour vous-même, et développer une nouvelle image de vous-même. En vertu de la loi de la correspondance, votre monde extérieur reflétera votre monde intérieur. Vous devez évoluer intérieurement pour connaître en permanence le bien que vous désirez à l'extérieur.

Le premier et, pour la plupart des gens, le plus difficile obstacle à surmonter réside en vous-même. C'est votre effort inconscient pour rester cohérent avec ce que vous avez dit et fait dans le passé qui vous retient.

Cette « impulsion homéostatique » est un autre terme pour désigner votre **zone de confort**. Il s'agit de votre tendance inconsciente à être irrésistiblement attiré par ce que vous avez toujours fait. Cette incapacité à se libérer des tentacules du passé est la raison pour laquelle la plupart des gens accomplissent bien moins que ce dont ils sont capables et restent insatisfaits et mécontents pendant la majeure partie de leur vie.

L'homéostasie n'est ni bonne ni mauvaise. Il s'agit d'un mécanisme naturel qui fait partie de votre « équipement standard » et qui vous permet de fonctionner automatiquement dans un grand nombre de domaines. Ce mécanisme maintient votre corps à 37 degrés Celsius. Il maintient l'équilibre chimique dans vos milliards de cellules et régit votre système nerveux autonome. Il est indispensable au bon fonctionnement physique de votre corps.

Chaque fois que vous pensez, dites ou faites quelque chose de contraire à vos habitudes, votre impulsion homéostatique tente de vous ramener dans votre zone de confort en vous mettant mal à l'aise. Comme vous allez toujours de l'inconfort vers le confort, vous avez tendance à revenir vers ce qui vous convient et à vous éloigner de ce qui est nouveau et stimulant.

C'est tout à fait normal. Faire quelque chose de différent de ce que vous avez l'habitude de faire vous rend tendu et mal à l'aise. Le simple fait de penser à faire quelque chose de différent peut être stressant. Sortir de sa zone de confort peut être si éprouvant pour les nerfs que la plupart des gens ne le font que lorsqu'ils y sont contraints.

Votre tendance naturelle, si vous êtes contraint de sortir de votre zone de confort, même si vous n'y étiez pas heureux, est de recréer une nouvelle zone de confort similaire à celle que vous venez de quitter. En fait, vous vous efforcerez de recréer une situation que vous n'aimiez pas au départ.

De nombreuses personnes ont fait l'expérience de perdre un emploi qu'elles n'aimaient pas et de partir à la recherche d'un emploi identique ailleurs. Je me souviens avoir perdu mon emploi de plongeur dans la cuisine d'un hôtel, qui n'était pas très bien, et avoir passé les mois suivants à postuler à des emplois de plongeur dans d'autres hôtels.

Il est essentiel que vous soyez conscient de ce mécanisme homéostatique. C'est la façon dont la nature vous maintient dans la continuité de ce que vous avez fait dans le passé. Cependant, pour évoluer et progresser, il est essentiel de quitter sa zone de confort et de s'orienter vers des horizons plus vastes et plus gratifiants. La réussite et le bonheur ne sont possibles que si vous êtes prêt à vous sentir gêné et mal à l'aise pendant le processus de création d'une nouvelle zone de confort à un niveau plus élevé de performance.

Méfiez-vous du chant des sirènes des vieilles habitudes, de la zone de confort, qui vous incitent à rester là où vous êtes, vous empêchant de réaliser toutes les grandes choses qui sont possibles pour vous. Vous devez consciemment et délibérément contrer l'attraction de la zone de confort à mesure que vous progressez vers des niveaux d'accomplissement toujours plus élevés.

LA RIGIDITÉ MENTALE

Le deuxième obstacle majeur au changement est le « durcissement des attitudes ». Il est enraciné dans la peur, comme une grande partie de l'impulsion homéostatique. La rigidité mentale est votre tendance naturelle à tomber amoureux de vos propres idées, puis à les défendre vigoureusement contre toute nouveauté.

Le contraire de la rigidité mentale est la flexibilité, la volonté d'envisager d'autres points de vue, d'autres idées, avec la possibilité très réelle de se tromper.

Cette flexibilité mentale est la marque d'une personne supérieure. Le fait même d'envisager toutes les options dans une situation donnée vous permet de voir beaucoup plus de choses possibles pour vous. Au lieu d'utiliser votre intelligence pour trouver des failles dans les approches alternatives, vous suspendez votre jugement suffisamment longtemps pour voir si vous ne pouvez pas trouver quelque chose de bénéfique dans une idée différente, ou dans une nouvelle façon de faire les choses.

Cette approche est cruciale dans la programmation mentale, pour améliorer votre manière de penser. L'une des principales raisons pour lesquelles les gens n'avancent pas dans la vie est qu'ils deviennent trop rigides et inflexibles dans leurs idées, en particulier dans leurs idées sur eux-mêmes et sur ce qui est possible pour eux. Ils s'attardent alors sur toutes les raisons pour lesquelles quelque chose *ne fonctionnerait pas* pour eux, plutôt que sur les raisons pour lesquelles cela fonctionnerait. Ils agissent comme leurs propres procureurs, construisant le dossier contre eux-mêmes, et contre vous aussi, si vous les laissez faire.

Un tournant majeur dans votre façon de penser se produit lorsque vous passez du « si » au langage « comment ». Lorsque vous commencez à réfléchir *à la manière dont* vous allez accomplir quelque chose que vous voulez, et que vous refusez en même temps de vous demander si c'est possible ou non, c'est toute votre mentalité qui commence à changer. Les résultats que vous *obtenez* sont souvent le reflet de ce à quoi vous pensez la plupart du temps. Si vous vous concentrez constamment sur les *moyens* d'atteindre vos objectifs et sur les actions concrètes que vous pouvez entreprendre pour avancer dans cette direction, vos chances de succès augmentent considérablement.

LE POUVOIR DE L'AMOUR

La plupart de vos actions sont guidées par le besoin de recevoir de l'amour ou de combler un manque d'affection, dès les premières années de votre enfance. L'émotion de l'amour exerce une influence énorme sur chacun de vos choix et de vos décisions. Votre idéal personnel, le mécanisme directeur de l'image que vous avez de vous-même et le régulateur de votre comportement, peut être compris comme l'idée que vous vous faites du genre de personne que vous devez être pour gagner l'amour et le respect des personnes qui vous sont chères. Votre estime de vous-même, ce que le Dr Nathaniel Branden appelle « votre réputation auprès de vous-même », est largement déterminée par le degré d'amour et de valeur que vous vous accordez dans votre propre esprit.

De nombreux problèmes de personnalité trouvent leur origine dans « l'amour refusé ». Votre personnalité d'adulte est en grande partie formée par la quantité et la qualité de l'amour que vous avez reçu pendant vos années de formation. Presque tout ce que vous faites aujourd'hui (les objectifs que vous vous fixez, les rêves que vous avez, les engagements que vous prenez) est influencé par la puissance de l'amour dans votre vie.

En fait, vous êtes inévitablement attiré par les personnes dont vous voulez l'amour et dont vous avez besoin, et vous êtes démesurément influencé par leurs opinions. Lorsque vous entamez le processus de reprogrammation de votre esprit, tout ce que vous faites doit être cohérent avec l'augmentation de l'amour et du respect que vous avez pour vous-même et que les autres ont pour vous. Ce n'est qu'ainsi que vous serez continuellement motivé à faire les efforts nécessaires pour devenir la personne que vous êtes capable de devenir.

Quelles sont les personnes dont l'amour et le respect sont les plus importants pour vous ? Que devez-vous faire et qui devez-vous devenir pour qu'elles vous aiment et vous respectent ? Ce sont des questions fondamentales pour une vie heureuse.

LE POUVOIR DE LA SUGGESTION

Après le pouvoir de l'amour, le pouvoir de la suggestion détermine la façon dont vous pensez et ressentez les choses. Votre esprit multidimensionnel est affecté par tout ce qui se passe autour de vous et en vous. Votre environnement suggestif a un impact immense sur tout ce que vous devenez et sur tout ce qui vous arrive. Un changement dans votre environnement physique, mental ou émotionnel peut provoquer **un effet immédiat** sur votre façon de penser, de ressentir et d'agir, ce qui peut ainsi affecter vos résultats.

Vous êtes immédiatement influencé par les changements de température ou de niveau sonore. Vous êtes immédiatement affecté par les conversations ou les confrontations avec d'autres personnes. Une remarque désobligeante peut vous décourager pour toute la journée. Une bonne nouvelle peut vous rendre heureux et joyeux pendant des heures.

Malheureusement, à moins que vous ne les contrôliez soigneusement, la plupart des suggestions de votre environnement auront tendance à être négatives. La radio, la télévision et les journaux sont remplis de « sensationnalisme négatif ». La plupart des conversations sont remplies de reproches, de plaintes et de condamnations. Un grand nombre de personnes ont acquis l'habitude de penser et de parler de manière négative avec une attitude de « ce n'est pas formidable ». Leurs conversations sont empreintes de négativité et de critique.

La clé de votre programmation mentale consiste à prendre le contrôle systématique et délibéré de votre environnement suggestif. C'est à vous de créer un monde mental majoritairement positif et conforme à la personne que vous voulez être et à la vie que vous voulez mener. Le contrôle de votre environnement suggestif exige que vous décidiez des ingrédients de votre « régime mental », pour un avenir indéfini.

Il existe trois autres lois mentales que vous devez comprendre pour reprogrammer efficacement votre esprit et changer votre avenir. Il s'agit de la loi de l'habitude, de la loi de la pratique et de la loi de l'émotion. Elles contiennent des réponses essentielles aux questions relatives à la réussite et au bonheur, et elles indiquent un grand nombre des solutions que vous recherchez.

LA LOI DE L'HABITUDE

Pratiquement tout ce que vous faites est le résultat d'une habitude. Votre manière de parler, de travailler, de conduire, de penser, d'interagir avec les autres, de dépenser de l'argent et de traiter les personnes importantes dans votre vie est en grande partie dictée par l'habitude. Votre comportement dans tous les domaines de la vie est basé sur l'accumulation de toutes vos expériences, depuis la petite enfance. Probablement 95 % de vos actions et réactions sont des réponses automatiques et inconscientes à votre environnement physique et humain.

Vos habitudes constituent des obstacles majeurs à devenir la personne que vous aspirez à être. Vos façons habituelles de penser, de ressentir, de parler et de vous comporter sont souvent des obstacles qui se dressent entre votre situation actuelle et l'endroit où vous voulez vraiment aller. Elles vous font « faire du surplace ».

La loi de l'habitude est une loi mentale d'une importance essentielle. Elle explique la zone de confort, la réussite et l'échec mieux que tout autre principe. Elle trouve son pendant en physique dans la première loi du mouvement de Newton, qui stipule qu'un corps au repos tend à rester au repos et qu'un corps en mouvement tend à rester en mouvement, à moins qu'une force extérieure n'agisse sur lui.

Votre pensée et votre comportement sont soumis au même principe. En l'absence d'une force extérieure ou d'une décision définitive de votre part de faire quelque chose de différent, vous continuerez indéfiniment à faire à peu près la même chose.

Vous occuperez le même emploi, fréquenterez les mêmes personnes, mangerez les mêmes aliments, prendrez le même chemin pour vous rendre au travail, pratiquerez les mêmes activités de loisirs, regarderez la même télévision, lirez les mêmes livres et vivrez à peu près le même genre de vie.

Les habitudes ne sont bonnes que tant qu'elles vous servent, tant qu'elles ont pour effet d'enrichir et d'améliorer continuellement votre vie. C'est lorsque vos habitudes deviennent des obstacles majeurs à votre bonheur que vous devez les modifier ou les changer complètement.

Certaines personnes ont pris l'habitude d'arriver en retard à leurs rendez-vous ou de terminer leurs travaux en retard. Mais les personnes qui réussissent sont invariablement ponctuelles et fiables. Les gens peuvent compter sur elles. Les personnes qui réussissent tiennent leurs engagements. Et elles respectent le temps des autres en ne les dérangeant pas.

D'autres ont l'habitude de regarder la télévision ou le journal. Elles passent un temps excessif chaque jour à regarder la télévision ou à lire le journal. Souvent, elles font les deux en même temps.

Les habitudes les plus dangereuses que vous puissiez prendre sont toutefois les habitudes mentales. Étant donné que tout ce à quoi vous pensez constamment se manifeste dans votre vie, vos pensées négatives ou limitantes vous nuisent bien plus que presque toute autre chose à laquelle vous pourriez vous adonner.

Vos modes de pensée habituels sont absolument les choses les plus importantes de votre vie. Comme l'a écrit Shakespeare :

« il n'y a rien de bon ou de mauvais, mais la pensée le rend ainsi ». Vous vivez dans un monde mental. Rien autour de vous n'a de sens si ce n'est celui que vous lui donnez par vos pensées. Si vous changez votre façon de penser, vous changez votre vie.

Le succès et l'échec, le bonheur et le malheur, sont en grande partie le résultat de l'habitude, des façons automatiques dont vous répondez et réagissez à ce qui se passe autour de vous. Changer les habitudes qui ne sont plus cohérentes avec vos objectifs supérieurs est l'une des choses les plus difficiles que vous aurez à accomplir, et l'une des plus essentielles pour la qualité de votre vie. Mais à moins que vous n'ayez déjà atteint un certain niveau d'excellence ou de perfection, vous vivez aujourd'hui avec des habitudes dont vous devez vous débarrasser si vous voulez aller de l'avant. Rappelez-vous que les mauvaises habitudes sont faciles à prendre, mais difficiles à vivre ; les bonnes habitudes sont difficiles à prendre, mais faciles à vivre. Votre tâche consiste à prendre de bonnes habitudes et à en faire vos maîtres.

LA LOI DE LA PRATIQUE

La bonne nouvelle, c'est que toutes les habitudes s'apprennent et qu'elles peuvent donc être désapprises. Vous êtes aujourd'hui, à tous égards, le résultat de votre conditionnement, un peu comme un animal de laboratoire. Vous avez été formé, ou vous vous êtes formé vous-même, pour être la personne que vous êtes et pour obtenir les résultats que vous avez dans la vie. Votre formation a commencé avant que vous ne soyez en âge de savoir ce qui se passait, et vous êtes aujourd'hui le résultat de la formation que vous avez suivie au fil des ans.

Vous pouvez changer si vous **le souhaitez**. La loi de la pratique stipule que toute pensée ou action que vous répétez assez souvent devient une nouvelle habitude. Vous pouvez développer toute habitude que vous jugez souhaitable ou nécessaire. Vous pouvez devenir le genre de personne que vous voulez être si vous pouvez vous obliger à penser et à agir d'une manière conforme à vos nouveaux idéaux plus élevés suffisamment longtemps pour qu'ils deviennent de nouvelles habitudes. C'est ainsi que vous devenez une personne nouvelle et meilleure.

Parce que votre monde extérieur correspond à votre monde intérieur, lorsque vous commencez à développer des modes de pensée et de comportement plus constructifs, les gens et les situations autour de vous commencent à changer, parfois de la manière la plus remarquable et la plus inattendue qui soit.

Un de mes amis était impliqué dans un procès houleux à propos d'une affaire commerciale. Plus il se mettait en colère, plus l'autre partie devenait déterminée et déraisonnable, tout comme ses avocats.

Il a finalement décidé de changer sa façon de penser. Il a délibérément éliminé toute la situation de son esprit. Il a commencé à avoir des pensées charitables et compatissantes à l'égard de l'autre partie. Lorsque le sujet a été abordé, il a refusé de s'impliquer ou de s'énerver. Il a laissé tomber.

Quelques jours après qu'il eut décidé de changer sa façon de penser au sujet du procès, l'autre personne l'a appelé, s'est excusée pour tout malentendu ou mauvais sentiment, et a proposé une solution raisonnable. Au lieu d'aller au tribunal, l'affaire s'est terminée pacifiquement.

Le nouveau président d'une entreprise en pleine expansion était convaincu que l'un des cadres dont il avait hérité faisait de la politique et manipulait délibérément les gens et les situations afin de paraître plus compétent et plus utile à l'organisation qu'il ne l'était en réalité.

Le nouveau président était sur le point de licencier le cadre lorsqu'il a décidé de changer son fusil d'épaule. Il a délibérément choisi de réinterpréter les comportements du cadre de manière favorable. Il a alors examiné chaque action du cadre du point de vue d'un employé loyal agissant dans le meilleur intérêt de l'entreprise.

À sa grande surprise, il a constaté que le comportement du cadre était beaucoup plus facile à comprendre et à apprécier de ce point de vue. Il a vu que le cadre, loin d'avoir un comportement politique, était extrêmement compétent et qu'il s'interposait pour le nouveau président dans des domaines qu'il ne connaissait pas encore. La relation entre les deux a changé immédiatement, pour le mieux, après que le président a changé sa façon de penser et a commencé à présumer les meilleures intentions de l'autre homme.

Votre capacité à prendre le contrôle de votre esprit et à commencer à générer les types de pensées qui mènent aux résultats que vous désirez est le point de départ du processus qui mène à la liberté totale, au bonheur et à l'expression de soi.

LA LOI DE L'ÉMOTION

Vos émotions sont les forces énergétiques qui sous-tendent vos pensées. Plus vous **ressentez** quelque chose **intensément**, plus cette pensée ou cette circonstance aura un effet important sur votre vie. L'émotion est comme un courant électrique ou un feu, qui peut être soit constructif, soit destructif, selon la manière dont il est utilisé.

La loi de l'émotion stipule que 100 % de vos décisions et des actions qui en découlent sont basées sur l'émotion. Vous n'êtes pas essentiellement émotionnel, ou 90 % émotionnel et 10 % logique, comme on l'a supposé. Vous êtes **complètement** émotionnel. Chacun de vos actes repose sur une émotion.

Avant de comprendre ce point, j'avais l'habitude de penser que je faisais ce qui était logique, ce qui était pratique, ce qui « avait du sens » dans diverses situations. Lorsque j'ai découvert la loi des émotions, j'ai réalisé que j'étais en réalité esclave de mes émotions, surtout si je ne prenais pas le temps de réfléchir aux émotions qui avaient le dessus dans une situation ou une décision particulière.

Voici le point essentiel : il n'existe que **deux** grandes catégories d'émotions, à savoir le désir et la peur. La plupart des choses que vous faites ou ne faites pas sont déterminées par l'une ou l'autre. Et les choses que vous faites, ou que vous vous abstenez de faire, à cause de la **peur**, dépassent largement le nombre de choses que vous faites par **désir**.

La plupart des gens sont immobilisés par des peurs de toutes sortes. Ils craignent la pauvreté ou la perte. Ils craignent la critique ou la désapprobation. Ils craignent d'être en mauvaise santé. Ils craignent que l'on profite d'eux. Par-dessus tout, ils craignent l'échec et le rejet, à tel point qu'ils sont prêts à « mener une vie de désespoir tranquille » plutôt que de risquer de voir l'une de leurs craintes se réaliser. C'est ainsi que vit la plupart de la population, pendant la plus grande partie de leur vie.

Plus vous désirez ou craignez quelque chose, plus vous avez de chances de l'attirer dans votre vie. Une pensée qui n'est pas accompagnée d'une émotion n'a pas le pouvoir de vous influencer dans un sens ou dans l'autre. Une émotion qui n'est pas guidée par une pensée est source de frustration et de malheur. Mais lorsque vous avez une pensée claire, positive ou négative, accompagnée d'une émotion intense, qu'il s'agisse de peur ou de désir, vous activez les différentes lois mentales et commencez à attirer ce que vous voulez vers vous.

C'est pourquoi il est si important de garder vos pensées sur les choses que vous voulez et de les éloigner de celles que vous craignez. Les hommes et les femmes qui sont heureux et performants sont conscients du pouvoir de leurs pensées et accordent une grande importance à les maintenir positives et constructives. Votre esprit est si puissant que vous devez le contrôler avec une grande fermeté afin qu'il vous oriente continuellement dans la direction que vous souhaitez, faute de quoi il vous éloignera de vos désirs.

Il n'est pas facile de changer l'image que vous avez de vous-même. C'est peut-être la chose la plus difficile que vous ayez jamais faite. Et la plus utile. Mais ce n'est pas une question de choix. Une fois que vous avez pris la décision de faire quelque chose d'important et d'utile de votre vie, d'atteindre votre propre idéal de grandeur personnelle, vous devez absolument vous atteler à changer votre propre mentalité.

LES TROIS CONDITIONS ESSENTIELLES AU CHANGEMENT

Trois conditions sont nécessaires pour développer une nouvelle image de soi. Ce sont les clés qui vous permettront de changer la direction de votre vie. Tout d'abord, vous devez sincèrement **vouloir** changer. Vous devez vraiment vouloir devenir totalement positif à l'égard de vous-même et de vos possibilités. Vous devez avoir un désir intense et brûlant d'être plus que vous ne l'avez jamais été.

Souvent, les gens me demandent ce qu'ils peuvent faire pour amener les autres à changer. Je leur rappelle que le point de départ du changement, de l'accomplissement de quelque chose de différent ou de meilleur, est **le désir**, et que le désir est toujours personnel. Vous ne pouvez pas vouloir quelque chose pour quelqu'un d'autre, tout comme vous ne pouvez pas fixer des objectifs pour quelqu'un d'autre. Ce n'est pas que le changement n'est pas possible, c'est simplement qu'il nécessite un désir de la part de la personne qui s'attend à changer, sinon il n'aura pas lieu.

C'est comme la question « Combien de psychiatres faut-il pour changer une ampoule ? » La réponse est : « Un seul, mais il faut que l'ampoule **veuille** vraiment changer ».

Pour devenir une personne nouvelle et meilleure, vous devez d'abord sentir que le changement est souhaitable ou nécessaire, ou les deux à la fois. Le changement, l'objectif, la nouvelle qualité de la personnalité doivent être cohérents avec vos valeurs, vos idéaux et la personne que vous aimeriez vraiment être.

Deuxièmement, vous devez être **prêt à changer**. Beaucoup de gens disent qu'ils veulent changer, mais, au fond d'eux-mêmes, ils ne sont pas vraiment disposés à abandonner leur ancienne vie, leurs anciennes associations et tout ce qui va avec. Une personne peut vouloir être en bonne santé, mais ne pas vouloir renoncer à la cigarette. Une autre personne peut vouloir réussir financièrement, mais ne pas vouloir renoncer à s'amuser tous les soirs avec ses amis.

Vous devez être prêt à laisser tomber l'ancienne personne pour devenir la nouvelle. Vous devez être prêt à **arrêter** de faire certaines choses, même si vos amis désapprouvent, afin de **commencer** à faire les choses qui sont cohérentes avec le nouveau vous. Vous devez surmonter les obstacles de l'*homéostasie* et de *la rigidité mentale*, de la zone de confort et de la pensée rigide.

Troisièmement, vous devez être **prêt à faire des efforts**. Vous devez être prêt à persévérer pendant une longue période sans que des progrès soient visibles. Ce que vous visez, c'est une amélioration fondamentale à long terme de votre vie. Il vous a fallu de nombreuses années pour devenir la personne que vous êtes. Vous devez être prêt à travailler très dur pour devenir quelqu'un de différent.

LA PUISSANCE MENTALE EN VINGT-ET-UN JOURS

L'un des moyens les plus puissants pour changer vos habitudes mentales et l'orientation future de votre vie consiste à suivre un régime d'attitude mentale positive (AMP) de 21 jours. Pendant vingt-et-un jours, vos pensées, vos paroles et vos actions doivent être cohérentes avec les objectifs que vous souhaitez atteindre et la personne que vous aimeriez devenir.

Vous devez suivre ce régime pendant vingt-et-un jours pour deux raisons. Tout d'abord, il faut à un adulte entre quatorze et vingt et un jours pour développer une nouvelle habitude de pensée, un nouveau « sillon neuronal » dans le cerveau, comme le chemin d'une vache dans un pâturage. Parfois, vous remarquerez des changements nets en vous-même et vos résultats beaucoup plus rapidement. Mais en général, les habitudes qui ont pris toute une vie à se former prennent plus de temps que quelques jours pour être modifiées ou supplantées.

La deuxième raison pour laquelle vous devez pratiquer ces méthodes pendant vingt-et-un jours est que vous devez apprendre la patience et la persévérance. Il faut vingt et un jours de calme, de patience et de chaleur à une poule pour couver un œuf. Si une poule, dont le cerveau a la taille d'un petit pois, peut s'obliger à rester assise sur un œuf pendant vingt-et-un jours sans constater le moindre changement, il n'est probablement pas exagéré **de vous** demander de persévérer patiemment pendant la même période avant d'espérer voir un quelconque changement. La patience est la clé du développement personnel.

Ce qu'il y a de merveilleux avec votre image de vous-même, c'est qu'elle est en perpétuelle évolution. Vous évoluez, grandissez et vous développez continuellement dans le sens de vos pensées dominantes. Si vous changez vos pensées dominantes sur vous-même pendant un certain temps, l'image que vous avez de vous-même et vos croyances commenceront à changer et à évoluer dans cette direction également.

La raison pour laquelle l'image de soi de la plupart des gens ne change pas sensiblement au fil du temps est qu'ils continuent à penser aux mêmes choses de la même manière jour après jour, année après année. William James a écrit : « Si je me vois aujourd'hui comme j'étais dans le passé, mon passé doit ressusciter et devenir mon avenir ».

En revanche, lorsque vous vous fixez des objectifs ambitieux et passionnants pour vous-même et la personne que vous voulez devenir, et que vous y pensez chaque jour, vous prenez le contrôle total de votre évolution mentale et de l'orientation de votre vie. Vous devenez ce à quoi vous pensez.

LES SEPT FAÇONS DE CONTRÔLER VOTRE VIE MENTALE

Il existe une série de mesures que vous pouvez prendre chaque jour pour saturer votre esprit d'influences positives et vous assurer que vous vous bombardez continuellement de suggestions qui correspondent à la personne que vous voulez devenir.

Pensez à vous, d'une manière décontractée et détendue, comme à la personne que vous aimeriez être, avec les qualités que vous aimeriez avoir. Commencez à imaginer ce que serait votre **vie**, votre **maison**, votre **travail**, votre **santé** et **le niveau de vie** qui vous plairait le plus. Laissez-vous aller au fantasme, à la rêverie et à la sensation d'atteindre vos objectifs. Cette activité est le premier signal qu'une nouvelle direction est en train d'être programmée dans votre ordinateur subconscient.

1. La visualisation

La première de ces actions est la visualisation. C'est peut-être la technique la plus puissante de modification de l'image de soi dont dispose l'humanité. Vos images visuelles deviennent votre réalité. Elles intensifient vos désirs et approfondissent vos croyances. Elles augmentent votre volonté et renforcent votre persévérance. Elles sont extrêmement puissantes.

Une visualisation comporte quatre éléments. L'augmentation de l'un d'entre eux accélère la vitesse à laquelle vous créez l'équivalent physique de cette image mentale dans votre vie.

Le premier de ces éléments est la **fréquence**. La fréquence à laquelle vous visualisez un événement, un objectif ou un comportement futur particulier a un impact puissant sur votre façon de penser, de sentir et d'agir. Les personnes qui accomplissent des choses extraordinaires visualisent continuellement les résultats qu'elles souhaitent obtenir. Elles pensent en permanence à ce qu'elles veulent accomplir. Elles repassent l'image idéale de leur avenir encore et encore, comme si elles projetaient une diapositive sur l'écran de leur esprit. En fait, la fréquence à laquelle vous visualisez ne vous indique pas seulement à quel point vous voulez réaliser cette image, mais elle intensifie également vos désirs et votre conviction que c'est réalisable.

Le deuxième élément de la visualisation est la **vivacité**. Il s'agit de la clarté avec laquelle vous voyez quelque chose dans votre imagination. Il existe une relation directe entre la clarté avec laquelle vous voyez un objectif ou un résultat désiré et la rapidité avec laquelle il vous apparaît.

Vous avez souvent fait l'expérience de penser à quelque chose que vous vouliez. Vos premières pensées étaient vagues et floues, mais au fur et à mesure que vous y réfléchissiez et que vous rassembliez des informations, votre image mentale de ce que vous vouliez devenait de plus en plus claire. Enfin, lorsque vous avez pu fermer les yeux et le voir dans tous ses détails, il s'est matérialisé dans votre monde. C'est ainsi que vous atteignez la plupart de vos objectifs.

Les personnes qui réussissent sont très sûres de ce qu'elles veulent et, bien sûr, de la clarté de leurs images mentales. Les personnes qui ne réussissent pas sont incertaines de ce qu'elles veulent être et faire. Leurs images mentales floues sont trop vagues pour les motiver ou pour activer les différentes lois mentales en leur faveur.

La troisième dimension de la visualisation est **l'intensité**. Il s'agit de la quantité d'émotions que vous associez à vos images mentales. Lorsque vous désirez intensément quelque chose, lorsque vous êtes excité et enthousiaste à propos de vos objectifs, ou lorsque vous avez une foi profonde dans la réalisation d'un objectif que vous vous efforcez d'atteindre, la chose se produit beaucoup plus rapidement. Augmenter la quantité d'émotion avec laquelle vous accompagnez vos visualisations revient à appuyer sur l'accélérateur de votre propre potentiel. C'est peut-être la raison pour laquelle Ralph Waldo Emerson a écrit : « Rien de grand n'a jamais été accompli sans enthousiasme ».

Les personnes qui ne réussissent pas, en revanche, sont généralement peu motivées et peu enthousiastes à l'égard de ce qu'elles ont et de ce qu'elles font. Elles ont une attitude générale pessimiste qui les maintient à un faible niveau d'énergie.

Elles ont tendance à être plus passives et à accepter les choses telles qu'elles sont, plutôt que d'être excitées par les choses telles qu'elles pourraient être.

La quatrième partie de la visualisation est la **durée**. Il s'agit de la durée pendant laquelle vous pouvez garder à l'esprit l'image de ce que vous voulez. Plus vous imaginez longtemps un événement futur souhaité, plus il a de chances de se produire. Chaque fois que vous le pouvez, vous devriez obtenir des images réelles des choses ou des conditions que vous désirez et les regarder de manière répétée, jusqu'à ce qu'elles soient acceptées comme des ordres par votre subconscient. L'idée que vous vous faites de vous-même se modifie rapidement pour correspondre à vos nouvelles commandes visuelles.

Vous voulez une nouvelle voiture ? Allez chez le concessionnaire et faites un essai. Ramenez les brochures à la maison, découpez-les et placez des photos de la voiture partout où vous pouvez les voir. Un de mes amis a commencé à faire cela lorsqu'il était fauché et qu'il conduisait une vieille voiture. Il a essayé une nouvelle BMW tous les week-ends. Il a même placé une photo de la voiture qu'il voulait sur son volant pour s'imaginer qu'il conduisait déjà la voiture de ses rêves. En l'espace d'un an, il a commencé un nouvel emploi, acquis de nouvelles compétences, augmenté ses revenus et a pu acheter la voiture.

Lorsque vous combinez les éléments de *fréquence, de vivacité, d'intensité et de durée* avec vos visualisations de tout ce que vous voulez être, avoir ou faire à l'avenir, vous vous **suralimentez** et vous **accélérez** votre mouvement vers cet objectif. Vous libérez vos pouvoirs cachés pour réussir et vous exploitez les ressources qui vous permettent d'accomplir des choses qui dépassent tout ce que vous avez fait auparavant.

La plupart des personnes qui réussissent ont développé, par la pratique, la capacité de créer des images mentales claires et vivantes d'elles-mêmes en train d'être les personnes et de faire les choses qu'elles veulent vraiment. Et comme votre performance extérieure est toujours cohérente avec votre image intérieure, si vous vous **voyez** comme un excellent parent, conjoint, cadre ou vendeur, vous vous **sentirez** plus détendu, plus confiant et plus capable dans ce rôle. Si vous vous **voyez** maladroit dans un rôle quelconque, vous vous **sentirez** tendu et mal à l'aise chaque fois que vous vous trouverez dans cette situation particulière.

UNE APPLICATION PRATIQUE

Par exemple, la plupart des gens sont terrifiés à l'idée de parler en public, de se tenir devant un auditoire. Si c'est votre cas, voici comment vous pouvez surmonter cette peur en utilisant des techniques de programmation mentale et de visualisation créative.

Tout d'abord, vous commencez à penser à ce qui changerait dans votre vie si vous étiez un orateur accompli. Vous pensez à la confiance que vous auriez, au respect et à l'admiration que vous inspireriez aux autres si vous faisiez un excellent exposé. Vous vous imaginez alors clairement en train de parler à un public. Remémorez-vous une occasion où vous avez parlé à vos amis ou aux membres de votre famille, lors d'une fête, par exemple. Visualisez-vous détendu et heureux. Ressentez le calme, la confiance et la fierté qui accompagne cette image d'efficacité.

Chaque fois que vous vous imaginez en train de parler en public, souvenez-vous de cette image mentale positive et voyez vous calme, détendu et maître de la situation, avec les personnes de votre auditoire qui vous répondent de manière positive et encourageante.

Pour accélérer la modification de votre image de vous-même, vous achetez des livres sur la prise de parole en public et, tout en lisant, vous vous imaginez en train de faire ce que l'auteur décrit. Peut-être, écoutez-vous un programme sur cassette audio qui vous explique comment préparer et organiser un discours. Il vous explique comment concevoir l'introduction, le corps de l'exposé et la conclusion. Peut-être, assistez-vous à des séminaires et à des réunions et observez-vous d'autres orateurs. Ce faisant, vous vous imaginez en train de parler à l'auditoire. Au fil du temps, vous constatez que votre peur diminue et que votre envie de parler augmente.

Ce processus fonctionne-t-il ? Certainement ! Il a fonctionné pour plus de 3 millions de membres de Toastmasters International depuis la création de cette organisation en 1923.

Le processus Toastmasters a été conçu pour les hommes et les femmes qui estimaient que leur carrière était freinée par leur peur de s'adresser à des groupes, de faire des présentations de groupe ou même de prendre la parole lors de réunions.

Lors d'une réunion Toastmasters typique, chacun a l'occasion de se lever et de parler, ne serait-ce que quelques secondes. L'auditoire est composé d'autres personnes qui veulent également être capables de parler face à un public. Les participants sont positifs et se soutiennent mutuellement. Lorsqu'un membre rentre chez lui, il a une image mentale, ou une illustration, d'une expérience positive de prise de parole. Et chaque fois qu'il se rend à une réunion et qu'il prend la parole, cette image est renforcée.

Voici une découverte remarquable : votre subconscient ne peut pas faire la différence entre une expérience réelle et une expérience que vous avez vivement imaginée. Chaque fois que vous vous remémorez une expérience de succès, votre subconscient l'enregistre comme si vous viviez une nouvelle expérience réussie du même genre.

Cela signifie que si vous avez une seule expérience positive, dans n'importe quel domaine de votre vie, et que vous pensez à cette expérience positive encore et encore, vous vous programmez en fait à la reproduire. Et si vous n'avez pas encore vécu une telle expérience positive, vous pouvez **l'imaginer** ou la créer dans votre esprit et vous y attarder. Votre subconscient ne saura pas que vous l'avez inventée.

Le pouvoir de la visualisation fonctionne également avec les expériences négatives. Une expérience négative répétée à l'infini vous démotivera et vous découragera dans ce domaine. Choisissez donc vos pensées et vos images mentales avec soin.

Si vous avez eu ne serait-ce qu'une seule expérience **positive** d'expression orale devant un public encourageant, vous pouvez vous en souvenir et la revivre chaque fois que vous pensez à prendre la parole en public. Ce processus de visualisation répétée vous permet de vous programmer pour avoir confiance en vous et réaliser d'excellentes performances oratoires à l'avenir.

Si vous vous représentez mentalement en forme et en bonne santé, dans un corps mince et svelte, et que vous visualisez cette image encore et encore, votre subconscient commencera progressivement à ajuster votre appétit, votre métabolisme et votre désir de faire de l'exercice et d'adopter un mode de vie sain. L'excès de poids chutera et ne bougera pas. C'est la seule méthode connue pour perdre du poids de façon permanente et qui semble fonctionner.

Si vous manquez de confiance en vous dans une situation quelconque, annulez la pensée négative en vous visualisant à plusieurs reprises comme une personne calme, confiante et détendue dans cette situation. Rappelez-vous une situation dans laquelle vous avez passé un excellent moment avec un groupe d'autres personnes. Chaque fois que vous vous sentez nerveux en présence d'autres personnes, changez votre image mentale et pensez plutôt à une expérience positive antérieure. Avec le temps, votre subconscient transférera le sentiment positif lié à la situation positive vers la situation qui vous met généralement mal à l'aise et tendu. Vos craintes s'atténueront et disparaîtront progressivement.

Utilisez la visualisation pour **inonder** votre esprit, à chaque occasion, d'images de votre vie idéale. Une façon d'y parvenir est de créer une « carte au trésor » à regarder. Créez une affiche pour votre mur avec, au centre, votre photo ou celle de l'objectif que vous souhaitez atteindre. Découpez ensuite des images, des titres et des citations de magazines et de journaux et collez-les sur l'affiche. Créez une représentation visuelle puissante des ingrédients qui symbolisent pour vous le succès et la réussite.

Prenez le temps, chaque jour, de vous placer devant cette affiche et de vous **imprégner** des images pour les faire pénétrer dans votre subconscient. Pour chaque aspect crucial de votre vie, **méditez** sur vos expériences de succès, qu'elles soient réelles ou imaginées. Revivez-les de façon vive et intense. Si vous travaillez dans la vente, par exemple, et que vous avez réussi une vente, pensez-y à plusieurs reprises. Pensez-y dans les moindres détails aussi souvent que vous le pouvez. Chaque fois que vous vous attardez sur une réussite, votre subconscient l'enregistre comme si vous étiez en train de vivre une autre réussite du même type.

En utilisant la visualisation, vous pouvez convaincre votre subconscient que vous êtes en train de répéter l'expérience réussie encore et encore. Votre subconscient fera alors en sorte que vos paroles, vos actions et vos réactions émotionnelles correspondent aux images de réussite que vous lui avez fournies.

La faute que la plupart des gens commettent est de se fixer sur leurs expériences d'échec et de les imaginer vivement, en se concentrant sur ce qui s'est mal passé et comment ils ont fait des erreurs. Ensuite, ils sont surpris de ressentir du stress et de l'anxiété la prochaine fois qu'ils se retrouvent dans une situation similaire.

Toute amélioration de votre vie commence par une amélioration de vos images mentales. Vos images mentales déclenchent des pensées, des sentiments, des mots et des actions qui leur sont conformes. La visualisation active toutes les lois mentales, y compris la loi de l'attraction, en attirant des personnes et des ressources dans votre vie pour vous aider à transformer vos images en réalité.

2. *Les affirmations*

La deuxième technique de programmation mentale est l'utilisation d'affirmations. Les affirmations sont basées sur les trois « P ». Elles sont **positives, au présent et personnelles**. Les affirmations sont des déclarations ou des ordres forts adressés par votre esprit conscient à votre subconscient. Elles annulent les anciennes informations et renforcent les nouvelles habitudes positives de pensée et de comportement.

L'affirmation « Je m'aime » est positive, au présent et personnelle. Lorsque vous la répétez continuellement, elle finit par être acceptée comme une description valable de la réalité que vous souhaitez. Vous commencez à vous sentir mieux dans votre peau dans tout ce que vous faites. Cette affirmation prend rapidement le pas sur les anciennes données que vous avez pu prendre et qui sont incompatibles avec une bonne estime de soi.

Avec les affirmations, votre potentiel est illimité. Des affirmations fortes, empreintes d'émotion et répétées avec conviction entraînent souvent des changements de personnalité immédiats. En répétant des affirmations qui correspondent à la personne que vous voulez être, vous pouvez accroître votre enthousiasme, stimuler votre courage, affirmer votre contrôle sur vos émotions et renforcer votre estime personnelle.

L'une des influences les plus puissantes sur votre subconscient est ce que vous vous dites et croyez. Des affirmations telles que

« Je peux le faire ! », « Je gagne XXX dollars par an » ou « Je pèse XXX livres » peuvent entraîner des changements durables dans l'image que vous avez de vous-même et dans vos résultats.

Tout changement se produit de l'intérieur vers l'extérieur. Tout changement commence dans l'idée que l'on se fait de soi-même. Vous devez devenir la personne que vous voulez être à l'intérieur avant de voir cette personne se matérialiser à l'extérieur.

Votre subconscient est très littéral, et plus l'ordre est simple, plus il a d'impact sur votre pensée. Par exemple, une affirmation puissante que j'utilise régulièrement pour conditionner mon esprit est la suivante : « Je crois en l'issue parfaite de chaque situation de ma vie ».

Cette affirmation vous permet de vous sentir calme, positif et détendu face à n'importe quelle difficulté. C'est un merveilleux antidote à l'inquiétude. « Je crois en l'issue parfaite de chaque situation de ma vie. » Cela constitue également un excellent antidote contre l'inquiétude.

De plus, elle est simple, significative et formulée au présent. Votre subconscient ne répond qu'à ce type de commande, aux affirmations et aux images mentales qui sont présentées dans le « présent », comme si l'objectif ou la qualité existait déjà.

Par exemple, au lieu de dire « Je ne vais plus fumer » (à la fois négatif et au futur), vous direz « Je suis non-fumeur ».

C'est une façon de « dire la vérité, à l'avance ». Voilà comment vous persuadez votre subconscient que l'état que vous désirez existe déjà. Votre subconscient effectue alors tous les changements nécessaires, à l'intérieur et à l'extérieur, pour aligner votre monde intérieur sur la réalité extérieure souhaitée.

Nous avons eu diverses expériences intéressantes avec des personnes qui arrêtaient de fumer. L'un de nos diplômés a répété « Je suis non-fumeur » plusieurs fois par jour pendant deux mois. Simultanément, il s'est visualisé en tant que non-fumeur. Au cours de cette période, il s'est mis à fumer de moins en moins souvent. À la fin des deux mois, il n'avait plus qu'une cigarette par jour, il a finalement arrêté et n'a plus eu envie de fumer, même deux ans plus tard.

Un autre diplômé du séminaire a fait la même chose. Il a répété à plusieurs reprises « Je suis non-fumeur », mais rien n'y a fait. Il a continué à fumer deux paquets par jour. Il s'est affirmé et s'est visualisé comme non-fumeur chaque jour, en ayant patiemment confiance que le processus de reprogrammation mentale finirait par fonctionner.

Au bout de huit semaines, il s'est réveillé un matin, a pris une cigarette, l'a allumée et a failli s'étouffer. Il a dit qu'il pensait avoir mis la main sur une cigarette « pourrie », ce qui n'était pas le cas. Il a essayé une deuxième cigarette, puis une troisième. Chacune d'entre elles l'a fait vomir. Il s'est soudain rendu compte qu'il s'était programmé pour croire que fumer était une habitude tout à fait déplaisante. Il n'a plus jamais touché à une cigarette.

Vous ne pouvez pas changer vos habitudes du jour au lendemain. Vous devez faire preuve de patience et de persévérance en affirmant et en visualisant, en croyant et en espérant avec confiance que, lorsque vous serez prêt, les changements souhaités se produiront, et pas avant.

3. La verbalisation

La troisième technique consiste à verbaliser, à affirmer à haute voix, avec d'autres personnes ou seul, devant un miroir. Se tenir devant un miroir et dire très sincèrement et avec émotion « Je peux le faire, je peux le faire, je peux le faire » est un moyen puissant de renforcer votre confiance en vue d'un défi à venir. Tout ce que vous dites à haute voix avec conviction et enthousiasme a deux fois plus d'impact qu'une affirmation que vous vous faites à voix basse.

Lorsque vous insistez auprès des *autres* sur le fait que vous pouvez ou que vous allez faire quelque chose, cela a un impact puissant sur votre façon de penser et sur votre comportement ultérieur. Les équipes sportives utilisent cette méthode de verbalisation pour se préparer mentalement avant un match. Elles chantent et applaudissent ensemble avant de se lancer dans la compétition.

Tout au long de la journée, votre conversation doit être cohérente avec ce que vous voulez vraiment qu'il se passe. Refusez de parler de vos peurs et de vos craintes. Soyez positif et optimiste dans tout ce que vous dites. Soyez joyeux. Vous serez surpris de constater à quel point vous vous sentez mieux et à quel point vous vous comportez avec plus d'assurance lorsque votre langage est optimiste et orienté vers la réussite.

4. Jouer un rôle

La quatrième technique de programmation mentale consiste à marcher, parler et agir exactement comme si vous étiez déjà la personne que vous souhaitez devenir. Comportez-vous comme si vous aviez déjà atteint les objectifs que vous vous êtes fixés. Agissez comme si vous étiez reconnu et respecté par tout le monde. Agissez comme si vous aviez déjà de l'argent à la banque. La puissance de cette technique s'explique par la loi de réversibilité.

Cette loi stipule que, lorsque vous vous sentez positif et optimiste, vos sentiments génèrent des actions et des comportements en accord avec eux. L'inverse est également vrai. Si vous ne vous sentez pas positif, mais que vous agissez malgré tout avec enthousiasme ou bonne humeur, votre **comportement positif engendrera des sentiments positifs, tout comme vos sentiments positifs engendrent un comportement positif.** Vos sentiments et votre comportement sont réversibles.

Il est pratiquement impossible de « jouer le rôle » d'une personne heureuse et joyeuse pendant plus de cinq ou six minutes sans vivre une expérience de « reflux » dans laquelle vos actions créent les émotions qui leur correspondent. Une autre façon de le dire est de « faire semblant jusqu'à ce que vous réussissiez ». Adoptez un comportement positif et enthousiaste et vous vous sentirez bientôt positif et enthousiaste.

La raison pour laquelle cette méthode est si puissante est que, même si vous ne pouvez pas contrôler vos sentiments à un moment donné, vous pouvez contrôler vos actions. Et si vous contrôlez vos actions, grâce à la loi de réversibilité, vous créerez l'état émotionnel que vous souhaitez.

Grâce à cette technique, vous pouvez délibérément créer en vous les qualités mentales d'un homme ou d'une femme performant(e). Vous pouvez agir avec détermination, courage, confiance, compétence et intelligence. Vous pouvez prétendre que vous possédez déjà chacune de ces qualités et, de façon assez surprenante, vous les ressentirez bientôt en vous. Les gens vous accepteront et vous répondront exactement comme si vous étiez la personne que vous vous imaginez être.

Ces quatre techniques suffisent à elles seules à transformer complètement votre image de vous-même et votre personnalité : commencez par vous imaginer tel que vous aimeriez être dans l'idéal. Ensuite, **créez** une image mentale détaillée de vous-même, comme si vous étiez déjà la personne que vous avez l'intention de devenir. **Affirmez-vous** et **prononcez** à haute voix des affirmations fortes et positives en accord avec vos objectifs. Rappelez-vous que les mots créent de l'émotion et cristallisent la pensée. Enfin, **veillez à ce que votre comportement soit cohérent** avec vos nouveaux messages de réussite, de bonheur, de prospérité et de personnalité positive.

5. *Nourrir votre esprit*

La cinquième technique du régime AMP consiste à nourrir continuellement votre esprit de mots et d'images correspondant à la direction dans laquelle vous évoluez. Lisez des livres et des magazines sur le développement personnel et professionnel. Écoutez des cassettes audio éducatives chaque fois que vous en avez l'occasion. Regardez des vidéocassettes éducatives. Assistez à des séminaires et à des conférences et suivez des cours supplémentaires qui accélèrent le développement de ces nouvelles habitudes de pensée.

Plus vous lisez, écoutez, regardez et apprenez sur un sujet, plus vous vous sentez confiant et capable dans ce domaine. Si vous travaillez dans le domaine de la gestion et que vous apprenez continuellement à devenir un manager meilleur et plus efficace, vous vous verrez et penserez de plus en plus souvent que vous êtes excellent dans votre domaine. Si vous travaillez dans la vente et que vous nourrissez continuellement votre esprit d'informations et d'idées qui vous aident à vous améliorer, vous vous sentirez plus performant dans votre travail et vous ferez plus de ventes. Améliorer votre compréhension intérieure vous permettra d'améliorer vos résultats extérieurs.

6. Fréquenter des personnes positives

La sixième technique consiste à fréquenter les **bonnes** personnes. Fréquentez les gagnants. Volez avec les aigles plutôt que de vous frotter aux dindes. En raison de la forte influence suggestive que les autres exercent sur vous, en bien ou en mal, vous devez faire extrêmement attention aux personnes avec lesquelles vous choisissez de passer du temps.

David McClelland, de Harvard, a découvert, après vingt-cinq ans de recherche, que le choix d'un « groupe de référence » négatif suffisait à lui seul à condamner une personne à l'échec et à la sous-performance dans la vie. Vos groupes de référence sont les personnes auxquelles vous vous identifiez - celles avec qui vous travaillez, avec qui vous avez des relations sociales, avec qui vous vivez et avec qui vous vous engagez dans des activités communautaires ou non professionnelles.

Tel un caméléon, vous adoptez inconsciemment les attitudes, les comportements et les opinions des personnes que vous fréquentez le plus.

En choisissant les personnes avec lesquelles vous allez passer du temps, suivez le conseil du Baron de Rothschild et « ne faites pas de connaissances inutiles ». Pour rencontrer de nouvelles personnes positives, vous devez généralement **cesser** de vous fréquenter votre ancien groupe. En particulier, éloignez-vous des personnes négatives. Elles sont la cause première de la plupart des malheurs dans votre vie.

Le fait de rester dans une mauvaise relation peut suffire à vous priver de tout votre potentiel de réussite et de bonheur. Il n'y a pas d'influence suggestive plus puissante que les personnes qui vous entourent. Choisissez-les avec soin.

7. *Enseigner aux autres*

La septième technique pour intérioriser ces idées consiste à enseigner aux autres ce que vous êtes en train d'apprendre. **Vous devenez ce que vous enseignez.** Vous enseignez ce que vous **êtes**. Lorsque vous tentez de formuler et d'expliquer un nouveau concept à quelqu'un d'autre afin de l'aider, vous le comprenez et l'intériorisez mieux vous-même. En fait, vous ne connaissez vraiment quelque chose que dans la mesure où vous pouvez l'enseigner à quelqu'un d'autre pour qu'il le comprenne et l'applique dans sa propre vie.

Il n'est pas facile de développer de nouvelles habitudes positives de pensée et de comportement. Cela demande une vigilance de tous les instants. Vous devez mettre en œuvre vos nouvelles habitudes avec force. N'autorisez aucune exception tant que la nouvelle habitude n'est pas ancrée. Si vous dérapez de temps en temps, l'important est de ne pas vous y **attarder**. Votre tâche consiste à garder votre esprit concentré sur la direction que vous prenez, sur vos objectifs dominants et sur la nouvelle personne que vous êtes en train de devenir.

Tout ce que vous pouvez garder à l'esprit de façon continue, vous pouvez l'obtenir. Oubliez votre passé. Débarrassez-vous des étiquettes du passé. C'est la façon dont vous vous voyez, dont vous parlez de vous et dont vous agissez **maintenant**, dans le présent, qui crée votre avenir.

Si vous vous voyez maintenant comme vous souhaitez être, et que vous marchez, parlez et vous comportez comme la meilleure personne que vous pouvez vous imaginer être, vos pensées dominantes et vos objectifs se matérialiseront dans votre réalité. Vous deviendrez ce à quoi vous pensez la plupart du temps.

L'EXERCICE D'ACTION

Choisissez *une* habitude positive ou *un* comportement que vous aimeriez développer et, pendant les vingt et un jours suivants, obligez-vous à penser, visualiser, verbaliser, affirmer et vous comporter d'une manière conforme à la nouvelle habitude que vous voulez développer.

Quels que soient vos objectifs et vos ambitions, pensez et parlez en termes de réalisation. Lisez, apprenez, visualisez, affirmez et restez concentré sur votre objectif. Pensez à la façon dont vous pouvez l'atteindre. Agissez comme s'il était déjà une réalité, si vous le pouvez. Au minimum, comportez-vous à tous égards comme si la réalisation de votre objectif était inévitable.

Pour que ces méthodes fonctionnent, vous devez vous démontrer à vous-même, dans un domaine spécifique, que vous pouvez développer une habitude ou une attitude importante de votre choix. Une fois que vous vous l'êtes prouvé, vous aurez la confiance en vous et la conviction de faire n'importe quel changement ou d'atteindre n'importe quel objectif que vous pourriez vous fixer. Au lieu de souhaiter ou d'espérer, vous **saurez** que vos possibilités sont illimitées.

Chapitre 4

L'ESPRIT STRATÉGIQUE

Votre monde extérieur correspond à votre monde intérieur. Ce qui vous arrive dépend dans une large mesure de ce qui se passe en vous. Votre expérience extérieure est le reflet de vos schémas de pensée internes. Au fil du temps, vous créez dans votre vie l'équivalent mental de vos convictions les plus intimes sur vous-même et sur ce qui est possible pour vous.

En lisant histoire après histoire d'hommes et de femmes célèbres, en réfléchissant à leurs biographies et autobiographies, j'ai été frappé par le fil conducteur qu'ils avaient tous en commun. Ils semblaient tous avoir, ou développer, une croyance inébranlable en leur capacité à surmonter tous les obstacles et à atteindre un niveau élevé.

Cette croyance ou conviction semblait leur conférer des pouvoirs que le commun des mortels ne possédait pas. Ils accomplissaient des choses remarquables, souvent contre toute attente et au mépris des prédictions de leur entourage.

Lorsque j'ai quitté le lycée et que j'ai commencé à passer d'un emploi à l'autre, je n'avais pas d'objectif central ou de but à part celui de « voir le monde » d'une manière ou d'une autre. Comme la plupart des gens, j'ai glissé dans le « mode réactifrépondant ». J'ai accepté le travail qui se présentait à moi. Je me suis associé à tous ceux qui se trouvaient là à ce moment-là. Au lieu de planifier ma vie, je me contentais de réagir à mon environnement extérieur et de répondre à mes besoins émotionnels et physiques.

J'ai supposé que c'était « tout ce qui existe ». J'ai fini par accepter, inconsciemment, que ce que je savais et ce que je faisais constituaient les limites supérieures de ce qui était possible pour moi. Le mieux que je pouvais faire était de réagir de la manière la plus intelligente et la plus constructive possible et d'essayer de ne pas faire trop d'erreurs.

Lorsque mes études en psychologie, en religion et en métaphysique mentionnaient le subconscient, je ne le comprenais pas très bien et je n'essayais pas de l'utiliser pour m'aider. Cependant, plus j'en apprenais sur les lois mentales qui régissent notre comportement et déterminent nos résultats, plus je me rendais compte qu'il y avait une dimension cachée de la réussite qui m'échappait.

Plus je comprenais l'importance de l'image de soi et apprenais que tout ce que nous faisons est prédéterminé par nos systèmes de croyances, plus je sentais que je me rapprochais de la combinaison qui ouvrirait la serrure.

C'est alors que j'ai compris la signification du potentiel humain. Si vous et moi n'utilisons que 10 % ou moins de notre potentiel pour l'efficacité et la réussite, les 90 % restants ou plus doivent être contenus dans des pouvoirs mentaux que nous n'avons pas encore exploités. J'en ai conclu que, pour tirer le meilleur parti de moi-même, j'avais besoin des « codes d'accès » qui me permettraient d'accéder à ces énormes capacités et de les exploiter.

Votre subconscient est extrêmement puissant. Lorsque vous l'utilisez correctement, il peut vous aider à atteindre vos objectifs et vos désirs plus rapidement que vous ne l'auriez jamais imaginé. Vous pouvez utiliser votre subconscient pour créer ou détruire, pour le bien ou pour le mal. Vous pouvez être un prince ou un pauvre, selon la façon dont vous utilisez votre subconscient. Pour réaliser votre potentiel, vous devez apprendre à y accéder à volonté et à l'utiliser à vos fins de manière intelligente et constructive.

Il n'y a pas longtemps, mon avocat me faisait visiter ses bureaux. Il m'a emmené dans la salle de dactylographie où plusieurs secrétaires tapaient des lettres et des documents juridiques. Chacune des secrétaires était connectée à un mini-ordinateur qui était disponible et accessible à toutes. En quittant la pièce, il m'a expliqué que lui et ses partenaires avaient dépensé plus de cent mille dollars pour cette installation informatique, qu'ils avaient achetée il y a environ deux ans. Il m'a dit qu'au moment de l'installation, toutes les secrétaires qui y travaillaient à l'époque avaient reçu une formation sur l'utilisation de l'ordinateur afin d'augmenter la quantité et la qualité du travail juridique qu'elles pouvaient produire.

Au fil du temps, toutes les secrétaires d'origine sont parties ou ont été affectées à d'autres tâches. Elles ont été remplacées, une à une, par des secrétaires juridiques qui n'avaient aucune formation en informatique. « En raison de notre activité intense », dit-il, « personne n'a eu l'occasion de former ces nouvelles secrétaires à l'utilisation optimale de notre système informatique. Ainsi, au lieu d'utiliser cet ordinateur pour des informations avancées et le traitement de texte, elles s'en servent comme d'une vulgaire machine à écrire, tapant une lettre ou un document à la fois et passant de nombreuses heures à produire ce que le mini-ordinateur pourrait produire en quelques minutes. »

Malheureusement, la plupart des gens sont comme ces secrétaires. Ils travaillent tous les jours avec leur esprit, mais ils n'utilisent leurs puissants ordinateurs mentaux que pour les tâches les plus rudimentaires et se demandent ensuite pourquoi leur travail est si difficile et pourquoi ils semblent produire si peu.

Lorsque je faisais la vaisselle, j'étais convaincu que la seule façon de gagner plus d'argent était de travailler plus longtemps et de faire encore plus de vaisselle. J'ai fini par comprendre que la croyance selon laquelle on ne peut améliorer sa vie qu'en travaillant plus longtemps et plus durement nous mène dans une impasse. La réponse que j'ai trouvée a été de travailler « plus intelligemment », d'utiliser davantage mes capacités **mentales** plutôt que mes capacités **physiques** pour atteindre mes objectifs.

Les personnes qui réussissent sont celles qui ont appris à faire fonctionner leur conscient et leur subconscient en harmonie, ce qui leur permet d'obtenir les choses qu'elles veulent beaucoup plus rapidement et avec beaucoup moins d'efforts. Cette découverte a changé l'orientation de mes efforts et la direction de ma vie.

DEUX ESPRITS EN UN

Voici un modèle simple pour vous aider à visualiser votre subconscient, son fonctionnement, la manière dont vous pouvez contrôler ses fonctions et ce qu'il produit dans votre vie.

Imaginez deux balles collées l'une à l'autre, une balle de golf et un ballon de basket, la balle de golf étant sur le dessus. Cette image représente le pouvoir et la capacité relatifs de votre esprit conscient et de votre subconscient, le ballon de basket étant votre subconscient. Les deux esprits sont essentiels l'un à l'autre, mais ils ont chacun leur propre domaine d'action.

En termes informatiques, votre esprit conscient est le programmeur, qui introduit des données comme un opérateur d'ordinateur, en fonction de ce qu'il décide d'autoriser dans votre pensée. Votre subconscient est le matériel de votre ordinateur, le cadre dans lequel les données fonctionnent. Votre image de vous-même est le logiciel qui détermine ce que vous produisez dans votre vie. Tous sont nécessaires et interdépendants, et tout ce qui vous arrive est déterminé par votre compréhension de ce langage informatique spécial et par votre habileté à l'utiliser.

L'ESPRIT CONSCIENT

Votre esprit conscient est votre esprit objectif ou pensant. Il n'a pas de mémoire et ne peut contenir qu'une seule pensée à la fois. Cet esprit a quatre fonctions essentielles.

Premièrement, il **identifie** les informations entrantes. Il s'agit d'informations reçues par l'un des six sens : la vue, le son, l'odorat, le goût, le toucher ou les sensations.

Votre esprit conscient observe et catégorise en permanence ce qui se passe autour de vous. Pour illustrer ce propos, imaginez que vous marchez sur le trottoir et que vous décidez de traverser la rue. Vous descendez du trottoir. À ce moment-là, vous entendez le vrombissement d'un moteur de voiture. Vous vous tournez immédiatement et regardez dans la direction de la voiture en mouvement pour identifier le son et sa provenance. C'est la première fonction.

La deuxième fonction de votre esprit conscient est la **comparaison**. Les informations sur la voiture que vous avez vues et entendues sont immédiatement transmises à votre subconscient. Là, elles sont comparées à toutes les informations et expériences que vous avez précédemment stockées sur les voitures en mouvement.

Si, par exemple, la voiture se trouve à un pâté de maisons et roule à 30 km/h, votre banque de mémoire subconsciente vous dira qu'il n'y a pas de danger et que vous pouvez continuer à marcher.

En revanche, si la voiture se dirige vers vous à 60 km/h et qu'elle n'est qu'à une centaine de mètres, vous recevrez un message de « danger » qui vous incitera à agir.

La troisième fonction de votre esprit conscient est **l'analyse**, et l'analyse précède toujours la quatrième fonction, la **décision**.

Votre esprit conscient fonctionne de la même manière qu'un ordinateur binaire, exécutant deux fonctions : il accepte ou rejette des données pour faire des choix et prendre des décisions. Il ne peut traiter qu'une seule pensée à la fois, positive ou négative, « oui » ou « non ». Il trie continuellement les impressions, décidant lesquelles sont pertinentes pour vous et lesquelles ne le sont pas.

Ainsi, vous traversez la rue, vous entendez le vrombissement d'une voiture en marche et vous voyez qu'elle vous fonce dessus. Grâce à votre connaissance de la vitesse des véhicules en mouvement, votre analyse vous indique que vous êtes en danger et qu'une décision s'impose. Votre première question est la suivante : « Dois-je m'écarter du chemin ? Oui ou non ? » Si la décision est « oui », votre question suivante est : « Est-ce que j'avance ? Oui ou non ? » Si la décision est « non », en raison du trafic transversal, la question suivante est : « Est-ce que je recule ? Oui ou non ? » Si votre décision est « oui », ce message est instantanément transmis à votre subconscient et, en une fraction de seconde, votre corps tout entier recule, sans que vous ayez à réfléchir ou à prendre une décision supplémentaire.

Vous n'avez pas eu besoin d'utiliser votre esprit conscient pour réfléchir à la question de savoir si vous deviez reculer votre pied droit ou votre pied gauche en premier. Une fois que vous avez donné l'ordre, de votre esprit conscient à votre subconscient, tous les nerfs et les muscles nécessaires ont été coordonnés et mis en action en un seul instant pour obéir à votre décision.

Le mathématicien Peter Ouspensky, dans son livre *En quête du miraculeux*, a estimé que votre subconscient fonctionne jusqu'à trente mille fois plus vite que votre esprit conscient.

Vous pouvez démontrer cette vitesse de fonctionnement en tendant la main devant vous et en remuant les doigts. En confiant la coordination des mouvements à votre subconscient, vous y parviendrez facilement. Essayez ensuite d'enfiler une aiguille, cette fois en utilisant votre esprit conscient, et voyez combien d'efforts mentaux et de concentration vous devez déployer pour effectuer quelques petits mouvements de la main, lorsque votre subconscient n'est pas à l'œuvre.

Votre esprit conscient fonctionne comme le capitaine d'un sous-marin qui regarde la surface à travers un périscope. Seul le capitaine peut voir. Seule la perception du capitaine de ce qui se passe à la surface est accessible à l'équipage.

Tout ce que le capitaine voit, ressent et décide est immédiatement relayé dans le sous-marin et l'ensemble de l'équipage se met en action pour exécuter ses instructions.

Vous vous sentez souvent limité dans ce que vous pouvez faire parce que vous êtes tellement déterminé à avoir le « contrôle ». Vous êtes souvent convaincu que pour obtenir de meilleurs résultats ou des résultats différents, il faut « faire plus d'efforts ». Mais ce n'est pas du tout la solution.

La façon d'améliorer réellement votre vie est d'utiliser davantage **votre esprit stratégique**, vos pouvoirs subconscients, en comprenant comment les activer. Pour ce faire, vous devez savoir ce que fait votre subconscient et comment il fonctionne.

VOTRE SUBCONSCIENT

Votre subconscient est comme une immense banque de mémoire. Sa capacité est pratiquement illimitée. Il stocke en permanence tout ce qui vous arrive. Lorsque vous atteignez l'âge de 21 ans, vous avez déjà stocké en permanence plus de cent fois le contenu de toute *l'Encyclopaedia Britannica*. Sous hypnose, les personnes âgées peuvent souvent se souvenir avec une clarté parfaite d'événements survenus cinquante ans auparavant. Votre mémoire inconsciente est pratiquement parfaite. C'est votre mémoire consciente qui est suspecte.

La fonction de votre subconscient est de **stocker et de récupérer des données**. Son travail consiste à s'assurer que vous réagissiez exactement de la manière dont vous êtes programmé. Votre subconscient fait en sorte que tout ce que vous dites et faites corresponde à un modèle cohérent avec l'idée que vous vous faites de vous-même, votre « programme principal ».

Votre subconscient est subjectif. Il ne pense pas et ne raisonne pas de manière indépendante ; il se contente d'obéir aux ordres qu'il reçoit de votre esprit conscient. Tout comme votre esprit conscient peut être considéré comme le jardinier qui plante les graines, votre subconscient peut être considéré comme le jardin, ou le sol fertile, dans lequel les graines germent et poussent.

Votre esprit conscient **commande** et votre subconscient **obéit**. Votre subconscient est un serviteur inconditionnel qui travaille jour et nuit pour que votre comportement corresponde à vos pensées, espoirs et désirs **émotionnels**. Votre subconscient fait pousser des fleurs ou des mauvaises herbes dans le jardin de votre vie, selon ce que vous plantez par les équivalents mentaux que vous créez.

Votre subconscient a ce qu'on appelle une impulsion **homéostatique**. Il maintient la température de votre corps à 37 degrés Celsius (98,6 degrés Fahrenheit), tout comme il vous permet de respirer régulièrement et de faire battre votre cœur à un certain rythme. Par l'intermédiaire de votre système nerveux autonome, il maintient l'équilibre entre les centaines de substances chimiques présentes dans vos milliards de cellules, de sorte que l'ensemble de votre machine physique fonctionne en parfaite harmonie la plupart du temps.

Votre subconscient pratique également l'homéostasie dans votre domaine mental, en vous faisant penser et agir d'une manière cohérente avec ce que vous avez fait et dit dans le passé. Toutes vos habitudes de pensée et d'action sont stockées dans votre subconscient. Il a **mémorisé** toutes vos zones de confort et s'efforce de vous y maintenir. Votre subconscient vous fait ressentir un malaise émotionnel et physique chaque fois que vous tentez de faire quelque chose de nouveau ou de différent, ou de changer l'un de vos schémas de comportement établis.

Votre subconscient fonctionne comme un gyroscope ou une poutre de guidage, vous maintenant en équilibre et sur la bonne voie en fonction des données et des instructions que vous avez préalablement programmées en lui.

Vous pouvez sentir votre subconscient vous ramener vers votre zone de confort chaque fois que vous essayez quelque chose de nouveau. Le simple fait de penser à faire quelque chose de différent de ce que vous avez l'habitude de faire vous rendra nerveux et mal à l'aise.

Postuler pour un nouvel emploi, passer le permis de conduire après plusieurs années, faire appel à de nouveaux clients, accepter une nouvelle mission difficile ou aborder un membre du sexe opposé et se sentir nerveux ou maladroit sont autant d'exemples de situations où vous vous sentez hors de votre zone de confort.

Une différence majeure entre les leaders et les laissés-pour-compte est que les hommes et les femmes supérieurs se mettent toujours à l'épreuve et sortent de leur zone de confort. Ils sont très conscients de la rapidité avec laquelle la zone de confort, dans quelque domaine que ce soit, devient une ornière. Ils savent que la complaisance est le grand ennemi de la créativité et des possibilités d'avenir.

Pour vous développer, pour sortir de votre zone de confort, vous devez être prêt à vous sentir maladroit et mal à l'aise les premières fois. Si cela vaut la peine d'être bien fait, cela vaut la peine d'être mal fait jusqu'à ce que vous vous y habituiez, jusqu'à ce que vous développiez une nouvelle zone de confort à un niveau de compétence nouveau et plus élevé.

Si vous n'acceptez pas de vous sentir maladroit et inadapté au début, dans la vente, le management, le sport, les relations personnelles, vous resterez bloqué à un faible niveau de réussite. Votre plus grande bataille est presque toujours contre vous-même et votre plus grand défi est de vous libérer de vos vieilles habitudes de pensée et d'action.

Dans le chapitre 2, j'ai présenté sept lois mentales et expliqué comment tout ce qui vous arrive commence par vos pensées. Dans le chapitre 3, j'ai expliqué comment votre programme directeur, votre image de vous-même, détermine la façon dont vous pensez en premier lieu, en particulier l'origine de vos peurs. Votre subconscient contient le *disque dur* où sont stockées les instructions de ces lois. En outre, trois autres lois permettent d'expliquer qui vous êtes aujourd'hui et pourquoi les choses vous arrivent de cette manière.

LA LOI DE L'ACTIVITÉ SUBCONSCIENTE

La loi de l'activité subconsciente stipule que toute idée ou pensée que vous considérez comme vraie dans votre esprit conscient sera acceptée sans question par votre subconscient. Votre subconscient commencera immédiatement à travailler pour l'intégrer dans votre réalité.

Votre subconscient est la source de la loi de l'attraction, la station d'envoi des vibrations mentales et de l'énergie de la pensée. Lorsque vous commencez à croire que quelque chose est possible pour vous, votre subconscient commence à diffuser des énergies mentales et vous commencez à attirer des personnes et des circonstances en harmonie avec vos nouvelles pensées dominantes.

Votre subconscient régule le type d'informations de votre environnement que vous verrez, entendrez et dont vous serez conscient. Il vous sensibilisera à toute information que vous lui avez dit être importante. Plus vous êtes ému par quelque chose, plus votre subconscient vous indiquera rapidement ce que vous pouvez faire pour l'intégrer dans votre réalité.

Par exemple, si vous décidez d'acheter une voiture de sport rouge, vous commencerez soudain à voir des voitures de sport rouges à chaque tournant. Si vous commencez à planifier un voyage à l'étranger, vous commencerez à voir des articles, des informations et des affiches sur des destinations étrangères partout où vous irez. Votre subconscient s'efforce d'attirer votre attention sur les éléments dont vous pourriez avoir besoin pour concrétiser vos désirs.

Lorsque vous commencez à penser à un nouvel objectif, votre subconscient prend cette nouvelle pensée comme un ordre. Il commence à ajuster vos paroles et vos actions pour qu'elles soient plus cohérentes avec la réalisation de l'objectif. Vous commencez à faire et à dire les bonnes choses au bon moment pour vous aider à progresser vers votre objectif.

Au fur et à mesure que vous modifiez votre conception de vous-même et vos croyances sur vos possibilités, votre subconscient vous fait progressivement sentir plus à l'aise, plus confiant dans la nouvelle et meilleure personne que vous êtes en train de devenir. Vous créez en fait une nouvelle zone de confort pour un meilleur niveau de performance personnelle.

LA LOI DE LA CONCENTRATION

La loi de la concentration stipule que tout ce sur quoi vous vous **attardez** se développe. Plus vous pensez à quelque chose, plus cette chose fait partie de votre réalité.

Cette loi explique une grande partie des réussites et la plupart des échecs. Il s'agit d'une paraphrase de la loi de cause à effet, ou des semailles et de la récolte. Elle dit que vous ne pouvez pas avoir une pensée et obtenir un résultat différent. Vous ne pouvez pas planter de l'avoine et obtenir de l'orge. Les personnes qui réussissent et qui sont heureuses sont celles qui ont développé la capacité de se concentrer sur une seule chose et de s'y tenir jusqu'à ce qu'elle soit terminée. Elles s'obligent à ne penser et à ne parler que de ce qu'elles veulent, et à *ne pas penser* à ce qu'elles ne veulent pas.

Ralph Waldo Emerson a écrit : « Un homme est ce qu'il pense tout au long de la journée ». Les personnes efficaces protègent les portes de leur esprit assidument. Elles restent concentrées sur ce qui est vraiment important pour elles. Elles s'attardent sur leurs désirs pour l'avenir et refusent d'entretenir leurs peurs et leurs doutes. Par conséquent, elles semblent accomplir des choses extraordinaires dans le même laps de temps que le commun des mortels passe à vivre au jour le jour.

Lorsque j'ai commencé à me passionner pour mon développement personnel, j'ai cessé de me concentrer sur trop peu de choses et je me suis mis à lire et à m'impliquer dans trop de choses. J'ai dispersé mon énergie partout. J'ai dispersé mon attention. J'étais occupé, engagé et hyperactif. J'étais positif et enthousiaste face à de nombreuses possibilités et j'étais négatif et critique à l'égard des autres. J'étais comme une voiture qui passe d'un côté à l'autre de la route et qui finit souvent dans le fossé.

J'ai fini par apprendre qu'« il faut savoir s'arrêter ». J'ai appris que la loi de la concentration est très puissante et que je ne pouvais pas travailler sur plusieurs choses à la fois et finir par en faire une particulièrement bien.

J'ai donc réduit mes activités. J'ai cessé toute activité à l'exception d'une ou deux qui étaient les plus importantes pour moi. Avant tout, j'ai exercé un contrôle sur mes pensées et je me suis engagé à me concentrer uniquement sur ce que je voulais vraiment.

Voici un test pour vous : pendant un jour, vingt-quatre heures, voyez si vous pouvez penser et parler uniquement des choses que vous voulez. Engagez-vous à maintenir vos conversations dépourvues de toute négativité, de doute, de peur ou de critique. Obligez-vous à parler avec joie et optimisme de chaque personne et de chaque situation dans le monde qui vous entoure.

Ce ne sera pas facile. Il se peut même que vous n'y parveniez pas, dans un premier temps. Mais cet exercice vous montrera combien de temps et d'énergie vous passez à penser et à parler de choses que vous ne voulez pas vraiment. Cet exercice, répété, vous ouvrira les yeux et vous préparera à tirer le meilleur parti des idées présentées dans les chapitres suivants.

LA LOI DE LA SUBSTITUTION

C'est l'une des lois mentales les plus importantes. Il s'agit d'une extension de la loi du contrôle. Elle stipule que votre esprit conscient ne peut contenir qu'une seule pensée à la fois et que vous pouvez remplacer une pensée par une autre. Ce principe d'« éviction » vous permet de remplacer délibérément une pensée négative par une pensée positive. Grâce à cela, vous prenez le contrôle de votre vie émotionnelle. Cette loi est la clé du bonheur, d'une attitude mentale positive et d'une libération personnelle. Elle peut changer vos relations, vos conversations et le contenu prédominant de votre esprit conscient. De nombreuses personnes m'ont dit que cette seule loi avait changé leur vie.

Votre esprit conscient n'est jamais vide ; il est toujours occupé par quelque chose. En utilisant la loi de substitution, vous pouvez remplacer toute pensée négative ou effrayante qui vous préoccupe. Vous pouvez délibérément la remplacer par une pensée positive.

Cette puissante méthode de contrôle mental vous permet de garder votre esprit calme et en paix. Lorsque vous vous retrouvez face à une situation qui aurait normalement suscité de l'agacement, vous **optez** pour des pensées inspirantes, telles que vos objectifs.

Pour appliquer la Loi de Substitution et passer rapidement d'un état d'esprit négatif à positif, la méthode la plus efficace consiste simplement à cesser de parler et de penser au **problème**, et à commencer à vous concentrer sur la **solution**. Concentrez votre esprit sur ce qui peut être fait à l'avenir plutôt que sur ce qui a eu lieu dans le passé.

Penser à une solution est intrinsèquement positif. Lorsque vous pensez à ce que vous pouvez **faire**, à l'action que vous pouvez entreprendre, plutôt que de vous attarder sur ce qui s'est passé, votre esprit devient calme et clair en un instant. Penser à une personne qui vous est chère ou à vos prochaines vacances est une autre façon d'utiliser cette loi. Votre objectif est de trouver des moyens de garder votre esprit positif en choisissant consciemment de remplacer les pensées négatives par des pensées positives. Vous êtes toujours libre de choisir vos pensées.

L'une des choses les plus puissantes que vous puissiez dire, encore et encore, pour renforcer votre estime de vous-même et améliorer votre image globale est : « Je m'aime ! Je m'aime ! Je m'aime ! »

Chaque fois que les choses vont mal ou que vous vous sentez malheureux pour quelque raison que ce soit, vous pouvez neutraliser ces sentiments en disant « Je m'aime ».

Chaque fois que vous dites « Je m'aime », et surtout lorsque vous le dites avec enthousiasme et conviction, votre subconscient l'accepte comme un ordre. Il s'efforce alors d'annuler tous les messages que vous avez pu recevoir et qui sont incompatibles avec une bonne estime de soi et des performances optimales.

De nombreux participants à nos séminaires ont transformé leur personnalité en se répétant simplement « Je m'aime » cinquante ou cent fois par jour. La première fois que vous l'affirmerez, vous éprouverez une sensation positive, et à mesure que vous la répèterez à plusieurs reprises, vous vous sentirez de plus en plus en harmonie.

ACCÉLÉRER L'ACTIVITÉ DU SUBCONSCIENT

Dans le chapitre 3, consacré au programme directeur, nous avons abordé diverses méthodes de développement de l'image de soi, et de comment vous pourriez prendre en main votre propre évolution personnelle en saturant votre esprit avec des messages et des influences cohérents avec la personne que vous aspirez à devenir.

Les méthodes de visualisation, d'affirmation, de verbalisation, d'interprétation, d'association avec les bonnes personnes et d'alimentation de votre esprit avec les livres, cassettes et articles appropriés sont des moyens testés et éprouvés pour changer votre façon de penser à propos de vous-même et des possibilités qui s'offrent à vous. Ces méthodes fonctionnent de manière cohérente et prévisible. Elles devraient devenir aussi naturelles pour vous que l'inspiration et l'expiration.

Ces méthodes de programmation mentale ressemblent aux instructions que vous employez lorsque vous opérez un ordinateur. Elles sont simples et efficaces et vous permettent d'obtenir des résultats plus rapidement que par n'importe quel autre moyen. Elles sont indispensables à votre développement personnel et professionnel.

Mais elles ne sont pas suffisantes. Ce sont les « commandes de base ». Il existe des méthodes de travail encore plus rapides. Tout comme il existe des « commandes puissantes » dans les programmes informatiques qui vous permettent d'accélérer le processus de production de résultats, il existe une série de techniques spéciales que vous pouvez utiliser pour accélérer considérablement le processus de reprogrammation du subconscient. Ces techniques vous permettent de modifier votre image de vous et vos attitudes d'esprit à une vitesse souvent étonnante. Et comme votre monde extérieur reflète rapidement votre nouveau monde intérieur, vous commencez immédiatement à voir des changements dans votre réalité extérieure.

Par le passé, nombre de ces principes et techniques étaient protégés et n'étaient accessibles qu'à un petit nombre de personnes soigneusement sélectionnées. Certaines de ces méthodes de reprogrammation rapide n'ont été mises au point que ces dernières années. La seule chose qu'elles ont en commun, c'est qu'elles ont fait leurs preuves auprès d'innombrables milliers de personnes à travers les âges. Ce sont les clés qui ouvrent la porte de la transformation personnelle.

Pour tirer le meilleur parti de ces techniques, vous devez avoir un désir intense et brûlant d'amélioration personnelle. Vous devez être capable de faire confiance et de persévérer patiemment, en étant sûr que tous vos efforts ont un effet cumulatif, et que vous atteindrez finalement les richesses et les récompenses que vous désirez.

LA DÉCOUVERTE DU SUBCONSCIENT

Le premier pas de géant dans le domaine de la transformation personnelle a été fait par le docteur Émile Coué à Genève en 1895. Sa clinique obtenait des taux de guérison en moyenne cinq fois plus rapides que n'importe quel autre hôpital ou clinique similaire en Europe. Sa technique était si simple que, pendant longtemps, elle n'a été ni crue ni acceptée. Il a simplement appris à chacun de ses patients à dire : « Chaque jour, dans tous les domaines, je me sens de mieux en mieux ».

Les médecins et les infirmières accueillaient chaque patient en lui disant : « Chaque jour, en tous points, vous avez l'air d'aller de mieux en mieux ». Aussi simple que cela puisse paraître, cette méthode a fait des merveilles en permettant une guérison et un rétablissement rapides de toute une série de maladies, majeures ou mineures.

La réussite du Dr Coué a conduit un médecin allemand, Johannes Shulz, à poursuivre ses travaux sur les méthodes permettant d'accélérer la guérison. Le Dr Shulz était psychologue et cherchait des moyens d'aider les gens à surmonter la dépression, la névrose, l'anxiété et d'autres troubles mentaux qui les empêchaient d'être heureux. Il a découvert que plus on était **détendu** en se parlant à soi-même et en se disant : « Chaque jour, en tous points, je me sens de mieux en mieux », plus la guérison était rapide.

Le Dr Shulz a fini par mettre au point le processus connu sous le nom de « conditionnement autogène ». Il a découvert qu'en utilisant un processus systématique pour détendre le patient, puis en l'encourageant à visualiser et à affirmer des messages positifs et constructifs, les nouvelles informations semblaient aller directement à l'esprit subconscient. Une fois acceptées par le subconscient, des améliorations rapides et remarquables de la santé physique et mentale pouvaient être observées.

Au fil des ans, le conditionnement autogène a été largement développé en Europe et il est aujourd'hui extrêmement populaire dans la plupart des pays européens. Il a atteint un tel niveau de sophistication qu'il est aujourd'hui utilisé pour aider les gens dans de nombreux domaines, des troubles mentaux de toutes sortes à l'efficacité commerciale, en passant par la prise de parole en public et l'entraînement athlétique.

Les Allemands de l'Est ont développé le conditionnement autogène au plus haut niveau de tous les pays du monde. Leurs techniques étaient si avancées qu'elles étaient considérées comme des secrets d'État. Grâce à ces techniques, les Allemands de l'Est ont remporté plus de médailles d'or par habitant aux Jeux olympiques que n'importe quel autre pays du monde. Le conditionnement autogène leur a permis de programmer leurs athlètes pour qu'ils réalisent des performances extraordinaires.

L'une des raisons pour lesquelles le conditionnement autogène fonctionne si bien est qu'il utilise une loi mentale d'une importance essentielle, la loi de la relaxation. Cette loi stipule que « dans tout travail mental, l'effort s'annule lui-même ».

C'est le contraire de ce qui se passe dans le monde physique. Si vous souhaitez enfoncer un clou dans une planche dans le monde matériel, plus vous frappez fort, plus le clou pénètre rapidement et profondément.

En revanche, si vous souhaitez développer un nouveau modèle de pensée, c'est l'inverse qui se produit. Plus vous vous détendez, ou « n'essayez pas », plus vite la pensée semble être acceptée par votre subconscient et plus vite le résultat physique de la pensée ou de l'objectif apparaît dans votre monde.

Voici un exemple d'une technique basée sur les principes du conditionnement autogène et de la relaxation, qui a eu un impact incroyable sur ma vie et sur celle de nombreuses autres personnes. Elle est tellement puissante qu'elle devrait être enseignée à chacun. Elle est presque infaillible pour vous aider à atteindre vos objectifs. Elle vous permettra de vaincre l'inquiétude et la peur, et de générer des sentiments de calme, de confiance et de maîtrise de soi.

Cette technique est basée sur une autre application de la loi de réversibilité. Vous vous souvenez de la première application de cette loi. Elle stipule que, tout comme les sentiments génèrent des actions, les actions génèrent des sentiments. Vous pouvez agir pour obtenir un sentiment, et le sentiment générera alors les actions qui lui correspondent. L'un ou l'autre peut créer l'autre. Il s'agit d'un aspect essentiel de l'accès à votre esprit stratégique et de la libération de votre potentiel.

La deuxième manière d'appliquer la Loi de la Réversibilité est que, de la même manière qu'un *état objectif*, un accomplissement réel ou un succès de quelque sorte que ce soit, crée un *état subjectif*, celui de la joie et de l'accomplissement. Cet état subjectif créera également l'état objectif.

Pour le formuler autrement, si vous parvenez à susciter le sentiment, ou l'émotion, que vous ressentiriez si vous réalisiez un objectif ou résolviez un problème, et si vous parvenez à maintenir ce sentiment, alors ce sentiment créera, dans votre monde physique, le résultat qui lui correspond — le résultat qui déclencherait l'émotion si le résultat s'était **réellement** produit.

LA FIN DU FILM

Voici une illustration. Imaginez que vous alliez au cinéma pour regarder un passionnant film d'aventure. Vous arrivez au cinéma dix minutes avant la fin du film précédent. Au lieu d'attendre dans le hall, vous entrez dans la salle, vous vous asseyez et vous regardez les dix dernières minutes du film.

Vous voyez comment l'intrigue se déroule et comment tout se termine pour les acteurs principaux. Vous voyez les problèmes résolus et ce qui arrive à tout le monde à la fin du film.

Puis, lorsque la séance suivante commence, vous revenez en arrière et vous regardez le film en entier depuis le début. Mais cette fois, au lieu d'être pris par le suspense et le drame de l'intrigue, vous vous détendez et regardez le film objectivement. Vous prenez le temps d'apprécier la cinématographie, les dialogues, l'enchaînement des scènes et le déroulement de l'intrigue. Vous êtes calme et détendu. Vous êtes beaucoup moins anxieux ou émotif que vous ne le seriez si vous n'aviez pas déjà vu les dix dernières minutes. Car vous savez **déjà** comment cela se termine.

ACCÉLÉRER LE PROCESSUS

C'est exactement la même méthode que vous utilisez pour programmer votre nouvelle image de vous-même et vos objectifs dans les niveaux les plus profonds de votre subconscient, où ils se « verrouillent » et acquièrent un pouvoir qui leur est propre. La composante *émotionnelle* est essentielle. C'est l'émotion positive, calme, confiante et pleine d'espoir, combinée à la relaxation, qui active votre subconscient et provoque un changement rapide. Cet état mental, auto-induit, est suivi très rapidement, parfois instantanément, par la manifestation physique du résultat souhaité.

Voici un processus en cinq étapes que vous pouvez utiliser pour mettre en œuvre cette méthode afin d'obtenir l'état mental, émotionnel ou physique souhaité.

Première étape, **verbalisez et affirmez** le résultat souhaité. Par exemple, si vous êtes aux prises avec un problème impliquant quelqu'un d'autre, vous pourriez dire, calmement et avec confiance : « Cette situation est résolue avec bonheur et dans l'intérêt de toutes les parties concernées ». Votre affirmation doit être une description claire du résultat souhaité ou de l'état final. Ne vous attardez pas sur les détails. Ne vous préoccupez pas du processus.

Deuxième étape, **visualisez** et voyez clairement le résultat que vous souhaitez obtenir dans cette situation. Voyez-vous, ainsi que toutes les personnes impliquées, heureux et en paix avec le résultat. Cela vous demandera des efforts et de la concentration.

À l'étape trois, **apportez de l'émotion** à votre affirmation et à votre visualisation combinées en suscitant « le sentiment » que vous ressentirez réellement lorsque tout se résoudra de manière heureuse. Imaginez-vous déjà ayant réussi, l'objectif déjà réalisé.

Quatrième étape, et c'est le catalyseur du processus, **oubliez** complètement la situation. Laissez-la partir comme vous le feriez si quelqu'un en qui vous avez confiance vous disait qu'il s'en occuperait et que vous n'auriez plus besoin d'y penser.

La cinquième étape est la **réalisation**, c'est-à-dire l'apparition de la solution dans votre monde extérieur. La réalisation ou la manifestation de votre désir est directement proportionnelle à la mesure dans laquelle vous avez complètement abandonné toute préoccupation concernant le résultat et tourné votre esprit vers d'autres choses. « Qu'il vous advienne selon votre foi. »

Une fois de plus, les cinq étapes de l'activation de la loi de la réversibilité sont les suivantes : (1) la verbalisation, c'est-à-dire la formulation du résultat souhaité ; (2) la visualisation, c'est-à-dire la création d'une image mentale claire de ce que sera le résultat ; (3) la création d'émotions, c'est-à-dire la création en vous du sentiment de satisfaction qui accompagnera la situation résolue ; (4) la dissipation de toute préoccupation pendant que vous tournez votre esprit vers d'autres choses ; et enfin, (5) la réalisation, c'est-à-dire l'apparition de la solution, ou la réalisation de votre objectif.

Cette attitude de tranquillité d'esprit, empreinte de confiance et d'attente positive que tout se passera bien, est une expérience de conscience supérieure. Les personnes religieuses désignent cela comme la prière, et on dit que la prière est la forme la plus élevée d'affirmation. Ralph Waldo Trine a qualifié cet état de conscience d'« harmonie avec l'infini ». Peu importe le nom que vous lui donnez. Tout ce qui compte, c'est qu'elle fonctionne avec une fiabilité étonnante. La raison pour cela est qu'elle active votre *esprit super-conscient*, dont nous parlerons en détail au chapitre six.

ACCÉLÉRER LE PROCESSUS DE CHANGEMENT

Il existe plusieurs autres techniques mentales que vous pouvez utiliser pour activer votre esprit stratégique et accélérer le processus de changement intérieur et de réalisation extérieure. Chacune de ces méthodes *intègre* les techniques de programmation mentale pour modifier votre image de vous-même expliquées dans le chapitre trois.

Chacune d'entre elles est extrêmement efficace et lorsque vous les utilisez régulièrement, seules ou ensemble, vous pouvez vous transformer ainsi que votre vie de manière merveilleuse.

Technique de l'affirmation écrite

La première de ces méthodes de changement accéléré est la « technique de l'affirmation écrite ». Pour utiliser cette technique, asseyez-vous avec un bloc de papier ou un carnet, de préférence le matin, et écrivez une description précise, au présent, de votre objectif principal, tel que vous aimeriez le voir dans la réalité. La description peut être aussi longue ou aussi courte que vous le souhaitez. Elle peut être brève ou détaillée. Vous pouvez écrire une description au présent de la façon dont vous aimeriez voir les événements de la journée se dérouler, ou vous pouvez décrire comment vous vous sentiriez avec les nouvelles qualités de personnalité que vous désirez.

Une fois que vous avez écrit vos objectifs, posez votre stylo, fermez les yeux, respirez profondément et visualisez votre objectif comme étant atteint, ou **voyez** les événements de la journée se dérouler de manière satisfaisante. Au fur et à mesure que vous visualisez, créez le **sentiment** qui accompagnerait votre succès imaginé. Souriez et appréciez le plaisir qui accompagnerait la réalisation de vos objectifs. Puis, laissez partir complètement la visualisation, ouvrez les yeux et poursuivez votre journée.

L'écriture est un moyen puissant d'imprimer vos objectifs dans votre subconscient. Nombreux sont ceux qui ont fait l'expérience de rédiger une liste de leurs objectifs pour l'année le 1er janvier, une seule fois, puis de relire cette liste à la fin de l'année et de constater que la plupart des objectifs ont été atteints d'une manière ou d'une autre.

Plus vous écrivez souvent vos objectifs, plus ils se concrétisent rapidement. Utilisez un carnet à spirales et notez-les chaque jour. Cela ne prend que quelques minutes, mais cela vous prépare pour les heures à venir. Le fait d'écrire et de réécrire vos objectifs vous convainc de plus en plus qu'ils sont réalisables. Au fur et à mesure que votre conviction se renforce et que votre confiance grandit, vous devenez plus attentif et conscient des opportunités qui s'offrent à vous pour faire de vos objectifs une réalité. Vous activez les lois de l'attraction et de la correspondance et les objectifs commencent à se matérialiser autour de vous. De nombreux participants à nos séminaires ont été étonnés de la rapidité avec laquelle leur vie s'est améliorée lorsqu'ils ont commencé à utiliser cette technique.

Technique de l'affirmation standard

La deuxième technique de programmation mentale que vous pouvez utiliser est la « technique de l'affirmation standard ». Elle consiste à écrire vos objectifs en caractères gras sur une série de fiches de 7,6 cm (3 pouces) sur 12,7 cm (5 pouces). Vous écrivez les choses que vous voulez sous forme d'affirmations, au présent et avec des mots clairs et précis.

Il est préférable d'utiliser cette méthode deux fois par jour, le matin et le soir. Trouvez un endroit où vous pouvez être seul et tranquille pendant quelques minutes. Prenez plusieurs respirations profondes pour détendre votre corps et préparer votre esprit. Expirez lentement. Asseyez-vous confortablement, vos fiches sur les genoux. Lisez ensuite le premier de vos objectifs. Fermez les yeux et répétez-les cinq fois. Visualisez votre objectif tel qu'il serait si vous l'aviez déjà atteint. Imaginez comment vous marcheriez, parleriez et agiriez si l'objectif était une réalité immédiate. Donnez une dimension émotionnelle à votre image de l'objectif et créez le sentiment de plaisir et de bonheur qui accompagnerait la réalisation de votre désir.

Respirez à nouveau profondément, expirez et exprimez l'objectif en toute confiance. Procédez ainsi pour chacun de vos objectifs. Votre subconscient peut travailler efficacement de cette manière sur dix à quinze objectifs à la fois. (Vous apprendrez un système avancé pour fixer vos objectifs au chapitre cinq, la compétence majeure).

Cet exercice ne devrait pas prendre plus de trente à soixante secondes pour chaque objectif, soit un maximum de quinze minutes pour quinze objectifs. En faisant cet exercice le matin avant de commencer à travailler, vous envoyez une série de signaux forts à votre subconscient. Celui-ci active alors la loi de l'attraction et vous sensibilise à tout ce qui se passe autour de vous au cours de la journée et qui pourrait vous aider à atteindre un ou plusieurs de vos objectifs. En revoyant vos objectifs de cette manière le soir, juste avant de dormir, vous incitez votre subconscient à travailler sur vos objectifs pendant la nuit. Souvent, il vous apportera des idées et des solutions lorsque vous vous réveillerez le matin.

Technique de l'affirmation rapide

La troisième méthode d'accélération est appelée « technique d'affirmation rapide ». Vous pouvez utiliser cette technique avant tout événement **non récurrent** d'importance, tel qu'un appel de vente ou une réunion avec votre patron. Cette méthode de programmation mentale est utilisée par des orateurs professionnels, des acteurs, des artistes et des hommes d'affaires de premier plan. Ils l'utilisent pour se préparer à des événements à venir où il est important qu'ils donnent le meilleur d'eux-mêmes.

La technique de l'affirmation rapide consiste à télescoper les étapes de la préparation mentale dont nous avons parlé précédemment. C'est comme un échauffement mental. Vous pouvez la réaliser en moins de trente secondes. Vous pouvez utiliser cette technique dans votre voiture, dans l'ascenseur ou même dans les toilettes.

La façon dont cela fonctionne est simple. Prenez un moment pour vous-même, fermez les yeux, affirmez le résultat idéal, visualisez-le, ressentez-le émotionnellement et relâchez-le. Regardez et ressentez l'événement se dérouler avec succès. Ensuite, vous vous rendez à la réunion (ou à tout autre événement) avec calme et confiance.

Si vous devez assister à une présentation ou à un entretien important dans quelques jours, vous devriez utiliser cette technique chaque fois que vous y pensez. Au lieu d'envisager l'avenir avec nervosité et anxiété, utilisez la loi de substitution et réalisez cette technique d'affirmation rapide. Au fur et à mesure que vous vous rapprocherez du jour et de l'heure, vous vous sentirez de plus en plus confiant et sûr de vous. Au moment de l'événement, vous serez mentalement prêt à donner le meilleur de vous-même.

Le conditionnement autogène : la méthode

La quatrième technique d'accélération est le processus complet de « conditionnement autogène » dont nous avons parlé précédemment. Il s'agit d'un exercice plus élaboré, dans lequel vous détendez systématiquement tout votre corps avant d'affirmer, de visualiser, de ressentir et d'exprimer.

Dans sa forme la plus simple, vous pouvez obtenir la plupart des avantages du conditionnement autogène en adoptant une position confortable, que ce soit assis sur une chaise confortable ou allongé sur un lit. Vous fermez les yeux, respirez profondément et commencez à parler aux six parties de votre corps : votre bras gauche, votre bras droit, votre jambe gauche, votre jambe droite, votre poitrine et votre tête.

Ce sont les mots qui semblent fonctionner le mieux. Commencez par répéter six fois, une respiration par répétition : « Mon bras gauche *devient* lourd et chaud ». Répétez ensuite six fois : « Mon bras gauche est *maintenant* lourd et chaud ». Enfin, dites six fois : « Mon bras gauche est *complètement* lourd et chaud ».

Chaque fois que vous inspirez et expirez, vous prononcez une commande. Répétez ce processus avec chacune des cinq autres parties de votre corps, en allant du bras gauche au bras droit, puis de la jambe gauche à la jambe droite, puis à la poitrine et enfin à la tête et au cou.

En moins de dix minutes, vous aurez réussi à détendre profondément votre corps. Votre esprit sera dans l'état alpha. Vous serez alors prêt pour une programmation en profondeur.

Cette technique, parfois appelée auto-hypnose ou autosuggestion, est extrêmement efficace dans deux domaines. Tout d'abord, vous pouvez l'utiliser pour surmonter vos peurs et renforcer votre confiance dans vos relations, votre travail, votre vie financière, votre santé et d'autres activités. Il peut même vous aider à résoudre des problèmes tels que la réticence des vendeurs, la peur de parler en public et la nervosité face à n'importe quel défi de la vie quotidienne. Deuxièmement, vous pouvez l'utiliser pour accélérer le développement des capacités motrices et sportives dans des domaines tels que le tennis, le golf, le ski, le hockey, le patinage artistique, le football et le basket-ball.

Il s'agit d'une forme de répétition mentale. Vous pratiquez les mouvements encore et encore dans votre imagination, en visualisant une performance parfaite à chaque fois et en programmant cette image d'excellence dans votre subconscient.

Votre subconscient ne peut pas faire la différence entre une expérience *réelle* et une expérience que vous avez *imaginée*, surtout lorsque vous êtes profondément détendu. Votre subconscient accepte simplement l'image mentale comme une commande pour guider votre action future. La prochaine fois que vous effectuerez l'activité, vous serez beaucoup plus détendu et confiant. Vous serez nettement meilleur qu'avant.

La plupart des athlètes olympiques qui remportent des médailles d'or utilisent cette technique ou une approche similaire. Les hommes d'affaires qui réussissent l'utilisent pour se donner un avantage psychologique lors d'une réunion, d'une négociation ou d'une confrontation. Et cette technique fonctionne de mieux en mieux au fur et à mesure que vous la pratiquez.

Conditionnement hétérogène

La cinquième technique de transformation mentale rapide est appelée « conditionnement hétérogène ». Il s'agit du conditionnement ou de la programmation par quelqu'un d'autre que vous.

Votre perception de vous-même a été principalement façonnée par deux formes majeures de suggestion : *l'auto-suggestion*, c'est-à-dire les choses que vous vous êtes dites et auxquelles vous avez cru, et *l'hétéro-suggestion*, c'est-à-dire les choses que d'autres personnes vous ont dites et que vous avez crues. Tout ce que vous croyez vrai à votre sujet aujourd'hui est le résultat de l'une de ces influences, en particulier de la seconde.

Vous connaissez déjà quelques exemples de conditionnement hétérogène. Il s'agit des choses que vos parents, vos proches plus âgés, vos enseignants ou d'autres personnes que vous respectez vous ont fait remarqué à propos de vous-même. D'autres exemples hétérogènes sont les conférences ou les programmes sur cassettes audio dans lesquels l'orateur utilise le mot « vous » pour formuler chaque recommandation.

Chaque fois que vous entendez le mot « vous » dans un message, il influence votre subconscient. C'est pourquoi vous ne devez jamais permettre à quiconque de vous dire quoi que ce soit à votre sujet que vous ne souhaitiez pas sincèrement être vrai. Vous êtes face à un principe très puissant et vous devez l'utiliser consciemment de manière positive et constructive.

LES EXPÉRIENCES DE LOZANOV

Dans les années 1950 et 1960, en Bulgarie, le psychologue Georgi Lozanov a mené des recherches approfondies sur le processus par lequel les gens apprennent et enregistrent des informations de façon permanente. Il a été intrigué par des exemples de « super-apprentissage » dans le monde entier, comme le fait que les étudiants musulmans mémorisent et récitent l'intégralité du Coran, un livre de la taille du Nouveau Testament, avant d'entrer dans une université musulmane.

Lozanov a découvert en Inde des religions entières sans livres ni documents écrits. Les maîtres et les disciples de ces religions transmettaient leurs enseignements **oralement** d'une génération à l'autre. Il a rencontré des personnes capables de réciter des enseignements religieux pendant des heures sans aucune référence à des notes.

Au fil de ses recherches, Lozanov s'est intéressé à l'idée que chacun d'entre nous possède en réalité **deux** cerveaux, un hémisphère droit et un hémisphère gauche, et qu'ils remplissent des fonctions différentes.

Par exemple, le cerveau gauche est le cerveau logique, linéaire et pratique. Il est responsable du raisonnement, de l'analyse et du calcul. C'est le côté mathématique, verbal, séquentiel, pragmatique et sceptique du cerveau. Il est responsable du langage et du traitement des faits et est concret et direct. C'est le côté « clair et réfléchi » ou « ingénieur » du cerveau.

L'hémisphère droit du cerveau est très différent. Il pense en termes d'images et d'histoires. Il est holistique et traite simultanément tous les aspects d'une idée ou d'une situation. L'hémisphère droit est intuitif, musical et créatif. C'est le côté artistique, abstrait et imaginatif du cerveau.

Le cerveau gauche semble être stimulé par une présentation intense, logique et linéaire de l'information. Le cerveau droit semble mieux traiter les informations dans un état de relaxation. Lozanov a découvert que c'est lorsque les deux cerveaux travaillent ensemble de manière harmonieuse que l'apprentissage est le plus rapide.

Lozanov a poursuivi ses recherches sur les différents niveaux d'activité des ondes cérébrales : bêta, alpha, thêta et delta. Il a découvert que dans notre état d'éveil normal, *bêta*, le cerveau fonctionne à quatorze ondes par seconde ou plus. En *alpha*, l'état de relaxation ou de méditation situé juste en dessous de bêta, le cerveau fonctionne à une vitesse de huit à treize ondes par seconde. Cela semble être le niveau d'ondes cérébrales idéal pour l'apprentissage.

Le troisième niveau d'activité cérébrale est le thêta, de cinq à sept ondes par seconde, et le quatrième est le delta, l'état de sommeil profond, où les ondes cérébrales ralentissent à une demi à quatre ondes par seconde.

Lozanov s'est intéressé à l'accélération de la vitesse à laquelle le cerveau absorbe et stocke de nouvelles informations. Il a mis au point ce que l'on appelle aujourd'hui l'« apprentissage accéléré » en combinant toutes ces découvertes pour créer une nouvelle façon d'apprendre et de retenir les informations, quelles qu'elles soient.

Lozanov a découvert que si l'on pouvait plonger une personne dans un état de relaxation profonde, en alpha, puis lui présenter de nouvelles informations sur fond de musique classique douce, les cerveaux droit et gauche se synchroniseraient et l'apprentissage se ferait à un rythme rapide.

Ses expériences consistaient à faire asseoir des classes d'adultes profondément détendus, les yeux fermés, pendant que la musique se diffusait doucement dans la pièce. L'instructeur lisait ensuite des listes de mots dans une langue étrangère, en les répétant de différentes manières.

Ensuite, les étudiants étaient ramenés à un état d'éveil complet et leur capacité de rétention était testée. Avec cette méthode, les étudiants apprenaient à un rythme remarquable.

En 1969, Lozanov a pu enseigner aux étudiants 150 nouveaux mots par session de trois heures, soit trois à cinq fois plus vite que dans une école de langues traditionnelle. Plus tard, il a augmenté le taux d'apprentissage à 500 mots par jour, puis à 1000 nouveaux mots en une seule journée, en utilisant des combinaisons plus avancées de relaxation, de musique et de répétition.

En 1974, avec une classe spéciale d'étudiants, Lozanov a augmenté le rythme d'apprentissage à 1800 nouveaux mots d'une langue étrangère en une journée, tout en maintenant un niveau de rétention de 98 %.

En 1979, Lozanov a pu enseigner à une classe spéciale 3000 nouveaux mots, l'équivalent de la maîtrise d'une langue étrangère, en une seule journée. Six mois plus tard, ces étudiants se souvenaient encore de 60 % de ce qu'ils avaient appris, alors que le taux de mémorisation moyen dans une université américaine est de 10 %. Les travaux de Lozanov ont démontré qu'un apprentissage rapide est possible, non seulement pour les faits et les informations, mais aussi pour les nouveaux comportements et les nouvelles habitudes mentales.

AFFIRMATIONS ENREGISTRÉES EN MUSIQUE

En associant les découvertes de Lozanov à une combinaison d'affirmations, de musique et de relaxation, vous pouvez accélérer considérablement la vitesse à laquelle vous atteignez vos objectifs et développez les caractéristiques de personnalité que vous souhaitez. Cette forme de conditionnement hétérogène consiste à utiliser des *affirmations enregistrées avec de la musique.*

Il y a deux façons d'utiliser cette méthode particulière. La première consiste à écouter des cassettes subliminales, ce que **je ne recommande pas**. Vous ne savez tout simplement pas quel est le message contenu dans la cassette. Certains des enregistrements coûteux vendus sur le marché de masse se sont avérés ne contenir aucun message du tout.

La deuxième méthode d'enregistrement d'affirmations en musique est appelée « relaxation progressive ». Avec cette méthode, une voix claire vous fait descendre dans un état de relaxation profonde sur fond de musique classique douce. Cette combinaison de mots et de musique active votre cerveau droit et vous fait entrer dans l'état alpha. Pendant que vous êtes dans cet état de conscience détendue, les messages positifs, combinés à la musique, contournent votre esprit critique et conscient pour aller directement dans votre subconscient, où ils provoquent un changement rapide de votre personnalité.

L'affirmation enregistrée avec de la musique est saine et rafraîchissante en soi. À la fin d'une série de messages positifs, la voix sur la cassette vous ramène à votre pleine vigilance. Vous ouvrez les yeux en vous sentant détendu, rafraîchi et heureux.

L'affirmation enregistrée est facile et sans effort. Un processus typique d'affirmation enregistrée ne dure qu'une vingtaine de minutes. Il s'agit d'une forme de méditation **active**. Si vous la pratiquez deux fois par jour, matin et soir, vous serez plus positif, plus détendu, plus créatif et vous contrôlerez beaucoup mieux vos émotions. Beaucoup de vos petits maux disparaîtront, et je connais des cas où des maladies graves ont disparu lorsque les gens ont commencé à utiliser cette technique régulièrement.

Vous pouvez créer vos propres cassettes d'affirmations et y inscrire vos propres objectifs. Il vous suffit d'écouter la musique relaxante que vous aimez sur un lecteur de disques ou de cassettes, pendant que vous lisez vos affirmations, avec la musique en arrière-plan, sur un second lecteur de cassettes. Il est très difficile de se tromper, et même une cassette faite maison peut être très efficace pour vous programmer à atteindre vos objectifs.

COMBINER DIFFÉRENTES MÉTHODES

Parfois, les gens me demandent laquelle de ces méthodes ils devraient utiliser. Ma réponse est que vous devriez en utiliser autant que vous le souhaitez si vous vous sentez à l'aise avec elles, et utiliser celle qui vous convient le mieux à un moment donné. Idéalement, votre journée entière devrait être une affirmation continue. Vous devriez marcher, parler et vous comporter de manière joyeuse et positive, visualiser et vous sentir enthousiaste dans tout ce que vous faites.

Vos films mentaux, combinés à la création d'émotions, sont les avant-goûts des attractions à venir de votre vie. Votre tâche la plus importante est d'exercer le sang-froid, la maîtrise de soi et l'autodiscipline nécessaires pour que vos paroles, vos pensées et vos images *ne soient pas* liées à ce que vous ne voulez pas et qu'elles se concentrent sur ce que vous voulez. Ajoutez à cela une pincée d'attentes confiantes et vous êtes *sur* la voie d'une attitude mentale positive et d'une vie heureuse et satisfaisante.

METTRE CES TECHNIQUES EN PRATIQUE

Prenez une situation spécifique dans votre vie, un événement à venir ou quelque chose qui vous inquiète et vous stresse. Chaque fois que vous pensez à cette situation, appliquez la technique d'affirmation rapide, puis laissez-la partir. Procédez ainsi jusqu'à ce que l'événement soit passé avec réussite ou que la situation ait été résolue de manière satisfaisante.

Ensuite, procurez-vous un paquet de fiches de 7,6 cm (3 pouces) sur 12,7 cm (5 pouces). Il existe des lots à reliure spirale que vous pouvez transformer en livre d'affirmations. Écrivez vos objectifs, un par carte, dans un langage clair et au présent. Relisez-les deux fois par jour en utilisant la technique d'affirmation standard jusqu'à ce que vous voyiez vos objectifs se matérialiser autour de vous.

Créez votre propre cassette de relaxation avec de la musique et écoutez-la régulièrement, jusqu'à ce que les messages soient fermement ancrés dans votre subconscient et que vous commenciez à voir les résultats dans le monde qui vous entoure.

Au cours de votre journée, comportez-vous comme si vous étiez déjà le genre de personne que vous voulez être et comme si vous aviez déjà atteint les objectifs que vous souhaitez atteindre.

Laissez-vous envahir par cette sensation de « fin de film » et détendez-vous simplement. Portez-vous avec confiance et calme, ressentant des émotions positives de réussite et de bonheur, sachant que si vous pouvez la garder dans votre esprit, vous pouvez l'atteindre. Et vous l'atteindrez.

UNE ANCIENNE FABLE

Il y a bien longtemps, dans la Grèce antique, un voyageur rencontra un vieil homme sur la route et lui demanda comment se rendre au mont Olympe. Le vieil homme, qui s'appelait Socrate, lui répondit : « Si vous voulez vraiment atteindre le mont Olympe, assurez-vous que *chaque pas que vous faites va dans cette direction* ».

La morale de cette histoire est simple. Si vous voulez réussir et être heureux, veillez à ce que chacune de vos pensées et de vos actions vous mènent dans cette direction.

Sir Isaac Newton est généralement considéré comme le plus grand scientifique ayant jamais vécu. Ses percées en mathématiques et en physique ont jeté les bases de l'ère moderne. À la fin de sa vie, on lui a demandé comment il se faisait que lui, un seul homme, avait réussi à apporter des contributions aussi importantes au monde de la science. Il a répondu : « En ne pensant à rien d'autre ».

En termes simples, la réussite commence lorsque vous exercez votre pouvoir de choix pour prendre le contrôle systématique et délibéré des pensées que vous entretenez dans votre esprit conscient. En vous disciplinant rigoureusement à penser et parler uniquement de ce que vous désirez, et en évitant de vous attarder sur ce que vous ne voulez pas, vous entamez votre voyage vers les étoiles.

LE POUVOIR DE VOTRE SUBCONSCIENT

La qualité de la *réflexion* va de pair avec l'évolution du caractère et le développement de l'efficacité personnelle. Les lois mentales dont nous avons parlé jusqu'à présent sont des outils de réflexion. Elles vous permettent de mieux savoir qui vous êtes, comment vous en êtes arrivé là et, plus important encore, comment vous pouvez arriver là où vous voulez aller à l'avenir.

La plupart des gens passent leur vie dans une forme de sommeil. Ils vaquent à leurs occupations quotidiennes en étant presque totalement préoccupés par un flot continu de pensées désorganisées. Vous avez déjà fait l'expérience de ce phénomène lorsque vous avez pris votre voiture pour vous rendre au travail ou traverser la ville, perdu dans vos pensées, sans presque aucun souvenir du trajet.

Beaucoup de vos habitudes et de vos conversations se déroulent avec un faible niveau de conscience, comme si vous étiez dans un brouillard mental, et que vous ne vous souveniez pas, ou très peu, du déroulement des événements.

Parfois, cette préoccupation et cette activité sont délibérées. Vous les utilisez pour éviter de penser à des aspects de votre vie que vous préféreriez ne pas affronter ou traiter. Parfois, il s'agit simplement d'un automatisme. Vous suivez le mouvement depuis si longtemps que vos processus de pensée sont automatiques.

Vous ne vous réveillez que temporairement lorsque vous êtes choqué ou surpris, par exemple lorsque vous êtes coupé dans la circulation, ou lorsque vous avez peur ou que vous êtes pris au dépourvu, mais dès que vous retrouvez votre calme, vous retombez dans le courant chaud et doux du sommeil éveillé et vos pensées s'écoulent simplement au milieu d'un collage continuel de sentiments et d'images.

Pour devenir tout ce que vous pouvez être, vous devez vivre plus *consciemment*. Vous devez devenir plus alerte, plus conscient et plus éveillé. Vous devez prendre davantage le contrôle de vos processus de pensée afin que le pouvoir combiné des diverses lois mentales vous fasse avancer dans la direction de votre choix plutôt que de vous diriger aveuglément sur une forme de pilote automatique mental.

S'ÉVEILLER DU SOMMEIL

Vous commencez ce processus d'éveil en réfléchissant à certains aspects de votre vie : passée, présente et future. En guise d'exercice de conscience, commencez par imaginer qu'avant votre naissance, quelque part de l'autre côté du cosmos, vous avez évolué au cours de nombreuses vies pour devenir un type particulier de personne avec un ensemble particulier de qualités, d'intérêts, de talents et d'aptitudes. Peu importe ce que vous pensez de l'idée de réincarnation. Cet exercice n'est rien d'autre qu'un exercice dont l'objectif est clair.

En poursuivant cette réflexion, supposez que c'est vous qui avez choisi vos parents, ainsi que l'environnement dans lequel vous êtes né et avez grandi. Vous l'avez fait parce que, à votre stade de croissance et d'évolution personnelles, il y avait des leçons spécifiques sur vous-même, sur la vie et sur les autres que vous deviez apprendre et que ces leçons ne pouvaient être apprises d'une autre manière.

Imaginez également que la personne que vous êtes aujourd'hui, en particulier les qualités que vous avez développées, a évolué en grande partie ou partiellement à la suite des expériences difficiles que vous avez vécues pendant votre enfance, et en particulier à la suite des problèmes que vous avez eus avec l'un de vos parents ou les deux.

Voici une question importante : si vous appreniez que vous avez *délibérément* choisi vos parents et que la personne que vous êtes aujourd'hui est le résultat direct de votre choix, comment cette découverte modifierait-elle votre attitude à l'égard de vos parents et des expériences de votre enfance ? Seriez-vous plus positif et les accepteriez-vous davantage ? Est-ce que cela changerait votre regard sur vous-même et sur les moments vécus dans le passé ? Adopteriez-vous une approche plus philosophique et objective vis-à-vis de ce qui aurait pu, jusqu'à présent, sembler être une période difficile de votre vie ?

Lorsque vous commencez à réfléchir à cette idée d'avoir délibérément choisi vos parents, vous commencez à entrevoir des possibilités que vous aviez totalement ignorées jusqu'à présent. Au lieu de vous considérer comme un agent passif ou une victime prise dans des circonstances indépendantes de votre volonté, vous commencez à vous voir comme un participant actif à votre propre évolution.

Allons plus loin dans cette réflexion. Visualisez-vous étant ici, sur cette Terre, pour faire quelque chose de merveilleux de votre vie, pour devenir une personne exceptionnelle et pour apporter une contribution importante à votre monde. Imaginez que tout cela fait partie d'un grand plan d'ensemble qui a été soigneusement conçu dans votre intérêt, et que chaque événement et circonstance de votre vie est une partie indispensable d'un grand puzzle dont vous ne pouvez commencer à voir les contours que lorsque vous prenez du recul et que vous commencez à regarder votre vie d'un point de vue plus élevé.

Partez du principe que, quelle que soit votre situation ou difficulté actuelle, c'est exactement ce dont vous avez besoin, en ce moment même, pour vous apprendre quelque chose que vous devez savoir avant de pouvoir poursuivre votre ascension. Avec cette perspective, vous pouvez voir que chaque expérience est une expérience positive si vous la considérez comme une opportunité de croissance et de maîtrise de soi.

Maintenant, projetez-vous en arrière et, avec calme, clarté et une attitude mentale positive, réfléchissez à la façon dont chaque expérience et situation antérieure de votre vie a pu vous être envoyée, exactement au bon moment pour vous, pour vous enseigner quelque chose que vous aviez besoin d'apprendre afin de pouvoir continuer à avancer vers la vie merveilleuse qui vous attend.

Imaginez que les événements de votre vie n'auraient pas pu être différents de ce qu'ils ont été, surtout si vous avez fonctionné en pilote automatique la plupart du temps. En prenant du recul et en appréciant les événements incroyablement complexes et interconnectés qui vous ont amené là où vous êtes dans la vie, vous commencerez à développer la perspective du philosophe, de l'intellect supérieur. Vous commencez à superposer à votre expérience ce que l'on appelle un « sens de la cohérence », une attitude et un sentiment que votre vie fait partie de quelque chose de plus grand que vous, que tout s'imbrique et que tout arrive pour une raison.

Lorsque vous considérez votre vie comme une série d'événements et d'expériences qui conspirent pour que vous atteigniez un grand objectif ou que vous apportiez une grande contribution à l'humanité, vous commencez à développer un « sens du destin », la marque d'une grandeur potentielle en tant qu'être humain.

METTRE LES LOIS EN APPLICATION

Ces exercices mentaux vous permettent de commencer à libérer les pouvoirs de votre subconscient. Ils vous permettent de mettre ces lois en application de manière délibérée et systématique.

Vous activez la **loi du contrôle** en choisissant consciemment de vous considérer comme une influence créative active dans votre propre vie. Lorsque vous prenez le contrôle mental, vous placez vos mains fermement sur le volant de votre propre destin. Vous devenez l'architecte de votre propre avenir.

Vous vous libérez de la **loi du hasard** lorsque vous prenez conscience du rôle de vos propres pensées dans l'orientation de votre vie.

Vous activez la **loi de cause à effet** lorsque vous prenez du recul par rapport à votre vie quotidienne et que vous réfléchissez au nombre incroyable de coïncidences qui ont fait de vous la personne que vous êtes aujourd'hui. Vous constatez que rien n'est arrivé par hasard. Vous réalisez que tout s'est produit, et se produit, comme le résultat d'une loi immuable, même si vous ne voyez pas très bien où va votre vie en ce moment.

Vous déclenchez la **loi de la croyance** lorsque vous acceptez que votre vie et vos expériences vous mènent vers l'accomplissement de quelque chose d'important. Plus vous pensez que c'est inévitable, plus vous avez de chances que cela se réalise. Vos croyances deviennent vos réalités.

Vous appliquez la **loi des attentes** lorsque vous vous attendez avec confiance à tirer quelque chose d'intéressant, voire d'inestimable, de tout ce qui vous arrive. Cette attitude d'attente confiante fait de votre vie une aventure, avec des événements imprévisibles mais heureux, qui se produisent pour vous faire avancer vers un résultat positif. Vous devenez plus optimiste et joyeux, ainsi que calme et détendu, et vos attentes deviennent des prophéties qui se réalisent d'elles-mêmes.

Votre pensée positive, orientée vers l'avenir, déclenche la **loi de l'attraction**. Vous commencez à attirer dans votre vie des personnes et des circonstances en harmonie avec vos pensées dominantes d'espoir, d'optimisme et de confiance. Plus vous pensez que votre vie et vous-même êtes bénis et importants, plus vous attirez à vous les idées, les opportunités et les personnes qui vous permettent de réaliser vos rêves.

Conformément à la **loi des correspondances**, vous vous considérez comme une personne spéciale mise sur cette terre dans un but particulier, et votre monde extérieur de relations, de santé, de travail et de réalisations matérielles commence à refléter vos attitudes d'esprit intérieures.

Lorsque vous plantez ces graines de pensées dans votre subconscient en les maintenant continuellement dans votre esprit conscient, par la **loi de l'activité subconsciente**, votre subconscient commence à faire en sorte que tous vos mots, sentiments, actions et même votre langage corporel correspondent à votre nouvelle image de vous-même et à vos nouveaux objectifs.

Vous utilisez continuellement la **loi de substitution**, sachant que votre principale responsabilité dans ce processus est d'écarter de votre esprit les pensées négatives de peur, de colère et de doute de soi. Vous y parvenez en entretenant des pensées de foi, d'espoir et d'amour à la place, jusqu'à ce que ces nouvelles pensées soient fermement enracinées et se développent avec une vie et une puissance qui leur sont propres.

Vous employez la **loi de la concentration** en nourrissant constamment votre esprit de pensées empreintes de courage, de confiance, d'espoir et d'amour, tout en méditant sur la vie merveilleuse qui vous attend. Chaque jour, vous accordez du temps pour immerger votre pensée dans des idées positives et stimulantes, persuadé que ce à quoi vous consacrez du temps et de l'énergie se concrétise finalement dans votre environnement.

VOUS POUVEZ Y ARRIVER

Vous devez avant tout faire preuve de patience, de calme et de confiance. Ces lois mentales sont les forces les plus puissantes jamais découvertes. Vous atteindrez ce que vous êtes censé atteindre lorsque vous serez prêt à le faire, lorsque votre esprit sera parfaitement préparé. Tout ce que vous voulez, vous le voulez. Ce que vous désirez se dirige vers vous en ce moment même, tout comme vous vous dirigez vers lui. Votre tâche principale consiste à décider exactement ce que vous voulez, ce dont nous parlerons au chapitre 5, puis à vous libérer de votre propre chemin, ce dont nous parlerons au chapitre 7.

Le développement d'une vision positive et constructive de votre vie exige de la réflexion. Pour développer une façon de penser supérieure, vous devez devenir plus alerte, plus conscient et plus éveillé. Harmoniser toutes ces lois mentales pour que votre vie s'améliore à tous points de vue exige une nouvelle attitude envers vous-même et vos possibilités.

Cela peut s'avérer difficile au début, mais vous en retirerez un sentiment accru de maîtrise de vous-même, une attitude mentale plus positive et un formidable sentiment d'autonomie dans tous les domaines de votre vie.

ENGAGEMENT D'ACTION

Prenez une feuille de papier et dressez une liste de toutes les choses que vous souhaitez voir apparaître dans votre vie. Notez tout ce qui vous vient à l'esprit. Bonheur, santé, bons amis, voyages, prospérité, réussite financière, popularité, reconnaissance, respect des autres… laissez libre cours à votre imagination.

Voici la partie la plus difficile : pendant les prochaines vingt-quatre heures, pensez et parlez uniquement des éléments de votre liste. Essayez de passer une journée entière sans critiquer, condamner, vous plaindre ou vous mettre en colère, vous énerver ou vous inquiéter de quoi que ce soit. Voyez si vous avez la volonté et la force de caractère nécessaires pour ne penser qu'à ce que vous voulez pendant une journée entière.

Cet exercice vous donnera un aperçu réel de l'état de votre développement et vous montrera également le chemin qu'il vous reste à parcourir. Dans le prochain chapitre, vous apprendrez la compétence majeure de la réussite et à atteindre pratiquement tous les objectifs que vous pouvez vous fixer.

Chapitre 5

LA COMPÉTENCE MAJEURE

La capacité à se fixer des objectifs et à élaborer des plans pour les atteindre est la compétence majeure de la réussite. L'acquisition de cette compétence contribuera davantage à votre réussite que tout ce que vous pourrez faire d'autre. En vingt-cinq ans d'études et d'expérience, j'en suis venu à la conclusion que *le succès est synonyme d'objectifs, et que tout le reste n'est que commentaire*. Une orientation intense vers les objectifs est une caractéristique essentielle de tous les hommes et femmes performants, dans toutes les études et dans tous les domaines. Il n'est pas possible de réaliser ne serait-ce qu'une fraction de votre potentiel tant que vous n'avez pas appris à vous fixer des objectifs et à les atteindre aussi normalement et naturellement que vous vous brossez les dents ou que vous vous coiffez le matin.

Tout ce dont nous avons parlé dans ce livre jusqu'à présent avait pour but de nous amener à ce chapitre sur les objectifs. Cela fait partie de la préparation nécessaire pour que vous puissiez mettre en œuvre la **compétence majeure** dans tous les aspects de votre vie. Tout le matériel concernant la clarification de votre esprit et le développement d'une attitude calme et optimiste à l'égard de vous-même et de vos possibilités a été essentiel. Apprendre comment fonctionne votre esprit et comment les éléments de votre pensée, basés sur vos expériences passées, peuvent affecter votre comportement et vos résultats aujourd'hui a permis de jeter les bases de ce qui vous attend.

J'avais vingt-trois ans lorsque j'ai découvert les objectifs. Je savais qu'ils existaient dans le domaine du sport, mais l'idée de planifier ma vie à l'aide d'objectifs et de plans ne m'avait jamais traversé l'esprit.

Ce n'était pas l'absence d'objectifs qui me caractérisait, ni même le fait de ne pas en avoir réalisé. J'avais déjà fait les trois quarts du tour du monde, notamment de la côte ouest des États-Unis à Capetown, en Afrique du Sud, par voie terrestre et maritime, puis de Londres, en Angleterre, à Singapour, de la même manière.

Je n'avais jamais réfléchi au processus de réalisation d'un objectif. Je n'avais jamais réalisé qu'il s'agissait d'une procédure spécifique que je pouvais utiliser pour accomplir des choses étonnantes. Comme la plupart des gens, j'avançais au hasard dans la vie, en réagissant et en répondant plutôt qu'en me concentrant. Comme le dit Zig Ziglar, conférencier motivant, j'étais une « généralité errante plutôt qu'une spécificité significative ».

Puis j'ai découvert les objectifs et je n'ai plus jamais été le même. Ma vie entière a changé depuis que j'ai appris cette compétence majeure, et la vôtre le sera également.

LES OBJECTIFS SONT LE CARBURANT

Les objectifs sont le carburant qui alimente la chaudière de la réussite. Une personne sans objectifs est comme un navire sans gouvernail, dérivant sans but et toujours en danger de s'échouer sur les récifs. Une personne qui a des objectifs est comme un navire avec un gouvernail, guidé par un capitaine muni d'une carte, d'une boussole et d'une destination, qui navigue droit vers le port de son choix. Thomas Carlyle a écrit qu'« un homme à demi-volontaire va et vient et ne progresse pas, même sur le chemin le plus facile, alors qu'une personne pleinement volontaire va de l'avant, quelle que soit la difficulté du chemin ».

Les êtres humains, vous et moi, sont des organismes centrés sur un objectif. Nous sommes téléologiques en ce sens que nous sommes motivés par des objectifs, par des états finaux souhaités. Nous sommes conçus mentalement pour passer progressivement et successivement d'un objectif à l'autre, et nous ne sommes jamais vraiment heureux tant que nous ne nous dirigeons pas vers l'accomplissement de quelque chose d'important pour nous.

Votre cerveau est doté d'un mécanisme de recherche d'objectifs qui vous guide et vous oriente infailliblement, au fil du temps, vers la réalisation de vos objectifs. Cette faculté cybernétique est comme le système de guidage d'un missile ; elle reçoit continuellement des informations en retour de la cible et corrige automatiquement votre trajectoire. Grâce à ce mécanisme cérébral, vous pouvez atteindre presque tous les objectifs que vous vous fixez, à condition qu'ils soient clairs et que vous persévériez suffisamment longtemps. Le processus de réalisation de vos objectifs est presque automatique. C'est la fixation des objectifs qui semble poser le plus de problèmes à la plupart des gens.

Il est vrai que chacun d'entre nous atteint les objectifs qu'il s'est fixés. Vous êtes là où vous êtes et ce que vous êtes parce que vous avez décidé d'y être. Vos pensées, vos actions et votre comportement vous ont amené à votre position actuelle dans la vie, et ils n'auraient pu vous amener à aucun autre endroit, à juste titre.

Si votre objectif est de passer la journée et de rentrer chez vous pour regarder la télévision, vous l'atteindrez. Si votre objectif est d'être en forme et en bonne santé et de vivre longtemps, vous l'atteindrez également. Et si votre objectif est d'être financièrement indépendant ou même riche, si c'est vraiment votre objectif, alors rien ne peut vous empêcher de l'atteindre, tôt ou tard. Votre seule limite est votre désir : à quel point le voulez-vous ?

VOTRE MÉCANISME DE RÉUSSITE

Vous êtes doté d'un « mécanisme de réussite » et d'un « mécanisme d'échec ». Votre mécanisme d'échec est votre tendance naturelle à suivre *le chemin de la moindre résistance*, votre impulsion vers la gratification immédiate sans vous soucier des conséquences à long terme de vos actions. Votre mécanisme d'échec fonctionne automatiquement vingt-quatre heures sur vingt-quatre. Chaque minute, chaque heure s'écoule et la plupart des gens laissent leur désir de plaisir, de facilité et de commodité déterminer la plupart de leurs actions.

Cependant, vous avez également *un mécanisme de réussite* intégré dans votre cerveau. Votre mécanisme de réussite peut prendre le pas sur votre mécanisme d'échec. Votre mécanisme de réussite est déclenché par un objectif. Plus votre objectif est grand et plus vous le désirez intensément, plus vous serez enclin à exercer vos pouvoirs d'autodiscipline et de volonté, et plus vous serez capable de vous **forcer à faire** ce qu'il faut pour arriver à vos fins.

Après une carrière de cinquante ans, au cours de laquelle il a personnellement travaillé et formé plus de vingt mille vendeurs, Elmer Letterman a conclu que la qualité la plus prédictive du succès était ce qu'il a appelé « l'intensité de l'objectif ». Si l'on prend deux personnes ayant les mêmes niveaux relatifs d'intelligence, de formation, d'éducation et d'expérience, celle qui a la plus grande intensité d'intention l'emportera toujours sur l'autre.

DEUX CONDITIONS POUR RÉUSSIR

Le célèbre milliardaire pétrolier H. L. Hunt, qui a fait faillite en cultivant du coton dans l'Arkansas avant de se constituer une fortune de plusieurs milliards de dollars et de devenir l'un des hommes les plus riches du monde, s'est vu un jour demander sa formule pour réussir.

Il a répondu qu'en Amérique, il suffisait de deux choses pour réussir : « Premièrement », a-t-il dit, « décidez exactement de ce que vous voulez. La plupart des gens ne le font jamais. Deuxièmement, déterminez le prix que vous devrez payer pour l'obtenir, puis décidez de payer ce prix. »

La grande faiblesse de la plupart des gens est que, même s'ils ont une idée de ce qu'ils veulent, ils ne se sont jamais assis et n'ont jamais réfléchi à ce qu'il faudrait faire pour l'obtenir, et s'ils sont prêts ou non à payer ce prix.

Nous n'avons que deux certitudes sur le prix de la réussite. Premièrement, pour obtenir ce que vous désirez, quelle que soit la définition que vous en donnez, vous devez payer le prix fort. Vous devez semer avant de récolter. Et il se peut que vous deviez travailler longtemps avant de récolter. C'est ainsi que fonctionne la loi de fer, la loi immuable de la cause à effet. La plupart des frustrations liées à la réalisation d'un objectif viennent du fait que l'on essaie d'enfreindre ce principe immuable.

Deuxièmement, il faut payer le prix **complet** à l'avance. Réussir n'est pas comme aller au restaurant où l'on peut payer l'addition après avoir dégusté le repas. La réussite que vous désirez exige un paiement intégral, à l'avance, à chaque fois.

Et comment pouvez-vous savoir si vous avez versé le tarif complet du succès ? C'est très simple. Lorsque vous aurez payé le prix total, la réussite sera là, devant vous, et tout le monde pourra la voir. Cela se fera par la loi, et non par hasard. Lorsque vous aurez semé, vous récolterez ; la cause et l'effet, l'action et la réaction. La vie dont vous jouissez aujourd'hui est le reflet du prix que vous avez payé jusqu'à présent. La vie dont vous jouirez à l'avenir sera le reflet du prix que vous aurez payé d'ici là.

LES OBJECTIFS FONT TRAVAILLER LES LOIS POUR VOUS

J'ai décrit plusieurs lois mentales dans les chapitres précédents. Vous ne savez peut-être pas comment vous allez vous rappeler d'utiliser et d'appliquer toutes ces lois. Heureusement, ce n'est pas nécessaire. Lorsque vous avez un objectif clairement défini vers lequel vous travaillez chaque jour, toutes ces lois fonctionnent automatiquement et en harmonie avec vos objectifs. Vous vous alignez sur les forces de l'univers. Vous libérez les incroyables réserves de potentiel qui sont en vous. Lorsque vous organisez votre vie entière en accord avec ces principes intemporels, vous commencez à accomplir des choses que vous n'auriez jamais imaginées, et ce avec moins d'efforts que vous n'auriez imaginé.

Le plus grand ennemi de votre potentiel de réussite et d'accomplissement est votre zone de confort, votre tendance à vous enfermer dans une ornière et à résister à tout changement, même positif, qui vous forcerait à en sortir.

Tout le monde craint et évite naturellement le changement. Nous voulons que les choses restent les mêmes, mais aussi qu'elles s'améliorent. Cependant, toute croissance, tout progrès, toute avancée nécessite un changement. Et le changement est inévitable. Quoi que vous fassiez, la vie ne reste jamais longtemps la même. Elle évolue toujours dans un sens ou dans l'autre. Les choses s'améliorent ou se dégradent, mais elles ne restent jamais les mêmes.

Comme vous vous en souvenez, la loi du contrôle stipule que vous vous sentez bien dans votre peau dans la mesure où vous avez l'impression de contrôler votre propre vie. Le premier avantage de la fixation d'objectifs est qu'elle vous permet de *contrôler la direction du changement dans votre vie*, en veillant à ce que ce changement soit essentiellement positif et autodéterminé. Personne ne craint un changement qui représente une amélioration. Avec des objectifs clairs, soutenus par des plans d'action détaillés, vous vous assurez que les changements qui se produisent représentent des améliorations dans votre vie et vous éliminez une cause majeure de peur et d'insécurité.

La loi de cause à effet stipule que pour chaque effet dans votre vie, il y a une cause spécifique. Les objectifs sont des causes : la santé, le bonheur, la liberté et la prospérité sont des effets. Vous semez des objectifs et vous récoltez des résultats. Les objectifs sont d'abord des pensées, ou des causes, et se manifestent sous forme de conditions ou d'effets. La première cause de réussite dans la vie est la capacité à se fixer des objectifs et à les atteindre.

C'est pourquoi les personnes qui n'ont pas d'objectifs sont condamnées à jamais à travailler pour ceux qui en ont. Vous travaillez soit pour réaliser vos propres ambitions, soit pour aider quelqu'un d'autre à réaliser les siennes. Le meilleur travail est celui qui consiste à atteindre ses propres objectifs en aidant les autres à atteindre les leurs.

Vous déclenchez la loi de la croyance en croyant intensément que vous atteindrez vos objectifs et en prenant des mesures conformes à ces croyances. C'est le fondement de la foi et de la confiance en soi.

Vous déclenchez la loi des attentes en pensant avec confiance que tout ce qui se passe, que ce soit positif ou négatif, vous rapproche de la réalisation de vos objectifs. Vous cherchez dans chaque événement quelque chose de bénéfique, une leçon précieuse, quelque chose que vous pouvez utiliser à votre avantage.

Vous activez la loi de l'attraction en pensant continuellement à vos objectifs. Si vos objectifs sont vos pensées dominantes, vous commencez invariablement à attirer dans votre vie des personnes et des circonstances en harmonie avec ces objectifs. Vous attirez les idées, les opportunités et les ressources qui peuvent vous aider.

La loi de la correspondance stipule que votre monde extérieur correspondra à votre monde intérieur. Lorsque votre monde intérieur est dominé par des pensées, des objectifs et des plans visant à réaliser les choses qui sont importantes pour vous, votre monde extérieur de manifestation et d'effet reflète bientôt vos espoirs et aspirations intérieurs.

La loi de l'activité subconsciente dit que toutes les pensées que vous avez dans votre esprit conscient, votre esprit subconscient travaille à les faire entrer dans votre réalité. Une part de plus en plus importante de votre subconscient est consacrée à faire en sorte que vos paroles et vos actions correspondent à ce que vous voulez vraiment réaliser.

La loi de la concentration stipule que tout ce sur quoi vous vous attardez se développe. Sur quoi vous attardez-vous continuellement ? Vos objectifs ! Plus vous vous attardez, réfléchissez et pensez aux choses que vous voulez et à la façon dont vous pouvez les atteindre, plus vous devenez sensible et conscient des opportunités qui s'offrent à vous pour les atteindre.

La loi de la substitution dit que vous pouvez remplacer une pensée négative par une pensée positive. Quelle pensée positive utilisez-vous pour remplacer des pensées ou des expériences négatives ? Vos objectifs ! Chaque fois que quelque chose va mal, *pensez* à vos objectifs. Lorsque vous passez une mauvaise journée, *pensez* à vos objectifs. La simple pensée d'un objectif, de quelque chose que vous voulez accomplir à l'avenir, est intrinsèquement positive et encourageante. Il est impossible de penser continuellement à vos objectifs sans être optimiste et très motivé.

Lorsque vous commencez à utiliser toutes ces lois mentales pour atteindre un objectif clairement défini auquel vous êtes totalement attaché, vous devenez une centrale d'énergie mentale et physique que rien ne peut arrêter. Avec des objectifs clairs et précis, vous développez et utilisez tous vos pouvoirs mentaux. Vous accomplissez alors plus en quelques années que la plupart des gens en une vie.

Avec tout ce que nous savons sur la fixation d'objectifs, on pourrait penser que tout le monde s'y met. Cela fait probablement des années que l'on vous dit qu'il faut avoir des objectifs. On vous a dit que vous deviez travailler régulièrement à la réalisation de vos objectifs. Vous savez que vous ne pouvez pas atteindre une cible que vous ne voyez pas.

Pourtant, la triste réalité est que très peu de personnes ont de véritables objectifs. Moins de 3 % des hommes et des femmes mettent leurs objectifs par écrit. Moins d'un pour cent d'entre eux les lisent et les revoient régulièrement. La plupart des gens semblent n'avoir aucune idée de l'importance des objectifs.

Nombreux sont ceux qui ont assisté à des séminaires, lu des livres et écouté des cassettes sur la fixation d'objectifs. Pourtant, si vous leur demandez s'ils ont des objectifs écrits clairs et des plans pour les atteindre, ils vous avoueront, penauds, que ce n'est pas le cas. Ils savent qu'ils sont censés avoir des objectifs et ils ont l'intention d'en fixer assez rapidement, mais ils n'ont pas encore pris le temps de le faire.

Lorsque j'ai commencé à étudier et à appliquer ces principes de fixation d'objectifs, j'ai obtenu des résultats tellement extraordinaires que je me suis empressé de partager ces idées avec tous ceux qui voulaient bien m'écouter. C'est ainsi que j'ai commencé à parler en public et à organiser des séminaires.

Cependant, j'étais toujours étonné de voir à quel point les gens étaient d'accord avec moi, mais s'en allaient et ne faisaient rien. J'ai commencé à me poser des questions et à essayer de comprendre pourquoi les gens ne se fixaient pas d'objectifs. J'ai finalement conclu qu'il y avait sept raisons principales pour lesquelles les gens ne se fixaient pas d'objectifs. Il est important de les connaître et de déterminer si elles s'appliquent à votre situation. L'ignorance n'est pas une bénédiction. Ne pas connaître ces obstacles mentaux et ne pas apprendre à les contrer peut être fatal pour votre avenir.

POURQUOI LES GENS NE SE FIXENT PAS D'OBJECTIFS

La *première* raison pour laquelle les gens ne se fixent pas d'objectifs est *qu'ils ne sont tout simplement pas sérieux*. Ils parlent au lieu d'agir. Ils veulent réussir, ils veulent améliorer leur vie, mais ils ne sont pas prêts à faire les efforts nécessaires. Ils n'ont pas le « feu au ventre » qui se traduit par un désir ardent de s'épanouir, d'améliorer et d'enrichir leur vie.

La seule manière de déterminer ce qu'une personne croit **vraiment** réside dans ses actes, pas dans ses paroles. Ce n'est pas ce que vous dites, ni vos intentions, ni vos souhaits ou vos espoirs, ni même vos prières qui comptent, mais uniquement vos **actions**. Vos vraies valeurs et croyances s'expriment uniquement et toujours dans votre comportement. Une personne qui agit vaut mieux que dix brillants orateurs qui ne font rien.

Au cours d'une année, je reçois d'innombrables appels téléphoniques, lettres et propositions de toutes sortes de personnes ayant toutes sortes d'idées. Mais les seules personnes qui m'impressionnent, ou qui impressionnent n'importe qui d'autre, sont celles qui agissent réellement. Rappelez-vous que seule l'action est l'action, et que rien d'autre ne compte vraiment. Ne dites pas aux gens ce que vous allez faire, **montrez-leur**. Soyez sérieux !

La *deuxième* raison pour laquelle les gens ne se fixent pas d'objectifs est qu'ils n'ont pas encore accepté la responsabilité de leur vie. J'avais l'habitude de penser que les objectifs étaient le point de départ de la réussite jusqu'à ce que je me rende compte que, tant que les gens n'acceptent pas d'être entièrement responsables de leur vie et de tout ce qui leur arrive, ils ne feront même pas le premier pas vers la fixation d'objectifs.

La personne irresponsable est celle qui attend encore que la vraie vie commence. Elle dépense toute son énergie créatrice à trouver des excuses élaborées pour justifier son incapacité à progresser, puis elle achète des billets de loterie et rentre chez elle pour regarder la télévision. Nous aborderons ce sujet en détail au chapitre sept.

La *troisième* raison pour laquelle les gens ne se fixent pas d'objectifs est leur profond sentiment de culpabilité et d'indignité. Une personne dont l'état mental et émotionnel est si bas qu'elle doit « regarder en haut pour voir le fond » n'est pas le genre de personne qui se fixe avec confiance et optimisme des objectifs pour les mois et les années à venir. Une personne qui a été élevée dans un environnement négatif, lui laissant un sentiment d'inutilité et des attitudes telles que « à quoi bon ? » et « je ne suis pas assez bon(ne) », est difficilement capable de se fixer des objectifs sérieux.

La *quatrième* raison pour laquelle les gens ne se fixent pas d'objectifs est qu'ils n'en réalisent pas l'importance. Si vous êtes élevé dans un foyer où vos parents n'ont pas d'objectifs et où la fixation et la réalisation d'objectifs ne sont pas un sujet de discussion régulier au sein de la famille, vous pouvez atteindre l'âge adulte sans même savoir qu'il existe des objectifs, en dehors du sport.

Si vous évoluez dans un cercle social où les gens n'ont pas d'objectifs clairement définis qu'ils s'efforcent d'atteindre, il sera naturel pour vous de supposer que les objectifs ne sont pas un élément particulièrement important de la vie. Comme 80 % des individus autour de vous restent sur place, si vous ne faites pas attention, vous pourriez être emporté par la foule, marcher à la suite des autres et également stagner.

Si les gens savaient que tous leurs espoirs, rêves et projets, toutes leurs aspirations et ambitions dépendent de leur capacité et de leur volonté de se fixer des objectifs, si les gens se rendaient compte de l'importance des objectifs pour une vie heureuse et réussie, je pense que beaucoup plus de gens auraient des objectifs qu'ils n'en ont aujourd'hui.

La *cinquième* raison pour laquelle les gens ne se fixent pas d'objectifs est qu'ils ne savent pas comment faire. Dans notre société, vous pouvez obtenir un diplôme universitaire, l'équivalent de quinze ou seize années d'études, et ne jamais recevoir une seule heure d'enseignement sur la fixation d'objectifs, alors que celle-ci est plus importante pour votre bonheur à long terme que n'importe quel autre sujet que vous pourriez apprendre. Une erreur encore plus grave est de croire que l'on sait **déjà** comment fixer des objectifs. Une personne qui suppose qu'elle possède une compétence essentielle alors qu'en réalité, sa compréhension est au mieux rudimentaire, risque fort d'échouer dans la vie.

Depuis plus de vingt ans, j'étudie et pratique les techniques de fixation d'objectifs. J'ai enseigné à des centaines de milliers d'hommes et de femmes comment se fixer des objectifs pour leur vie et j'ai fait de la planification stratégique et de la fixation d'objectifs pour des entreprises valant des milliards. Je connais très peu de personnes qui ont étudié le sujet et l'ont appliqué de manière aussi approfondie que moi, et j'ai encore l'impression qu'il me reste énormément à apprendre. Si quelqu'un connaît vraiment bien la définition des objectifs, il est probablement soit très riche, soit très heureux, soit les deux à la fois.

La *sixième* raison pour laquelle les gens ne se fixent pas d'objectifs est tout simplement **la peur du rejet ou la peur de la critique**. Depuis notre enfance, nous avons vu nos espoirs et nos rêves réduits à néant par les critiques et les rires des autres. Nos parents ne voulaient peut-être pas que nous nous fassions de faux espoirs ou que nous soyons déçus, et ils se sont donc empressés de nous indiquer toutes les raisons pour lesquelles nous ne pourrions pas atteindre nos objectifs. Nos frères et sœurs et nos amis ont peut-être ri de nous et nous ont ridiculisés parce que nous envisagions d'être quelqu'un ou de faire quelque chose qui allait bien au-delà de ce qu'ils pouvaient imaginer pour eux-mêmes. Ces influences peuvent affecter votre attitude envers vous-même et de la fixation d'objectifs pendant des années.

Les enfants ne sont pas idiots. Ils apprennent rapidement que « si vous voulez vous entendre, vous vous entendez ». Avec le temps, un enfant qui est constamment critiqué ou découragé cesse d'avoir de nouvelles idées, de nouveaux rêves ou de nouveaux objectifs. Il commence à jouer la carte de la sécurité, à se dévaloriser et à accepter comme inévitable et inéluctable le fait de ne pas réussir dans la vie.

La solution à cette peur de la critique ou de paraître idiot est simple : **gardez vos objectifs confidentiels**. N'en parlez à personne. Toutes les personnes qui se fixent des objectifs de manière efficace finissent par apprendre à garder leurs objectifs pour elles-mêmes. Personne ne peut se moquer de vous ou vous critiquer s'il ne connaît pas vos objectifs.

Il existe deux exceptions à cette pratique de confidentialité. La première concerne les personnes, telles que votre patron ou votre conjoint, dont vous aurez besoin pour atteindre vos objectifs.

Deuxièmement, vous pouvez partager vos objectifs avec d'autres personnes orientées vers un but, des personnes qui vous encourageront dans la direction que vous souhaitez prendre. Vous devriez également prendre l'habitude d'encourager tous ceux qui vous parlent d'un objectif qu'ils ont. Dites-leur de « foncer ». Dites-leur : « Tu peux y arriver ». Encourager les autres vous motive également. C'est l'une des meilleures applications de la loi des semailles et de la récolte. Si vous voulez que les autres vous encouragent, saisissez toutes les occasions de les encourager.

La *septième* et principale raison pour laquelle les gens ne se fixent pas d'objectifs est la peur de l'échec. Je ne le répéterai jamais assez, **la crainte de l'échec est le plus grand obstacle à la réussite dans la vie adulte.** C'est ce qui maintient les gens dans leur zone de confort. C'est ce qui les pousse à garder la tête baissée et à jouer la carte de la sécurité au fil des années.

La peur de l'échec s'exprime par l'attitude suivante : « Je ne peux pas, je ne peux pas, je ne peux pas ». Elle s'apprend dans la petite enfance, à la suite de critiques destructrices et de punitions pour avoir fait des choses que les parents désapprouvaient. Une fois ancrée dans le subconscient, cette peur paralyse l'espoir et tue l'ambition plus que toute autre émotion négative de l'expérience humaine.

La principale raison de la peur de l'échec est que la plupart des gens ne comprennent pas le rôle de l'échec dans la réussite. La règle est simplement la suivante : **il est impossible de réussir sans échouer.** L'échec est une condition préalable à la réussite. Les plus grandes réussites de l'histoire de l'humanité ont également été les plus grands échecs. Babe Ruth, tout en devenant le maître incontesté des home runs en une année, a aussi raté plus de frappes que quiconque la même année.

La réussite est une question de chiffres. Il existe une relation directe entre le nombre de choses que vous tentez et votre probabilité de réussir. Même si vous étiez le pire joueur de baseball, si vous frappez de tout votre cœur chaque balle qui arrive sur le marbre, vous finirez par obtenir un coup, et si vous continuez à frapper, vous finirez par faire un home run. L'important est de frapper de toutes ses forces et de continuer à frapper, sans se soucier de faire des fautes de temps en temps.

Thomas Edison a été l'inventeur le plus performant de l'ère moderne. Il a obtenu des brevets pour 1093 inventions, dont 1052 ont été commercialisées de son vivant. Mais en tant qu'inventeur, il a aussi été le plus grand raté de son époque. Il a échoué à plusieurs reprises, dans plus d'expériences, en essayant de développer plus de produits, que n'importe quel autre scientifique ou homme d'affaires vivant. Il lui a fallu plus de 11000 expériences avant de découvrir le filament imprégné de carbone qui a permis de fabriquer la première ampoule électrique.

On raconte qu'après avoir mené plus de 5000 expériences, un jeune journaliste vint le voir et lui demanda pourquoi il persistait dans ces expériences après avoir échoué plus de 5000 fois. Edison aurait répondu : « Jeune homme, vous ne comprenez pas comment le monde fonctionne. Je n'ai pas échoué du tout. J'ai réussi à identifier 5000 façons de faire qui ne fonctionneront pas. Cela me rapproche de 5000 façons de trouver celle qui fonctionnera ».

Napoleon Hill a dit : « Dans chaque adversité se trouve la graine d'une opportunité ou d'un avantage égal ou supérieur ». Pour faire face à un échec temporaire, il faut chercher dans chaque revers la leçon précieuse qu'il contient. Abordez chaque difficulté comme si elle vous était envoyée à ce moment précis et de cette manière pour vous enseigner quelque chose que vous devez apprendre afin de pouvoir continuer à aller de l'avant.

Devenez un « paranoïaque inversé » : dites-vous que tout ce qui se passe vous rapproche de vos objectifs, même lorsque des échecs temporaires semblent vous en éloigner. Continuez à chercher ce qui est bon. Les grandes réussites sont presque toujours précédées de nombreux échecs. Ce sont les leçons tirées de ces échecs qui rendent possibles les réussites ultimes.

Décidez, à l'avance, de prendre chaque revers comme une incitation à redoubler d'efforts, en particulier dans le domaine des affaires et de la vente, en sachant que vous vous rapprochez de plus en plus de la réussite à chaque expérience.

Considérez les échecs temporaires comme des panneaux indicateurs qui vous disent « arrêtez, allez plutôt dans cette direction ». L'une des qualités des leaders est qu'ils n'utilisent jamais les mots *échec* ou *défaite*. Ils utilisent plutôt des mots comme « expériences d'apprentissage précieuses » ou « pépins temporaires ».

Le grand entraîneur de football Vince Lombardi avait le bon esprit. Après un match au cours duquel les Green Bay Packers avaient été battus, l'un des journalistes a demandé à Lombardi ce qu'il pensait de la défaite. Lombardi a répondu : « Nous n'avons pas perdu, nous avons juste manqué de temps ».

Vous pouvez apprendre à surmonter la peur de l'échec en définissant clairement vos objectifs et en acceptant que les revers et les obstacles temporaires sont le prix inévitable à payer pour obtenir un grand succès dans la vie.

LES PRINCIPES DE LA FIXATION D'OBJECTIFS

La fixation d'objectifs peut être une expérience puissante, qui change la vie, si vous vous y prenez correctement. Il existe cinq principes de base de la fixation d'objectifs qui sont essentiels pour obtenir un maximum de résultats.

Le premier est le principe de la *congruence*. Pour pouvoir donner le meilleur de vous-même, vos objectifs et vos valeurs doivent s'accorder comme une main dans un gant. Vos valeurs représentent vos convictions les plus profondes sur ce qui est bien et mal, ce qui est bon et mauvais, et ce qui est important et significatif pour vous. Les performances et l'estime de soi ne sont possibles que lorsque vos objectifs et vos valeurs sont en parfaite harmonie.

Le deuxième principe de la fixation d'objectifs est votre *domaine d'excellence*. Chaque personne a la capacité d'exceller dans quelque chose, voire plusieurs choses. Vous ne pouvez réaliser votre plein potentiel qu'en trouvant votre domaine d'excellence et en vous consacrant entièrement au développement de vos talents dans ce domaine.

Vous ne serez jamais heureux ou satisfait tant que vous n'aurez pas trouvé ce que désire votre cœur et que vous n'y aurez pas consacré votre vie. C'est la seule chose que vous êtes capable de faire de manière excellente. C'est à vous de l'identifier, si ce n'est déjà fait.

Votre domaine d'excellence peut changer au fur et à mesure que votre carrière évolue, mais tous les hommes et les femmes qui réussissent vraiment sont ceux qui l'ont trouvé. Et votre domaine d'excellence consiste invariablement à faire ce que vous aimez le plus et à le faire bien.

Le troisième principe de la fixation d'objectifs est le concept des *hectares de diamants*. *Des hectares de diamants* est le titre d'une conférence donnée par un pasteur nommé Russell Conwell. Cette conférence est devenue si populaire qu'on lui a demandé de la répéter plus de cinq mille fois, mot pour mot.

Dans cette histoire, un vieux fermier africain est devenu très excité un jour en entendant un marchand ambulant parler d'hommes qui étaient partis en Afrique, avaient découvert des mines de diamants et s'étaient fabuleusement enrichis. Il décida de vendre sa ferme, d'organiser une caravane et de se rendre dans les vastes régions intérieures de l'Afrique pour trouver des diamants afin de couronner sa vie d'une fabuleuse richesse.

Pendant de nombreuses années, il parcourt le vaste continent africain à la recherche de diamants. Il finit par manquer d'argent et est abandonné de tous. Finalement, seul, dans un accès de désespoir, il se jette dans l'océan et se noie.

Pendant ce temps, dans la ferme qu'il avait vendue, le nouveau fermier était en train d'abreuver un âne dans un ruisseau qui traversait la ferme. Il trouva une pierre étrange qui projetait de la lumière d'une manière remarquable. Il l'emporta dans la maison et n'y pensa plus. Quelques mois plus tard, le même marchand, en voyage d'affaires, s'arrêta pour la nuit à la ferme. Lorsqu'il vit la pierre, il fut très excité et demanda si le vieux fermier était enfin revenu. Non, lui répondit-on, on n'avait jamais revu le vieux fermier, mais pourquoi était-il si excité ?

Le marchand prit la pierre et dit : « C'est un diamant d'un grand prix et d'une grande valeur ». Le nouveau fermier est sceptique, mais le marchand insiste pour qu'il lui montre l'endroit où il a trouvé le diamant. Ils se rendirent à l'endroit où le fermier avait abreuvé l'âne et, en regardant autour d'eux, ils trouvèrent un autre diamant, puis un autre, et encore un autre. Il s'avéra que toute la ferme était couverte d'hectares de diamants. Le vieux fermier était parti en Afrique à la recherche de diamants sans jamais regarder sous ses pieds.

La morale de cette histoire est que le vieux fermier n'a pas réalisé que les diamants ne ressemblent pas à des diamants dans leur forme brute. Pour un œil non averti, ils ressemblent tout simplement à des pierres. Un diamant doit être taillé, facetté, poli et serti avant de ressembler au type de diamant que vous voyez dans les bijouteries.

De même, vos acres de diamants se trouvent probablement juste sous vos pieds. Mais ils sont généralement déguisés en travail acharné. « Les opportunités se présentent en tenue de travail. »

Vos hectares de diamants se trouvent probablement dans vos propres talents, vos intérêts, votre éducation, votre formation et votre expérience, votre secteur d'activité, votre ville, vos contacts. Ces diamants se trouvent probablement sous vos pieds si vous prenez le temps de les reconnaître et de les exploiter.

Rappelez-vous les paroles de Theodore Roosevelt que j'ai citées plus haut : « Faites ce que vous pouvez, avec ce que vous avez, là où vous êtes ». Vous n'avez pas besoin de déménager à l'autre bout du pays ou de bouleverser votre vie. Dans la plupart des cas, ce que vous recherchez est à portée de main. Mais à première vue, il ne s'agit pas d'une opportunité. Dans de nombreux cas, votre grande opportunité ressemblera simplement à un travail acharné.

Le quatrième principe de réussite en matière de fixation d'objectifs est le principe de *l'équilibre*. Le principe d'équilibre stipule que vous avez besoin d'une variété d'objectifs dans les six domaines critiques de la vie afin de donner le meilleur de vous-même. Tout comme la roue d'une automobile doit être équilibrée pour qu'elle puisse tourner en douceur, vous devez avoir des objectifs équilibrés pour que votre vie se déroule sans heurts.

Vous avez besoin d'objectifs familiaux et personnels. Vous avez besoin d'objectifs physiques et de santé. Vous avez besoin d'objectifs mentaux et intellectuels, d'études et de développement personnel. Vous avez besoin d'objectifs professionnels et de carrière. Vous avez besoin d'objectifs financiers et matériels. Enfin, vous avez besoin d'objectifs spirituels, c'est-à-dire d'objectifs visant le développement intérieur et l'illumination spirituelle.

Pour maintenir un bon équilibre, vous avez besoin de deux ou trois objectifs dans chaque domaine, soit un total de douze à dix-huit objectifs. Cet équilibre vous permettra de travailler en permanence sur quelque chose d'important pour vous. Lorsque vous n'êtes pas au travail, vous pouvez poursuivre des objectifs familiaux. Lorsque vous ne travaillez pas sur votre forme physique, vous pouvez travailler sur votre développement personnel et professionnel. Lorsque vous ne pratiquez pas la méditation, la contemplation et d'autres activités de développement intérieur, vous pouvez vous consacrer à vos objectifs matériels. Votre objectif est de faire de votre vie un flux continu de progrès et de réalisations.

Le cinquième principe de la fixation d'objectifs est la détermination de votre *but principal* dans la vie. Votre objectif principal est votre but numéro un, celui qui est plus important pour vous que la réalisation de tout autre but ou objectif **à l'heure actuelle**. Vous pouvez avoir plusieurs objectifs, mais vous ne pouvez avoir qu'un seul objectif central. L'incapacité d'une personne à choisir un objectif principal et dominant est la principale raison de la dispersion des efforts, de la perte de temps et de l'incapacité à progresser.

Pour choisir votre objectif principal, vous devez analyser tous vos objectifs et vous demander : « Lequel de mes objectifs me permettrait de réaliser tous les autres ? »

Il s'agit généralement d'un objectif financier ou commercial, mais parfois aussi d'un objectif relatif à la santé ou relationnel. Le choix de votre objectif central est le point de départ de toute grande réussite. Cet objectif devient votre « mission », le principe organisateur de toutes vos autres activités. Votre objectif principal devient le catalyseur qui active les lois de la croyance, de l'attraction et de la correspondance. Lorsque vous êtes enthousiaste à l'idée d'atteindre un objectif majeur bien défini, vous commencez à avancer rapidement en dépit de tous les obstacles et de toutes les limitations. Toutes les forces de l'univers mental commencent à travailler pour vous. Vous devenez une force irrésistible de la nature. On ne peut pratiquement plus vous arrêter.

LES RÈGLES DE FIXATION DES OBJECTIFS

La fixation d'objectifs efficaces s'accompagne de plusieurs règles importantes.

Tout d'abord, vos objectifs doivent être *en harmonie* les uns avec les autres, et non contradictoires. Vous ne pouvez pas avoir pour objectif de réussir financièrement ou de créer une entreprise prospère tout en passant la moitié de votre journée sur un terrain de golf ou à la plage. Vos objectifs doivent se soutenir et se renforcer mutuellement.

Deuxièmement, vos objectifs doivent être *stimulants*. Ils doivent vous pousser à vous dépasser sans pour autant vous accabler. Lorsque vous vous fixez des objectifs pour la première fois, ils doivent avoir une probabilité de réussite d'au moins 50 %. Ce niveau de probabilité est idéal pour la motivation, mais pas trop difficile pour ne pas vous décourager. Une fois que vous aurez acquis une certaine compétence dans la fixation et la réalisation d'objectifs, vous pourrez fixer en toute confiance des objectifs dont la probabilité de réussite n'est que de 40 %, 30 % ou 20 %, et vous serez toujours motivé et enthousiaste lorsque vous vous efforcerez de les atteindre.

Troisièmement, vous devez avoir des objectifs *tangibles* et *intangibles*, à la fois *quantitatifs* et *qualitatifs*. Vous devez avoir des objectifs concrets que vous pouvez mesurer et évaluer objectivement. Parallèlement, vous devez avoir des objectifs qualitatifs, pour votre vie intérieure et vos relations.

Vous pouvez avoir un objectif quantitatif pour votre famille, à savoir l'acquisition d'une maison plus grande. Votre objectif *qualitatif* pour votre famille pourrait être de devenir une personne plus patiente et plus aimante. Ces deux objectifs s'accordent parfaitement. Ils équilibrent l'intérieur et l'extérieur.

Quatrièmement, vous avez besoin d'*objectifs à court terme* et d'*objectifs à long terme*. Vous avez besoin d'objectifs pour aujourd'hui et d'objectifs pour les cinq, dix et vingt prochaines années.

L'objectif à court terme idéal pour la planification des affaires, de la carrière et de la vie personnelle est d'environ quatre-vingt-dix jours. La période idéale à plus long terme pour les mêmes objectifs est de deux à trois ans. Ces horizons temporels semblent être idéaux pour une motivation soutenue.

Le meilleur objectif majeur est quantitatif, stimulant et vise un horizon de deux ou trois ans. Vous pouvez ensuite le diviser en segments de quatre-vingt-dix jours, puis en sous-objectifs mensuels, hebdomadaires et quotidiens, avec des points de référence mesurables pour vous permettre d'évaluer vos progrès.

La vie idéale est ciblée, volontaire, positive et organisée de manière à ce que vous progressiez vers les objectifs qui sont importants pour vous à chaque heure de la journée. Vous savez toujours ce que vous faites et pourquoi. Vous avez constamment l'impression d'aller de l'avant. Vous vous sentez « gagnant » la plupart du temps.

La décision de devenir une personne qui se fixe des objectifs, qui les atteint et qui est tournée vers l'avenir vous donne un énorme sentiment de contrôle. Vous vous sentez bien dans votre peau. Vous vous sentez maître de votre destin.

Votre estime personnelle augmente au fur et à mesure que vous progressez vers vos objectifs. Vous vous appréciez et vous vous respectez de plus en plus. Votre personnalité s'améliore et vous devenez une personne plus positive et confiante. Vous vous sentez heureux et enthousiasmé par la vie. Vous ouvrez les vannes de votre potentiel et commencez à avancer de plus en plus vite pour devenir tout ce que vous êtes censé être.

COMMENT IDENTIFIER VOS OBJECTIFS

Voici sept questions relatives à la définition des objectifs que vous devez vous poser et auxquelles vous devez répondre encore et encore. Je vous suggère de prendre un bloc de papier et d'écrire vos réponses.

Première question :

Quelles sont vos cinq valeurs les plus importantes dans la vie ?

Cette question a pour but de vous aider à clarifier ce qui est vraiment important pour vous et, par extension, ce qui est moins important ou sans importance.

Une fois que vous avez identifié les cinq choses les plus importantes pour vous dans la vie, classez-les par ordre de priorité, du numéro un, le plus important, au numéro cinq.

Le choix et la définition de vos valeurs et de leur ordre d'importance précèdent la définition de vos objectifs. Puisque vous vivez de l'intérieur vers l'extérieur et que vos valeurs sont les composantes essentielles de votre personnalité, la clarté à leur sujet vous permet de choisir des objectifs qui correspondent à ce qu'il y a de mieux pour vous.

Deuxième question :

Quels sont vos trois objectifs les plus importants dans la vie, à l'heure actuelle ?

Notez la réponse à cette question en trente secondes.

C'est ce qu'on appelle la méthode de la « liste rapide ». Lorsque vous n'avez que trente secondes pour écrire vos trois objectifs les plus importants, votre subconscient fait rapidement le tri parmi vos nombreux objectifs. Vos trois objectifs les plus importants apparaîtront tout de suite à votre esprit conscient. Avec seulement trente secondes, vous serez aussi précis que si vous disposiez de trente minutes.

Troisième question :

Que feriez-vous, comment utiliseriez-vous votre temps, si vous appreniez aujourd'hui qu'il ne vous reste que six mois à vivre ?

Il s'agit d'une autre question de *valeur* pour vous aider à clarifier ce qui est vraiment important pour vous. Lorsque votre temps est limité, même si ce n'est que dans votre imagination, vous devenez très conscient de qui et de quoi vous vous souciez vraiment. Comme l'a dit récemment un médecin, « je n'ai jamais rencontré un homme d'affaires sur son lit de mort qui ait dit : « J'aurais aimé passer plus de temps au bureau. »

Quelqu'un a dit un jour que l'on n'est pas prêt à vivre tant que l'on ne sait pas ce que l'on ferait s'il ne restait qu'une heure sur terre. **Que feriez-vous ?**

Quatrième question :

Que feriez-vous si vous gagniez demain à la loterie un million de dollars en espèces, exonérés d'impôts ?

Comment changeriez-vous votre vie ? Qu'achèteriez-vous ? Que commenceriez-vous à faire ou cesseriez-vous de faire ? Imaginez que vous n'avez que deux minutes pour écrire vos réponses et que vous ne pourrez faire ou acquérir que ce que vous avez écrit.

Il s'agit en fait d'une question pour vous aider à décider ce que vous feriez si vous disposiez de tout le temps et de tout l'argent dont vous avez besoin, si vous n'aviez pratiquement aucune peur de l'échec. Les réponses les plus révélatrices à cette question sont données lorsque vous réalisez combien de choses vous feriez différemment si vous aviez le sentiment d'avoir la possibilité de choisir.

Cinquième question :

Qu'avez-vous toujours voulu entreprendre, mais n'avez jamais osé à cause de la peur ?

Cette question vous aide à voir plus clairement où vos peurs vous empêchent de faire ce que vous voulez vraiment faire.

Question numéro six :

Qu'est-ce que vous aimez le plus faire ? Qu'est-ce qui vous procure le plus grand sentiment d'estime et de satisfaction personnelles ?

Il s'agit d'une autre question sur les *valeurs* qui peut vous indiquer où vous devriez explorer pour trouver votre

« cœur ». Vous serez toujours plus heureux en faisant ce que vous aimez le plus, et ce que vous aimez le plus est invariablement l'activité qui vous fait vous sentir le plus vivant et le plus épanoui. Les hommes et les femmes qui réussissent le mieux en Amérique font invariablement ce qu'ils aiment vraiment, la plupart du temps.

Septième question, peut-être la plus importante :

De quelle grande chose oseriez-vous rêver si vous saviez que vous n'échoueriez pas ?

Imaginez qu'un génie apparaisse et vous accorde un vœu. Le génie vous garantit que vous réussirez absolument, complètement, dans n'importe quelle chose que vous essayez de faire, petite ou grande, à court ou à long terme. Si vous aviez la garantie absolue de réussir dans n'importe quel domaine, petit ou grand, quel objectif passionnant vous fixeriez-vous ?

Tout ce que vous avez écrit en réponse à l'une de ces questions, y compris la question « **De quelle grande chose oseriez-vous rêver si vous saviez que vous ne pourriez pas échouer ?** », vous pouvez l'être, l'avoir ou le faire. Le fait même que vous puissiez l'écrire signifie que vous pouvez l'accomplir. Une fois que vous avez identifié ce que vous voulez, la seule question à laquelle vous devez répondre est la suivante : « Est-ce que je le veux suffisamment et suis-je prêt à en payer le prix ? »

Prenez quelques minutes pour rédiger vos réponses à chacune de ces sept questions. Une fois vos réponses couchées sur le papier, relisez-les et choisissez-en une seule comme étant votre objectif principal et définitif dans la vie, à l'heure actuelle.

En décidant ce que vous voulez vraiment et en l'écrivant, vous vous placerez dans les 3 % les plus importants. Vous aurez fait quelque chose que peu de gens font. Vous aurez établi un ensemble d'objectifs écrits pour vous-même. Vous êtes maintenant prêt à faire un grand pas en avant.

LA FIXATION PERMANENTE D'OBJECTIFS

La contribution la plus importante que vous puissiez apporter à votre réussite et à votre bonheur est de prendre l'habitude de vous fixer continuellement des objectifs. La clé pour développer cette habitude est d'apprendre à fixer et à atteindre délibérément un objectif clair et ambitieux. Lorsque vous vous êtes fixé un objectif spécifique et que vous l'avez atteint conformément à vos plans, vous passez d'une attitude de *pensée positive* à une attitude de *connaissance positive*. Vous devez atteindre le point dans votre propre esprit où vous savez sans l'ombre d'un doute que vous pouvez atteindre n'importe quel objectif que vous vous fixez. À partir de ce moment-là, vous êtes une personne différente. Vous êtes maître de votre destin.

Le frisson de la réussite, le sentiment d'avoir surmonté l'adversité et d'avoir gagné, en dépit des obstacles, vous procurent un sentiment de plaisir et d'excitation qui ne peut provenir d'aucune autre source. L'habitude de se fixer continuellement des objectifs, d'utiliser toutes ses facultés mentales, devient rapidement une dépendance positive. Vous en arrivez à un point où vous avez hâte de vous lever le matin et où vous détestez vous coucher le soir. Vous devenez tellement positif et sûr de vous que vos amis vous reconnaissent à peine.

L'obstacle mental le plus difficile à surmonter est l'inertie, c'est-à-dire la tendance à retomber dans votre zone de confort et à perdre votre élan. C'est pourquoi la meilleure définition du **caractère** est peut-être la suivante : « la capacité de mener à bien une résolution une fois que l'état d'esprit dans lequel elle a été prise est passé ».

Tout le monde peut se fixer des objectifs et beaucoup de gens le font. Probablement la moitié de la population prend une série de résolutions à chaque Nouvel An. Mais cela ne suffit pas. C'est la manière dont les objectifs sont fixés et dont les plans sont élaborés pour les atteindre qui détermine ce qui se passe par la suite. Pour maximiser votre capacité à atteindre vos objectifs, vous avez besoin d'une méthode. Vous avez besoin d'un processus éprouvé que vous pouvez utiliser encore et encore, avec n'importe quel objectif, dans n'importe quelle situation, afin de mobiliser tous les pouvoirs de votre esprit pour accomplir ce que vous désirez.

LE SYSTÈME EN DOUZE ÉTAPES

Le système en douze étapes que vous allez apprendre est peut-être le processus le plus efficace jamais mis au point pour atteindre un objectif. Des centaines de milliers d'hommes et de femmes du monde entier l'ont utilisé pour révolutionner leur vie. Des entreprises l'ont utilisé pour se réorganiser et augmenter leurs ventes et leur rentabilité. Il est simple, comme toutes les choses vraies sont simples, mais il est si étonnamment efficace qu'il continue de surprendre même les personnes les plus sceptiques.

L'objectif de ce système de réalisation d'objectifs est de vous permettre de créer l'équivalent mental de ce que vous souhaitez réaliser dans votre monde extérieur. La loi de l'esprit stipule que vos pensées s'objectivent dans votre réalité. Vous devenez et vous accomplissez ce à quoi vous pensez. Si vous pensez à quelque chose avec beaucoup de clarté et d'intensité, vous le réaliserez beaucoup plus rapidement et de manière plus prévisible que par n'importe quel autre moyen.

Il existe une relation directe entre la clarté avec laquelle vous voyez votre objectif accompli, à l'intérieur, et la rapidité avec laquelle il apparaît à l'extérieur. Ce système en douze étapes vous fait passer de l'abstrait à la clarté absolue. Il vous donne une piste à suivre, une piste qui vous permet d'aller de l'endroit où vous êtes à l'endroit où vous voulez aller.

Première étape : développer le désir - un désir intense et brûlant. C'est la force de motivation qui vous permet de surmonter la peur et l'inertie qui retiennent la plupart des gens. Le plus grand obstacle à la fixation et à la réalisation d'objectifs est la peur, quelle qu'en soit la nature. C'est à cause de la peur que vous vous sous-estimez et que vous vous contentez de bien moins que ce dont vous êtes capable. Chaque décision que vous prenez est basée sur une émotion, qu'il s'agisse d'une peur ou d'un désir. Et une émotion plus forte l'emporte toujours sur une émotion plus faible. La loi de la concentration stipule que tout ce sur quoi vous vous attardez se développe. Si vous vous attardez sur vos désirs, si vous y pensez, si vous les écrivez et si vous faites des plans pour les réaliser en permanence, vos désirs finissent par devenir si forts qu'ils l'emportent sur vos peurs et les mettent de côté. Un désir intense et brûlant pour un objectif spécifique vous permet de dépasser vos peurs et d'aller de l'avant en franchissant tous les obstacles.

Le désir est invariablement *personnel*. Vous ne pouvez vouloir quelque chose que pour *vous-même*, et non parce que vous avez l'impression que quelqu'un d'autre le veut pour vous. En fixant vos objectifs, et en particulier votre objectif principal, vous devez être parfaitement égoïste. Il doit s'agir de votre propre objectif. Vous devez être absolument sûr de ce que vous voulez être, avoir ou faire.

Quel est votre objectif principal ? Quel est votre objectif primordial ? Si vous étiez assuré de réussir dans n'importe quel domaine, que souhaiteriez-vous accomplir ? Passez en revue les sept questions relatives à la définition des objectifs jusqu'à ce que vous sachiez exactement ce qui vous rendrait le plus heureux. Décider de ce que vous voulez vraiment est le point de départ de toute grande réussite.

Deuxième étape : développer la croyance. Afin d'activer votre subconscient et, comme vous l'apprendrez, vos capacités super-conscientes, vous devez absolument croire qu'il vous est possible d'atteindre votre objectif. Vous devez être totalement convaincu que vous méritez cet objectif et qu'il viendra à vous lorsque vous serez prêt à l'atteindre. Vous devez nourrir votre foi et votre croyance jusqu'à ce qu'elles se transforment en une conviction absolue que votre objectif est réalisable.

La croyance étant le catalyseur qui active vos pouvoirs mentaux, il est important que vos objectifs soient réalistes, surtout au début. Si votre objectif est de gagner plus d'argent, vous devriez vous fixer pour but d'augmenter vos revenus de 10, 20 ou 30 % au cours des douze prochains mois. Il s'agit d'objectifs crédibles, d'objectifs que vous pouvez vous approprier. Ils sont réalistes et peuvent donc être une source de motivation pour vous.

Si votre objectif dépasse de trop loin tout ce que vous avez accompli dans le passé, le fait de le fixer trop haut vous *démotive*. Car il semble si éloigné, vous avez l'impression de faire peu ou pas de progrès vers sa réalisation. Vous vous découragez plus facilement et vous pouvez bientôt cesser de croire que c'est possible pour vous.

En ce qui me concerne, lorsque j'ai commencé à utiliser ce processus de fixation d'objectifs, je gagnais environ 40 000 dollars par an. J'étais très enthousiaste et j'ai décidé de me fixer pour objectif de gagner 400 000 dollars par an dans les douze mois.

Ce qui s'est passé, c'est qu'au lieu d'augmenter mes revenus, il ne s'est rien passé du tout. L'objectif de 400 000 dollars était beaucoup plus élevé que ce que je pouvais croire, de sorte que mon subconscient a tout simplement refusé de l'accepter comme une possibilité. Il a ignoré mes ordres parce que je n'y croyais pas vraiment. Lorsque je me suis rendu compte de mon erreur, j'ai ramené mon objectif à 60 000 dollars, soit une augmentation de 50 % par rapport à l'année précédente. Et j'ai atteint cet objectif en changeant d'emploi six mois plus tard.

Napoléon Hill a écrit : « Tout ce que l'esprit de l'homme peut concevoir et croire, il peut le réaliser ». Cependant, des objectifs totalement irréalistes sont une forme d'auto-illusion, et vous ne pouvez pas vous bercer d'illusions pour atteindre vos objectifs. L'atteinte d'un objectif requiert des efforts intenses, pratiques et systématiques, en harmonie avec les principes dont nous avons discuté.

Si vous voulez perdre du poids, ne vous fixez pas l'objectif de perdre quinze, vingt ou vingt-cinq kilos. Fixez-vous plutôt l'objectif de perdre cinq kilos au cours des trente à soixante prochains jours. Lorsque vous aurez perdu les cinq premiers kilos, fixez-vous un nouvel objectif de cinq kilos supplémentaires, et ainsi de suite jusqu'à ce que vous atteigniez votre poids idéal. Une perte de cinq kilos est crédible, alors qu'une perte de quinze kilos dépasse tellement l'idée que vous vous faites de vous-même que votre subconscient ne vous prend pas au sérieux.

L'une des choses les plus aimables et les plus utiles que vous puissiez faire pour vos enfants est de les aider à se fixer des objectifs réalistes et crédibles. Aidez-les à prendre l'habitude de se fixer des objectifs et de les atteindre, et pas nécessairement à se fixer de grands objectifs. Un vieil adage dit que si vous économisez vos sous, les dollars s'arrangeront d'eux-mêmes. Si les enfants prennent l'habitude de se fixer et d'atteindre de petits objectifs, ils finiront par se fixer des objectifs de taille moyenne, puis des objectifs de toute taille.

Avant d'atteindre de grands objectifs, des efforts importants sont nécessaires. Il vous faudra parfois des semaines, des mois, voire des années de dur labeur et de préparation avant d'être prêt à réaliser de grandes choses. Dans tous les domaines, vous devez payer votre cotisation à l'avance. Sauf si vous êtes exceptionnellement doué ou talentueux, soyez honnête avec vous-même et reconnaissez que si l'objectif vaut la peine d'être atteint, il mérite qu'on y travaille avec patience et persévérance.

De nombreuses personnes se fixent des objectifs qui dépassent de loin leur capacité à les atteindre, y travaillent pendant un certain temps, puis abandonnent. Elles se découragent et concluent que la fixation d'objectifs ne fonctionne pas, du moins pour elles. La principale raison pour laquelle cela se produit est qu'ils ont essayé d'en faire trop, trop vite.

Votre responsabilité est de créer et de maintenir une attitude mentale positive, en espérant et en croyant avec confiance que si vous continuez à faire les bonnes choses de la bonne manière, vous finirez par attirer à vous les personnes et les ressources dont vous avez besoin pour atteindre votre objectif dans les délais prévus. Vous devez absolument croire que si vous persistez, vous finirez par réussir.

Troisième étape : notez-le. Les objectifs qui ne sont pas écrits ne sont pas des objectifs du tout. Ce ne sont que des souhaits ou des fantasmes. Un souhait est un objectif sans énergie derrière lui. Lorsque vous écrivez un objectif sur une feuille de papier, vous le cristallisez. Vous en faites quelque chose de concret et de tangible. Vous en faites quelque chose que vous pouvez prendre, regarder, tenir, toucher et nourrir. Vous l'avez sorti de votre imagination et l'avez mis sous une forme avec laquelle vous pouvez faire quelque chose.

L'une des méthodes les plus puissantes pour implanter un objectif dans votre subconscient consiste à l'écrire clairement, de façon vivante et détaillée, exactement comme vous aimeriez le voir dans la réalité. Décidez de ce qui est juste avant de décider de ce qui est possible. Faites en sorte que la description de votre objectif soit parfaite et idéale à tous égards. Cristallisez les images idéales que vous avez créées au chapitre 1, *Faites de votre vie un chef-d'œuvre*.

Ne vous préoccupez pas, pour l'instant, de la façon dont vous allez atteindre votre objectif. Au début, votre principale tâche est d'être absolument certain de ce que vous désirez exactement, et de ne pas vous préoccuper du processus à suivre pour y parvenir.

Il y a quelques années, en pleine récession, ma femme et moi avons dû vendre notre maison pour nous procurer des liquidités et payer nos factures. Nous avons déménagé temporairement dans une maison louée, où nous avons vécu pendant deux ans. Pendant cette période, nous avons décidé d'envisager sérieusement la maison de nos rêves. Malgré nos problèmes financiers, nous nous sommes abonnés à plusieurs magazines remplis de photos et de descriptions de belles maisons.

Environ une fois par semaine, Barbara et moi nous asseyions et feuilletions ces magazines, discutant des différentes caractéristiques que nous aimerions voir dans notre maison idéale. Nous avons temporairement écarté de notre esprit les questions de coût, d'emplacement et d'acompte. Nous avons fini par dresser une liste de quarante-deux caractéristiques que nous voulions voir un jour dans notre maison. Puis, nous avons mis de côté la liste, nous nous sommes concentrés, et avons poursuivi notre travail.

Trois années se sont écoulées et mille choses se sont passées. Nous avons acheté une belle maison et déménagé de la maison louée. Toutes sortes d'événements inattendus et imprévisibles se sont produits. Et lorsque la poussière est finalement retombée, nous avons déménagé à nouveau et nous nous sommes retrouvés dans une magnifique maison de cinq mille pieds carrés sous le soleil de San Diego, en Californie.

Alors que nous déballions nos affaires, nous avons retrouvé la liste que nous avions établie trois ans auparavant. La maison dans laquelle nous venions d'emménager possédait quarante et une des quarante-deux caractéristiques que nous avions notées. La seule chose qui lui manquait était un système d'aspirateur intégré, ce qui était peut-être le moins important.

Nous savions que la maison se trouverait quelque part en Californie. Cela figurait sur notre liste sous la rubrique « Emplacement ». Barbara imaginait une maison dont l'arrière-cour n'était pas clôturée. Elle voyait clairement « une vue ininterrompue sans aucun obstacle ». Je lui ai expliqué que, pour des raisons de sécurité, pratiquement toutes les maisons en Californie étaient clôturées. Certaines d'entre elles ont même des quartiers fermés avec des gardes de sécurité et des barbelés. Mais elle n'en démordait pas. Elle voyait une arrière-cour complètement ouverte qui s'étendait à perte de vue.

Il s'est avéré que la maison de nos rêves est adossée à une magnifique vallée où se trouve un beau terrain de golf entourant deux lacs. Grâce à la pente qui se trouve derrière notre maison, la vallée et les lacs, l'endroit est si sécurisé qu'une clôture n'est pas nécessaire. La visualisation est devenue réalité.

Ce n'est là qu'une des centaines d'histoires que je pourrais vous raconter et qui découlent de l'acte d'écrire clairement vos objectifs et d'y penser en permanence. La raison la plus importante de les écrire, outre le fait de les clarifier dans votre esprit, est que l'acte même de les écrire intensifie votre désir et renforce votre conviction qu'ils sont réalisables.

Trop de personnes n'écrivent pas leurs objectifs sur papier parce que, au fond d'elles-mêmes, elles ne pensent pas qu'ils sont réalisables. Elles ne pensent pas qu'il soit utile de les écrire. Elles tentent de se protéger contre la déception. Et ce faisant, elles ne font que s'assurer des déceptions et des échecs dans leur vie. Mais lorsque vous vous imposez la discipline d'écrire vos objectifs, le simple fait de les écrire annule votre mécanisme d'échec et active votre mécanisme de réussite à plein régime.

Quatrième étape : dressez une liste de tous les avantages que vous tirerez de la réalisation de votre objectif. Tout comme les objectifs sont le combustible dans le fourneau de la réalisation, les raisons « pourquoi » sont les forces qui intensifient votre désir et vous poussent à aller de l'avant. La force de votre motivation est liée à vos intentions, les raisons qui vous poussent à agir initialement, et plus vous avez de raisons, plus vous serez motivé.

Le philosophe allemand Nietzsche a écrit : « Un homme peut supporter *n'importe quoi* s'il a un assez grand *pourquoi* ».

Vous ne pouvez vous motiver à accomplir de grandes choses que si vous avez un grand rêve excitant. Vos raisons « pourquoi » doivent être stimulantes et inspirantes. Elles doivent être suffisamment importantes pour vous pousser à aller de l'avant.

C'est lorsque vous avez de bonnes raisons d'atteindre votre objectif principal que vous développez « l'intensité de l'objectif » qui vous rend irrésistible. Si vos raisons sont suffisamment puissantes, votre conviction assez solide et votre envie assez ardente, rien ne peut vous arrêter.

VOS RAISONS VOUS FERONT AVANCER

Un jeune homme est allé voir Socrate et lui a demandé comment il pouvait acquérir la sagesse. Socrate répond en demandant au jeune homme de l'accompagner et de marcher ensemble jusqu'à un lac voisin. Lorsque l'eau atteignit une profondeur d'environ un mètre cinquante, Socrate saisit soudain le jeune homme et lui enfonça la tête sous l'eau. Il l'a ensuite maintenue sous l'eau. Le jeune homme a d'abord cru à une plaisanterie et n'a pas résisté. Mais à mesure qu'on le maintenait sous l'eau, son désespoir grandissait. Il luttait désespérément pour se libérer, ressentant une brûlure dans ses poumons due à la privation d'oxygène. Finalement, Socrate le laissa sortir, toussant, crachant et haletant. Socrate dit alors : « Si vous désirez la sagesse avec la même intensité que vous désirez respirer, alors rien ne vous empêchera de l'obtenir ». Il en va de même pour vos objectifs.

L'une de vos tâches consiste à entretenir votre désir en pensant continuellement à tous les avantages, satisfactions et récompenses que vous obtiendrez en atteignant votre objectif. Chaque personne est excitée et motivée par des choses différentes. Par exemple, le romancier anglais E. M. Forster a déclaré : « J'écris pour gagner le respect de ceux que je respecte ». Certaines personnes sont motivées par l'argent et la possibilité de vivre dans une grande maison et de conduire une belle voiture. D'autres sont motivés par la reconnaissance, le statut et le prestige, par l'idée de gagner l'admiration des autres.

Dressez une liste de tous les avantages, tangibles et intangibles, dont vous pourriez bénéficier en atteignant votre objectif. Vous constaterez que plus la liste est longue, plus vous serez motivé et déterminé. Si vous n'avez qu'une ou deux raisons de réaliser un objectif, votre motivation sera modérée. Vous vous découragerez facilement lorsque les choses deviendront difficiles, ce qui ne manquera pas d'arriver. Si vous avez vingt ou trente raisons d'atteindre votre objectif, vous deviendrez irrésistible. Rien ne vous découragera ni ne vous dissuadera de continuer jusqu'à ce que vous accomplissiez ce que vous vous êtes fixé.

Cinquième étape : analysez votre position, votre point de départ. Si vous décidez de perdre du poids, la première chose à faire est de vous peser. Si vous voulez atteindre une certaine valeur nette, la première chose à faire est de vous asseoir et d'établir un état financier personnel pour savoir combien vous valez aujourd'hui.

Déterminer votre point de départ vous donne également une base de référence à partir de laquelle vous pouvez mesurer vos progrès. Encore une fois, je tiens à mettre l'accent sur l'importance d'être certain de votre départ et de votre destination pour optimiser vos chances d'arriver là où vous le voulez.

Sixième étape : fixez une échéance. Fixez des échéances pour tous les objectifs tangibles et mesurables, tels qu'augmenter vos revenus ou la valeur nette, perdre un certain nombre de kilos ou parcourir un certain nombre de kilomètres. Mais ne fixez pas d'échéance pour les objectifs intangibles, tels que le développement de la patience, de la gentillesse, de la compassion, de l'autodiscipline ou d'autres qualités personnelles.

Lorsque vous fixez une échéance pour un objectif tangible, vous la programmez dans votre esprit et activez votre « système de forçage » subconscient, qui veille à ce que vous atteigniez votre objectif au plus tard à cette date. Lorsque vous fixez une date limite pour le développement d'une qualité personnelle, ce même système de forçage garantit que votre date limite sera le premier jour où vous commencerez à faire preuve de la qualité que vous avez choisie.

Souvent, les gens hésitent à fixer des échéances, craignant de ne pas atteindre leurs objectifs dans le délai qu'ils se sont imposés. Ils usent de toutes les astuces, dont celle de laisser l'échéance dans le flou, pour se protéger de toute frustration éventuelle.

Que se passe-t-il si vous vous fixez un objectif et une échéance, et que vous ne l'atteignez pas dans les délais prévus ? C'est simple : vous fixez une autre échéance. Cela signifie simplement que vous n'êtes pas encore prêt. Vous vous êtes trompé dans votre prévision. Vous avez été trop optimiste. Et si vous n'atteignez pas votre objectif dans la nouvelle échéance, vous en fixez une autre jusqu'à ce que vous l'atteigniez enfin. Comme le dit mon ami Don Hutson, formateur en vente : « il n'y a pas d'objectifs irréalistes, il n'y a que des délais irréalistes ».

Mais dans 80 % des cas, si vos objectifs sont suffisamment réalistes et vos plans suffisamment détaillés, et si vous les mettez en œuvre fidèlement, vous atteindrez votre objectif dans les délais impartis.

Si votre objectif principal a une échéance de deux, trois ou cinq ans, l'étape suivante consiste à le diviser en sous-objectifs de quatre-vingt-dix jours. Ensuite, décomposez les objectifs de quatre-vingt-dix jours en objectifs de trente jours. Votre objectif à long terme étant votre mont Olympe, vous pouvez plus facilement fixer des objectifs réalistes à court et à moyen terme qui vous permettront de faire des progrès constants jour après jour.

PENSER À L'AVENIR

Dans votre réflexion, commencez par visualiser votre objectif comme étant déjà atteint et **revenez au présent**. Projetez-vous en avant dans votre esprit jusqu'à ce que votre objectif soit atteint, puis regardez en arrière pour voir où vous en êtes aujourd'hui. Imaginez les étapes que vous auriez dû franchir pour vous rendre de l'endroit où vous êtes aujourd'hui à l'endroit où vous voulez être à l'avenir. Ce processus de planification à rebours de la réalisation de votre objectif vous donne une perspective particulière sur ce que vous devrez faire pour l'atteindre. « Se projeter en avant, regarder en arrière » est une technique puissante qui vous permet de voir les possibilités et les pièges qui pourraient vous échapper. Elle aiguise vos perceptions et vous donne des informations que vous ne pouvez obtenir autrement.

Septième étape : faites une liste de tous les obstacles qui se dressent entre vous et la réalisation de votre objectif. Partout où une grande réussite est possible, il existe de grands obstacles. En fait, les obstacles sont le revers de la médaille du succès et de la réussite. S'il n'y a pas d'obstacles entre vous et votre objectif, il ne s'agit probablement pas d'un objectif, mais simplement d'une activité.

Lorsque vous avez dressé la liste de tous les obstacles auxquels vous pouvez penser, classez-les par ordre d'importance. Quel est **le principal obstacle** qui vous empêche d'atteindre votre objectif ? C'est votre « rocher ». Sur votre chemin vers l'accomplissement de tout ce qui en vaut la peine, vous rencontrerez une série d'obstacles, de détours et de barrages. Mais presque invariablement, il y a un gros rocher ou un obstacle majeur qui se trouve en travers de votre chemin et qui bloque votre progression. C'est sur ce rocher que vous devez concentrer vos efforts à éliminer avant de vous laisser distraire par des obstacles et des problèmes plus mineurs.

Votre principal obstacle, ou « rocher », peut être interne ou externe. Il peut se trouver en vous-même ou dans la situation. S'il est interne, c'est peut-être parce qu'il vous manque une compétence, une capacité ou un attribut particulier que vous devez posséder pour atteindre votre objectif. Vous devez être totalement honnête avec vous-même et vous demander : « Y a-t-il quelque chose en moi que je dois changer, ou une aptitude que je dois développer pour atteindre mon objectif ? »

Votre principal obstacle peut être externe. Vous êtes peut-être dans le mauvais emploi, dans la mauvaise entreprise ou dans la mauvaise relation. Il se peut que vous deviez repartir à zéro, faire autre chose, ailleurs, si vous voulez atteindre votre objectif. Quel est votre « rocher » personnel ?

La deuxième question que vous devez vous poser pour identifier ce qui vous empêche d'avancer est la suivante : « Où se trouve mon point de blocage ? » Quelle partie du processus qui vous mène de votre situation actuelle à la réalisation de votre objectif détermine la vitesse à laquelle vous l'atteignez ? Si vous travaillez dans la vente et que votre objectif est d'augmenter vos revenus, votre facteur limitant est le volume et le nombre des ventes que vous réalisez. Le nombre de nouveaux prospects que vous générez pourrait être votre facteur limitant pour augmenter vos ventes. Ou bien c'est peut-être votre aisance à finaliser la transaction.

Dans presque tous les cas, il existe un facteur limitant. Ce goulot d'étranglement détermine la vitesse à laquelle vous progressez vers votre objectif. Votre tâche consiste à identifier le facteur limitant et à faire tout ce qui est en votre pouvoir pour l'éliminer. Dans certains cas, résoudre un unique problème, s'il s'avère être le principal, peut avoir un impact majeur sur votre progression.

Huitième étape : identifiez les informations supplémentaires dont vous aurez besoin pour atteindre votre objectif.

Nous vivons dans une société fondée sur la connaissance, et les personnes qui réussissent le mieux sont celles qui disposent de plus d'informations essentielles que les autres. Presque toutes les erreurs que vous commettrez dans votre vie financière et votre carrière seront le résultat d'un manque d'informations ou d'informations erronées. L'une de vos responsabilités est d'apprendre ce que vous devez savoir, afin de pouvoir accomplir ce que vous voulez accomplir.

Si vous ne disposez pas vous-même des connaissances ou des informations nécessaires, où pouvez-vous les obtenir ? S'agit-il d'une compétence ou d'*une aptitude fondamentale* que vous devez développer vous-même par l'étude et la pratique ? Ou pouvez-vous embaucher quelqu'un d'autre qui possède ces connaissances ? Pouvez-vous employer temporairement quelqu'un, comme un consultant ou un spécialiste, qui possède les connaissances dont vous avez besoin ? Qui d'autre a connu le succès dans votre domaine spécifique, et pourriez-vous lui demander des conseils ?

Dressez une liste de toutes les informations, talents, compétences, aptitudes et expériences dont vous aurez besoin, puis élaborez un plan pour apprendre, acheter, louer ou emprunter ces informations ou compétences aussi rapidement que possible. Déterminez les informations les plus importantes qui vous manquent. Étant donné que 80 % de la valeur des informations dont vous avez besoin dans un domaine donné est contenue dans 20 % des informations disponibles (règle des 80/20), quelle est l'information ou l'aptitude la plus importante dont vous aurez besoin pour atteindre votre objectif ?

Neuvième étape : dressez une liste de toutes les personnes dont vous aurez besoin de l'aide et de la coopération. Cette liste peut inclure votre famille, votre patron, vos clients, vos banquiers, vos partenaires commerciaux ou vos sources de capital, et même vos amis. Pour accomplir quelque chose de valable, vous aurez besoin de l'aide et de la coopération de nombreuses personnes. Prenez cette liste et classez-la par ordre de priorité. Qui est en tête de votre liste pour son aide ? Et qui vient juste après ?

LA LOI DE LA COMPENSATION

La loi de la compensation est une variante particulière de la loi des semailles et de la récolte. Il s'agit d'une reformulation de la loi de cause à effet. Elle trouve son équivalent en physique dans une loi qui stipule que pour chaque action, il y a une réaction égale et opposée. Elle stipule que, pour tout ce que vous faites, vous recevrez une compensation en nature. Vous obtiendrez ce que vous avez investi.

Cette loi stipule également que les autres vous aideront à atteindre vos objectifs uniquement s'ils estiment qu'ils seront récompensés pour leurs efforts d'une manière ou d'une autre. Chacun a sa propre motivation. Ce devrait être votre point de départ pour obtenir la coopération des autres. Posez-vous la question suivante : « Qu'allez-vous faire pour eux afin qu'ils vous aident ? »

LA LOI DE LA RÉCIPROCITÉ

Vous devez continuellement écouter la station de radio préférée de chacun, WIIFM, « What's in it for me ? » (Qu'est-ce que j'y gagne ?) Nos relations sociales et commerciales en Amérique sont toutes fondées sur la loi de la réciprocité. La loi de la réciprocité stipule que les gens sont intérieurement poussés à être **quittes**, à rendre la pareille pour tout ce qui leur est fait, que ce soit à eux ou pour eux. Ils ne seront disposés à vous aider à atteindre vos objectifs que si vous avez démontré votre volonté de les aider à atteindre les leurs.

Les personnes qui réussissent le mieux dans notre société, dans tous les domaines, sont celles qui ont aidé le plus grand nombre d'autres personnes à obtenir ce qu'elles voulaient. Elles constituent un réservoir de bonne volonté et créent chez les autres une propension à les aider, à leur rendre la pareille pour avoir été aidés dans le passé.

La loi de la surcompensation est déclenchée par l'habitude de toujours faire plus que ce pour quoi on est payé. Les personnes et les entreprises qui réussissent sont celles qui dépassent toujours les attentes, qui font toujours plus que ce que l'on attend d'elles. La seule partie de l'équation de la compensation et de la réciprocité que vous pouvez contrôler est le montant que vous investissez. Le montant que vous recevez est déterminé par vous-même. Parce que cela fait partie de la loi des semailles et de la récolte, si vous saisissez toutes les occasions possibles d'aider les autres, les autres finiront par vous apporter toute l'aide dont vous avez besoin.

Les résultats que vous obtenez dans la vie vous reviennent grâce aux contributions que vous apportez aux autres. Si vous travaillez dur, si vous êtes serviable et honnête, vous recevrez en retour des richesses, des récompenses et le respect des autres.

Si vous voulez augmenter la quantité et la qualité de vos retours, de vos récompenses, il vous suffit d'augmenter la quantité et la qualité de votre service. En faisant toujours plus que ce pour quoi vous êtes payé, vous finirez par être payé plus que vous ne l'êtes actuellement. En contribuant davantage, vous obtiendrez davantage. En « sur-contribuant », vous finirez par être « surcompensé ».

Le principe de l'effort organisé, qui consiste à travailler en harmonie avec d'autres personnes pour atteindre des objectifs mutuellement convenus, est à la base de toutes les grandes réalisations. Votre volonté et votre capacité à coopérer efficacement avec les autres, à les aider à atteindre leurs objectifs pour qu'ils vous aident à atteindre les vôtres, sont indispensables à votre réussite future.

Dixième étape : élaborez un plan. Écrivez en détail *ce que* vous voulez, *quand* vous le voulez, *pourquoi* vous le voulez et *d'où* vous partez. Dressez une liste des *obstacles* que vous devrez surmonter, des *informations* dont vous aurez besoin et des *personnes* dont l'aide vous sera utile. En répondant aux questions des étapes 1 à 9, vous disposez de tous les éléments d'un plan directeur complet pour la réalisation de n'importe quel objectif.

VOTRE PLAN DIRECTEUR

Un plan est une liste d'activités organisées en fonction du temps et des priorités. Une liste organisée en fonction du temps commence par la première chose que vous devez faire, dans l'ordre, jusqu'à la dernière tâche qui doit être accomplie avant que votre objectif ne soit atteint. De nombreuses activités peuvent être effectuées simultanément. D'autres tâches doivent être effectuées dans l'ordre, l'une après l'autre. Certaines activités doivent être réalisées en continu, du début à la fin du processus.

Un plan organisé par priorité énumère les activités par ordre d'importance. Quelle est la chose la **plus** importante que vous devez faire ? Quelle est la **deuxième** chose la plus importante ? Continuez à poser cette question jusqu'à ce que vous ayez dressé la liste de toutes les activités en fonction de leur valeur par rapport à l'objectif à atteindre.

Il y a quelques années, le président d'une grande entreprise pour laquelle je travaillais m'a offert une opportunité. Il avait été approché par une société automobile japonaise qui lui proposait de distribuer ses véhicules dans une vaste zone géographique. Il m'a demandé si je souhaitais réaliser une étude de marché en vue de reprendre la distribution. Il s'agissait de créer plusieurs concessions, puis d'importer et de distribuer les véhicules par leur intermédiaire.

Sans trop réfléchir, j'ai tout de suite accepté. Mais il y avait un problème. Je n'avais pas la moindre idée de l'endroit où commencer et de ce qu'il fallait faire. J'ai donc immédiatement entrepris deux mois de recherches sur l'importation et la distribution d'automobiles japonaises. J'ai visité tous les concessionnaires vendant des voitures similaires. J'ai demandé de l'aide et des conseils à tous ceux que je pouvais trouver. Et j'ai eu de la chance. L'un des consultants à qui j'ai parlé avait été engagé quatre ans plus tôt par une grande entreprise pour réaliser une étude de faisabilité complète sur l'importation d'automobiles en provenance du Japon. Son étude n'avait pas abouti, mais il avait encore toutes ses notes.

Je lui ai demandé si je pouvais jeter un coup d'œil à ses notes et il me les a montrées. Parmi ses notes, j'ai trouvé une liste de quarante-cinq choses qu'une entreprise devait faire pour importer et distribuer des véhicules japonais par l'intermédiaire d'un réseau de concessionnaires. Il s'agissait d'un schéma directeur pour l'entreprise.

J'ai pris une copie de la liste et je l'ai utilisée comme feuille de route. Je l'ai emportée avec moi jour et nuit. J'ai commencé par le premier point. En l'espace de trois mois, j'avais terminé tous les points de la liste et les premiers véhicules ont quitté le Japon. Nous avons ensuite créé soixante-cinq concessions et vendu pour 25 millions de dollars de véhicules. La division a généré des millions de dollars de bénéfices pour l'entreprise.

Cela n'a pas été facile. Les ventes, le service, les pièces détachées, la promotion, le personnel, le financement et l'administration ont demandé énormément d'efforts et de compétences. Mais le point de départ était une liste détaillée de ce qui devait être fait du début à la fin.

Une bonne liste vous donne une piste à suivre et augmente considérablement la probabilité d'atteindre votre objectif. C'est l'essence même de la planification personnelle et de l'efficacité individuelle. Et tout ce qu'il faut pour commencer, c'est un bloc de papier, un stylo, un objectif et **vous**.

AMÉLIORER LE PLAN AU FUR ET À MESURE

Une fois que vous disposez d'un plan d'action détaillé, mettez-vous au travail. Acceptez que votre plan comporte des lacunes. Il ne sera pas parfait du premier coup. Ne vous en préoccupez pas. Évitez la tentation du « perfectionnisme ». S'il faut d'abord surmonter tous les obstacles possibles, rien ne se fera jamais.

L'une des caractéristiques des hommes et des femmes supérieurs est qu'ils sont capables d'accepter une critique et de rectifier le tir. Ils s'intéressent davantage à ce qui est juste qu'à qui a raison. Continuez à travailler sur votre plan jusqu'à ce que vous ayez éliminé tous les problèmes. Chaque fois que vous rencontrez un obstacle, relisez votre plan et apportez les modifications nécessaires. Vous finirez par avoir un plan qui fonctionnera pour vous comme une machine bien huilée.

Plus vos plans sont détaillés et bien organisés, plus vous avez de chances de réaliser vos objectifs dans les délais et conformément à vos attentes.

Le magazine *Inc.* a récemment publié des entretiens avec les présidents de plus de cinquante entreprises. Ils ont constaté qu'il existait une relation directe entre le degré de détail de la préparation de leurs business plans et le niveau de réussite de ces entreprises.

Cependant, dans presque tous les cas, l'entreprise qui s'est développée était différente du plan initial. Selon l'étude, c'est le processus de planification lui-même, le fait de réfléchir à l'avance à chaque détail, qui a conduit au succès final. C'est l'existence d'un plan bien conçu, auquel des modifications pouvaient être apportées au fur et à mesure des réactions du marché, qui a permis de garantir les ventes et la rentabilité de l'entreprise.

L'élaboration d'un plan personnel détaillé, constamment révisé et affiné, est également essentielle à la réalisation de vos principaux objectifs.

Onzième étape : utilisez la visualisation. Créez une image mentale claire de votre objectif tel qu'il apparaîtrait s'il était déjà atteint. Reproduisez cette image encore et encore sur l'écran de votre esprit. Chaque fois que vous visualisez votre objectif comme étant accompli, vous augmentez votre désir et intensifiez votre conviction que l'objectif est réalisable pour vous. Et ce que vous **voyez** est ce que vous **obtenez.**

Votre subconscient est activé par les images. Tous les objectifs que vous avez fixés et planifiés jusqu'à présent vous ont fourni les détails d'une image absolument claire que vous pouvez alimenter de façon répétée dans votre subconscient. Ces images mentales claires concentrent vos pouvoirs mentaux et activent la loi de l'attraction. Vous commencez immédiatement à attirer à vous, comme la limaille de fer à un aimant, les personnes, les idées et les opportunités dont vous avez besoin pour atteindre vos objectifs.

Douzième étape : prenez la résolution, dès le départ, de ne jamais abandonner. Soutenez vos objectifs et vos projets avec persévérance et détermination. N'envisagez jamais la possibilité d'un échec. N'envisagez jamais d'abandonner. Décidez de tenir bon, quoi qu'il arrive. Et tant que vous refuserez d'abandonner, vous finirez par réussir.

Développez votre capacité à persévérer face aux inévitables obstacles et difficultés que vous rencontrerez. Parfois, votre capacité à persévérer est ce qu'il vous faut pour surmonter les obstacles les plus difficiles. La fixation d'un objectif commence par le désir et se termine par la persévérance. Plus vous persistez, plus vous devenez convaincu et déterminé. Vous atteignez finalement le point où rien ne peut vous arrêter. Et rien ne vous arrêtera.

Il existe de nombreux poèmes sur la persistance et la détermination, mais voici l'un des plus utiles que j'aie jamais rencontrés :

N'ABANDONNEZ JAMAIS

Quand les choses vont mal, comme c'est parfois le cas,
Quand le chemin que vous empruntez semble très délicat,
Quand les fonds sont faibles et les dettes élevées,
Et que vous voulez sourire, mais que vous ne pouvez que soupirer,
Quand les soucis vous oppressent parfois,
Reposez-vous s'il le faut, mais n'abandonnez pas.
Car la vie est pleine de rebondissements,
Comme chacun d'entre nous parfois l'apprend,
Et beaucoup d'échecs sont à déplorer,
Alors qu'il aurait pu sortir gagnant s'il avait persévéré.
La réussite n'est que l'échec inversé,
La teinte argentée des nuages de la perplexité.

Et vous ne pouvez jamais savoir quelle dose vous recevez,
Il peut être proche quand il semble si éloigné.
Alors, accrochez-vous à la bataille quand vous êtes le plus touché,
C'est quand les choses semblent pires que **vous ne devez pas abandonner !**

-Anonyme

TECHNIQUE DE L'ACTION CONTINUE

Une fois que vous avez clairement établi vos objectifs et vos plans, et que vous avez pris la décision de ne jamais abandonner avant de les avoir atteints, vous commencez à utiliser la technique de l'action continue pour maintenir votre élan vers vos objectifs.

La technique de l'action continue vous permet de rester sur la bonne voie pour atteindre votre objectif. Elle est basée sur les principes physiques d'inertie et d'élan d'Isaac Newton. Ces principes stipulent qu'un corps en mouvement tend à rester en mouvement à moins d'être influencé par une force extérieure. Ils stipulent également que s'il faut une grande quantité d'énergie pour faire passer un corps d'une position de repos à un état de mouvement vers l'avant, il faut une plus petite quantité d'énergie pour le maintenir en mouvement à la même vitesse. Il s'agit là de l'un des principes les plus importants à la base d'une grande réussite.

Le principe de l'élan a également des dimensions émotionnelles et spirituelles. Vous le ressentez dans les sensations de motivation et d'excitation que vous éprouvez lorsque vous vous dirigez vers la réalisation de quelque chose qui vous tient à cœur. Vous avez plus d'énergie et d'enthousiasme. Vous avancez plus vite vers votre objectif et celui-ci semble avancer plus vite vers vous.

De nombreuses personnes se lancent dans la réalisation d'un objectif, puis se laissent aller à ralentir et à s'arrêter. Une fois qu'elles se sont arrêtées, elles trouvent souvent qu'il est si difficile de se remettre en route qu'elles n'y parviennent pas. Ne laissez pas cela vous arriver. Le maintien de l'élan, une fois que vous avez commencé, est essentiel à la réussite et à l'accomplissement.

Vous maintenez votre élan vers l'avant en prenant des mesures continues pour atteindre votre objectif. Vous maintenez la pression. Vous définissez vos objectifs en fonction des actions nécessaires pour les atteindre, puis vous vous imposez la discipline d'accomplir ces actions. Vous faites quelque chose chaque jour pour vous rapprocher de la réalisation de vos principaux objectifs.

« Rien ne réussit mieux que le succès. » Vous devez prendre **l'habitude de réussir** en faisant quelque chose chaque jour pour vous rapprocher de vos objectifs. Passez-les en revue tous les matins et pensez-y tous les jours. Cherchez toujours quelque chose que vous pouvez faire pour contribuer à leur réalisation.

Il peut s'agir d'une action majeure ou mineure, mais pour conserver votre élan et rester positif et motivé, vous devez continuellement prendre des mesures qui vont dans le sens de ce que vous espérez atteindre.

Utilisez la technique de l'action continue tous les jours jusqu'à ce que vous deveniez une personne en mouvement perpétuel, qui se fixe des objectifs et les atteint. Veillez à marquer chaque journée par une réalisation quelconque, le plus tôt possible dans la journée étant le mieux. N'oubliez pas qu'un rythme rapide est essentiel à la réussite. En multipliant et en accélérant vos actions et essais, vous renforcerez votre énergie et votre passion, ce qui maximisera vos accomplissements.

UNE HISTOIRE VRAIE

Voici un exemple de l'efficacité de ce système de fixation d'objectifs. Je donnais une conférence sur l'importance de la fixation d'objectifs à un public d'environ huit cents personnes lorsqu'un homme que j'avais reconnu lors d'un séminaire précédent s'est levé de l'auditoire et a demandé s'il pouvait avoir le micro. Il m'a dit qu'il avait une histoire à raconter sur ce qui lui était arrivé après avoir commencé à appliquer ce système dans sa vie.

Il a raconté qu'il avait assisté à notre séminaire environ six semaines auparavant avec sa compagne. Il était cadre dans une compagnie d'assurance et il a expliqué qu'il avait participé à de nombreux séminaires de développement personnel et professionnel au cours de ses quatorze années dans le secteur de l'assurance. Sa compagne et lui avaient prévu de participer à la première matinée du séminaire de deux jours, puis de partir faire du shopping. Il était convaincu qu'il n'y avait rien de nouveau à apprendre après toutes les formations auxquelles il avait déjà participé.

Il raconte qu'ils sont finalement restés pendant les deux jours. Lorsqu'ils sont partis, ils étaient enthousiasmés par ce qu'ils avaient appris et impatients de le mettre en pratique, en particulier le système de fixation d'objectifs. Il a poursuivi en racontant qu'il avait pris son congé le lendemain pour que sa compagne et lui puissent passer toute la journée à planifier les prochaines années de leur vie à l'aide de cette méthode de fixation d'objectifs. Il leur a fallu dix heures entières pour achever leur plan.

Ils sortaient ensemble depuis deux ans et avaient évoqué le mariage, mais n'avaient pris aucune décision ni aucun engagement. Ils ont décidé que l'un de leurs objectifs était de se marier et, conformément à ce qu'ils avaient appris, ils l'ont mis par écrit et ont fixé une **échéance** pour le mariage.

Ils ont ensuite fixé trois sous-objectifs liés à leur mariage.

Le premier objectif était d'acheter et de payer la maison de leurs rêves avant de se marier. Nous étions à la fin du mois d'octobre et ils avaient suivi le séminaire à la mi-septembre. La date du mariage a été fixée au 4 février de l'année suivante. Cette date est donc également devenue la date limite pour l'achat de la maison.

Leur deuxième objectif était de se marier avec le Dr Robert Schuller à la Crystal Cathedral de Garden Grove, en Californie.

Leur troisième objectif était d'organiser leur réception de mariage à bord de la *Croisière s'amuse* à Long Beach, en Californie.

Après avoir rédigé ces objectifs en détail, ils sont immédiatement passés à l'action. Ils ont passé les soirées suivantes à visiter des maisons et ont finalement trouvé celle qu'ils voulaient. Le prix demandé était de 220 000 dollars, mais ils ont appris qu'ils pouvaient l'obtenir pour 180 000 dollars s'ils trouvaient l'argent nécessaire. Le problème est qu'ils n'ont pratiquement pas d'économies. Il leur fallait trouver ou gagner la totalité de la somme, et ils se sont donc fixé un nouvel objectif : gagner 180 000 dollars dans les quatre-vingt-dix jours.

Ils ont téléphoné au bureau du Dr Schuller à la Crystal Cathedral pour organiser leur mariage le 4 février. On leur a répondu que le Dr Schuller ne célébrait plus de mariages. C'était impossible, hors de question. Mais ils ont insisté. Ils ont demandé s'il était possible qu'il change d'avis. La secrétaire leur a expliqué qu'il était beaucoup trop occupé et qu'il n'y avait rien à faire.

Ils ont à nouveau insisté. Y a-t-il un moyen de l'interpeller personnellement ? Finalement, la secrétaire, pour conclure la conversation, leur a dit qu'ils pouvaient lui écrire personnellement, mais qu'ils ne devaient pas avoir beaucoup d'espoir.

Ils se sont immédiatement assis et ont écrit une lettre au Dr Schuller. Ils lui ont expliqué à quel point ils croyaient en la « pensée des possibilités », à quel point il était important pour eux d'être mariés par lui et à quel point cela ferait une différence dans leur vie. Ils ont envoyé la lettre et sont passés à leur deuxième objectif, la *Croisière s'amuse* et leur réception.

Là encore, ils se heurtent à un obstacle. Lorsqu'ils ont téléphoné à l'agent de réservation du *Croisière s'amuse*, on leur a dit que le bateau serait en mer ce jour-là, qu'il arriverait à 16 heures et repartirait à 20 heures.

Mais ils étaient déterminés et incroyablement optimistes. Ils se sont dit qu'ils n'avaient rien à perdre. Ils ont appelé une amie qui travaille dans le secteur du voyage et lui ont demandé si elle pouvait tirer quelques ficelles. Elle a reçu la même réponse par l'intermédiaire de ses contacts. Ce n'était pas possible.

Leur expérience n'était pas inhabituelle. Ils s'étaient fixé trois grands objectifs et s'étaient heurtés à des obstacles pour chacun d'entre eux. Il en sera de même pour vous. Rappelez-vous que s'il n'y a pas d'obstacles, il ne s'agit probablement pas d'un objectif, mais d'une simple tâche.

Chaque fois que vous vous fixez un objectif supérieur à tout ce que vous avez fait auparavant, vous rencontrez immédiatement des frustrations et des difficultés que vous n'aviez pas prévues. En particulier, vous entendrez un millier de variantes du mot « non ».

Mais là encore, ne vous inquiétez pas et ne vous découragez pas. Les aspects négatifs que vous rencontrez font partie du « test de persévérance ». C'est le prix à payer. Ils détermineront à quel point vous voulez vraiment l'obtenir, quel qu'il soit. Et si cela ne vaut pas la peine de se battre, cela ne vaut probablement pas la peine de l'avoir.

Ce couple n'était pas prêt à se laisser arrêter. Ils se sont assis et ont écrit une autre lettre, cette fois à l'agent maritime de la *Croisière s'amuse*. Ils expliquent leur situation et réitèrent leur demande de réservation d'une cabine pour leur réception dans l'après-midi du 4 février.

Leur plus grand obstacle est de trouver suffisamment d'argent pour acheter la maison de leurs rêves avant qu'elle ne soit vendue à quelqu'un d'autre. Mais, agissant avec foi, ils ont versé un acompte de mille dollars, la date de clôture étant prévue dans deux mois.

C'est alors que des choses étonnantes ont commencé à se produire. La police d'assurance d'une grande entreprise sur laquelle il travaillait depuis six mois et qui couvrait tous les aspects de l'entreprise (santé, retraite, vie et biens) a finalement été approuvée. Le président de la société l'a appelé pour lui dire que le conseil d'administration l'avait approuvée et qu'il souhaitait la mettre en place et la payer avant la fin de l'année. Une fois la transaction terminée, sa commission sur la police pluriannuelle s'élevait à un peu plus de 90 000 dollars, la plus grosse commission qu'il ait jamais touchée.

Mais ce n'est pas tout. Une semaine plus tard, le président de l'entreprise cliente l'appelle et lui dit qu'il a décrit sa couverture d'assurance à un ami qui possède une entreprise de taille similaire. Son ami souhaitait mettre en place la même police dans sa propre entreprise. Peut-il l'aider ?

Peut-il l'aider ? Bien sûr que oui ! En l'espace de deux semaines, il a mis au point une formule presque identique pour le nouveau client. Le jour de la conclusion de la vente, sa commission sur la deuxième police s'élevait à 90 000 dollars supplémentaires !

Et ce n'était que le début. Quelques jours plus tard, ils reçoivent un appel téléphonique du bureau du Dr Schuller, de la part de la même secrétaire à laquelle ils avaient parlé deux semaines auparavant.

« Je ne sais pas ce que vous avez dit dans votre lettre », dit-elle, « mais le Dr Schuller est sorti de son bureau il y a quelques minutes, votre lettre à la main, et a dit : « Je vais organiser ce mariage. » Si vous pouvez être là le 4 février, il pourra vous marier à 14 heures. »

Comme si cela ne suffisait pas, une semaine plus tard, ils ont reçu un appel de la compagnie maritime. Ils venaient d'établir le programme de navigation du *Croisière s'amuse* pour la nouvelle année. Le navire accosterait à midi au lieu de 16 heures le 4 février et repartirait à 20 heures. S'ils souhaitaient toujours organiser leur réception à bord du navire, celui-ci serait à leur disposition de 16 heures à 18 heures.

Depuis la scène, il a conclu son récit par ces mots : « J'ai l'impression d'avoir accompli plus de choses au cours des six dernières semaines en utilisant ces idées qu'au cours des cinq dernières années. Je pensais avoir compris ce qu'était la fixation d'objectifs auparavant, mais je n'avais aucune idée du pouvoir qu'elle pouvait avoir jusqu'à ce que je m'assoie et que je l'aborde de manière organisée. »

LES DOUZE ÉTAPES REVISITÉES

Remarquez l'incroyable pouvoir que ces deux personnes ont mis derrière leurs objectifs en suivant les douze étapes. Elles ont activé toutes les lois mentales et les ont fait travailler en harmonie pour atteindre un but précis et important.

Première étape : le désir. Elles savaient exactement ce qu'elles voulaient. C'était extrêmement personnel. Elles le ressentaient très fortement.

Deuxième étape : la conviction. Elles étaient absolument convaincues qu'elles pouvaient organiser leur mariage exactement comme elles en rêvaient. Elles sont restées confiantes et optimistes face à l'adversité. Elles étaient convaincues que tout se passerait bien pour elles.

Plus important encore, elles ont démontré leur foi en prenant des mesures spécifiques pour atteindre leurs objectifs, même lorsqu'on leur avait dit qu'il n'y avait rien à faire.

Troisième étape : notez-le. Elles ont cristallisé leurs espoirs et leurs rêves sur le papier, s'engageant ainsi à les réaliser. Et en les écrivant en détail, elles ont renforcé leurs désirs et approfondi leurs croyances en leur capacité ultime à les atteindre.

Quatrième étape : déterminez les avantages que vous tirerez de la réalisation de votre objectif. Elles ont très bien compris comment chaque élément de leur mariage et de leur maison de rêve contribuerait à jeter les bases de leur bonheur dans les années à venir.

Cinquième étape : analysez votre point de départ. Elles se sont assises et ont jeté un regard sérieux sur leur vie. Elles ont évalué où elles en étaient par rapport à ce qu'elles voulaient vraiment être. Elles ont ensuite pris des décisions claires. Tout a suivi.

Sixième étape : fixez une échéance. Elles ont choisi une date précise pour leur mariage et ont ensuite travaillé à partir de cette date. Face aux obstacles, elles n'ont pas cédé à la tentation de changer cette date. Elles se sont retranchées, comme le font les soldats sous le feu de l'ennemi. Elles ont refusé de se laisser décourager par la résistance initiale qu'elles ont rencontrée.

Septième étape : identifiez les obstacles qui se dressent sur votre chemin. Elles ont d'abord déterminé qu'elles voulaient acheter une maison pour commencer leur vie de couple. Leur principal obstacle était qu'elles n'avaient pas l'argent pour l'acheter. Elles ont commencé par cela. L'argent pour la maison était leur « rocher », leur facteur limitant.

Huitième étape : identifiez les connaissances ou les informations supplémentaires dont vous aurez besoin. Elles se sont mises au travail et ont commencé à trouver ce qu'elles avaient besoin de savoir. Elles ont posé des questions. Elles ont écrit des lettres. Elles ont pris des mesures.

Neuvième étape : identifiez les personnes avec lesquelles vous devrez coopérer. Elles ont dressé une liste de toutes les personnes avec lesquelles elles devraient travailler pour atteindre leurs objectifs dans les délais qu'elles avaient fixés. Il s'est mis au travail avec ses clients potentiels et ils ont travaillé ensemble sur les détails du mariage.

Dixième étape : élaborez un plan. Une fois qu'elles ont franchi les neuf premières étapes, elles disposent de tous les éléments du plan, comme les ingrédients d'une recette. Il était alors relativement simple de mettre le plan au point. Armées d'une liste exhaustive, elles se sont unies pendant les quatre mois qui ont suivi, rapprochant ainsi leurs rêves de la réalité.

Onzième étape : la visualisation. Elles se sont fait une image mentale claire de ce qu'elles voulaient. Elles ont parcouru chaque pièce de la maison de leurs rêves. Elles ont reçu des brochures avec des photos de la cathédrale de cristal. Elles ont regardé les offices qui s'y déroulaient à la télévision le dimanche. Elles ont également examiné des photos de la *Croisière s'amuser* et l'ont également aperçue à la télé. Tout au long de la journée, et chaque fois qu'elles étaient ensemble, elles rêvaient éveillées à leur mariage idéal et à leur maison parfaite.

Douzième étape : la persévérance. Elles n'ont jamais envisagé la possibilité d'un échec. Elles se sont accrochées à leurs rêves. Elles ont cherché à surmonter ou à contourner les obstacles. Si une chose ne fonctionnait pas, elles en essayaient une autre. Elles ont persévéré jusqu'à ce qu'elles réussissent enfin.

Et quand tout a été fait, tout le monde s'est levé pour leur dire qu'elles avaient eu de la chance !

EN QUÊTE DE L'OR

Il y a très peu de limites à ce que vous pouvez accomplir. La plupart d'entre elles sont imposées par vous-même. Elles sont le résultat de peurs et de doutes qui vous empêchent d'essayer. Et vous pouvez surpasser ces croyances auto-limitantes en agissant en accord avec votre objectif principal. La réussite et le bonheur dont vous rêvez commencent avec ce système de fixation d'objectifs, en décidant exactement ce que vous voulez et en faisant ce qu'il faut pour l'accomplir.

Le processus et le système décrits dans ce chapitre sont bien plus qu'un simple moyen mécanique de mieux organiser vos réalisations. Ils contiennent la combinaison permettant d'ouvrir la serrure de votre potentiel illimité. Non seulement ces étapes activent votre esprit positif et libèrent votre créativité, mais elles font également converger harmonieusement toutes les lois mentales vers la réalisation de vos objectifs dominants.

Plus important encore, la mise en pratique de ces principes et de ces règles pour atteindre un objectif débloque les pouvoirs de votre **super-conscient**. Cette méthodologie met à votre disposition des ressources que vous pouvez utiliser pour changer votre vie d'une manière que vous ne pouvez pas encore imaginer.

L'activation et l'utilisation correctes de votre super-conscient est la découverte la plus importante que vous puissiez faire. C'est la clé du bonheur, de la santé, de la prospérité et de l'expression complète de soi. Le super-conscient est le fondement de toute grandeur personnelle et de toute réussite, comme vous le verrez dans le chapitre suivant.

Chapitre 6

LE POUVOIR MAÎTRE

Les Grecs de l'Antiquité racontent une histoire sur le commencement du monde. Les dieux du mont Olympe, après avoir créé la terre et l'homme, les oiseaux et les animaux, les créatures de la mer, les plantes et les fleurs, et tous les êtres vivants, n'avaient plus qu'une chose à faire : cacher le secret de la vie dans un endroit où il ne serait pas découvert avant que l'homme n'ait grandi et évolué dans sa conscience au point d'être prêt à le recevoir.

Les dieux se disputèrent à propos de l'endroit où le secret de la vie devait être caché. L'un d'eux dit : « Cachons-le sur la plus haute montagne. L'homme ne le trouvera jamais. » Mais un autre dieu répondit : « Nous avons créé l'homme avec une curiosité et une ambition insatiables, et il finira par escalader même la plus haute montagne ».

L'un d'eux suggéra alors de cacher le secret de la vie au fond de l'océan le plus profond. À cela, un autre a répondu : « Nous avons créé l'homme avec une imagination débordante et un désir ardent d'explorer son monde. Tôt ou tard, l'homme atteindra même les plus grandes profondeurs de l'océan. »

Finalement, l'un des dieux trouva une solution. « Cachons le secret de la vie dans le dernier endroit où l'homme cherchera, un endroit où il ne viendra que lorsqu'il aura épuisé toutes les autres possibilités et qu'il sera enfin prêt. »

« Et où est-ce ? », demandèrent les autres dieux. Le premier dieu répondit : « Nous le cacherons au plus profond du cœur de l'homme ». Et c'est ce qu'ils firent.

Pendant cinq mille ans d'histoire, certains des hommes et des femmes les plus sages de chaque civilisation ont cherché le secret des temps, la clé qui leur permettrait de déverrouiller le vaste trésor de potentiel qui se trouve au plus profond de chaque personne. Ils ont créé des fraternités et des sororités, des sociétés secrètes et des communautés privées vouées à l'exploration de la dernière frontière, et de la première : les pouvoirs intérieurs de l'esprit humain.

De nombreux hommes et femmes ont passé toute leur vie dans des communautés religieuses, des monastères et des ordres secrets, se soumettant à des rituels élaborés et à des initiations, au cours desquels des aperçus de ce grand secret leur étaient révélés.

LA MARCHE DU PROGRÈS

La découverte de ce secret a davantage progressé au cours des cent dernières années qu'au cours de tous les siècles précédents où l'homme était présent sur terre. Le secret des siècles, la clé de la santé, du bonheur et de la prospérité pour vous et moi, a été trouvé dans ce que l'on appelle le **super-conscient.**

Lorsque vous utilisez correctement votre super-conscient, vous êtes en mesure de résoudre n'importe quel problème, de surmonter n'importe quel obstacle et d'atteindre n'importe quel objectif que vous désirez sincèrement. Toute grandeur personnelle et tout accomplissement individuel reposent sur cet esprit. En fait, tout ce dont nous avons parlé jusqu'à présent vous a préparé à utiliser les pouvoirs de votre super-conscient pour transformer la qualité de votre vie.

Nombre des plus grands penseurs qui aient jamais vécu se sont tenus en admiration devant ce pouvoir et ont écrit à son sujet, en lui donnant de nombreux noms différents. Madame Blavatsky, la théosophe russe, l'appelait « la doctrine secrète ». Le poète et philosophe Ralph Waldo Emerson l'appelait « l'âme suprême » et disait : « Nous nous trouvons sur les genoux d'une immense intelligence qui répond à chacun de nos besoins ». Emerson comparait cette intelligence à un océan et disait que lorsque nous recevons des idées de sa part, nous les reconnaissons comme venant de bien au-delà de nous-mêmes et de nos propres esprits limités.

Napoleon Hill a qualifié ce pouvoir d'« intelligence infinie », l'appelant l'entrepôt universel de la connaissance et la source de toute imagination et créativité. Il affirmait que la capacité à accéder à cette intelligence était un élément central de la grande réussite des centaines d'hommes et de femmes riches qu'il a interviewés au fil des ans.

Carl Jung , le psychanalyste suisse, l'a appelé le « supraconscient » et a dit qu'il contenait en lui toute la sagesse de la race humaine, passée, présente et future. Il a également été appelé « subconscient universel », « inconscient collectif » et « esprit universel », et de nombreuses personnes y font référence en tant qu'« esprit de Dieu » ou « subconscient créatif ».

Quel que soit le nom que vous lui donnez, il n'y a pratiquement aucune limite à ce que vous pouvez accomplir lorsque vous l'exploitez, l'utilisez et le laissez vous utiliser régulièrement.

Il serait très difficile de vous expliquer le fonctionnement de votre super-conscient si vous ne le connaissiez pas déjà. Tout au long de votre vie, vous l'avez souvent utilisé de manière aléatoire et désordonnée. En fait, une grande partie de ce que vous avez déjà accompli peut être attribuée à l'utilisation accidentelle de ce pouvoir. L'objectif de ce chapitre est de vous montrer comment l'utiliser de manière systématique afin d'augmenter considérablement le niveau de santé, de bonheur et de prospérité qui vous est possible.

LA SOURCE DE LA CRÉATIVITÉ

Le super-conscient est la source de toute créativité pure. Tous les arts, musiques et littératures vraiment classiques proviennent du super-conscient. Emerson avouait que ses essais semblaient « s'écrire tout seuls ». Il s'asseyait à son bureau et les mots se déversaient simplement à travers lui et sur le papier. Ses essais restent parmi les plus beaux et les plus inspirants de la langue anglaise.

Mozart composait de la musique dès son plus jeune âge. Il pouvait voir et entendre la musique dans son esprit et était capable de l'écrire, avec des notes parfaites, dès la première fois qu'il posait un stylo sur le papier. Ses manuscrits musicaux étaient si clairs que dans le film *Amadeus*, le compositeur de la cour, Salieri, dit de Mozart : « Il écrit la plus belle musique du monde comme s'il en prenait la dictée ».

Beethoven, Bach, Brahms et Stravinsky ont tous eu recours à cet état d'esprit lorsqu'ils ont composé leurs plus grandes œuvres musicales. Chaque fois que vous entendez un morceau de musique, que vous voyez une œuvre d'art ou que vous lisez un texte qui semble intemporel et qui, d'une manière ou d'une autre, touche quelque chose au plus profond de vous, vous faites l'expérience d'une création super-consciente.

LES INVENTIONS

Le super-conscient est à l'origine de nouvelles inventions et de percées scientifiques. Edison faisait régulièrement appel à son super-conscient pour trouver les solutions qui lui ont permis de réaliser des centaines d'inventions couronnées de succès. Nikola Tesla, peut-être le plus grand génie électrique de son époque, était capable de construire des modèles de moteurs électriques dans son esprit, de les démonter mentalement, de les remonter et de les réparer jusqu'à ce qu'ils soient parfaits. Il pouvait alors entrer dans un atelier et construire une machine ou un moteur totalement nouveau qui fonctionnerait parfaitement dès la première fois.

L'INSPIRATION

Le super-conscient est la source de toute inspiration, de toute motivation et de l'excitation que vous ressentez lorsqu'une nouvelle idée ou une nouvelle possibilité vous interpelle. C'est la source des pressentiments, de l'intuition et des éclairs de perspicacité - la « petite voix tranquille » intérieure. Chaque fois que vous avez été confronté à un problème et que vous avez soudainement eu une idée géniale qui s'est avérée être la solution parfaite, vous avez fait appel à votre super-conscient. Chaque fois que vous avez eu un nouvel aperçu d'un défi auquel vous étiez confronté, c'est votre super-conscient qui a fonctionné.

L'ACCÈS À TOUTES LES INFORMATIONS MÉMORISÉES

Lorsque votre super-conscient calcule un problème ou travaille sur un objectif, il a accès à toutes les informations mémorisées dans votre subconscient. Il peut puiser dans tout ce que vous avez appris ou expérimenté.

Il a également la capacité de faire la distinction entre ce qui est vrai et ce qui est faux. Chaque personne a stocké dans sa mémoire une énorme quantité d'informations qui ne sont tout simplement pas vraies. Certaines de ces informations sont sans importance, comme la hauteur réelle du mont Everest ou le nombre de pics dans un boisseau. D'autres sont très importantes, comme des faits cruciaux qui affectent votre fortune personnelle. Mais dans tous les cas, le super-conscient n'utilise que les informations mémorisées qui sont **vraies**. Il vous apporte donc des réponses et des solutions correctes et adaptées à votre situation.

Parfois, vous aurez une idée qui semble incompatible avec ce que vous **savez** être vrai. Il s'avérera alors que vos connaissances étaient incomplètes ou basées sur des informations erronées. Votre idée ou solution apparemment contradictoire s'avère être la bonne. C'est exactement la réponse dont vous avez besoin.

L'ACCÈS À L'INFORMATION EN DEHORS DU CERVEAU

Le super-conscient a également accès à des connaissances et à des informations qui se situent en dehors et au-delà de vos connaissances et de votre expérience personnelles. Il se trouve en fait à l'extérieur de votre cerveau, **en dehors** de votre conscience et de votre subconscient.

L'Anglais Michael Faraday, qui n'avait pas reçu de formation scientifique, s'est réveillé un jour au milieu de la nuit, l'esprit rempli de formulations scientifiques. Il s'assit et écrivit plusieurs pages de formules mathématiques et de calculs scientifiques qui semblaient couler en lui comme une rivière d'énergie. Une fois l'écriture terminée, il s'est rendormi, épuisé.

Plus tard, lorsqu'il apporta ses notes à l'un des scientifiques les plus érudits d'Angleterre, il fut établi qu'il avait produit des connaissances qui n'avaient jamais existé auparavant. Les travaux de Michael Faraday ont jeté les bases du développement de l'appareil à vide de Lee De Forest et de toute l'ère électronique dans laquelle nous vivons aujourd'hui.

L'ESPRIT UNIVERSEL

Vous êtes entouré d'un esprit universel qui contient toute l'intelligence, toutes les idées et toutes les connaissances qui ont jamais existé ou qui existeront jamais. C'est pourquoi il arrive souvent que des personnes différentes, dans différentes parties du monde, puisent dans cette énergie et trouvent les mêmes idées au même moment.

L'un des diplômés de notre séminaire avait travaillé avec une équipe du Conseil canadien de la recherche sur l'énergie atomique pour mettre au point ce qu'il appelait un dispositif de mesure du rayonnement gamma rétroactif. Il lui a fallu deux ans pour mettre au point l'appareil, mais la clé était une idée qu'il avait eue en travaillant sur le projet.

Quelques mois plus tard, lors d'un symposium international auquel participaient des scientifiques de l'Union soviétique, il a découvert qu'un scientifique soviétique avait eu exactement la même intuition presque au même moment, ce qui a conduit les Soviétiques à mettre au point presque exactement le même dispositif. Étant donné que ces deux projets étaient hautement confidentiels avant d'être dévoilés au grand jour, les idées novatrices ne pouvaient avoir été échangées que par l'intermédiaire de l'esprit super-conscient.

DES IDÉES QUI DÉPASSENT VOTRE EXPÉRIENCE ACTUELLE

Une fois que vous aurez commencé à utiliser vos capacités super-conscientes de manière systématique, vous aurez des idées qui vous viendront **de nulle part**. Presque tout le monde a déjà eu l'occasion de penser à une bonne idée pour un nouveau produit ou service, de l'écarter parce qu'elle concernait un domaine dans lequel il n'avait aucune expérience, puis de voir une autre entreprise sortir le même produit ou service quelques années plus tard et faire fortune. Il s'agit là d'un exemple de fonctionnement super-conscient.

La différence entre la personne qui a eu l'idée et l'a ignorée, et la personne qui a eu l'idée et l'a exploitée, c'est que cette dernière avait une plus grande confiance en elle-même et en sa capacité à concrétiser cette idée. En raison du conditionnement de l'enfance, nous avons tendance à ignorer nos propres idées, en supposant qu'elles ne valent pas grand-chose, alors qu'en fait, elles pourraient changer toute notre vie. Lorsque vous commencerez à accepter la valeur de vos intuitions super-conscientes, vous serez étonné du type d'idées qui vous viendront, et la prochaine fois que vous aurez une idée, vous en ferez quelque chose.

LE FONCTIONNEMENT CONTINU

Votre super-conscient fonctionne à un niveau non conscient vingt-quatre heures sur vingt-quatre, 365 jours par an. Une fois que vous avez programmé un objectif ou un problème dans votre subconscient, puis que vous l'avez libéré, il est transféré à votre super-conscient qui se met au travail. Vous pouvez alors vaquer à vos occupations quotidiennes, vos énergies conscientes et subconscientes étant concentrées sur le travail à accomplir, tandis que votre super-conscient s'active pour vous apporter tout ce dont vous avez besoin pour atteindre votre objectif.

Rappelez-vous que les fonctions de l'esprit conscient sont d'identifier, de comparer, d'analyser et de décider. Le subconscient mémorise et récupère les informations et obéit aux ordres du conscient. Le super-conscient fonctionne en dehors et au-delà des deux, mais il est accessible par leur intermédiaire.

LA MOTIVATION ORIENTÉE VERS UN OBJECTIF

Votre super-conscient est capable de motivation orientée vers un objectif. C'est la source de l'enthousiasme et de l'excitation que vous ressentez lorsque vous commencez à vous fixer des objectifs et à avancer progressivement vers leur réalisation. Cependant, pour générer cette motivation, votre super-conscient a besoin d'objectifs **clairs et spécifiques** pour lesquels vous vous engagez totalement. Il libère ensuite les idées et l'énergie nécessaires à la réalisation des objectifs.

Le super-conscient est une source d'« énergie libre ». Il s'agit d'un phénomène dont vous avez déjà fait l'expérience à maintes reprises. Il s'agit de l'énergie mentale et physique qui vous envahit pendant les périodes de grande excitation, de désir intense ou même de danger extrême. Lorsque vous travaillez à la réalisation d'un projet qui vous tient à cœur, vous ressentez souvent un flux d'énergie illimité qui vous permet de travailler jour et nuit avec très peu de sommeil. On parle généralement d'« énergie nerveuse », mais nous savons que les nerfs n'ont pas d'énergie propre.

Avez-vous déjà fait l'expérience de devoir vous lever au milieu de la nuit pour une urgence ? En un rien de temps, vous vous retrouvez bien éveillé, alerte et efficace, alors que peu de temps auparavant vous étiez fatigué et profondément endormi. C'est un exemple de l'utilisation de l'« énergie libre » de votre super-conscient.

Un autre exemple de cette « énergie libre » est le phénomène des hommes et des femmes qui accomplissent des exploits surhumains dans des situations où leur vie est en danger. En Floride, il y a quelques années, une grand-mère frêle de soixante-huit ans, Mme Laura Schulz, travaillait dans sa cuisine tandis que son fils de quarante ans s'affairait sous une voiture dans l'allée. Soudain, le cric a glissé et la voiture est tombée sur sa poitrine, l'écrasant et menaçant de le tuer.

Lorsqu'il a crié de douleur, sa mère âgée est sortie précipitamment de la maison, a vu ce qui s'était passé et a immédiatement réagi. Elle s'est précipitée vers l'avant, a saisi le pare-chocs et a soulevé la voiture de deux mille livres de la poitrine de son fils, lui sauvant ainsi la vie.

Deux voisins ont été témoins de la scène. Mais par la suite, lorsqu'elle a été interrogée par des journalistes, elle a nié que cela ait jamais eu lieu. Elle a complètement effacé l'expérience de son esprit parce qu'elle dépassait de loin ce qu'elle « savait » être vrai à propos de sa propre force.

Lorsque vous serez pleinement en phase avec votre superconscient, vous ressentirez un flux continu de santé, d'énergie et de force qui vous permettra de produire plus en quelques heures que ce que la personne moyenne produit en une semaine. Vous entrerez dans un état de « flux », où le monde semble ralentir tandis que votre esprit s'accélère. Pendant cette période, vous semblez avoir la capacité de produire facilement de grandes quantités de travail de haute qualité. Vous éprouvez un merveilleux sentiment de bien-être. Votre esprit est en éveil et est empli d'un flot d'idées qui vous parviennent exactement au moment où vous en avez besoin.

DES INSTRUCTIONS LIMPIDES

Votre super-conscient réagit mieux aux ordres clairs et autoritaires, ou à ce que l'on appelle les « affirmations positives ». Chaque fois que vous affirmez un objectif ou un désir de votre esprit conscient à votre esprit subconscient, vous activez votre super-conscient pour qu'il libère les idées et l'énergie dont vous avez besoin pour concrétiser votre désir.

C'est pourquoi **l'esprit de décision** est un trait de caractère si important chez les hommes et les femmes qui réussissent. Parce qu'ils savent exactement ce qu'ils veulent, leurs pouvoirs super-conscients travaillent pour eux en permanence. Vous constaterez également que lorsque vous cessez d'hésiter et que vous prenez la décision ferme et claire de faire quelque chose, quel qu'en soit le coût, tout se met soudain à fonctionner en votre faveur.

Lorsque vous affirmez « Je m'aime », « Je peux le faire » ou « Je gagne XXX $ par an », vous déclenchez l'interrupteur principal de tous vos pouvoirs mentaux. Vous vous « allumez » de la manière la plus puissante qui soit.

J'ai mentionné précédemment que la principale raison pour laquelle les gens ne réalisent pas leur potentiel est qu'ils ne sont tout simplement **pas sérieux**. Par « pas sérieux », j'entends qu'ils refusent tout simplement de prendre les décisions qu'ils doivent prendre pour que leur vie change pour le mieux.

Vous serez surpris de constater à quel point vous devenez plus efficace lorsque vous prenez des décisions fermes et que vous vous débarrassez des obstacles mentaux. Ne pensez plus à abandonner, à vous retirer ou à faire autre chose. Prenez la décision de faire tout ce qu'il faut pour atteindre votre objectif et que rien ne vous arrêtera. À ce moment-là, même une personne aux capacités moyennes devient un agent d'accomplissement extraordinaire.

LA SOLUTION À TOUS LES PROBLÈMES

Votre super-conscient résout automatiquement et continuellement tous les problèmes qui se posent sur le chemin de votre objectif, tant que celui-ci est **clair.** Si votre objectif est de gagner beaucoup d'argent et que vous êtes absolument sûr du montant que vous voulez gagner et conserver, vous devez, vous finirez par l'atteindre.

L'histoire de l'humanité est écrite dans les récits d'hommes et de femmes qui se sont fixé de grands objectifs passionnants et qui ont ensuite persévéré indéfectiblement, parfois pendant de nombreuses années, avant de finalement les atteindre. Peter Drucker, le célèbre expert en gestion et auteur de *Le manager efficace*, a déclaré : « Chaque fois que vous trouvez quelque chose à faire, n'importe où, vous trouverez un monomaniaque avec une mission. Chaque fois que l'on constate une grande réussite, on trouve une personne qui est absolument convaincue de ce qu'elle veut faire et qui est prête à faire tout ce qu'il faut, aussi longtemps qu'il le faudra, pour y parvenir.

Votre tâche principale est de garder vos pensées fixées sur votre objectif. Votre super-conscient résoudra automatiquement et continuellement chaque problème sur le chemin de votre objectif au fur et à mesure qu'ils se présenteront. Vous pouvez vous fier entièrement à cette force super-consciente tant que votre désir est sincère.

LE CLIMAT MENTAL APPROPRIÉ

Votre super-conscient fonctionne mieux dans **un climat mental de foi et d'acceptation**. L'attitude qui consiste à s'attendre avec confiance à ce que vos problèmes soient résolus, que les obstacles soient éliminés et que vos objectifs soient atteints est l'état mental qui intensifie le taux de vibration de la pensée et qui permet à votre super-conscient de fonctionner au mieux.

Bien que ce soit difficile au départ, ce n'est que lorsque vous êtes complètement détendu quant à l'issue d'une situation que celle-ci semble se résoudre d'elle-même, parfois de la manière la plus inattendue. Le résultat, cependant, sera toujours tout ce que vous pouvez demander, et parfois bien plus. Il semble que plus vous vous efforcez de « ne pas essayer », plus votre super-conscient parvient à vous apporter les choses que vous voulez.

Tous les grands hommes et femmes ont été des personnes de foi. Ils ont été capables de « ne pas réfléchir ». Ils ont développé une capacité presque enfantine à s'en remettre à la bonté de l'univers, avec la simple foi que tout se déroulait comme il le fallait, en son temps. Ils ont adopté une attitude de calme et de confiance et la conviction qu'une puissance plus grande qu'eux les aidait.

Toute forme de négativité, de colère, d'inquiétude ou d'impatience éteint votre super-conscient. Elle diminue vos pouvoirs. Elle obscurcit votre pensée. Elle brouille les messages que vous envoyez de votre conscient à votre subconscient. Les émotions destructrices, quelles qu'elles soient, interfèrent avec l'attitude calme et positive dont votre super-conscient a besoin pour fonctionner de manière optimale.

IL VOUS APPORTE LES EXPÉRIENCES DONT VOUS AVEZ BESOIN

Votre super-conscient vous apporte les expériences dont vous avez besoin pour réussir. Parce que vous ne pourrez jamais atteindre de façon permanente quelque chose à l'extérieur si vous n'êtes pas entièrement préparé à l'intérieur, chaque fois que vous vous fixez un objectif, quel qu'il soit, vous devrez grandir et vous développer jusqu'à ce que vous soyez prêt à l'atteindre. Votre super-conscient vous guidera à travers les expériences dont vous avez besoin pour vous enseigner les leçons que vous devez apprendre, dans l'ordre, de sorte que lorsque vous arriverez finalement à votre destination, cela semblera presque être un anti-climax. Vous aurez alors développé l'équivalent mental de la réalité extérieure correspondante que vous désirez.

C'est un point très important : Si vous obtenez quelque chose sans vous y être préparé dans votre esprit, vous ne pourrez pas vous y tenir. Si vous gagnez beaucoup d'argent de manière inattendue et que votre image de vous n'est pas à la hauteur, vous serez inconsciemment poussé à adopter un comportement visant à vous débarrasser de l'argent. C'est pour cela que l'on dit « vite gagné, vite perdu ».

En revanche, si vous obtenez vos succès progressivement, en grandissant en tant que personne à l'intérieur tout en augmentant votre capacité de production à l'extérieur, lorsque vous atteindrez finalement la position que vous désirez dans la vie, vous serez prêt à vous y accrocher indéfiniment.

Si vous faites le bilan de votre vie, vous constaterez que presque tout ce que vous avez accompli de valable a été précédé de ce qui semblait être des difficultés, des déceptions et des échecs temporaires. Souvent, vous avez dû faire face à des montagnes russes émotionnelles de peur, d'anxiété et d'inquiétude. Toutefois, avec le recul, vous pouvez constater que chacune de ces expériences difficiles a été essentielle pour vous permettre de devenir la personne que vous êtes aujourd'hui et d'atteindre votre objectif final.

Il s'agit là d'un point très important. Votre super-conscient met en place une série d'obstacles, ou d'expériences d'apprentissage, pour vous former exactement à ce que vous avez besoin d'apprendre. Votre super-conscient est également très patient. Si vous n'apprenez pas la leçon, que ce soit dans les relations, dans les affaires, avec l'argent ou avec votre santé, votre super-conscient vous renverra encore et encore à des expériences d'apprentissage jusqu'à ce que vous **compreniez** enfin, jusqu'à ce que vous appreniez ce que vous êtes censé apprendre. Ce n'est qu'à ce moment-là que vous pourrez passer à l'étape suivante de votre développement.

Napoleon Hill a découvert que presque tous les hommes riches qu'il a interrogés avaient connu leurs plus grands succès juste après ce qui semblait être leur plus grand échec. C'est lorsque tous les signes extérieurs suggéraient qu'il était temps d'abandonner qu'ils étaient le plus près d'atteindre leurs objectifs.

C'est un peu comme si votre super-conscient vous faisait passer un dernier test juste avant que vous n'arriviez à destination. C'est lorsque vous traversez vos expériences d'apprentissage les plus difficiles que vous devez faire appel à votre capacité à contrôler votre esprit et à croire que les difficultés que vous rencontrez font simplement partie du processus qui vous mènera inévitablement à votre objectif.

L'une des caractéristiques des hommes et des femmes qui réussissent est qu'ils n'utilisent jamais le mot « échec ». Ils considèrent les défaites temporaires et les revers comme un moyen supplémentaire d'apprendre à réussir. Ils cherchent dans chaque obstacle ou déception la graine d'un avantage ou d'une opportunité égale ou supérieure. Ils tirent des enseignements de chaque expérience. Ils refusent de s'énerver. Ils gardent l'esprit calme, positif et concentré sur leurs objectifs. En conséquence, ils maintiennent leurs capacités super-conscientes activées.

L'UTILISER OU LE PERDRE

Les capacités de votre super-conscient augmentent au fur et à mesure que vous l'utilisez et que vous lui faites confiance. Les hommes et les femmes ne commencent à réaliser de grandes choses que lorsqu'ils commencent à faire entièrement confiance à ce pouvoir ou à cette force mystérieuse qui les entoure. La « loi de l'utilisation » stipule que « si vous ne l'utilisez pas, vous le perdez ». Elle indique également que les capacités mentales ou physiques que vous **utilisez** deviennent plus fortes et plus réactives à vos demandes. Lorsque vous prenez l'habitude de vous tourner constamment vers votre esprit super-conscient pour qu'il vous guide et vous oriente, qu'il vous inspire et vous éclaire, et qu'il résolve chaque problème sur votre chemin, il travaillera de façon plus rapide et plus efficace jour après jour.

IL VOUS GUIDE DE MANIÈRE INFAILLIBLE

Votre super-conscient fait en sorte que toutes vos paroles et actions, **ainsi que leurs effets**, s'inscrivent dans un schéma cohérent avec l'idée que vous vous faites de vous-même et avec vos objectifs dominants. Vous serez toujours inspiré pour dire et faire exactement ce qu'il faut, dans chaque situation, lorsque vous êtes à l'écoute de votre super-conscient.

Parfois, des mots sembleront sortir de votre bouche et il s'avérera plus tard que c'était exactement ce qu'il fallait dire à ce moment-là. Parfois, vous aurez envie d'acheter un livre ou une cassette, de téléphoner ou de rendre visite à quelqu'un, d'écrire une lettre ou de prendre une décision qui s'avérera plus tard être exactement ce qu'il fallait faire à ce moment-là. Vous prendrez un livre ou un magazine et l'ouvrirez à la page exacte qui contient la réponse dont vous avez besoin. Et cela se reproduira de plus en plus souvent, au fur et à mesure que vous ferez confiance à ce grand pouvoir.

LA SYNCHRONICITÉ EXPLIQUÉE

La synchronicité est un phénomène courant qui se produit lorsque deux événements apparemment sans rapport se produisent en même temps et que, d'une manière ou d'une autre, ces deux événements vous aident à atteindre l'un de vos objectifs. Par exemple, vous pouvez penser à prendre des vacances à Hawaï le matin avant d'aller travailler et, plus tard dans la journée, recevoir une offre spéciale pour une semaine à Hawaï à un prix réduit. Vous pourriez décider pendant le week-end que vous avez besoin de gagner plus d'argent et, le lundi, votre patron pourrait vous proposer une promotion avec de plus grandes responsabilités et un salaire plus élevé. Le seul lien entre ces événements synchrones est la signification imposée aux événements par vos pensées et votre objectif. Il s'agit là d'un autre exemple d'activité super-consciente.

Un autre mot souvent utilisé pour décrire ce type de coïncidence est « sérendipité ». La sérendipité est la facilité de faire des découvertes heureuses. Les personnes qui font l'expérience de la sérendipité semblent toutes avoir un point commun : elles sont activement à la **recherche** de quelque chose. Ils semblent tous avoir des objectifs très clairs et les choses remarquables qu'ils trouvent sont toutes associées à quelque chose qu'ils veulent accomplir.

Les gens me disent toujours, après avoir commencé à utiliser leur super-conscient : « Vous n'allez pas croire ce qui m'est arrivé ! ». J'ai entendu cette exclamation des milliers de fois : « Vous n'allez pas croire ce qui m'est arrivé ! » D'autres personnes, même lorsque des coïncidences remarquables leur arrivent, ont tendance à rejeter ces événements apparemment inexplicables en les qualifiant de « chance » ou en disant qu'ils sont arrivés par accident. Mais désormais, vous saurez plus.

Nous vivons dans un univers régi par la **Loi**. Rien n'arrive par hasard. Tout est le résultat de lois et de principes précis, même si vous ne les connaissez pas.

En Angleterre, pendant les jours les plus sombres de la Seconde Guerre mondiale, à l'automne 1941, le Premier ministre Winston Churchill a été incité par les membres de son cabinet à faire la paix, à chercher une sorte d'arrangement avec Hitler. Churchill refusa. Il a déclaré qu'il se passerait quelque chose et que l'Amérique entrerait en guerre, ce qui changerait toute l'équation. Lorsqu'on lui a demandé comment il pouvait être aussi confiant, il a répondu : « Parce que j'étudie l'histoire et que l'histoire montre que si l'on tient bon suffisamment longtemps, il se passe toujours quelque chose ».

Le 7 décembre 1941, quelques semaines seulement après cette conversation, les Japonais bombardent Pearl Harbor. Lorsque Hitler l'apprend, il déclare immédiatement la guerre aux États-Unis. Du jour au lendemain, tout a changé et la puissance industrielle de l'Amérique a été mise sur la balance du côté de la Grande-Bretagne. L'action unilatérale du Japon à l'autre bout du monde a déclenché la chaîne d'événements qui a permis à Churchill d'atteindre son objectif : sauver l'Angleterre de l'invasion de l'Allemagne nazie.

Plus vous parviendrez à maintenir cet état mental d'attente calme et confiante, même lorsque vous êtes secoué par les tempêtes de la vie, plus vous aurez de chances de faire l'expérience de la synchronicité et de la sérendipité. Ce sont des expériences délicieuses qui vous remplissent toujours d'un sentiment de bonheur et d'excitation.

LES DEUX CONDITIONS DE FONCTIONNEMENT

Votre super-conscient fonctionne mieux dans deux conditions. La première est lorsque votre esprit conscient se concentre à 100 % sur un problème ou un objectif spécifique. La seconde est lorsque votre esprit conscient est occupé par quelque chose de tout à fait différent. Vous devriez essayer les deux méthodes pour tout ce que vous voulez accomplir.

Voici un processus simple, en cinq étapes, que vous pouvez utiliser pour mobiliser tous les pouvoirs de votre super-conscient sur une seule question.

Première étape : définissez clairement le problème ou l'objectif, de préférence par écrit. Que voulez-vous obtenir exactement, ou quel est le problème que vous souhaitez résoudre ?

Deuxième étape : rassemblez autant d'informations que possible. Lisez, faites des recherches, posez des questions et cherchez activement la réponse dont vous avez besoin.

Troisième étape : essayez consciemment de résoudre le problème en passant en revue toutes les informations que vous avez recueillies.

Quatrième étape : si vous n'avez toujours pas réussi à résoudre le problème **consciemment**, confiez-le à votre super-conscient. Lâchez-le avec confiance, comme vous lâcheriez un ballon, et laissez-le s'envoler.

Cinquième étape : faites en sorte que votre esprit conscient soit occupé ailleurs. Détournez votre attention et laissez votre super-conscient s'en occuper pour vous !

Prenez n'importe quel problème auquel vous êtes confronté en ce moment et essayez cette méthode. Vous serez étonné des résultats.

IL VOUS APPORTE LES RÉPONSES DONT VOUS AVEZ BESOIN

Votre super-conscient vous apportera exactement la bonne réponse au bon moment. Lorsque la réponse arrive, vous devez agir immédiatement. Il s'agit d'un matériel « daté ». Si vous avez envie de téléphoner à quelqu'un, de dire quelque chose ou de faire quelque chose, et que vous sentez que c'est exactement ce qu'il faut faire, agissez avec foi et suivez votre instinct. Ce sera toujours la bonne chose à faire.

Si vous avez un problème avec une autre personne et que vous avez une idée claire de ce que vous devez faire ou dire, même si cela implique une confrontation ou un désagrément, suivez votre intuition et allez jusqu'au bout. Le résultat sera toujours égal ou supérieur à ce que vous auriez pu espérer.

En tant qu'orateur professionnel, il m'arrive de ne pas savoir exactement comment structurer et commencer un exposé ou un séminaire. Lorsque je m'en remets à mon super-conscient, à un certain moment, souvent lorsque je me dirige vers le podium, l'ensemble du discours se cristallise dans mon esprit et s'avère être exactement la bonne chose à dire.

Récemment, on m'a demandé de m'adresser à un public d'entreprises sur les défis de la vente professionnelle dans les années 1990. J'avais préparé cette intervention et j'étais prêt à parler du sujet. Mais alors qu'on me présentait, j'ai eu l'irrésistible envie de parler plutôt de l'importance des objectifs et des stratégies à long terme et d'avoir le courage d'abandonner l'ancien et de s'engager dans de nouvelles directions. À la fin de mon intervention, j'ai été ovationné.

Plus tard, le président de l'entreprise m'a dit qu'avant mon intervention, ils avaient eu deux journées entières de réunions au cours desquelles ils avaient discuté et débattu de l'orientation future de l'entreprise. Mon intervention avait clarifié les questions auxquelles ils étaient confrontés et leur avait donné les clés pour résoudre certains de leurs problèmes les plus urgents. Il s'est avéré que mon super-conscient me guidait pour dire les choses que leur super-conscient les incitait à apprendre.

VOTRE RÉVEIL MENTAL

Votre super-conscient vous permet de vous programmer afin de vous rappeler de faire certaines choses à certains moments dans le futur. Par exemple, vous pouvez programmer votre esprit pour qu'il vous réveille à n'importe quelle heure du jour ou de la nuit. De nombreuses personnes, dont moi-même, n'utilisent jamais de réveil et ne se réveillent jamais trop tard. Tout ce que vous avez à faire, c'est de décider à quelle heure vous voulez vous réveiller demain matin. Ensuite, vous n'y pensez plus. C'est à cette heure précise, ou quelques minutes avant, que vous vous réveillerez.

Je voyage sur plusieurs fuseaux horaires, me couchant et me levant à n'importe quelle heure. Et mon super-conscient me réveille toujours à l'heure exacte. Je ne dors jamais trop. C'est mieux qu'un réveil.

Vous pouvez vous rappeler d'appeler quelqu'un à une certaine heure, ou de passer prendre quelque chose en rentrant chez vous. Au moment ou à l'endroit exacts, la pensée que vous avez programmée surgira dans votre esprit. Vous pouvez utiliser ce pouvoir en décidant simplement de le faire.

À terme, vous n'aurez plus besoin de porter de montre. Vous saurez toujours, à quelques minutes près, quelle heure il est.

TROUVER DES PLACES DE PARKING

Vous pouvez, entre autres, utiliser votre super-conscient pour trouver des places de parking. Si vous pouvez visualiser clairement une place de parking, même dans une rue ou un parking bondé, lorsque vous arriverez, la place de parking vous attendra. S'il y a beaucoup de monde, quelqu'un gardera la place jusqu'à ce que vous arriviez. Au moment où vous arriverez, ni plus ni moins, l'autre voiture se retirera pour vous laisser la place. Ma femme, Barbara, a développé cette capacité au point qu'elle peut planifier toute une série de courses et obtenir une place de parking juste à côté de la porte de chaque magasin ou bureau où elle se rend.

Les techniciens, comme les ingénieurs et les comptables, ont du mal à y croire. Mais je rencontre des gens dans tout le pays qui me disent qu'ils n'ont jamais eu de problème pour trouver une place de parking depuis qu'ils ont suivi le séminaire.

Lors d'un récent séminaire organisé à San Diego, nous avons donné congé aux participants le samedi après-midi. Deux groupes de personnes ont décidé de visiter le zoo de San Diego pour l'après-midi. Le premier groupe était composé de quatre jeunes entrepreneurs. Ils étaient positifs, optimistes et totalement convaincus que cette méthode de recherche de places de parking fonctionnerait. L'autre groupe était composé de trois ingénieurs. Ils étaient tout à fait convaincus qu'il était impossible de trouver des places de parking en utilisant la visualisation et leur super-conscient.

Les deux groupes se sont rendus séparément au zoo de San Diego. La voiture remplie de jeunes entrepreneurs s'est dirigée tout droit vers les places de parking de l'entrée principale, même si le parking était bondé à perte de vue. Au moment où ils arrivent devant l'entrée, la toute première place de parking se libère. La voiture qui s'y trouvait a reculé. Ils sont entrés en riant et ont continué leur chemin dans le zoo.

Les ingénieurs, quant à eux, ne croyaient pas que cela fonctionnerait. Ils ont roulé un moment, puis se sont garés à l'autre bout du parking et ont marché deux pâtés de maisons jusqu'à l'entrée.

Bien qu'il s'agisse d'une façon simple d'utiliser une force puissante, essayez-la vous-même et vous verrez. N'oubliez pas que la clé réside dans votre attitude. Si vous croyez en toute confiance que vous trouverez une place de parking, vous en trouverez certainement une. En revanche, toute trace de doute ou de scepticisme court-circuitera le processus et le fera échouer.

LA LOI DE L'ACTIVITÉ SUPER-CONSCIENTE

C'est la plus importante de toutes les lois de ce livre. C'est la loi récapitulative qui les relie toutes. La loi de l'activité super-consciente stipule que "toute pensée, tout plan, tout objectif ou toute idée conservée en permanence dans votre esprit conscient doit être concrétisée par votre super-conscient, qu'elle soit positive ou négative ».

Toute pensée, tout plan, tout objectif ou toute idée que vous pouvez maintenir en permanence et en toute confiance dans votre esprit conscient, qu'elle soit positive ou négative, sera finalement amenée dans votre réalité par votre super-conscient. Cette loi explique comment vous créez votre monde par les pensées que vous laissez dominer votre esprit. Si vous gardez votre esprit focalisé sur les choses que vous voulez et que vous l'éloignez des choses que vous craignez, vos objectifs, quels qu'ils soient, finiront par se matérialiser et deviendront votre réalité.

Comme toutes les lois, cette loi est neutre. Elle n'exclut personne. Elle est la plus haute manifestation du principe de cause à effet. Si vous utilisez ce pouvoir pour le bien, seul le bien entrera dans votre vie. Si vous utilisez ce pouvoir de manière négative, il vous apportera la maladie, le malheur et la frustration financière. Le choix vous appartient toujours. Vous êtes toujours libre de choisir le genre de monde dans lequel vous souhaitez vivre. Et vous le choisissez chaque jour par les pensées que vous avez.

Une vie réussie n'est qu'une série de journées, d'heures et de minutes réussies, des minutes pendant lesquelles vous pensez à vos objectifs et à vos désirs, à la santé, au bonheur et à la prospérité, et refusez de vous attarder sur tout ce que vous ne voulez pas voir se manifester autour de vous.

STIMULER L'ACTIVITÉ SUPER-CONSCIENTE

Il existe plusieurs façons de stimuler l'activité super-consciente. La première et la plus fiable consiste simplement à *penser à vos objectifs en permanence*. Cela suffit à vous rendre heureux et à vous concentrer. Elle fera circuler en vous des énergies super-conscientes sous forme d'idées et de motivation pour atteindre vos objectifs.

La deuxième façon de stimuler votre super-conscient est *la pratique de la solitude*, « aller dans le silence ». Les hommes et les femmes commencent à devenir grands lorsqu'ils prennent le temps de se retrouver seuls avec eux-mêmes. La solitude est un merveilleux tonique qui apporte équilibre et clarté à la pensée. Elle vous permet de réfléchir à qui vous êtes et à ce qui est important pour vous. Par-dessus tout, la solitude procure le calme et la sérénité mentaux qui permettent aux solutions super-conscientes de jaillir dans votre esprit de manière complète, dans les moindres détails.

Si vous n'avez jamais essayé, la façon la plus simple de pratiquer la solitude est d'aller vous asseoir quelque part, parfaitement silencieux, sans bouger, pendant une heure entière. Ne buvez pas de café, ne prenez pas de notes, ne fumez pas de cigarettes, n'écoutez pas de musique et ne faites rien d'autre. Restez simplement assis, parfaitement immobile, pendant une heure entière.

La plupart des gens ne se sont jamais délibérément assis seuls avec eux-mêmes pendant un certain temps. S'il s'agit de votre première expérience de la solitude, vous la trouverez atrocement difficile. Pendant les vingt-cinq à trente premières minutes, vous aurez une envie presque irrésistible de vous lever et de bouger. Il vous sera presque impossible de rester assis. Mais si vous avez la maîtrise de vous-même pour rester assis sans bouger pendant trente minutes, quelque chose de remarquable se produira. Vous commencerez à vous sentir calme, détendu et en paix avec vous-même. Vous vous sentirez heureux et en harmonie avec le monde.

Puis, à un certain moment, vous sentirez une rivière d'énergie créative couler en vous. Vous commencerez à avoir des idées et des perspectives que vous pourrez appliquer immédiatement pour être plus heureux et plus efficace. Au moment opportun, la réponse à votre problème le plus urgent émergera dans votre esprit. Vous la reconnaîtrez immédiatement. Lorsque vous vous lèverez de votre période de solitude et que vous mettrez en œuvre la solution qui vous est venue à l'esprit, vous constaterez que c'était exactement la bonne chose à faire. C'est presque comme si cette réponse idéale vous avait été apportée par une force venue de l'au-delà, ce qui est bien sûr le cas.

La troisième façon de déclencher l'activité du super-conscient est de **visualiser** la réalisation de votre objectif. Créez une image mentale claire de l'objectif ou du résultat que vous souhaitez obtenir. Restez sur cette image à plusieurs reprises jusqu'à ce qu'elle soit acceptée comme un ordre par votre subconscient et qu'elle soit transmise à votre super-conscient pour qu'il la réalise.

L'activité super-consciente se produit généralement lorsque vous faites le moins d'efforts possible. Le fait de lâcher complètement son problème ou son objectif stimule souvent des idées d'une valeur inestimable. Le fait de lâcher prise en toute confiance et d'occuper son esprit à autre chose est souvent l'élément déclencheur qui libère vos pouvoirs cachés.

De nombreuses personnes trouvent que le fait de rêvasser ou de se détendre sur un banc public déclenche une activité super-consciente. Écouter de la musique classique, seul ou en compagnie de personnes que vous appréciez, fait souvent jaillir de merveilleuses idées dans votre esprit.

L'une des façons les plus agréables d'activer votre super-conscient est peut-être de vous promener ou de communier avec la nature d'une manière ou d'une autre. Les sons de l'océan au bord de la mer semblent avoir un impact puissant sur le super-conscient, tout comme ceux de l'eau courante ou d'un environnement naturel. Toute forme de relaxation profonde ou de méditation stimule également le super-conscient.

Une bonne intuition ou idée super-consciente peut vous épargner des mois, voire des années, de travail acharné. Vous devez résister à la tentation de remettre à plus tard l'essai d'une ou de plusieurs de ces méthodes pour résoudre les problèmes les plus urgents auxquels vous êtes confronté. C'est précisément lorsque vous êtes trop occupé que vous avez le plus besoin d'écouter votre voix intérieure.

LA SOLUTION SUPER-CONSCIENTE

Une solution super-consciente vous viendra de l'une des trois sources suivantes. La première source, la plus fréquente, est **l'intuition**. Parfois, *cette voix intérieure* sera si forte que vous ne pourrez penser à rien d'autre. La réponse sera si claire et évidente que vous saurez que c'est exactement la bonne chose à faire. Non seulement elle sera juste, mais elle vous semblera juste aussi.

Faites toujours confiance à votre intuition, n'allez jamais à son encontre. Votre intuition est votre lien direct avec votre super-conscient et avec l'intelligence infinie. Tous les hommes et femmes heureux et prospères écoutent attentivement leurs intuitions et **le ressenti** d'une situation. La plupart des problèmes que vous avez rencontrés et des erreurs que vous avez commises dans la vie ont été le résultat de l'ignorance de vos « intuitions ».

Les rencontres fortuites avec d'autres personnes ou informations constituent la deuxième source de solutions super-conscientes. Une fois que vous avez un objectif clair, ou un problème à résoudre sur le chemin de votre objectif, vous rencontrerez de manière inattendue des personnes qui peuvent vous aider. Il s'agit souvent d'étrangers que vous rencontrez en voyage ou dans des situations sociales. Vous tomberez sur des livres, des magazines et des articles qui contiennent exactement les informations dont vous avez besoin. Vous entendrez la solution que vous cherchez sur une cassette audio. L'information semble être attirée vers vous sous la forme exacte dont vous avez besoin à ce moment-là.

Un de mes amis, célèbre photographe, était en train de résoudre un problème personnel un soir chez lui lorsqu'il a eu envie de traverser son salon et de prendre un livre sur l'étagère. Alors qu'il se dirigeait vers le livre, celui-ci tomba de l'étagère sur le sol, face contre terre et ouvert. Lorsqu'il s'est penché et a ramassé le livre, le premier paragraphe contenait exactement la réponse qu'il cherchait. Il venait de suivre notre séminaire et il a immédiatement reconnu qu'il avait fait l'expérience d'une solution super-consciente. Il l'a mise en œuvre le lendemain matin et elle s'est avérée être exactement la bonne chose à faire.

Tout à l'heure, je vous ai encouragé à commencer chaque matin en disant : « *Je crois qu'il va m'arriver quelque chose de merveilleux aujourd'hui* ». Si vous passez votre journée en croyant que quelque chose de merveilleux va vous arriver, vous rencontrerez des gens et tomberez sur des informations qui feront de votre attente une réalité. Vous obtiendrez des solutions super-conscientes à vos problèmes de la manière la plus surprenante qui soit.

La troisième source de solutions super-conscientes est constituée par **les événements imprévisibles**. Peter Drucker écrit dans son livre *Innovation and Entrepreneurship* que la principale source d'innovation dans les entreprises est le succès ou l'échec inattendu. C'est souvent l'événement totalement imprévu qui contient la solution super-consciente que vous recherchez. Et l'événement inattendu qui contient la réponse dont vous avez besoin peut souvent apparaître comme un revers ou un échec majeur.

Sir Alexander Fleming menait des expériences sur des bactéries dans son laboratoire à Londres lorsqu'une moisissure a volé sur ses boîtes de culture et a tué les bactéries, ruinant ainsi l'expérience. Alors qu'il s'apprêtait à jeter le milieu de culture et à recommencer, il remarqua la moisissure qui avait tué les bactéries. Il a commencé à étudier la moisissure très attentivement, et le résultat a été la découverte de la pénicilline, qui lui a valu un prix Nobel de médecine et a sauvé la vie de millions de personnes pendant la Seconde Guerre mondiale.

Norman Vincent Peale dit que lorsque Dieu veut vous envoyer un cadeau, il l'emballe dans un problème. Plus le problème est important, plus le cadeau est grand. Le verre est-il à moitié vide ou à moitié plein ? Les personnes qui réussissent et qui sont heureuses ont l'habitude de chercher, même dans les situations les plus difficiles, quelque chose de positif, quelque chose qu'elles peuvent apprendre ou quelque chose dont elles peuvent bénéficier. Et cette attitude déclenche souvent une intuition ou une solution super-consciente à leur problème.

CARACTÉRISTIQUES D'UNE SOLUTION SUPER-CONSCIENTE

Une solution super-consciente présente trois caractéristiques. Tout d'abord, lorsqu'elle arrive, **elle est complète à 100 %** et traite tous les aspects du problème. Elle est toujours dans les limites de vos ressources et de vos capacités du moment. Elle est toujours simple et relativement facile à mettre en œuvre.

Deuxièmement, elle apparaît comme *une évidence aveuglante*. Elle semble si simple et si évidente que vous faites souvent « Aha ! » Vous vous demandez pourquoi vous n'y avez pas pensé plus tôt. Bien sûr, la raison pour laquelle vous n'y aviez pas pensé avant était que vous n'étiez pas prêt ou que le moment n'était pas opportun.

La troisième façon de reconnaître une solution super-consciente est qu'elle s'accompagne toujours d'*une explosion de joie et d'énergie*, d'un sentiment d'exaltation qui vous incite à passer immédiatement à l'action.

Si vous obtenez une solution super-consciente au milieu de la nuit, vous ne pourrez plus dormir jusqu'à ce que vous vous leviez et que vous l'écriviez ou que vous fassiez quelque chose à ce sujet.

L'histoire célèbre d'Archimède prenant un bain et ayant soudain la solution super-consciente qui lui permit de déterminer les proportions d'or et d'argent dans une couronne faite pour le roi, l'a tellement excité qu'il a couru dans tous les sens. Il fut tellement excité qu'il courut nu dans les rues de Syracuse en criant : « Eurêka ! Eurêka ! » (« J'ai trouvé, j'ai trouvé ! »).

Lorsqu'une solution super-consciente se présente à vous, même après une longue période d'efforts mentaux et physiques, vous éprouverez un sentiment d'excitation, de joie et d'enthousiasme. Vous aurez une bouffée d'« énergie libre ». Vous aurez envie de mettre en œuvre la solution immédiatement. Vous vous sentirez heureux, confiant et sûr que cela va marcher.

Lorsque vous avez des objectifs clairement définis et des plans détaillés, soutenus par une attitude mentale positive et une attente calme et confiante de la réussite, vous activez votre super-conscient pour qu'il vous apporte pratiquement tout ce que vous pouvez désirer dans la vie. Lorsque vous affirmez positivement, visualisez clairement et croyez fermement, vous serez irrésistiblement conduit à faire et à dire la bonne chose au bon moment dans chaque situation. Vous libérez tout votre potentiel de santé, de bonheur et de prospérité. Vous vous alignez complètement sur la plus grande puissance de l'univers.

EXERCICE PRATIQUE

Prévoyez une bonne heure de solitude pendant laquelle vous resterez parfaitement immobile pendant les soixante minutes que durera cette période. Obligez-vous à le faire dès que possible. Pendant cette période de silence, ne pensez à rien d'autre. Mettez vos problèmes de côté pour le moment. Laissez votre esprit vagabonder. Rêvez. N'essayez pas de penser à quelque chose de précis. Sortez temporairement de votre vie professionnelle et personnelle. Confiez tout à votre super-conscient et libérez-vous de tous vos soucis et de toutes vos inquiétudes.

Au cours de cette heure, votre esprit deviendra calme et clair. Vous vous sentirez détendu et heureux. Et sans aucun effort de votre part, la réponse dont vous avez besoin à ce moment précis vous parviendra.

À la fin de l'heure, levez-vous et suivez votre intuition. Faites ce que votre super-conscient vous a guidé à faire. Ne vous préoccupez pas de savoir si quelqu'un d'autre approuvera ou sera d'accord. La réponse sera exactement la bonne et vous ne commettrez probablement plus jamais d'erreur.

Chapitre 7

LA DÉCISION MAÎTRESSE

Tout ce dont nous avons parlé dans ce livre jusqu'à présent dépendra de votre capacité à l'appliquer dans votre vie pour réussir ou échouer. La décision maîtresse est la clé de la libération personnelle, du bonheur et de la réussite.

Le point de départ de la libération personnelle est l'acceptation de la responsabilité totale de ce que vous êtes et de tout ce que vous devenez. Vous devez accepter, sans réserve, que vous êtes là où vous êtes et ce que vous êtes à cause de vous. Si vous voulez que les choses changent, c'est vous qui devez changer en premier. Votre pensée détermine votre attitude, votre conduite et votre comportement, et ceux-ci déterminent en grande partie votre succès ou votre échec dans la vie. Comme vous êtes toujours libre de choisir le contenu de votre esprit conscient, vous êtes toujours pleinement responsable des conséquences de ce que vous pensez.

Vous pouvez faire de grands rêves, apprendre à contrôler à la fois votre conscient et votre subconscient, et améliorer l'image que vous avez de vous-même et vos performances. Mais aucun de ces efforts ne vous apportera de bénéfices durables tant que vous n'aurez pas assumé votre responsabilité personnelle.

À l'âge de vingt ans, après avoir échoué au lycée, je vivais dans un minuscule appartement d'une pièce et je travaillais comme ouvrier du bâtiment au milieu d'un hiver très froid. Je n'avais presque pas d'argent. J'étais loin de la maison que j'avais eue et je n'avais pas l'intention d'y retourner. Un soir, alors que j'étais assis seul à la table de ma petite cuisine, je me suis soudain rendu compte que tout ce que je deviendrais ne dépendait que de moi. Personne d'autre n'allait le faire à ma place. Quelqu'un a dit un jour : « La véritable maturité ne vient que lorsque vous réalisez enfin que personne ne viendra à votre secours ». Cette révélation m'a soudain ouvert les yeux. Je n'ai plus jamais été tout à fait le même.

Dès l'enfance, on est programmé pour croire que quelqu'un ou quelque chose d'autre est responsable d'une grande partie de notre vie. Lorsque vous êtes enfant, si vous avez de la chance, vos parents s'occupent de tout. Ils vous fournissent de la nourriture, des vêtements, un abri, des possibilités d'éducation, des loisirs, de l'argent, des soins médicaux et tout ce dont vous avez besoin. Vous êtes entièrement pris en charge par d'autres personnes. Vous êtes un acteur passif dans ce processus.

Il est normal et naturel que nos parents s'occupent de nous pendant nos années de formation. Les problèmes commencent lorsque les gens entrent dans l'âge adulte avec l'attente inconsciente que, quelque part, quelqu'un d'autre est encore responsable d'eux et de leur situation. Mais à partir de l'âge de dix-huit ans, et parfois plus tôt, c'est vous qui êtes aux commandes. Vous êtes l'architecte de votre propre destin. Que vos parents aient ou non réussi à vous élever en tant qu'individu totalement autonome, à partir de ce moment-là, il n'y a plus de retour en arrière possible. Tout ce que vous êtes, tout ce que vous devenez à partir de ce moment-là dépend de vous.

Dans l'une de ses nouvelles, Tolstoï raconte l'histoire d'un groupe d'enfants à qui l'on dit que le secret du bonheur est caché dans l'arrière-cour de leur maison. Ils pourront le trouver et le posséder pour toujours à condition de s'abstenir d'une chose. Ils ne doivent pas penser à un lapin blanc pendant qu'ils cherchent le secret. Chaque fois que les enfants partent à la recherche du secret, ils essaient de ne pas y penser. Mais plus ils essaient, plus ils pensent au lapin blanc, et bien sûr, ils ne trouvent jamais le secret du bonheur.

LA CHASSE AU LAPIN

Tout le monde a un « lapin blanc », et parfois plusieurs. Ce sont les excuses que vous utilisez pour éviter de vous fixer des objectifs clairs et de vous engager totalement dans les choses que vous voulez vraiment. Puisque la qualité de votre pensée détermine la qualité de votre vie, vous devez devenir un penseur compétent si vous souhaitez sincèrement réaliser votre potentiel. Pour cela, il faut notamment analyser objectivement les blocages mentaux ou les excuses que vous utilisez pour ne pas aller de l'avant.

Certains des « lapins blancs » les plus populaires que les gens utilisent comme excuses sont des idées auto-limitantes, telles que « je suis trop jeune », « je suis trop vieux », « je n'ai pas d'argent », « je n'ai pas assez d'éducation », « j'ai trop de factures », « je ne suis pas encore prêt », « je ne peux pas le faire à cause de mon patron, de mes enfants, de mes parents » ou une autre raison.

Quels sont vos « lapins blancs » personnels ? Quelles sont vos excuses préférées pour ne pas faire les changements que vous savez nécessaires pour atteindre vos objectifs et réaliser vos rêves ? Partez à la chasse aux lapins dans votre propre vie. Déracinez-les et écrasez-les. Analysez-les scrupuleusement pour déterminer s'ils ont un fondement solide.

Voici un moyen simple de tester vos excuses. Posez-vous la question suivante : « Y a-t-il quelqu'un, quelque part, qui a le même problème ou la même limite que moi et qui a réussi en dépit de cela ? »

Si la réponse est « oui », vous savez que votre excuse n'est pas valable. Ce n'est pas une raison légitime pour expliquer votre incapacité à progresser. Ce qu'une personne a fait, une autre peut le faire aussi. La maladie de l'« excusite », l'inflammation de la glande qui fabrique les excuses, est invariablement fatale au succès. Si vous en êtes atteint, prenez la résolution de vous en débarrasser immédiatement avant qu'elle ne sabote tous vos espoirs de réussite.

LA SOLUTION

Accepter l'entière responsabilité, renoncer à toutes ses excuses, n'est pas facile. C'est l'une des choses les plus difficiles à faire. C'est pourquoi la plupart des gens ne le font jamais. C'est comme sauter en parachute pour la première fois : c'est à la fois effrayant et exaltant. Lorsque vous vous libérez de vos excuses, comme lorsque vous sautez de l'avion, vous vous sentez soudain complètement seul, complètement vulnérable. Cependant, au bout de quelques instants, vous commencez à ressentir une poussée d'excitation, votre cœur se met à battre plus vite et vous vous sentez remarquablement heureux et libre.

Vous ne pouvez jamais renoncer à une responsabilité. La seule chose que l'on peut céder, c'est le contrôle. Et vous savez, grâce à la loi du contrôle, que vous ne vous sentez bien dans votre peau que dans la mesure où vous avez l'impression de contrôler votre propre vie. Si vous essayez de rendre quelqu'un ou quelque chose d'autre responsable, vous finissez par lui donner le contrôle de vos émotions. Vous restez entièrement responsable, mais en renonçant à ce contrôle, vous perdez votre tranquillité d'esprit.

L'auto-responsabilité est la qualité essentielle de l'individu pleinement mature, fonctionnant à plein régime et se réalisant lui-même. Les hommes et les femmes supérieurs assument à la fois le mérite et le blâme pour tout ce qui leur arrive. Les personnes qui échouent s'attribuent le mérite de leurs réussites, mais elles mettent leurs problèmes sur le compte de la malchance, d'autres personnes ou de circonstances indépendantes de leur volonté. Les hommes et les femmes qui réussissent ont un sens aigu de la responsabilité interne, qui s'étend à leur travail et à toutes leurs relations. Les personnes qui échouent tentent de se soustraire à leurs responsabilités à chaque instant.

Il m'arrive de poser la question suivante aux participants de mes séminaires : « Combien d'entre vous sont des travailleurs indépendants ? » En général, moins de 20 % des participants lèvent la main. Je leur fais alors remarquer qu'il s'agit d'une question piège. Je leur dis que la plus grande erreur que l'on puisse commettre est de penser que l'on travaille pour quelqu'un d'autre que soi-même. *Nous sommes tous des travailleurs indépendants*, quelle que soit la personne qui signe notre chèque de paie. Vous êtes le président de votre propre société de services personnels. **C'est vous qui dirigez.**

Les 3 % les plus performants dans tous les domaines traitent leur entreprise comme si elle leur appartenait. Ils se considèrent comme des travailleurs indépendants. Ils agissent comme si l'entreprise leur appartenait. Lorsqu'ils parlent de leur entreprise, ils utilisent des mots comme « nous », « notre », « mon » et « notre ». Le salarié moyen, quant à lui, se réfère toujours à l'entreprise comme s'il s'agissait de quelque chose de séparé et d'indépendant, comme s'il s'agissait d'un simple travail, sans autre signification ou importance.

Il existe une relation directe entre le degré de responsabilité que vous êtes prêt à accepter pour obtenir des résultats et le niveau auquel vous vous élevez dans toute organisation de valeur. Il existe une relation directe entre votre revenu, votre statut, votre position, votre niveau de prestige et la reconnaissance que vous recevez, d'une part, et le degré de responsabilité que vous êtes prêt à accepter, sans excuses, pour atteindre les buts et les objectifs de votre organisation, d'autre part.

Voici une question simple : si vous étiez un employeur et que deux personnes travaillaient pour vous, l'une qui traitait l'entreprise comme si elle lui appartenait et l'autre qui la considérait comme un simple travail, un endroit où venir de 9 à 17 heures chaque jour, laquelle des deux serait la plus susceptible d'être promue ? Dans laquelle voudriez-vous investir ? À laquelle des deux donneriez-vous une formation supplémentaire ? Pour laquelle des deux créeriez-vous des opportunités d'avancement ? Je pense que la réponse est évidente.

VOTRE CONSTATATION À PROPOS DE VOUS-MÊME

Votre attitude à l'égard de la responsabilité personnelle est l'une des constatations les plus importantes que vous puissiez faire sur vous-même et sur le type de personne que vous êtes. Chacun peut se situer quelque part sur une échelle allant d'une acceptation élevée des responsabilités à une acceptation faible des responsabilités, voire à *l'irresponsabilité*.

Une personne très responsable a tendance à être positive, optimiste, sûre d'elle, autonome et maîtresse d'elle-même. Une personne au bas de l'échelle, avec une attitude irresponsable, sera négative, pessimiste, défaitiste et cynique, ainsi que sans but, craintive, peu sûre d'elle et souvent névrosée ou mentalement instable.

Thomas Szasz, psychiatre controversé, affirme que « la maladie mentale n'existe pas ; il y a simplement différents degrés d'irresponsabilité ».

Les personnes responsables ont tendance à être positives et en bonne santé mentale. Les personnes irresponsables ont tendance à être négatives et malades mentalement. Cette observation nous amène à l'une des découvertes les plus importantes de l'histoire de la psychologie humaine et des performances personnelles.

Il existe une relation directe entre le degré de responsabilité que vous acceptez dans n'importe quel domaine de votre vie et le degré de contrôle que vous ressentez dans ce domaine. À son tour, il existe une relation directe entre le degré de contrôle que vous ressentez dans un domaine donné et le degré de liberté que vous estimez avoir dans ce domaine. La responsabilité, le contrôle et le sentiment de liberté, ou d'autonomie, vont de pair. L'équation est la suivante :

RESPONSABILITÉ = CONTRÔLE = LIBERTÉ

Il existe également une relation directe entre la responsabilité, le contrôle et la liberté, d'une part, et le nombre d'émotions positives que vous ressentez, d'autre part. En d'autres termes, il existe une relation directe entre le niveau de responsabilité que vous acceptez et le degré de positivité et de bonheur que vous ressentez dans l'ensemble. La responsabilité personnelle et la santé mentale vont de pair. Elles sont toujours en équilibre. Voici l'équation dans sa forme abrégée :

RESPONSABILITÉ = ÉMOTIONS POSITIVES

Au bas de l'échelle, les personnes irresponsables, qui estiment qu'elles ne sont pas responsables de leur vie ou de ce qui leur arrive, ont également l'impression d'avoir peu de contrôle, voire d'être totalement hors de contrôle. Elles ont le sentiment de n'avoir que peu ou pas de capacité à changer les choses dans leur vie. Les personnes non responsables ont le sentiment d'être contrôlées par des forces extérieures et par d'autres personnes.

Ce sentiment de ne pas avoir le contrôle leur fait ressentir un manque de liberté, elles se sentent prises au piège. Une attitude irresponsable, le sentiment de ne pas avoir le contrôle et de se sentir pris au piège déclenchent des émotions négatives, telles que le malheur, la colère et la frustration. Voici donc l'équation inverse de ce qui précède :

IRRESPONSABILITÉ = MANQUE DE CONTRÔLE = MANQUE DE LIBERTÉ

Sous sa forme abrégée, l'équation se présente comme suit :

IRRESPONSABILITÉ = ÉMOTIONS NÉGATIVES

LES ÉMOTIONS « VOLEUSES »

Les émotions négatives sont les émotions « voleuses » de la vie. Elles sont les premières causes de sous-performance et d'échec. Elles rendent les gens physiquement et mentalement malades, ruinent les relations et détruisent les carrières. Elles jettent une ombre sur tout ce qu'une personne essaie de faire. Les émotions négatives réduisent à néant la joie qu'une personne pourrait tirer d'une réussite. Elles sont totalement nuisibles et sont les grandes ennemies du bonheur humain.

L'élimination des émotions négatives est la première tâche de la personne qui aspire au succès et à la réussite. Rien n'est plus important. La paix de l'esprit est le plus grand bien de l'humanité, et la paix de l'esprit n'existe qu'en l'absence d'émotions négatives. On ne peut pas être négatif et en paix en même temps. L'un annule l'autre.

Lorsque j'ai commencé à étudier ce sujet il y a quelques années, j'ai été étonné de découvrir que pratiquement tous les problèmes que nous rencontrons dans la vie sont enracinés dans des émotions négatives d'une sorte ou d'une autre. Il m'est apparu clairement que si vous pouviez trouver un moyen d'éliminer les émotions négatives, votre vie serait merveilleuse. Toutes les lois mentales décrites précédemment commenceraient à fonctionner en votre faveur. Vous accompliriez plus en peu de temps que la moyenne des gens en plusieurs années.

En revanche, si vous ne parvenez pas à éliminer les émotions négatives, tous vos efforts seront anéantis et vous perdrez une grande partie de la joie et du plaisir que vous éprouvez à accomplir quoi que ce soit. Les émotions négatives feraient en sorte que les lois mentales travaillent contre vous. Les émotions destructrices pourraient vous causer plus de chagrin et de peine dans un laps de temps plus court que n'importe quel autre facteur dans votre vie.

J'ai compris que l'élimination des émotions négatives était essentielle à l'obtention d'une santé, d'un bonheur, d'une liberté et d'une prospérité durables.

L'intuition qui a changé ma vie a été la découverte que les émotions négatives sont totalement inutiles et non naturelles dans la vie de l'homme. Elles ne sont pas nécessaires. Elles ne servent à rien. Elles sont uniquement destructrices. Elles sont la principale raison pour laquelle les hommes et les femmes ne parviennent pas à grandir et à évoluer vers des niveaux de conscience et de caractère plus élevés. Et vous n'avez pas à les subir du tout si vous choisissez consciemment de vous en débarrasser.

Jusqu'à présent, j'avais toujours pensé que les émotions négatives étaient une composante normale et naturelle de l'être humain. Je pensais que, tout comme on a des émotions positives, on a des émotions négatives. Elles faisaient partie de la nature humaine et devaient être acceptées comme inévitables, tout comme la pluie ou le soleil.

Puis j'ai appris que personne ne naît avec des émotions négatives. Avez-vous déjà vu un bébé négatif ? Toutes les émotions négatives que nous ressentons en tant qu'adultes, nous avons dû les apprendre, dès l'enfance, par un processus d'imitation, de pratique, de répétition et de renforcement. Et puisque les émotions négatives sont apprises, comme la plupart des choses, elles peuvent être désapprises et vous pouvez vous en libérer.

De nombreuses personnes ont du mal à aborder ce sujet. Elles ont été négatives pendant si longtemps qu'elles ont du mal à accepter que les émotions négatives sont totalement inutiles. Elles résistent à l'idée qu'elles peuvent être éliminées. Bien sûr, la loi de la croyance stipule que tout ce que vous croyez, avec des sentiments, devient votre réalité. Si vous êtes absolument convaincu que les émotions négatives sont un élément nécessaire de votre vie, elles le seront certainement et le resteront. Cependant, il est facile de prouver que les émotions négatives n'ont aucune utilité. S'en rendre compte est la première étape pour s'en débarrasser.

LES ÉMOTIONS NÉGATIVES LES PLUS COURANTES

Les émotions négatives les plus courantes et les plus facilement identifiables sont *le doute* et *la peur*. Il y a aussi *la culpabilité* et *le ressentiment*, qui vont généralement de pair, comme des jumeaux. Il y a ensuite *l'envie*, l'émotion négative fondamentale du socialisme, du communisme et de la démagogie politique. Elle est suivie de près par *la jalousie*, ce grand destructeur de bonheur et de relations.

Plus de cinquante émotions négatives ont été identifiées. Mais elles se résument toutes à l'émotion négative centrale de *la colère* et s'expriment par elle. La colère est peut-être la pire de toutes les émotions négatives, la plus puissante et la plus destructrice. La colère, une fois générée, est toujours exprimée, soit intérieurement, soit extérieurement.

Si elle est exprimée intérieurement, comme lorsque vous supprimez ou refoulez vos sentiments de colère, vous vous rendez malade. Si vous exprimez votre colère à l'extérieur, vous nuisez à vos relations avec les autres. Vous les rendez malheureux et, dans les cas extrêmes, physiquement malades.

Que ressentez-vous lorsque vous êtes en colère ? Comment pensez-vous ou raisonnez-vous ? Comment vous entendez-vous avec les autres ? Comment dormez-vous ou digérez-vous votre nourriture ? Lorsque vous êtes en colère, n'avez-vous pas l'impression qu'un nuage sombre plane sur votre esprit ? Ne trouvez-vous pas que vous n'arrivez pas à vous concentrer ou à penser correctement ? Votre esprit ne devient-il pas totalement préoccupé par l'objet de votre colère ? Ne vous parlez-vous pas furieusement en ressassant ce qui s'est passé, comment vous avez été lésé et ce que vous aimeriez faire pour égaliser le score ?

Plus votre colère dure, plus elle devient dévorante, comme un feu de broussailles incontrôlable. Elle peut vous priver de sommeil, d'amis et d'emploi. Elle peut vous amener à vous comporter de manière irrationnelle et à agir d'une manière qui vous fait honte et vous met dans l'embarras.

La colère, ou toute autre émotion négative, peut-elle donner lieu à quelque chose de bon ? La réponse est sans appel : **non**.

Les émotions négatives, enracinées dans l'irresponsabilité, n'ont aucune utilité. Pourquoi, alors, les gens ressentent-ils autant d'émotions négatives ? Répondons à cette question en commençant par les principales causes des émotions négatives.

QUELLES SONT LES CAUSES DES ÉMOTIONS NÉGATIVES ?

Il existe quatre causes principales aux émotions négatives. La première cause est la **justification**. La justification se produit lorsque vous tentez de justifier et d'expliquer, à vous-même et aux autres, pourquoi vous devriez ressentir cette émotion négative, pourquoi vous avez le droit de vous sentir en colère ou contrarié pour une raison ou une autre. La justification et l'autosatisfaction se nourrissent l'une de l'autre et sont les deux faces d'un même processus de raisonnement.

Chaque fois que vous vous sentez mal utilisé pour une raison quelconque, votre première réaction est de vous mettre en colère. Votre deuxième réaction sera de rassembler toutes les raisons pour lesquelles la colère est une réaction justifiable. Vous devez être capable de dire : « J'ai tout à fait le droit d'être en colère ». Vous cherchez des personnes qui seront d'accord avec votre raisonnement et vos sentiments. Vous leur exposez la situation dans les moindres détails afin qu'ils voient clairement que vous êtes manifestement la partie lésée dans cette situation. En fait, si vous n'êtes pas en mesure de vous justifier et de justifier votre colère, vous ne pourrez pas maintenir votre colère.

Vous pouvez commencer le processus d'élimination des émotions négatives en refusant simplement de les justifier. Refusez de vous autoriser à créer toutes sortes de raisons pour lesquelles vous avez le droit de vous sentir aussi mal que vous le faites. Refusez de juger l'autre personne. Vous constaterez que tout jugement des autres finit par entraîner une forme de condamnation, ainsi que les émotions négatives d'intolérance et de colère qui vont de pair avec cette condamnation. Mais lorsque vous vous abstenez de juger, ce qui est un acte de contrôle mental, cela suffit souvent à empêcher l'émotion négative de se manifester.

Lorsque quelqu'un fait ou dit quelque chose qui vous fait réagir, neutralisez votre tendance à vous enflammer en excusant l'autre personne pour une raison ou une autre. Pour maîtriser mes émotions, je dis par exemple : « Dieu le bénisse, il passe probablement une mauvaise journée ».

Vous est-il déjà arrivé, alors que vous rouliez dans les embouteillages, de vous faire couper la route par un autre conducteur ? Avez-vous remarqué que vous vous êtes immédiatement mis en colère ? Bien que vous n'ayez jamais vu l'autre conducteur auparavant, et que l'autre conducteur ne vous ait jamais vu, vous avez réagi exactement comme si ce conducteur avait soigneusement comploté et planifié, puis attendu pour vous tendre une embuscade alors que vous rouliez innocemment. Mais dès que vous cessez de vous dire qu'il ou elle est un mauvais conducteur et que vous en riez, votre colère se dissipe rapidement et disparaît. En refusant de vous ériger en juge et partie, vous supprimez l'élément déclencheur de la colère, ce qui vous permet de vous calmer et de prendre le contrôle de vos émotions.

La deuxième cause principale des émotions négatives est **l'identification**, ou le fait de prendre les choses personnellement. Vous ne pouvez vous mettre en colère contre quelque chose que dans la mesure où vous pouvez vous identifier personnellement à cette chose et considérer qu'elle vous affecte ou vous nuit d'une manière ou d'une autre.

Dès que vous cessez de prendre les choses personnellement, vous reprenez le contrôle de vos émotions. Pour ce faire, il faut pratiquer le détachement, prendre du recul par rapport à la situation et se forcer à la regarder objectivement. Soyez philosophe ; essayez de voir les choses du point de vue de l'autre personne. Votre capacité à vous « désidentifier » de ce qui s'est passé vous donne plus de calme et de clarté et vous rend beaucoup plus efficace dans le traitement du problème, quel qu'il soit.

Ce besoin de détachement et d'objectivité dans la gestion des difficultés explique pourquoi on dit qu'« un homme qui se fait son propre avocat a un imbécile pour client ». La qualité la plus précieuse d'un cadre supérieur est peut-être sa capacité à bien fonctionner en cas de crise. Cette capacité résulte uniquement du refus de se laisser submerger par l'émotivité du moment.

La troisième cause majeure d'émotions négatives est **le manque de considération**. Vous vous mettez en colère lorsque vous avez l'impression que les gens ne vous accordent pas ce qui vous est dû, qu'ils ne vous respectent pas comme vous pensez le mériter. Si quelqu'un est impoli avec vous, vous insulte ou ne vous reconnaît pas comme il se doit dans une situation sociale, votre ego entre en jeu et vous vous sentez blessé, en colère et vous vous mettez sur la défensive. C'est pourquoi un sage a dit un jour : « Vous ne devriez pas vous préoccuper autant de ce que les autres pensent de vous, car si vous saviez à quel point ils le font rarement, vous sentiriez probablement insulté ».

Vous devez affamer vos émotions négatives. Vous devez leur retirer leur énergie en refusant de les justifier, en refusant de vous identifier à elles et en refusant de laisser le comportement des autres à votre égard vous atteindre. Mais la façon la plus rapide d'éliminer les émotions négatives, pratiquement en un instant, est d'aller directement à la racine et de les éliminer.

Le blâme est la quatrième et dernière cause des émotions négatives et il est à l'origine de la quasi-totalité d'entre elles. L'existence même de 99 % de vos émotions négatives dépend probablement de votre capacité à blâmer quelqu'un ou quelque chose d'autre pour ce qui vous rend malheureux. Dès l'instant où vous cessez de blâmer, dès l'instant où vous refusez de blâmer qui que ce soit ou quoi que ce soit d'autre pour quoi que ce soit, vos émotions négatives cessent, comme si le courant était soudainement coupé, comme si le fait de débrancher les lumières de l'arbre de Noël faisait que toutes les lumières s'éteignaient d'un seul coup.

LA LOI DE LA SUBSTITUTION REVISITÉE

Le simple interrupteur que vous pouvez actionner pour court-circuiter toute émotion négative s'explique par la loi de la substitution. Cette loi stipule que l'esprit conscient ne peut retenir qu'une seule pensée à la fois, positive ou négative, et que vous pouvez délibérément choisir cette pensée. Vous pouvez substituer une pensée positive et constructive à une pensée négative et destructrice et cela vous permet de chasser la pensée négative de votre esprit.

Chaque fois que vous vous sentez négatif ou en colère pour quelque raison que ce soit, vous pouvez immédiatement annuler la pensée qui est à l'origine de l'émotion négative en disant, très clairement, « Je suis responsable ».

C'est la plus puissante de toutes les affirmations pour le contrôle mental. Ces mots vous ramènent sur le siège du conducteur émotionnel. Les mots « *Je suis responsable* » font immédiatement passer votre esprit du négatif au positif. Ils vous permettent d'affirmer un contrôle total sur vos émotions. Ils vous rendent calme et détendu et vous permettent de voir la situation avec plus de clarté. Les mots « Je suis responsable » vous rendent responsable de vous-même et vous permettent de faire face à la situation de manière plus efficace.

Vous ne pouvez pas aller plus loin que vous ne l'avez fait jusqu'à présent en conservant vos émotions négatives. Il ne vous est pas possible de grandir et d'évoluer vers des niveaux plus élevés de compréhension et d'efficacité, sauf dans la mesure où vous vous en libérez. Vos émotions négatives sont comme des forces de gravité mentale qui vous retiennent dans votre réalité actuelle. Vous devez les laisser derrière vous.

OBLIGATOIRE, PAS FACULTATIF

L'acceptation de la responsabilité et l'élimination des émotions négatives qui l'accompagnent ne sont pas facultatives. Cela est obligatoire. Cela est essentiel à votre santé, à votre bonheur et à votre efficacité personnelle. Le développement d'une attitude mentale positive envers vous-même et votre vie, caractérisée par l'élimination des émotions négatives, est essentiel si vous voulez développer vos pouvoirs mentaux supérieurs. Les émotions positives et constructives sont les fondements du bonheur, de la réussite et de la longévité.

Pour commencer à faire le vide dans votre esprit, arrêtez-vous un instant et repensez à toute votre vie, passée et présente. Analysez chaque souvenir ou situation qui vous donne un sentiment négatif, comme si vous le mettiez en lumière. Neutralisez ensuite toute négativité associée à ce souvenir ou à cette situation en répétant simplement « Je suis responsable ».

Le fait est que vous êtes responsable. Quelle que soit votre difficulté ou votre problème, vous vous êtes probablement mis dans cette situation. Vous étiez libre de choisir. Et vous êtes toujours libre. Vous saviez probablement à ce moment-là que vous ne devriez pas le faire, mais vous l'avez fait quand même. Vous êtes donc absolument, complètement, 100 % responsable de votre situation, des conséquences de vos décisions.

Souvent, les gens demandent : « Accepter la responsabilité, n'est-ce pas la même chose qu'accepter le blâme ? » La réponse à cette question est que la responsabilité est toujours tournée vers l'avenir. Le blâme est toujours tourné vers l'arrière, vers le passé, pour quelqu'un qui est coupable.

La responsabilité dit « la prochaine fois » ou « à l'avenir » ou « que dois-je faire maintenant ? » Le blâme dit toujours « il a fait » ou « elle a fait » ou « si seulement ». La responsabilité vous donne un sentiment de contrôle, d'autonomie, de proactivité. La culpabilité vous met en colère, vous frustre et vous pousse à la vengeance.

Quelqu'un percute votre voiture à un feu rouge. Légalement, vous n'êtes pas en tort. Mais vous êtes responsable de la manière dont vous réagissez à la situation. Vous êtes responsable de votre conduite et de votre comportement. Vous pouvez réagir soit en vous mettant en colère, en vous énervant et en vous laissant emporter par vos émotions, soit en faisant preuve de maturité, de calme et de maîtrise. C'est à vous de choisir. Et ce que vous ressentez est déterminé par la façon dont vous décidez de réagir, et non par la situation. Responsabilité ou irresponsabilité, le choix vous appartient. Il l'a toujours été.

DESSERREZ VOS FREINS

En général, lorsque vous pensez à la responsabilité en ces termes, vous décidez qu'à partir de maintenant, vous allez accepter l'entière responsabilité de votre vie. Cependant, presque tout le monde traîne encore au moins une expérience négative pour laquelle il n'est pas question d'accepter la responsabilité. Chaque personne a une émotion négative préférée dont elle ne veut pas se séparer en acceptant la responsabilité de ses émotions ou de ce qui s'est passé.

Vous dites : « Si vous saviez ce que cette personne m'a fait, vous ne pourriez pas me demander d'accepter la responsabilité ». Mais voici un point essentiel. L'existence continue d'une seule émotion négative dans votre esprit conscient ou subconscient suffit à elle seule à saboter toutes vos chances de bonheur. Une seule émotion négative, comme le blâme ou la colère, peut nuire indéfiniment à votre tranquillité d'esprit.

Pour illustrer ce point critique, imaginez que vous venez d'acheter une Mercedes 600 SEL flambant neuve, sortie d'usine, magnifiquement conçue et mécaniquement parfaite dans ses moindres détails. Il n'y a qu'un seul problème avec cette voiture. Une erreur a été commise lors de l'assemblage du système de freinage et l'un des freins de la roue avant est bloqué. La roue ne tourne pas. Supposons maintenant que vous décidiez de faire un tour avec votre voiture magnifiquement conçue. Vous montez à bord, vous démarrez le moteur, vous passez une vitesse et vous appuyez sur l'accélérateur. Si tout est parfait dans cette voiture, à l'exception du frein de la roue avant qui est bloqué, que se passera-t-il lorsque vous appuierez sur l'accélérateur ?

La réponse est que vous tourneriez autour de cette roue bloquée. La voiture tournerait en rond. Quelle que soit la force avec laquelle vous appuyez sur l'accélérateur ou la force avec laquelle vous tournez la roue, vous ne faites que tourner en rond.

Votre monde est rempli de personnes qui sont exactement comme cette nouvelle voiture. Vous êtes peut-être l'une d'entre elles. Elles sont peut-être intelligentes, belles, bien éduquées, et semblent avoir tout pour elles, mais leur vie semble tourner en rond. Bien souvent, c'est parce qu'elles s'accrochent à un événement clé de leur passé qu'elles refusent d'assumer. Elles continuent à blâmer quelqu'un ou quelque chose pour une blessure qu'elles ont subie.

J'ai parlé à des hommes et des femmes de cinquante ans qui sont toujours en colère et pleins de ressentiment à cause de quelque chose qui leur est arrivé dans leur enfance. Cette amertume non résolue affecte leurs relations avec leur conjoint, leurs enfants, leurs collègues de travail et leurs amis. Elle se manifeste par des maladies psychosomatiques et, dans les cas extrêmes, peut même conduire à une mort prématurée.

La psychothérapie a pour but d'aider les gens à gérer ces sentiments non résolus de colère, de culpabilité et de ressentiment. Le patient est guéri lorsqu'il peut identifier ce qui le retient, y faire face honnêtement et s'en défaire. Vous pouvez accomplir à peu près la même chose en identifiant tout sentiment de négativité que vous éprouvez à l'égard de quelqu'un, en acceptant la responsabilité de la situation et en la laissant partir. Vous découvrirez que vous êtes guéri dès que vous le ferez.

FAITES PASSER LE MESSAGE

Vous devenez ce que vous enseignez. Une fois que vous avez commencé à accepter la responsabilité de chaque aspect de votre vie, encouragez vos amis et associés à faire de même. Lorsque les gens vous parlent de leurs problèmes et de leurs frustrations, faites preuve d'empathie et rappelez-leur : « Vous êtes responsable ».

L'une des choses les plus gentilles que vous puissiez faire pour un véritable ami est peut-être de le remettre en contact avec son propre bon sens en lui rappelant qu'il est responsable. Lorsqu'une personne se plaint, répondez-lui en disant : « Tu es responsable, qu'est-ce que tu vas faire ? » N'essayez pas de donner des conseils. Ils ne sont probablement pas souhaités et seront de toute façon ignorés. Contentez-vous d'écouter. Soyez compréhensif. Encouragez ensuite la personne à accepter sa responsabilité et à faire quelque chose pour remédier à la situation.

À une époque, ma femme, Barbara, voulait devenir conseillère d'orientation, puis psychologue ou psychothérapeute. Elle voulait aider les gens à résoudre leurs problèmes. Elle s'exerçait en passant de nombreuses heures à écouter ses amis et à les conseiller du mieux qu'elle pouvait. Elle les guidait et les conseillait au mieux pour les aider à surmonter leurs difficultés.

Chaque fois que je participais à l'une de ces « séances de conseil », en particulier avec ses amis et ses collègues, j'évitais de passer des heures à disséquer le problème et j'allais simplement à l'essentiel en disant : « Vous êtes responsable, qu'allez-vous faire ? »

Barbara estimait que c'était trop simpliste. Elle m'a dit que je ne tenais pas suffisamment compte de la complexité des différentes situations auxquelles ces personnes étaient confrontées. Elle a ensuite été étonnée de voir combien de ses amis, après d'interminables séances de conseil, sont sortis de chez eux et se sont repris en main. Ils ont agi peu de temps après qu'on leur a dit, en termes clairs, qu'ils étaient responsables et que c'était à eux de faire quelque chose pour remédier à leur situation.

Barbara et moi avons maintenant une blague permanente à la maison. Lorsque Barbara déjeune avec un ami qui a un problème ou une difficulté personnelle, je lui demande ce qu'elle a dit à cette personne de faire. Elle me répond : « Je lui ai juste donné un conseil ».

C'est beaucoup plus simple, cela fonctionne beaucoup mieux et c'est beaucoup plus facile pour toutes les personnes concernées. Le conseil est le suivant : « Vous êtes responsable, qu'allez-vous faire ? »

Devenez votre propre psychothérapeute en vous répétant sans cesse : « Je suis responsable, je suis responsable, je suis responsable ». Ensuite, donnez « ce conseil » à d'autres personnes qui ont des problèmes. Dites simplement : « Vous êtes responsable, qu'allez-vous faire ? » Laissez-les vivre le reste de leur vie pour pouvoir vivre la vôtre.

EXERCICE PRATIQUE

Prenez une feuille de papier et tracez une ligne au centre. À gauche, dressez une liste de toutes les personnes ou situations à l'égard desquelles vous éprouvez des sentiments négatifs. Numérotez chacune d'entre elles.

À droite de la feuille, écrivez une série de phrases commençant par « Je suis responsable de cela parce que... » et complétez cette phrase. Faites de même pour chaque élément et soyez aussi dur que possible avec vous-même. Soyez brutalement franc et honnête. Écrivez toutes les raisons pour lesquelles vous pourriez être responsable de ce qui s'est passé. Faites de même pour toutes les situations négatives de votre passé ou de votre présent.

Lorsque vous aurez terminé cet exercice, vous serez étonné de voir à quel point vous vous sentirez plus positif et plus maître de la situation. Vous serez libéré du fardeau mental que vous portiez depuis si longtemps.

SE LIBÉRER DE SES PROPRES CONTRAINTES

La clé d'or de la paix intérieure et de la réussite extérieure, en particulier dans vos relations avec les autres, est contenue en vous-même et dans vos réponses au monde qui vous entoure.

Il existe un principe indispensable au développement d'une conscience supérieure et à la pleine utilisation de tous vos pouvoirs mentaux. Il vous permettra d'éliminer en grande partie les émotions négatives de toutes sortes et d'assumer la pleine responsabilité de tout ce que vous faites. Ce principe vous libérera du fardeau des innombrables problèmes de votre passé, qui remontent à votre plus tendre enfance. Il vous façonnera un caractère noble et admirable, faisant de vous une personne que les gens veulent côtoyer et à qui ils veulent ressembler. Des milliers de nos diplômés nous ont rapporté que la pratique de ce principe a révolutionné leur vie, comme elle le fera pour la vôtre. Vous en apprendrez plus sur ce principe dans ce chapitre.

Tout ce que vous êtes aujourd'hui est le résultat de vos habitudes de pensée. Comme le dit la loi des correspondances, votre monde extérieur est une manifestation physique de votre monde intérieur. Tout ce que vous voyez autour de vous, votre santé, vos relations, votre carrière, votre famille et vos réalisations dans le monde, est l'expression du fonctionnement de votre esprit.

Votre comportement, vos attitudes, vos valeurs et vos habitudes de pensée sont acquis. Vous ne les aviez pas lorsque vous êtes venu au monde. Vous les avez appris à force d'informations et de répétitions, pendant de nombreuses années. Et parce qu'ils ont été appris, ils peuvent être désappris. Vous pouvez désapprendre les habitudes de pensée que vous avez acquises et qui ne correspondent pas à la personne que vous voulez être ou aux objectifs que vous voulez atteindre.

Un sentiment d'optimisme est une condition préalable à la réussite et au bonheur. Pourtant, la plupart d'entre nous sont en proie à toutes sortes d'émotions négatives, en particulier la colère, la peur, le doute, l'envie, le ressentiment, l'irritabilité, l'impatience, l'intolérance et la jalousie. Malgré nos meilleures intentions, ces émotions négatives ont tendance à surgir de manière inattendue, souvent au pire moment, et nous poussent à agir d'une manière que nous regrettons par la suite.

Les émotions négatives sont des sentiments et des réactions qui ont été appris comme n'importe quelle habitude. Il est également possible de les désapprendre si l'on possède la clé de la serrure qui les maintient en place. Pour les désapprendre, cependant, vous devez comprendre les facteurs psychologiques qui créent un terrain fertile pour les émotions négatives.

Heureusement, les émotions négatives n'ont pas de place permanente dans votre subconscient. Si les émotions négatives pouvaient devenir permanentes, il n'y aurait aucun espoir pour vous d'améliorer votre tempérament ou votre personnalité par vos propres efforts. Ce sont des émotions *vagabondes*, qui peuvent être chassées par une procédure correcte.

LE TERREAU

Tout comme on naît sans image de soi, on naît sans émotions négatives. Ces émotions négatives sont apprises en grandissant. Vous apprenez généralement les émotions négatives les plus populaires dans votre famille. Vous imitez les émotions et les réactions négatives de votre mère ou de votre père, ou des deux. Vous imitez les émotions négatives des personnes auxquelles vous vous identifiez. Si quelqu'un vous suggère que votre façon d'agir n'est pas appropriée, vous rejetez son avis en disant : « Je suis comme ça ».

Souvent, vous avez des idées négatives depuis si longtemps que vous n'en êtes même pas conscient ou que vous ne savez pas d'où elles proviennent. Mais il y a une chose dont vous pouvez être sûr : vous n'êtes pas né avec. Elles ne sont pas permanentes. Vous pouvez vous en libérer si vous le voulez.

LES RACINES DE LA NÉGATIVITÉ

Vous développez une propension aux émotions négatives à la suite de deux expériences qui vous arrivent tôt dans la vie. La première de ces expériences est la critique destructrice. La critique destructrice a causé plus de dégâts et détruit plus de personnes que toutes les guerres de l'histoire. La différence est que les guerres tuent les corps physiques des gens alors que la critique destructive détruit la personne intérieure et laisse les corps errer. Pratiquement tous les problèmes que vous rencontrez avec vous-même et avec les autres remontent à un incident au cours duquel votre valeur a été remise en question ou attaquée par une forme de critique.

Jusqu'à l'âge de six ans, les enfants sont ouverts et vulnérables aux influences des personnes importantes dans leur vie. Ils n'ont pas la capacité de faire la distinction entre les évaluations et les critiques vraies et fausses. L'esprit de l'enfant est comme de l'argile humide sur laquelle parents, frères et sœurs inscrivent leurs traces. Et plus l'émotion est intense, plus le sillon est profond.

Lorsque vous grandissez et que vous développez vos capacités de discrimination, vous pouvez « considérer la source » des informations négatives. Si quelqu'un vous critique ou n'est pas d'accord avec vous, vous pouvez prendre du recul et juger si l'évaluation est valable. Vous pouvez choisir d'accepter ce que vous considérez comme utile et de rejeter le reste.

Cependant, lorsque vous êtes un enfant, vous n'avez pas cette possibilité. Parce que vous êtes encore en train d'apprendre qui vous êtes, vous êtes comme une petite éponge. Vous absorbez les évaluations des personnes importantes qui vous entourent comme si elles disaient la vérité absolue, comme si elles étaient réellement en mesure de connaître votre véritable caractère et vos capacités. Plus vous appréciez leur amour et leur respect, plus vous êtes susceptible d'accepter ce qu'elles disent de vous comme une évaluation valable de votre caractère et de votre valeur. Et lorsque vous acceptez quelque chose comme étant vrai à votre sujet, vous commencez à vous voir à la lumière de cette croyance.

Votre esprit tente de vous aider en validant ce que vous avez décidé de considérer comme correct à votre sujet. Il trie et purge vos perceptions. Il vous fait voir des exemples qui « prouvent » vos croyances tout en vous faisant ignorer les expériences qui les contredisent.

Si l'on vous dit que « tu es un mauvais garçon », « on ne peut pas te faire confiance » ou « tu es un menteur » (tous les enfants mentent ; cela fait partie de leur apprentissage de l'interaction avec les autres), vous commencez à croire que ces critiques sont des faits indélébiles sur votre personnalité de base. Si vous les acceptez consciemment, elles sont ensuite acceptées par votre subconscient où elles sont enregistrées comme des instructions pour votre comportement futur.

Lorsque j'étais enfant, on me disait que je n'arriverais jamais à grand-chose, que j'étais une grande déception pour mes parents. Sans le vouloir, ils m'ont jugé selon des critères excessivement élevés. Ne comprenant pas que les enfants sont de petits organismes d'apprentissage qui font continuellement des erreurs, ils ont exigé de moi, leur premier enfant, un comportement que je n'étais pas capable d'avoir.

Lorsque j'ai eu mes propres enfants, j'ai décidé de ne pas leur faire ce qu'on m'avait fait. Au contraire, je leur ai dit tous les jours que je les aime et que je pense qu'ils sont les meilleurs enfants du monde. Lorsque nous sommes ensemble dans la voiture, je parle à Barbara comme s'ils n'étaient pas sur la banquette arrière et je lui dis à quel point nous avons de la chance d'avoir des enfants aussi merveilleux. En privé, je murmure à chacun d'eux : « Vous êtes les meilleurs de l'Ouest ! »

Même lorsque je dois les réprimander, je commence par leur dire : « Je t'aime beaucoup, mais tu ne dois pas faire ça parce que tu pourrais te blesser », ou ce qui est nécessaire.

Les parents critiquent avec l'intention d'aider l'enfant, d'améliorer ses performances. Mais comme la critique destructrice diminue l'estime personnelle de l'enfant et affaiblit l'image qu'il a de lui-même, les performances globales de l'enfant diminuent en fait. La confiance en soi de l'enfant diminue. La probabilité que l'enfant commette des erreurs augmente. Si l'enfant est trop souvent critiqué, ou si les critiques sont ressenties de manière trop émotionnelle, il deviendra anxieux, effrayé, et commencera à éviter complètement ces actions. Si l'enfant est critiqué trop souvent, ou si les critiques sont prises de manière trop émotionnelle, il deviendra anxieux et effrayé et commencera à éviter complètement de faire ces choses.

Dans le pire des cas, l'enfant deviendra *hypersensible*, manquera de confiance en lui et aura peur d'essayer quoi que ce soit de nouveau. Lorsque l'enfant grandira, il sera extrêmement émotif face à toute forme de critique et réagira avec colère et sur la défensive à toute suggestion de désapprobation de la part d'un conjoint, d'un patron, d'un ami ou d'un collègue de travail.

Tout le monde est hypersensible, généralement dans les domaines où l'investissement émotionnel est le plus important, comme la famille ou la carrière. L'une des choses les plus importantes que vous puissiez faire pour vous-même est de développer une certaine objectivité ou un certain détachement vis-à-vis des critiques dans ces domaines clés. Apprenez à prendre du recul et à évaluer les opinions des autres sans émotion. Ce n'est pas facile, mais cela préserve votre bien-être. Cette capacité à ne pas se laisser submerger par les critiques des autres est fondamentale pour une personne en quête de réalisation personnelle.

LE DESTRUCTEUR DE BONHEUR

Le deuxième facteur qui prédispose aux émotions négatives est le manque d'amour. L'expérience la plus traumatisante qu'un enfant puisse endurer est le retrait de l'amour de l'un ou des deux parents. Lorsque les parents réagissent face à l'enfant par la colère et la désapprobation, l'enfant est terrifié. Il se sent anxieux et craintif et s'agite sur le plan émotionnel. Parce que l'enfant a tellement besoin de l'amour de ses parents, lorsqu'il en est privé pour quelque raison que ce soit, il commence à s'étioler. Si l'amour est refusé indéfiniment ou donné de manière imprévisible, cela entraîne de graves problèmes de personnalité qui se traduisent par de la colère et de la négativité à l'âge adulte.

Si vous n'avez pas reçu une qualité et une quantité suffisantes d'amour pendant vos années de formation (ce qui est le cas de la plupart des gens), vous le rechercherez toute votre vie. Vous ressentirez continuellement un manque affectif, un désir, une insécurité, que vous vous efforcerez de satisfaire ou de compenser. Vous rechercherez un amour inconditionnel dans vos relations et vous vous sentirez tendu et mal à l'aise si l'amour est retenu ou refusé. Tout comme une carence en calcium précoce provoque le rachitisme chez l'enfant, qui se manifeste par des jambes arquées chez l'adulte, une carence en amour dans l'enfance se manifeste par des émotions négatives à l'âge adulte.

LES TROIS CONDITIONS

Pour que vous, ou n'importe qui d'autre, se sente complètement aimé en tant qu'enfant, trois conditions doivent être réunies. L'absence de l'une de ces trois conditions se manifestera à l'adolescence et à l'âge adulte sous la forme d'insécurité, d'émotions négatives et de comportements destructeurs.

La première condition d'un développement émotionnel sain est que *les parents s'aiment eux-mêmes*. Ils ne peuvent pas vous donner plus d'amour qu'ils n'en ont pour eux-mêmes. Si votre père ou votre mère ne s'aime pas beaucoup, il ou elle n'aura que peu d'amour à vous donner. La règle est simple : des parents confiants en eux élèvent généralement des enfants confiants, tandis que ceux ayant une faible estime de soi élèvent souvent des enfants ressentant la même chose. Le monde intérieur se manifeste au monde extérieur. Les images qu'ont les enfants d'eux-mêmes deviennent des miroirs des images de leurs parents.

Vos parents vous ont donné tout l'amour qu'ils avaient à vous donner. Ils n'ont rien retenu. C'est simplement qu'ils n'avaient rien de plus à donner au départ. Vous n'auriez rien pu faire pour obtenir plus que ce que vous avez reçu. Vous avez reçu tout ce qu'il y avait.

La deuxième condition à remplir pour qu'un enfant se sente pleinement aimé est que *ses parents s'aiment*. Les enfants apprennent l'amour en en faisant l'expérience directe et en l'observant dans leur famille. Il a été dit que la chose la plus gentille qu'un homme puisse faire pour ses enfants est d'aimer leur mère, et l'inverse est également vrai. Lorsque les enfants grandissent dans un foyer où le père et la mère s'aiment d'une manière que les enfants peuvent voir et expérimenter, ils ont beaucoup plus de chances de grandir avec des sentiments de sécurité et de confiance en soi.

C'est en observant une telle relation dans sa propre famille que l'on apprend à avoir sa propre relation adulte avec un membre du sexe opposé. Si vous avez grandi dans un foyer où vous n'en avez pas fait l'expérience, vous pouvez passer les premières années de votre vie d'adulte à apprendre à vous entendre avec une autre personne en faisant des essais et des erreurs. Aujourd'hui, de nombreux premiers mariages sont des « mariages d'entraînement », au cours desquels les individus apprennent à se marier. Ils apprennent ce qu'ils veulent ou ne veulent pas chez un partenaire et comment faire fonctionner une relation.

La troisième condition à remplir pour qu'un enfant se sente pleinement aimé est que *ses parents l'aiment*. C'est l'un des sujets les plus délicats qu'un adulte ait jamais eu à traiter. Le fait est que beaucoup de nos parents ne nous aimaient pas. Ils le voulaient, ils en avaient l'intention, ils le prévoyaient, mais ils n'ont jamais réussi à le faire. Peut-être n'avaient-ils pas le temps, l'énergie émotionnelle ou l'intérêt, ou peut-être avaient-ils des conflits non résolus avec leurs parents ou leurs conjoints qui les empêchaient de nous aimer.

Beaucoup de parents n'aiment pas beaucoup leurs enfants. Parfois, c'est parce qu'ils partent de l'idée que le rôle de l'enfant est de répondre à leurs attentes. Si l'enfant a une personnalité propre, les parents le prennent souvent comme un affront personnel. Ils réagissent en critiquant l'enfant ou en lui retirant leur amour. S'ils le font suffisamment longtemps, cela finit par devenir une habitude. Les parents prennent alors l'habitude de critiquer et de tolérer leurs enfants au lieu de les aimer et de les chérir.

Il est important que vous sachiez que, que vos parents vous aient aimé ou non, vous êtes toujours une personne importante et digne d'intérêt. L'amour ou le manque d'amour de vos parents ne dit rien sur vos possibilités intrinsèques. Les parents sont ce qu'ils sont. Ils font de leur mieux. Au moins, ils vous ont permis d'arriver jusqu'ici et vous ont donné une chance dans la vie. Accepter que l'un de vos parents ou les deux ne vous aient pas aimé, ou pas suffisamment, est une étape importante vers la pleine maturité.

La plupart des adultes ont été élevés dans des foyers où ils ont été victimes de critiques destructrices et où ils ont souffert d'un manque d'amour d'une manière ou d'une autre. Si c'est ce que vous avez vécu, vous étiez trop jeune pour savoir pourquoi cela se produisait. Vous avez simplement intériorisé le message suivant : « Pour une raison ou une autre, mon papa et ma maman me critiquent et ne m'aiment pas. Puisqu'ils me connaissent mieux que quiconque, cela doit être dû à quelque chose que j'ai fait. »

La critique destructrice et le manque d'amour, combinés, créent l'émotion négative de la *culpabilité*. La culpabilité est le principal problème émotionnel du vingtième siècle. Elle est à l'origine de la plupart des maladies mentales, du malheur et de presque toutes les autres émotions négatives. Un enfant qui se sent coupable pense qu'il ne vaut pas grand-chose, qu'il est en fait *inutile*. Les critiques destructrices et le manque d'amour instillent dans le subconscient de l'enfant *le sentiment qu'il ne vaut rien*.

La culpabilité est délibérément utilisée pour deux raisons : *la punition* et *le contrôle*. L'utilisation de la culpabilité sur une autre personne comme forme de punition émotionnelle est extrêmement efficace. C'est un élément essentiel des enseignements religieux négatifs. De nombreux parents l'utilisent pour que leurs enfants se sentent mal, qu'ils se sentent inutiles et insignifiants.

La culpabilité est également utilisée comme outil de contrôle ou de manipulation. Si vous parvenez à faire culpabiliser une personne, vous pouvez contrôler ses émotions et son comportement. Si vous parvenez à la faire culpabiliser suffisamment, vous pouvez l'amener à faire des choses pour vous qu'elle ne ferait pas en l'absence de ce sentiment de culpabilité.

Les mères sont souvent habiles dans l'art de l'utilisation de la culpabilité. J'avais l'habitude de dire que ma mère était ceinture noire en matière de culpabilité et qu'elle donnait des cours au YMCA local. Ma mère a appris à utiliser la culpabilité comme outil d'interaction auprès de sa mère, qui l'a appris auprès de sa mère, et ainsi de suite à travers les générations. Les pères sont souvent doués pour utiliser la culpabilité.

LES MANIFESTATIONS DE LA CULPABILITÉ À L'ÂGE ADULTE

Si vous avez été élevé sous des influences qui produisent des sentiments de culpabilité, vous ressentirez cette culpabilité de différentes manières.

La première et la plus courante des manifestations de la culpabilité est *le sentiment d'infériorité, d'inadéquation et de manque de mérite*. Vous estimez que vous ne méritez pas que de bonnes choses vous arrivent. En fait, si plusieurs bonnes choses vous arrivent d'affilée, vous vous sentirez extrêmement mal à l'aise. Vous vous sentirez hors de votre zone de confort et vous commencerez probablement à adopter un comportement d'auto-sabotage pour empêcher les bonnes choses de se produire.

La vérité est que vous méritez toutes les bonnes choses qui viennent à vous lorsque vous gardez votre esprit concentré sur ce que vous voulez et que vous l'éloignez de ce que vous ne voulez pas.

Ces sentiments d'infériorité, d'inadéquation et de manque de mérite sont souvent exprimés par les mots : « *Je ne suis pas assez bien* ». Certains psychologues appellent cela la « peur de la réussite ». La peur du succès est simplement une autre façon de dire qu'en raison de votre sentiment profond d'indignité, toute réalisation qui contredit vos croyances autolimitantes vous met mal à l'aise.

Très souvent, les gens travaillent extrêmement dur pour obtenir le succès qu'ils désirent. Ils travaillent de longues heures et font de grands sacrifices. Cependant, alors qu'ils sont sur le point d'atteindre leur objectif, quelque chose va mal se passer. Ils agissent consciemment ou inconsciemment pour se couper l'herbe sous le pied.

Le vendeur qui s'apprête à conclure l'affaire de sa vie a un accident de voiture. L'avocat qui se rend à la signature d'un gros contrat oublie sa mallette dans le taxi avec le seul exemplaire du contrat à l'intérieur. De nombreuses personnes se tournent vers l'alcool, la drogue ou les relations extraconjugales pour fuir le malaise ressenti lorsqu'ils réussissent malgré leurs profondes sensations d'indignité.

La deuxième manifestation adulte de la culpabilité est l'autocritique destructrice et le comportement autodestructeur. Si l'on est critiqué pendant l'enfance, on apprend vite à se critiquer soi-même et on continue à le faire tout au long de sa vie. On entend souvent des gens dire des choses comme : « Je suis toujours en retard », « Je suis nul avec les chiffres » ou « Je ne suis pas très bon dans ce domaine ». Ils renforcent continuellement des idées négatives qui n'ont que peu ou pas de fondement. Ils répètent ce qu'on leur a dit sur eux-mêmes, transformant ainsi ces paroles en leur propre réalité.

Votre subconscient accepte comme vrai tout ce que vous dites sur vous-même. Lorsque vous vous critiquez constamment, votre subconscient accepte vos paroles comme des ordres. Vos paroles et vos actions ultérieures s'inscriront alors dans la lignée de votre autocritique. Vous vous comporterez à l'extérieur comme vous vous parlez à l'intérieur.

La troisième façon de montrer que vous avez été élevé dans un sentiment de culpabilité est que vous êtes facilement manipulé par la culpabilité. Vous êtes une cible facile pour l'irritation ou l'impatience que les autres utilisent pour manipuler votre comportement. Même des personnes que vous ne connaissez pas peuvent tirer sur les « cordes de la culpabilité » et vous mettre mal à l'aise, voire consentir à leurs demandes. Vous devenez alors comme une marionnette, et celui qui vous fait culpabiliser devient le marionnettiste.

Pratiquement toutes les sollicitations caritatives reposent sur l'utilisation habile de la culpabilité pour manipuler vos émotions et vous faire croire que vous ne méritez pas votre niveau de vie et ce que vous avez.

Les chauffeurs de taxi, les serveuses et les hôtesses de l'air utilisent la culpabilité pour contrôler votre comportement. Je sais, par exemple, que l'on perd une pinte d'eau par heure à cause de la déshydratation lorsque l'on prend l'avion. Je bois donc beaucoup d'eau en vol. Je demande continuellement que l'on remplisse mon verre d'eau.

La plupart des hôtesses de l'air n'apprécient pas cela. Elles savent tout de la déshydratation et sont formées à boire continuellement lorsqu'elles prennent l'avion. Mais elles ne veulent pas avoir à remplir votre verre d'eau. Alors, au lieu de demander : « Puis-je vous apporter autre chose ? », elles demandent : « Ce sera tout ? »

Si vous demandez plus d'eau, elles soupirent lourdement, comme si vous veniez de leur demander de porter une valise de cent livres, et partent vous la chercher. Lorsqu'elles vous la ramènent, elles ont tendance à être abruptes et désapprobatrices, comme si cela allait vous faire plier pour qu'elles puissent retourner dans la cuisine et continuer à lire leurs magazines.

Vous devez être conscient de la fréquence avec laquelle la culpabilité est utilisée comme outil d'influence. Vous la verrez partout.

Le poète W. H. Auden a écrit : « Ceux à qui l'on fait du mal font du mal en retour ».

La quatrième manifestation de la culpabilité est l'utilisation de la culpabilité et du blâme envers les autres. Si vous avez été élevé comme une victime de la culpabilité, en étant constamment critiqué et blâmé, vous grandirez et utiliserez la culpabilité comme moyen de communication avec les autres. De nombreux parents utilisent exclusivement la culpabilité pour obtenir de leurs enfants qu'ils fassent ce qu'ils veulent. De nombreux patrons utilisent la culpabilité comme principale méthode de contrôle.

La cinquième manifestation de la culpabilité, et peut-être la plus courante, est le développement du « complexe de la victime ». La personne se sent victime et parle comme une victime. La personne qui éprouve un profond sentiment de culpabilité est toujours en train de chercher des excuses ou de s'excuser. Elle dit toujours, en fait, « je suis désolé ». En outre, elle utilise un « langage de victime », c'est-à-dire des façons de parler qui sont en réalité des plaidoyers de « non-culpabilité ».

Les formes les plus courantes de langage victimaire que vous entendez sont peut-être des phrases comme « je ne peux pas » ou « je dois », ou des combinaisons de phrases comme « je dois, mais je ne peux pas ; je ne peux pas, mais je dois ».

Une autre forme de langage victimaire est le mot « essayer ». Lorsque les gens disent « je vais essayer », ils s'excusent à l'avance de l'échec. Ils laissent entendre qu'ils vont échouer dans ce qu'ils disent vouloir faire. Et vous savez intuitivement que ces mots sont des signaux d'échec à venir.

Si vous alliez voir un avocat et lui demandiez de vous défendre dans un procès, et qu'il examinait votre dossier et vous répondait en disant : « Eh bien, je vais essayer », comment vous sentiriez-vous ?

Si vous alliez voir un médecin pour une maladie grave et que vous lui disiez : « J'espère vraiment que vous pourrez m'aider », et que le médecin répondait : « Eh bien, je vais essayer », il serait temps de consulter un autre spécialiste.

Les mots « Je vais essayer » signifient « Je vais échouer et je veux que vous le sachiez à l'avance pour que vous ne puissiez pas revenir vers moi plus tard et dire que je ne vous avais pas prévenu. Si vous revenez, je peux vous rappeler que j'ai seulement dit que j'allais *essayer*. »

Dans notre entreprise, chaque fois qu'un fournisseur dit qu'il va *essayer* de faire quelque chose avant la fin de la semaine, ou qu'il va *essayer* de terminer un projet dans un certain délai, toutes nos sonnettes d'alarme se déclenchent. Nous reconnaissons immédiatement que la personne prévoit probablement de ne pas y arriver. Nous revenons en arrière et insistons pour qu'il ou elle nous donne un engagement ferme plutôt que de dire qu'il ou elle va « essayer ». Vous n'acceptez le « je vais essayer » que lorsque le calendrier ou le résultat n'est pas très important pour vous.

Une autre forme de langage victimaire est contenue dans les mots « j'aimerais ». Chaque fois que vous dites « J'aimerais » avant un objectif ou une ambition, vous signalez à votre subconscient que vous n'y croyez pas vraiment. Si vous dites : « J'aimerais arrêter de fumer », « J'aimerais perdre du poids » ou « J'aimerais économiser de l'argent », vous dites en réalité : « Mais je ne crois pas que ce soit possible pour moi ».

Chaque fois que vous utilisez le langage de la victime, « Je ne peux pas », « Je dois », « Je vais essayer », « J'aimerais », « Je suis désolé », « Ne me blâmez pas » ou « Ce n'est pas ma faute », vous renforcez l'émotion négative de la culpabilité et l'enfoncez plus profondément dans votre subconscient.

Prenez la décision, dès maintenant, d'éliminer le langage de la victime de votre conversation. Parlez plutôt avec certitude et conviction. Dites « je vais » ou « je ne vais pas ». Dites « je veux » plutôt que « je dois ». Dites surtout « je peux » ou « je vais » plutôt que « je ne peux pas » ou « j'aimerais ».

SE LIBÉRER DE LA CULPABILITÉ

Comment vous débarrasser des sentiments de culpabilité qui nuisent à votre bonheur ? Il y a cinq choses que vous pouvez faire.

Premièrement : éliminez l'autocritique destructrice de vos pensées et de vos conversations. Refusez de dire quoi que ce soit qui se déprécie. Refusez de dire quoi que ce soit sur vous-même que vous ne souhaitez pas sincèrement voir vrai. En même temps, refusez que quelqu'un d'autre vous parle de façon négative. Si quelqu'un vous critique, dites simplement : « J'apprécierais que vous ne me parliez pas comme ça parce que ce n'est pas vrai ».

N'oubliez pas que votre subconscient absorbe constamment des informations et les intériorise dans le cadre du développement de votre image de vous-même. Si vous laissez quelqu'un dire quelque chose de négatif à votre sujet sans réagir, votre subconscient l'accepte comme une description valable de vous et l'archive pour renforcer vos sentiments de culpabilité et d'infériorité. Les déclarations négatives de vous-même ou d'autres personnes, si elles ne sont pas annulées ou remises en question, vous préparent à l'échec à l'avenir.

Deuxièmement : évitez de rendre qui que ce soit responsable. Assumez pleinement la responsabilité de votre vie et de tout ce sur quoi vous pouvez agir. La plupart des gens font ce qu'ils pensent être juste la plupart du temps. Il n'y a rien à gagner à critiquer, condamner ou se plaindre. Critiquer et blâmer les autres diminue en fait votre propre estime personnelle et renforce vos propres sentiments de culpabilité et d'infériorité. Lorsque vous commencez à vous sentir en colère contre quelqu'un, utilisez la loi de la substitution et dites simplement : « Personne n'est coupable, c'est moi qui suis responsable ».

Troisièmement, refusez de vous laisser manipuler par les comportements culpabilisants des autres. Chaque fois que quelqu'un dit ou fait quelque chose pour vous culpabiliser et que vous consentez à ses demandes, vous renforcez le sentiment de culpabilité et vous facilitez la tâche des gens qui vous manipuleront à l'avenir. Vous devez avoir un respect décent pour les sentiments et les besoins des autres, mais cela ne signifie pas que vous devez leur sacrifier votre intégrité émotionnelle.

Il y a probablement au moins une personne dans votre vie, peut-être plus, qui a l'habitude d'interagir avec vous dans le but de vous faire culpabiliser. Il peut s'agir d'une mère, d'un conjoint, d'un patron ou d'un collègue. Vous pouvez être dans une relation où la culpabilité est le principe de fonctionnement de base. Dans tous les cas, c'est à vous qu'il incombe de changer cette dynamique.

Il existe deux techniques pour faire perdre à une autre personne l'habitude d'utiliser la culpabilité pour vous manipuler ou vous contrôler. La première et la plus simple consiste simplement à utiliser **le silence**. Il faut être deux pour danser le tango. Si vous refusez de répondre, le jeu s'arrête.

La prochaine fois que quelqu'un tentera de l'utiliser sur vous, gardez le silence. Ne dites rien. Refusez de répondre. Ne vous laissez pas provoquer. Rappelez-vous que vous êtes conditionné à répondre automatiquement à la culpabilité en vous défendant ou en vous excusant. Lorsque vous exercez votre contrôle mental et refusez de réagir, vous devenez plus fort et plus apte à faire face à la personne et à la situation.

Lorsque l'autre personne vous demande ce que vous avez à dire, vous répondez : « Je ne vais pas répondre à cela ».

Soyez poli, amical et courtois. Souriez gentiment, même si vous parlez au téléphone. Résistez à la tentation de vous expliquer. Vous n'avez rien à dire et vous n'avez pas à vous expliquer. C'est vous qui décidez. Même le sentiment que vous devez répondre est basé sur le schéma de réaction de culpabilité qui a été mis en place dans le passé.

Lancer et rattraper la culpabilité, c'est comme jouer au tennis. Cela ne fonctionne que si vous êtes prêt à renvoyer la balle de l'autre côté du filet. On arrête le jeu de la culpabilité en gardant le silence et en s'y tenant.

Les personnes qui ont l'habitude d'obtenir les choses qu'elles veulent en utilisant la culpabilité réagiront rapidement et avec colère à toute tentative de votre part de changer le jeu. Elles deviendront plus exigeantes et plus catégoriques. Elles sentiront immédiatement qu'elles risquent de perdre le contrôle de la situation et mettront tout en œuvre, en utilisant tous les outils de leur répertoire pour vous faire plier. Elles résisteront avec véhémence à leur perte de pouvoir sur vous. Préparez-vous à cela et ne cédez pas.

Ce que vous voulez, c'est soit une relation saine avec l'autre personne, soit aucune relation du tout. Pour y parvenir, vous devez être prêt à changer la dynamique. Acceptez de subir les réactions négatives de l'autre personne jusqu'à ce qu'elle se rende compte que la culpabilisation et la manipulation ne sont plus efficaces. Il ou elle sera forcé(e) d'essayer autre chose, et cette autre chose sera presque invariablement meilleure.

La deuxième méthode que vous pouvez utiliser pour faire perdre à quelqu'un l'habitude de faire culpabiliser est une technique d'affirmation de soi appelée « disque rayé ». Elle est à la fois simple et efficace. Elle demande du courage et de la volonté au début, mais elle fonctionne mieux avec le temps.

Lorsque l'autre personne tente de vous manipuler en utilisant la culpabilité, vous répondez en disant : « Essaies-tu de me faire culpabiliser ? » Vous posez cette question d'une manière discrète et non menaçante, et même avec un ton d'étonnement et de curiosité authentiques, comme si vous étiez étonné d'une telle possibilité.

Lorsque Barbara et moi étions mariés pour la première fois, nous avions l'habitude de nous culpabiliser l'un l'autre. Nous avions acquis nos compétences honnêtement, ayant tous deux été élevés dans des foyers où la culpabilité était le langage commun du contrôle. Et nous avions bien appris. Nous pouvions adopter un ton agressif à la moindre suggestion que nous n'allions pas obtenir exactement ce que nous voulions, exactement quand nous le voulions.

Heureusement, nous avons reconnu l'apparition de cette dynamique et nous avons décidé d'utiliser la technique du « disque rayé » pour nous en libérer et l'éliminer de notre mariage.

La méthode était simple. Chaque fois que l'un de nous sentait que l'autre commençait à utiliser la culpabilité pour quelque raison que ce soit, il ou elle s'arrêtait et disait : « Essaies-tu de me faire culpabiliser ? »

Il y a quelque chose dans la psyché humaine qui sait que la culpabilité est une mauvaise chose. Personne ne cherche consciemment à faire culpabiliser autrui. C'est une habitude que nous prenons dès l'enfance et dans laquelle nous glissons à l'âge adulte. Nous apprenons à faire ce qui fonctionne dans nos relations avec les autres, et tant que l'autre personne y adhère, la culpabilité fonctionne aussi bien ou mieux que n'importe quel autre comportement pour nous permettre d'amener les autres à faire ce que nous voulons qu'ils fassent.

Si je demandais à Barbara : « Essaies-tu de me faire culpabiliser ? », elle me répondrait immédiatement : « Non, bien sûr que non ».

Je lui disais alors : « C'est bien, parce que pendant un moment, j'ai cru que tu me faisais culpabiliser, et ce n'est pas une bonne chose ».

Un peu plus tard, elle essayait à nouveau d'utiliser la culpabilité. Je lui demandais à nouveau : « Essaies-tu de me faire culpabiliser ? »

Elle le niait à nouveau. Je lui disais à nouveau : « C'est bien, parce que la culpabilité n'est pas une bonne façon de gérer une relation ».

Cet échange se poursuivait jusqu'à ce que, exaspérée, elle répondait à la question en disant : « Oui, c'est vrai ! »

Je disais alors, triomphant : « Eh bien, ça ne va pas marcher ! » Et c'était notre moment de reconnaissance. C'était notre signal pour arrêter d'essayer d'utiliser la culpabilité et revenir à une discussion ouverte et honnête sur la question. En cessant d'utiliser la culpabilité, nous n'aurions pas d'autre choix que de nous asseoir et de parler comme des adultes mûrs.

Vous ne cherchez pas à faire culpabiliser l'autre personne pour avoir utilisé la culpabilité. Vous ne souhaitez pas la punir pour vous avoir fait du mal. Votre seul objectif en utilisant le silence ou le disque rayé est d'amener son comportement à un niveau de conscience plus élevé. À ce niveau, vous pouvez aborder la question de la culpabilité et commencer à l'éliminer de votre relation. Vous pouvez tous deux vous libérer d'une émotion qui est aussi destructrice pour l'utilisateur que pour la victime.

La quatrième façon de se débarrasser de la culpabilité est de refuser de discuter de la culpabilité des autres. Refusez de faire des commérages ou d'échanger des « saletés » sur d'autres personnes. Refusez d'entrer dans des conversations du type « c'est pas terrible ». Éliminez les mauvaises langues et la médisance de vos discussions. Rappelez-vous que tout ce dont vous parlez et pensez a une influence sur votre subconscient et sur votre personnalité. Assurez-vous que ce que vous dites des autres est ce que vous aimeriez entendre à votre sujet. Lorsque vous parlez d'autrui, faites-le comme s'ils étaient là et que votre intention était de les mettre en valeur.

LA LOI DU PARDON

La cinquième façon d'éliminer les sentiments et les réactions de culpabilité est la plus efficace de toutes. C'est peut-être le principe le plus puissant et le plus pratique jamais enseigné pour créer le bonheur, la santé, la prospérité et de merveilleuses relations avec les autres. C'est ce à quoi j'ai fait référence précédemment et c'est la loi du pardon.

La loi du pardon stipule que vous êtes mentalement sain dans la mesure exacte où vous pouvez librement pardonner et oublier les offenses commises à votre encontre.

L'incapacité à pardonner est à l'origine de la culpabilité, du ressentiment et de la plupart des autres émotions négatives. Garder de la rancune et rester en colère contre les personnes qui vous ont fait du mal est la cause principale des maladies psychosomatiques. L'incapacité à pardonner provoque des maladies qui vont du simple mal de tête à l'infarctus, au cancer et à l'attaque cérébrale.

Pour réaliser votre potentiel, développer vos pleines capacités mentales et libérer vos énergies émotionnelles et spirituelles, vous devez absolument pardonner à tous ceux qui vous ont blessé d'une manière ou d'une autre. Vous devez « lâcher prise » et vous éloigner de votre colère et de votre ressentiment. Vous devez refuser de continuer à payer, encore et encore, pour la même expérience malheureuse. Vous devez placer votre désir de vivre une belle vie, de développer un beau caractère et de devenir une personne exceptionnelle *au-dessus* de toute émotion négative que vous pourriez encore entretenir à l'égard d'une autre personne.

Parce que votre monde extérieur reflète votre véritable monde intérieur, parce que vous attirez les personnes et les circonstances qui s'harmonisent avec vos pensées dominantes, parce que vous devenez ce à quoi vous pensez, votre capacité à pardonner est la seule qualité indispensable que vous devez développer, par la pratique, si vous voulez sincèrement être heureux, en bonne santé et complètement libre.

LA PRATIQUE DU PARDON

Il y a *trois* personnes dans votre vie à qui vous devez pardonner pour vous libérer des sentiments négatifs de culpabilité, d'infériorité, d'inadéquation, de manque de mérite, de ressentiment et de colère. Lorsque vous vous débarrasserez de ces personnes, vous éprouverez un sentiment de libération et de joie et votre vie commencera à s'ouvrir à vous de façon merveilleuse.

Les premières personnes à qui vous devez pardonner sont vos *parents*. Qu'ils soient vivants ou non, vous devez décider aujourd'hui de leur pardonner librement chaque chose qu'ils ont faite et qui vous a blessé. Vous devez leur pardonner chaque injustice et chaque acte de méchanceté ou de cruauté que vous pensez qu'ils vous ont infligé. Vous devez dépasser les blessures de l'enfance et les laisser partir, en acceptant que vos parents ont fait de leur mieux avec ce qu'ils avaient.

Presque tout le monde est encore contrarié et en colère à cause de quelque chose que l'un ou l'autre de ses parents, ou les deux, ont fait pendant son enfance. Beaucoup d'hommes et de femmes dans la quarantaine et la cinquantaine sont encore dans un état de détresse émotionnelle parce qu'ils n'ont pas encore pardonné à leurs parents. Une vie entière de ressentiment est un prix terrible à payer pour quelque chose à propos duquel rien n'aurait pu être fait de toute façon.

Dans de nombreux cas, vos parents ne sont même pas conscients de ce qu'ils ont fait et qui vous perturbe encore. En général, ils n'en ont aucun souvenir. Si vous leur dites pourquoi vous êtes toujours en colère, ils seront souvent étonnés parce qu'ils n'ont aucun souvenir de l'événement.

Il y a trois façons de pardonner à ses parents. La première est la plus importante : il s'agit de leur pardonner dans votre cœur. Chaque fois que vous pensez à la chose qu'il ou elle a faite et qui vous a blessé, utilisez la loi de la substitution et remplacez cette pensée en disant : « Je lui pardonne tout, je lui pardonne tout ».

Chaque fois que vous vous rappelez l'expérience blessante, vous l'annulez rapidement en disant : « Je lui pardonne tout ». Si vous continuez à leur pardonner chaque fois que vous vous rappelez l'incident, vous serez bientôt capable de repenser à cette expérience sans émotion, sans y attacher de caractère négatif. Vous finirez par l'oublier complètement. Vous serez libre.

La deuxième façon de pardonner à vos parents est simplement d'aller les voir personnellement ou de leur téléphoner. De nombreuses personnes qui participent à nos séminaires vont s'asseoir avec leurs parents et discuter *de ce qu'ils ont fait* et *de la raison* pour laquelle ils sont encore en colère. Puis elles disent : « Je veux juste que tu saches que je te pardonne toutes les erreurs que tu as commises en m'élevant, et je t'aime ». En leur pardonnant, vous les libérez et vous vous libérez vous-même.

La troisième façon de pardonner à vos parents consiste simplement à leur écrire une lettre, avec autant de détails que vous le souhaitez, dans laquelle vous leur pardonnez toutes les erreurs qu'ils ont commises. De nombreux parents ayant une faible estime d'eux-mêmes espèrent qu'un jour leurs enfants leur pardonneront les erreurs qu'ils ont commises en les élevant et qu'ils n'ont pas la force d'admettre.

Ce n'est que lorsque vous aurez complètement pardonné à vos parents que vous deviendrez un adulte à part entière. Jusque-là, vous restez un enfant à l'intérieur. Vous êtes toujours dépendant d'eux sur le plan émotionnel. Ce n'est que lorsque vous vous débarrassez des expériences malheureuses de votre enfance que vous pouvez avoir une relation mature avec votre père et votre mère. Pour la plupart des gens, les meilleures années de leur vie avec leurs parents commencent le jour où ils pardonnent à leurs parents et laissent derrière eux tous les aspects négatifs de leur enfance.

La deuxième personne à qui vous devez pardonner est *tout le monde*. Vous devez pardonner inconditionnellement à chaque personne de votre vie qui vous a blessé d'une manière ou d'une autre. Vous devez pardonner toutes les choses méchantes, insensées, stupides et cruelles que quelqu'un a pu dire, faire ou dire à votre sujet, sans exception. Le refus de pardonner à une seule personne peut suffire à saper ou même à détruire votre bonheur futur.

Vous ne devez pas **aimer** la personne. Il suffit de lui pardonner. Le pardon est un acte parfaitement égoïste : il n'a rien à voir avec l'autre personne, il n'a à voir qu'avec votre propre tranquillité d'esprit, votre propre bonheur, votre propre réussite et votre propre avenir. La chose la plus stupide au monde est peut-être d'être encore en colère ou d'éprouver du ressentiment à l'égard d'une personne qui ne se soucie pas du tout de vous. Comme l'a dit une personne, « je ne suis jamais rancunier ; pendant que vous ruminez votre rancune, ils sont en train de danser ».

Quelle que soit la situation, vous vous êtes probablement mis dans le pétrin de toute façon. Qu'il s'agisse d'une affaire, d'un investissement, d'un emploi ou d'une relation, vous avez fait les choix et pris les décisions qui ont rendu les choses possibles. La situation n'aurait probablement pas pu se produire sans votre participation active, que vous auriez pu refuser. Vous étiez responsable. Vous étiez libre de choisir et, malheureusement, vous avez fait le mauvais choix. Maintenant, laissez tomber.

Même si vous n'y êtes pour rien, même si vous êtes une personne extérieure totalement innocente, vous êtes toujours responsable de votre réaction. Vous êtes responsable de vous-même et de vos émotions.

Vous êtes libre de décider de ce que vous ferez à partir de maintenant, et la meilleure politique est de pardonner.

LA LETTRE

Si vous avez vécu une mauvaise relation ou un mauvais mariage et que vous ne vous en êtes toujours pas remis, il existe une technique que vous pouvez utiliser pour vous libérer. Elle s'appelle simplement « la lettre ». Elle est enseignée dans plusieurs endroits et est incroyablement puissante et libératrice.

La première chose à faire est de s'asseoir et d'écrire une lettre à la personne concernée. Cette lettre se compose de trois parties, que vous pouvez rendre aussi longues ou aussi courtes que vous le souhaitez. Dans la première partie, vous dites : « J'accepte l'entière responsabilité de notre relation. C'est moi qui me suis mis dans cette situation et je n'ai pas d'excuses à donner. » Vous refusez de mentionner à quel point vous êtes innocent et lésé, comme vous avez pu le faire dans le passé.

Dans la deuxième partie de la lettre, vous écrivez : « Je te pardonne tout ce que tu as fait et qui m'a blessé de quelque manière que ce soit ». Il est parfois utile de préciser toutes les choses que vous pardonnez à l'autre personne. Une femme que je connais et qui utilisait cette technique a écrit huit pages de choses qu'elle pardonnait à son ex-mari.

Dans la dernière partie de la lettre, vous terminez en disant : « Je vous souhaite bonne chance ». Ensuite, vous prenez la lettre, vous l'adressez correctement, vous l'affranchissez suffisamment, vous la déposez dans la boîte aux lettres et vous l'envoyez.

Au moment où vous lâcherez la lettre et la laisserez tomber irrémédiablement dans la boîte aux lettres, vous éprouverez un sentiment de liberté et d'exaltation que vous ne pouvez pas imaginer aujourd'hui. À ce moment-là, la relation sera terminée et vous serez prêt à reprendre le cours de votre vie affective. Mais jusqu'à ce moment-là, vous restez prisonnier des sables mouvants de la colère et du ressentiment non résolus qui accompagnent toute relation amoureuse qui ne fonctionne pas.

Un homme d'affaires qui a participé à notre séminaire m'a raconté une histoire remarquable concernant « la lettre » et le pardon. Il avait été marié et avait quatre enfants. Lui et son partenaire ont travaillé ensemble pendant dix ans pour bâtir une entreprise prospère. Un jour, son partenaire n'était pas au bureau et lorsqu'il est rentré chez lui ce soir-là, sa femme avait disparu. Il a appris plus tard que sa femme et son associé avaient conspiré ensemble pendant un certain temps pour dépouiller l'entreprise de ses actifs, plusieurs centaines de milliers de dollars, et ensuite partir ensemble. Et ils étaient maintenant partis. Toute sa vie s'est effondrée autour de lui. Il s'est retrouvé avec quatre enfants et un incroyable sentiment de colère et de trahison.

Pendant quatre ans, il a été rongé par l'amertume et le ressentiment. Sa femme et son compagnon avaient déménagé dans un autre pays et le coût de leur recherche légale était prohibitif. Il a consacré toute son attention à éviter de se mettre en faillite personnelle. Ses relations avec ses enfants en souffraient terriblement. Jour et nuit, il était préoccupé par le fait qu'il avait été mal et injustement traité.

Pendant toute la première journée de notre séminaire, au cours de laquelle nous avons expliqué le concept du pardon, il est resté assis en silence. Il s'est levé et est parti ce soir-là sans dire un mot. Le lendemain, cependant, lorsqu'il est revenu dans la salle, c'était un homme différent. Il était détendu et souriant. Il a salué d'autres personnes et s'est présenté. Il m'a dit en privé qu'il était resté assis pendant trois heures la nuit précédant la rédaction de la lettre. Il s'est ensuite levé et a marché plusieurs pâtés de maisons pour la poster. Il m'a dit que tout s'était déroulé exactement comme je l'avais décrit lors du séminaire. À partir du moment où il a déposé la lettre dans la boîte aux lettres, il s'est senti comme une personne totalement différente.

Après le séminaire, il est sorti pour la première fois en quatre ans avec une femme qu'il avait rencontrée pendant le cours. Plus tard, il m'a dit que ses relations avec ses enfants avaient été transformées. Ils ont tous pardonné à la mère d'être partie et ont décidé de vivre le reste de leur vie ensemble. Pour la première fois depuis des années, ils étaient à nouveau heureux.

La troisième personne à qui vous devez pardonner, **c'est vous-même**. Vous devez vous pardonner toutes les choses stupides ou blessantes que vous avez dites ou faites.

N'oubliez pas que vous n'êtes pas parfait. Vous faites des erreurs. Vous dites et faites beaucoup de choses stupides au cours de votre croissance et de votre développement. Si c'était à refaire, vous les auriez faites différemment. Mais les remords et les regrets sur les erreurs passées ne servent à rien. C'est un signe de faiblesse de caractère. Les remords servent souvent d'excuse pour ne pas aller de l'avant. Tous les hommes et femmes sages et mûrs ont commis des erreurs stupides et insensées. C'est ainsi qu'ils sont devenus sages et mûrs. Et maintenant, vous devez vous pardonner pour tout.

Le pardon est la clé du royaume du développement mental et spirituel. Lorsque vous vous entraînez à être une personne totalement indulgente, vous imitez les traits de caractère des plus grands hommes et femmes ayant existé. Vous vous placez du côté des anges. L'acte de pardonner lance le processus de nettoyage de tous les résidus accumulés de culpabilité, de colère et de ressentiment qui engendrent des émotions négatives dans votre subconscient. La pratique régulière du pardon libre pour tout le monde fait de vous un être humain plus calme, plus aimable, plus compatissant et plus optimiste.

BON POUR L'ÂME

Enfin, si vous avez fait quelque chose qui a blessé quelqu'un d'autre et que vous vous sentez encore mal, allez le voir et présentez-lui vos excuses. Dites : « Je suis désolé(e) ». Le repentir est bon pour l'âme. Il vous libère des sentiments de culpabilité et d'indignité qui accompagnent le fait de savoir que vous avez fait quelque chose qui n'est pas conforme à vos idéaux les plus élevés.

La réaction ou la réponse de l'autre personne n'a pas d'importance. Tout ce qui compte, c'est que vous ayez eu le courage et le caractère d'accepter la responsabilité de vos actes, de vous excuser et de dire que vous êtes désolé. Vous pouvez alors poursuivre votre vie et laisser l'autre personne poursuivre la sienne.

METTRE LE PRINCIPE EN PRATIQUE

Voici un exercice : Tout d'abord, prenez une feuille de papier et dressez une liste de toutes les personnes qui, à votre avis, vous ont blessé d'une manière ou d'une autre. Ensuite, parcourez la liste, lisez le nom, pensez à ce qui s'est passé et dites : « Je lui pardonne tout, je laisse tomber ». Répétez ces mots deux ou trois fois pour chaque personne de votre liste. Puis rangez la liste. Désormais, chaque fois que vous penserez à cette personne ou à cette situation, éliminez immédiatement l'émotion négative qui y est associée en disant : « Je lui pardonne tout, je lui pardonne tout », puis occupez votre esprit à autre chose.

Toute votre vie commence à s'ouvrir à vous lorsque vous pardonnez enfin et que vous lâchez prise. Le pardon est la clé du royaume de la paix intérieure, la chose la plus difficile à faire et la plus importante.

Chapitre 8

L'OBJECTIF PRINCIPAL

Votre capacité à gérer le stress quotidien de votre vie est essentielle à votre bonheur et à votre réussite. Pour donner le meilleur de vous-même, vous devez faire preuve de calme, de clarté et d'une certaine objectivité à l'égard de vous-même et de votre travail. Dans ce chapitre, vous apprendrez à devenir votre propre psychothérapeute. Vous apprendrez à contrôler vos processus de pensée afin de minimiser votre stress et de maximiser votre énergie et votre optimisme. Vous apprendrez à être heureux et efficace, quoi qu'il se passe autour de vous. L'objectif principal est d'atteindre la paix de l'esprit, le but ultime de tous vos efforts.

LE PLUS GRAND BIEN DE L'HOMME

Le plus grand bien de l'homme est la paix de l'esprit. Votre capacité à atteindre et à maintenir votre propre tranquillité d'esprit est peut-être la meilleure mesure de votre réussite en tant qu'individu. La paix de l'esprit est la condition sine qua non du bonheur et de l'obtention d'un maximum de plaisir dans votre travail et votre vie personnelle. Lorsque vous faites de la paix intérieure votre objectif le plus élevé et que vous organisez toutes vos activités, vos décisions et votre comportement autour d'elle, vous serez plus heureux et plus efficace dans votre vie et votre carrière que dans n'importe quelles autres circonstances.

Le contraire de la paix intérieure est la négativité. Les émotions négatives sont la principale cause de malheur dans la vie. Les émotions négatives sont des émotions « voleuses ». Elles vous privent de la paix, du bonheur et de la joie. Elles vous rendent malade. Elles raccourcissent votre vie. Tout stress, toute tension et toute anxiété se manifestent en fin de compte par une forme ou une autre d'émotion négative. Les émotions négatives, une fois éveillées, sont toujours exprimées, soit intérieurement, soit extérieurement. Vous vous rendez malade ou vous empoisonnez vos relations avec les autres.

L'un de vos principaux objectifs dans la planification de votre vie doit être d'éliminer les émotions négatives et de devenir une personne vraiment heureuse et en bonne santé. La façon d'éliminer les émotions négatives est, premièrement, de comprendre leurs causes profondes et, deuxièmement, d'apprendre à les neutraliser à volonté.

COURAGE ET HONNÊTETÉ

Il faut du courage pour être son propre psychothérapeute. Vous devez faire preuve d'une grande honnêteté. Vous devez être prêt à chercher au plus profond de vous-même la cause réelle du stress ou de la négativité que vous ressentez. Vous devez accepter l'entière responsabilité de votre vie intérieure et extérieure, et de ce que vous ressentez à leur égard. Cela exige une grande force de caractère, mais cela vous permet d'obtenir la meilleure vie possible.

Hans Selye, pionnier de la gestion du stress, a défini le stress comme « toute réponse non spécifique à des stimuli internes ou externes ». Le mot clé de cette définition est « réponse ». Le stress n'est pas contenu dans des événements extérieurs ; il n'existe pas de situation intrinsèquement stressante. Il n'y a que des réponses stressantes. Le stress n'est pas contenu dans ce qui vous arrive. C'est la façon dont vous réagissez à ce qui vous arrive. Vous pouvez choisir de réagir de manière stressante ou de manière non stressante. C'est à vous de choisir.

Le point de départ de la gestion du stress et de la réalisation de la paix intérieure est l'acceptation de la responsabilité de vos réactions. Ce n'est pas ce qui vous arrive, mais la façon dont vous pensez à ce qui vous arrive qui provoque votre réaction, positive ou négative, stressante ou non stressante. C'est votre décision, votre choix, votre responsabilité.

Par exemple, un jour donné, deux personnes peuvent être bloquées dans les embouteillages sur le chemin du travail. L'une sera impatiente et en colère, tandis que l'autre restera calme et détendue.

Il s'agit de la même situation mais de deux façons d'y répondre. C'est la réaction, et non la situation, qui est à l'origine du stress.

Ou encore, la même personne peut être contrariée et en colère si elle est bloquée dans les embouteillages sur le chemin du travail le lundi, et être tout à fait calme si elle est bloquée dans les embouteillages sur le chemin du travail le mercredi. Il s'agit de la même personne et de deux réactions différentes à la même situation. Le choix appartient toujours à la personne.

UN PRIX ÉLEVÉ

Le prix à payer pour une mauvaise gestion du stress et la perte de la paix intérieure est élevé. Près de 80 %, voire 95 %, des maladies physiques sont d'origine psychologique. La médecine moderne a pratiquement éliminé la plupart des grandes maladies, typhoïde, typhus, choléra, variole, fièvre jaune, poliomyélite et bien d'autres encore, qui raccourcissaient la durée de vie naturelle. Malgré cela, nous avons plus de malades et nous consacrons une plus grande part de notre produit national brut aux soins de santé qu'à n'importe quel autre moment de notre histoire. Cette situation s'explique en grande partie par l'incapacité de l'individu moyen à gérer les rigueurs et le stress de la vie quotidienne dans notre société moderne, dynamique et rapide.

La principale cause de décès en Amérique est la maladie cardiaque, qui tue plus de 500 000 hommes et femmes chaque année. Pourtant, des experts tels que le Dr Kenneth Cooper, de la Cooper Clinic à Dallas, ont conclu qu'il y a peu d'incidence de décès par maladie cardiaque avant l'âge de soixante-dix ans en l'absence d'une personnalité très stressée, ou de type A. Le stress élevé a également été étroitement lié au cancer, aux accidents vasculaires cérébraux, aux ulcères, à la colite, à l'hyperthyroïdie, aux maladies et aux éruptions cutanées, aux migraines, à l'arthrite et à toute une série d'autres affections dégénératives et potentiellement mortelles.

LE STRESS PEUT ÊTRE DÉSAPPRIS

S'il y a une chose positive à propos du stress, c'est que personne ne naît avec. Avez-vous déjà vu un bébé stressé ? Toutes les réactions au stress sont apprises au cours de notre vie, grâce à l'expérience et au conditionnement. Et si vous avez appris à réagir à certaines situations de manière stressante, vous pouvez aussi apprendre à y répondre de manière plus positive et constructive.

Quoi qu'il en soit, le stress n'a pas que des inconvénients. Les seules personnes qui ne subissent aucun stress sont celles qui se trouvent dans le cimetière. Le stress est un élément inévitable de la vie. Mais il y a le bon stress, que le Dr Abraham Maslow appelle « eustress », et le mauvais stress, celui qui nuit à la santé. Le bon stress vous donne de l'énergie, de l'enthousiasme et de la passion pour ce que vous faites. Le mauvais stress vous rend fatigué, irritable et malheureux. Il vous donne souvent l'impression d'être dépassé par votre travail.

UNE QUESTION DE CONTRÔLE

La question clé de la gestion du stress est le sujet du contrôle, ou ce que l'on appelle le « locus de contrôle ». Vous avez une image **positive** de vous-même et de votre vie dans la mesure où vous avez l'impression de contrôler ce qui se passe. Vous avez une perception **négative** de vous-même et de votre vie dans la mesure où vous avez l'impression de ne pas avoir le contrôle ou d'être contrôlé par des facteurs externes, tels que votre patron, vos factures, vos relations, votre santé ou d'autres problèmes. (Nous avons abordé cette idée clé au chapitre 2.)

Si vous réfléchissez à votre vie personnelle et professionnelle, vous constaterez que les domaines dans lesquels vous éprouvez la plus grande tranquillité d'esprit et la plus grande satisfaction sont ceux dans lesquels vous avez le sentiment d'avoir le plus de contrôle, ou la capacité d'exercer une influence, sur ce qui se passe. Vous constaterez également que les domaines dans lesquels vous êtes le plus malheureux ou le plus stressé sont ceux dans lesquels vous avez l'impression de ne pas avoir le contrôle, ou dans lesquels vous avez l'impression de ne pas pouvoir faire grand-chose pour résoudre le problème ou éliminer l'irritation.

La méthode de gestion du stress la plus efficace que je connaisse s'appelle la « méthode du contrôle cognitif ». D'une certaine manière, nous avons parlé indirectement de cette méthode tout au long de ce livre. Le « contrôle cognitif » signifie que vous utilisez votre esprit, votre capacité à penser, à choisir et à décider, pour exercer un contrôle sur vos émotions et sur vos réactions face à des situations difficiles. C'est en utilisant la méthode du contrôle cognitif que vous devenez votre propre psychothérapeute et que vous vous assurez une paix intérieure et des relations heureuses tout au long de votre vie.

SEPT SOURCES DE STRESS

Il existe sept causes principales de stress et d'émotions négatives. Ces sept facteurs de stress sont à l'origine de 95 %, voire 99 %, de tous les malheurs que vous rencontrerez. Une fois que vous aurez appris à les identifier et à les gérer, vous vous sentirez plus positif, plus optimiste et plus joyeux dans tout ce que vous ferez. Vous aurez l'impression de reprendre le contrôle de votre vie intérieure et extérieure.

L'INQUIÉTUDE VOUS ÉPUISE

La première grande source de stress est l'inquiétude. L'inquiétude est une forme durable de peur causée par l'indécision. Souvent, les gens apprennent à s'inquiéter par l'un de leurs parents et, à force de s'inquiéter, ils deviennent des sources d'inquiétude chroniques. Ils s'inquiètent de presque tout, presque tout le temps. Or, l'inquiétude, quelle qu'elle soit, a tendance à affaiblir le système immunitaire de l'organisme et à le rendre vulnérable à toutes sortes de maladies, des rhumes et grippes jusqu'aux maladies et infections mortelles. Votre capacité à éliminer les soucis est le point de départ de l'attitude mentale heureuse, saine et équilibrée dont vous avez besoin pour tirer le maximum de joie de tout ce que vous faites.

Lorsqu'on demande aux gens ce qui les préoccupe, ils donnent généralement les pourcentages suivants : 40 % sont des choses qui n'arriveront jamais, 30 % appartiennent au passé et ne peuvent de toute façon pas être changées, 12 % sont des inquiétudes inutiles concernant la santé et 10 % sont des petites inquiétudes concernant des questions sans importance.

Il ne reste donc que 8 %, dont la moitié, soit 4 %, sont des choses contre lesquelles on ne peut rien faire. Seulement 4 % des choses qui inquiètent la plupart des gens peuvent être changées. Comment vos inquiétudes se situent-elles par rapport à ces pourcentages ?

VIVEZ UN JOUR APRÈS L'AUTRE

L'un des meilleurs moyens d'arrêter de s'inquiéter est de vivre dans des « compartiments étanches ». Vivez un jour après l'autre. Dans la Bible, il est dit : « À chaque jour suffit sa peine ». Une grande partie de votre stress résulte de vos inquiétudes concernant des choses à venir, dont la plupart ne se produiront jamais de toute façon. Traversez le pont, dans la mesure du possible, lorsque vous y arrivez, pas avant. Et pas de façon répétée.

LE « CHASSEUR D'INQUIÉTUDE »

La meilleure méthode pour lutter contre l'inquiétude est sans doute le « chasseur d'inquiétude ». Ce processus simple en quatre étapes a aidé plus de personnes que toute autre méthode à prendre le contrôle et à éliminer les soucis.

Tout d'abord, définissez clairement votre situation d'inquiétude par écrit. Parfois, lorsque vous définissez clairement le problème par écrit, vous voyez une solution évidente.

Deuxièmement, déterminez la pire chose qui pourrait se produire à la suite de cette situation. Souvent, vous constaterez que le pire résultat possible n'est pas si terrible. Le simple fait de le définir clairement et de l'envisager comme une possibilité réduit souvent le stress et l'inquiétude associés au problème.

Troisièmement, une fois que vous avez déterminé la pire chose qui puisse arriver, prenez la résolution de l'accepter si elle se produit. Une fois que vous avez déterminé que vous êtes « disposé à ce qu'il en soit ainsi », vous n'avez plus rien à craindre.

Quatrièmement, commencez immédiatement à améliorer ce qui est le moins bon. Commencez à faire tout ce qui est en votre pouvoir pour minimiser le pire résultat possible. Dans le monde des affaires, on appelle cela la solution « minimax ». Il s'agit de minimiser les conséquences les plus graves possibles de toute décision.

John Paul Getty, qui fut un temps l'homme le plus riche du monde, a donné l'un de ses secrets de réussite comme suit : dans chaque affaire ou transaction, identifiez la pire chose qui pourrait mal tourner, puis **faites en sorte qu'elle ne se produise pas.**

Le seul véritable antidote à l'inquiétude est l'action déterminée. Une fois que vous avez pris une décision à propos de ce que vous pouvez faire pour résoudre votre situation, vous vous occupez tellement de la **solution** que vous n'avez plus le temps de penser au **problème.**

La loi de la substitution stipule que vous pouvez remplacer les pensées d'inquiétude par des pensées d'action positive et chasser les pensées d'inquiétude de votre esprit. L'essentiel est de s'activer. « Prendre les armes contre une mer de tourments, et, en les affrontant, y mettre fin », comme l'a dit Shakespeare dans *Hamlet*. « Je dois me perdre dans l'action de peur de dépérir dans le désespoir », a déclaré Tennyson après la mort de son meilleur ami, Arthur Hallam.

SENS ET OBJECTIF

La deuxième cause majeure de stress et de négativité est l'absence de sens et de but dans la vie. C'est le fait de ne pas avoir d'objectifs clairs que l'on s'engage à atteindre. Dans le monde des affaires, une des principales sources de stress est la mauvaise gestion du temps, qui est presque toujours due à un manque de clarté concernant les objectifs et les priorités. Vous ne pouvez pas planifier et organiser votre temps de manière efficace si vous n'êtes pas sûr de ce que vous essayez d'accomplir.

Peut-être 80 % des problèmes et des malheurs que vous rencontrez sont dus au fait que vous ne savez pas exactement où vous allez et ce que vous voulez accomplir. Le simple fait de choisir un objectif majeur et défini, puis d'élaborer un plan pour le réaliser suffit souvent à vous sortir du sentiment de négativité que vous éprouvez en l'absence d'un but.

Il y a un vieux dicton qui, bien que ringard, n'en est pas moins vrai : « Vous vous sentez apathique ? Faites une liste ! » Le simple fait de vous asseoir et de dresser une liste de dix choses que vous aimeriez accomplir au cours des douze prochains mois vous rendra enthousiaste. Votre tension artérielle et votre rythme cardiaque augmenteront. Vous serez plus alerte et plus conscient. Vous serez plus heureux. Votre esprit est structuré de telle sorte que vous ne vous sentez bien dans votre peau que lorsque vous travaillez à la réalisation de quelque chose d'important pour vous.

L'« ACTION INACHEVÉE »

La troisième grande source de stress et de négativité est l'« action inachevée ». Chacun d'entre nous a en lui une « compulsion de clôture » ou un « besoin d'achèvement ». Nous nous sentons heureux et satisfaits lorsque nous terminons un travail ou atteignons un objectif. Nous nous sentons malheureux et stressés lorsque nous laissons quelque chose en suspens ou inachevé. S'engager dans un acte incomplet, ou ne faire qu'une partie d'un travail, peut vous causer un stress énorme. Même regarder quelqu'un s'engager dans une action incomplète est stressant.

Lorsqu'il apparaissait que son client allait être reconnu coupable, un célèbre avocat arrivait au tribunal le dernier jour avec un gros cigare. Alors que le procureur commençait son exposé au jury, l'avocat commençait à tirer des bouffées sur son cigare et les cendres commençaient à augmenter. Au fur et à mesure que les cendres s'allongeaient, sans tomber, l'attention des membres du jury commençait à se focaliser dessus. L'avocat faisait continuellement des mouvements et des objections avec la main qui tenait le cigare, de sorte que celui-ci bougeait sans cesse dans l'air.

En un rien de temps, les yeux de tous les jurés étaient fixés sur les cendres grandissantes et ils ne prêtaient plus attention à ce que disait l'avocat. Lorsque le procureur avait terminé, l'avocat posait son cigare dans le cendrier, puis se levait et présentait au jury ses derniers arguments de défense. Dans de nombreux cas, le jury rendait un verdict de non-culpabilité.

Une fois que le jury avait quitté la salle d'audience, l'avocat retirait un long et fin fil de fer qu'il avait placé au centre du cigare. Ce fil retenait les trois pouces de cendres. Il ne faisait aucun doute que ce fil avait sauvé ses clients dans de nombreuses affaires marginales. La tension liée à l'observation des cendres était si forte pour les membres du jury qu'ils étaient incapables d'écouter le résumé de l'affaire par le procureur.

De même, le stress lié au fait d'être au milieu d'une action incomplète peut être extrêmement distrayant et vous rendre incapable de vous concentrer sur quoi que ce soit pendant très longtemps. Vous pensez continuellement à la tâche ou à la situation.

La procrastination est l'exemple le plus courant d'action inachevée. Chaque fois que vous remettez à plus tard, en particulier pour des tâches importantes, vous ressentez du stress. Et plus la tâche ou la responsabilité est importante, plus le stress est grand, plus votre tranquillité d'esprit est perturbée. Ce stress finit par se manifester physiquement par des réactions telles que l'insomnie, la négativité et l'irritation.

La solution à toute action inachevée est de commencer la tâche et de s'y tenir jusqu'à ce qu'elle soit terminée, ce qui exige une énorme autodiscipline. L'accomplissement d'une tâche se traduit par une augmentation immédiate de l'énergie, de l'enthousiasme et de l'estime de soi. L'accomplissement d'une tâche vous permet de vous sentir mieux et plus positif. Elle permet d'évacuer instantanément le stress ressenti face à une tâche inachevée qui nous pèse.

L'AFFAIRE INACHEVÉE

Une variante de l'action inachevée est l'« affaire inachevée ». L'affaire inachevée fait référence à une relation, personnelle ou professionnelle, qui n'a pas encore abouti. Il s'agit d'une chose que vous n'avez pas lâchée ou à laquelle vous n'avez pas mis fin. Elle n'est pas encore complète ou terminée. L'inachèvement est souvent dû au fait que l'on s'accroche à une relation longtemps après qu'elle soit terminée, au lieu de passer à autre chose.

L'affaire inachevée persiste parfois en raison d'un manque de volonté de pardonner et d'oublier. Elle peut être causée par un désir de se venger. Elle s'accompagne souvent d'amertume et de colère. L'argent peut être en cause, ou le désir d'obtenir ce à quoi vous pensez avoir droit. L'affaire inachevée persiste si vous voulez encore l'amour ou le respect d'une autre personne. Vous êtes encore émotionnellement attaché et vous pensez que votre propre valeur est liée à l'opinion qu'il ou elle a de vous. L'affaire inachevée vous lie au passé et affecte négativement vos relations professionnelles et personnelles.

Une femme qui avait été sommairement licenciée de son poste de cadre après plusieurs années était furieuse. Elle m'a dit qu'elle avait vu son avocat et qu'elle allait intenter un procès pour licenciement abusif. Elle était à la fois amère et déterminée à obtenir ce qu'elle estimait être la justice à laquelle elle avait droit.

Je lui ai demandé combien de temps durerait la procédure. Elle m'a répondu que cela pouvait prendre jusqu'à deux ans avant d'arriver au tribunal.

Quelles étaient ses chances de gagner son procès ? Selon son avocat, elles étaient supérieures à 50 %.

Que ferait-elle dans l'intervalle ? Elle m'a dit qu'en toute honnêteté, si elle prenait un autre poste, cela affaiblirait son dossier, sa demande de rémunération.

Nous avons conclu que, si elle entamait une action en justice, elle risquait d'être immobilisée professionnellement et émotionnellement pendant deux ans et qu'au bout de cette période, elle risquait de perdre son procès et de n'avoir rien gagné. Mais elle aurait perdu deux ans de sa vie à se préoccuper de son procès, sans parler des dépenses que cela implique.

Quel conseil lui donneriez-vous ? Quel conseil vous donneriez-vous à vous-même dans cette situation ? Que feriez-vous dans votre propre vie si vous aviez le sentiment d'avoir été traité injustement par quelqu'un ?

Je lui ai suggéré de laisser tomber l'affaire et de reprendre sa carrière et sa vie en main. Son bonheur et sa tranquillité d'esprit sont bien trop importants pour être rançonnée pendant deux ans. Elle vivrait dans un état d'« animation suspendue » sur le plan émotionnel, et il n'y aurait pas de gain ou d'arrangement qui vaille la peine de perdre tout ce temps.

Elle était à la fois intelligente et perspicace. Elle m'a dit qu'elle y réfléchirait. Plus tard, j'ai appris qu'elle avait renoncé à l'action en justice. Peu après, j'ai lu dans le journal qu'elle avait été nommée à un poste de direction dans une autre entreprise. Lorsque je l'ai vue brièvement quelques semaines plus tard, elle était rayonnante et heureuse.

À Noël, j'ai reçu une carte d'elle avec une note manuscrite disant : « Merci pour le meilleur conseil que j'aie jamais reçu ».

Personne ne peut contrôler vos émotions à moins que vous n'attendiez encore quelque chose de cette personne. Personne ne peut vous rendre malheureux ou en colère à moins que vous ne vouliez encore quelque chose, qu'il s'agisse d'amour, de respect ou d'argent, ou même de la garde des enfants. Dès que vous décidez que vous n'attendez plus rien de l'autre personne, vous mettez fin à l'« affaire ». Vous êtes à nouveau libre.

LA PEUR DE L'ÉCHEC

La quatrième grande cause de stress et de négativité est la peur de l'échec. Cette peur se manifeste généralement par de l'indécision, de l'anxiété et de l'inquiétude. Elle s'accompagne d'un sentiment de « je ne peux pas », qui s'installe dans le plexus solaire, ruine votre digestion, vous effraie et vous fait perdre confiance en vous. Il peut détruire votre ambition et nuire à votre détermination. Au lieu de vous efforcer de réaliser votre potentiel, vous vous préoccupez de ne pas échouer. Vous ne pensez qu'à jouer la carte de la sécurité.

La peur de l'échec est une réponse conditionnée apprise dans l'enfance. Tout le monde éprouve un peu de cette peur. Elle vous incite à la prudence, ce qui, avec modération, est une bonne chose. Mais lorsque la peur de l'échec est poussée trop loin, elle peut constituer un obstacle majeur à votre réussite et à votre bonheur.

Tout le monde éprouve une forme ou une autre de peur. La personne courageuse n'est pas celle qui n'a pas peur, mais celle qui agit en dépit de sa peur. Lorsque vous affrontez vos peurs et que vous allez vers elles, elles diminuent et deviennent plus petites. En revanche, lorsque vous vous éloignez de la personne ou de la situation que vous craignez, la peur grandit jusqu'à dominer votre vie entière.

Voici une méthode simple mais efficace pour faire face à la peur : tout d'abord, affirmez-vous avec énergie et conviction : « Je peux le faire ! Je peux le faire ! Je peux le faire ! » Cette affirmation court-circuite et annule le sentiment de « Je ne peux pas ! Je ne peux pas ! Je ne peux pas ! » C'est une application puissante et rapide de la loi de substitution.

Ensuite, faites ce que vous craignez. Affrontez votre peur. Avancez vers votre peur. Utilisez votre peur spécifique comme un défi et, au lieu de reculer ou de l'éviter, affrontez-la et faites-lui face.

Dans son merveilleux livre *Wake Up and Live* (*Réveillez-vous et vivez*), Dorothea Brande a décrit la technique qui a changé sa vie. Elle a passé le reste de sa carrière à parler de ce secret et à le partager avec des milliers d'autres personnes, dont la vie s'est également transformée. Son secret était tout simplement le suivant : « Décidez exactement ce que vous voulez faire, puis **agissez comme s'il était impossible d'échouer.** »

Faites comme si la peur n'existait pas. Faites semblant. Demandez-vous : « Si je n'avais aucune peur dans cette situation, si je n'avais aucune crainte, comment me comporterais-je ? »

Et agissez de la sorte. Vous pouvez agir de manière à vous sentir courageux et à ne pas avoir peur. Si vous faites semblant d'être courageux, vous commencerez à vous sentir courageux. Vous prenez le contrôle de vos émotions en prenant le contrôle de vos actions.

Demandez-vous toujours : « Quelle est **la pire** chose qui puisse arriver si je continue ? » Puis demandez : « Quelle est **la meilleure chose** qui puisse arriver si je réussis ? » Vous constaterez souvent que la pire chose qui puisse arriver est assez minime, et que la meilleure chose qui puisse arriver est assez importante. Cet exercice à lui seul peut souvent vous motiver à faire le premier pas, si important, vers la réussite.

L'ÉCHEC EST UN EXCELLENT PROFESSEUR

Thomas J. Watson, fondateur d'IBM, l'a exprimé de la manière suivante : « Voulez-vous réussir ? Alors, **doublez votre taux d'échec**. Le succès se trouve de l'autre côté de l'échec. »

N'oubliez pas que l'échec n'est jamais définitif. L'échec est simplement un moyen d'apprendre les leçons dont vous avez besoin pour réussir. La seule chose que la peur de l'échec peut vous assurer, c'est l'échec final dans la vie. Tous les grands hommes et femmes ont pris l'habitude d'affronter leur peur de l'échec et d'agir en dépit de celle-ci, jusqu'à ce que l'habitude du courage devienne partie intégrante de leur caractère.

Vous surmontez la peur de l'échec en avançant avec confiance dans la direction de vos rêves et en agissant comme s'il était impossible d'échouer. Comme l'a dit Henry Ford, « l'échec n'est qu'une nouvelle occasion de recommencer plus intelligemment ».

LA PEUR DU REJET

La cinquième grande cause de stress et de négativité est la peur du rejet. La peur du rejet se manifeste par une *préoccupation excessive* pour l'approbation des autres. La peur du rejet s'apprend généralement dans la petite enfance, à la suite d'un amour conditionnel de la part d'un parent.

De nombreux parents commettent l'erreur de n'accorder leur amour et leur approbation à leurs enfants que lorsque ceux-ci font ce qu'ils veulent qu'ils fassent. Un enfant qui a grandi avec ce type d'« amour conditionnel » a tendance à rechercher *l'approbation inconditionnelle* des autres tout au long de sa vie. Lorsque l'enfant devient adulte, ce besoin d'approbation est souvent transféré sur le lieu de travail et sur le patron. Ce dernier devient, en fait, un père de substitution. L'employé adulte est alors préoccupé par l'opinion du patron.

LE COMPORTEMENT DE TYPE A

Les docteurs Rosenman et Friedman , deux cardiologues de San Francisco, ont défini cette obsession de la performance comme un « comportement de type A ». Ils estiment qu'environ 60 % des hommes et 10 % (en augmentation) des femmes sont de type A. Ce comportement peut varier de cas légers à des cas extrêmes. Les personnes qui sont ce qu'ils appellent de « véritables types A » se mettent tellement la pression pour être performantes qu'elles se gâchent la vie et meurent souvent d'une crise cardiaque avant l'âge de cinquante-cinq ans. Il s'agit peut-être du phénomène le plus grave lié au stress sur le lieu de travail américain.

Le véritable type A a plusieurs attitudes et comportements en commun avec les autres types A. Comparez votre comportement à ces symptômes et voyez si l'un d'entre eux s'applique à vous.

Le signe le plus évident du véritable type A est un « sens aigu de l'urgence ». Le type A a l'impression d'être dans une « course folle ». Il a l'impression d'être sur un tapis roulant et de ne pas pouvoir en sortir. Il a l'impression de devoir faire de plus en plus de choses en un temps de plus en plus court. Il se sent toujours pressé et sous pression. Cette « urgence temporelle » se produit généralement parce qu'il se porte toujours volontaire pour effectuer de plus en plus de travail afin d'obtenir l'approbation du patron qu'il n'a jamais obtenue de son père.

Il n'est pas rare que des entreprises embauchent délibérément des personnes ayant le profil de type A. Elles savent que ces personnes travailleront avec une énorme intensité et produiront bien plus que la moyenne, du moins jusqu'à ce qu'elles fassent un burn out. Ensuite, les entreprises les licencient ou les rétrogradent et embauchent de nouveaux types A pour les remplacer.

Les personnalités de type A sont obsédées par la performance, l'accomplissement d'une norme élevée **indéterminée**. Peu importe ce qu'ils accomplissent, ce n'est jamais assez. N'ayant jamais fixé de standard mesurable leur permettant de se détendre et d'apprécier leurs réalisations, ils se surpassent sans cesse.

Quelle que soit leur réussite, les personnes de type A ressentent une grande **insécurité quant à leur statut**. Elles n'ont jamais l'impression d'en avoir fait assez. Si elles remportent le prix du meilleur vendeur ou du meilleur manager de l'année le 31 décembre, elles ont l'impression de devoir tout recommencer le 1er janvier. Elles ne peuvent jamais se détendre ou se reposer sur leurs lauriers.

Les personnes de type A sont plus préoccupées par les **choses** que par les personnes. Elles travaillent de plus en plus dur pour accumuler les succès (revenus plus élevés, plus grand nombre de ventes, possessions plus nombreuses et plus importantes, plus grand nombre d'articles publiés). Elles croient que « celui qui meurt avec le plus de jouets gagne ! »

Les personnes de type A mesurent leur réussite à l'aune de ce qu'elles peuvent compter. Les personnes de type A parlent sans cesse de leurs biens, du nombre de leurs réalisations ou de leur niveau de revenus. Elles se comparent continuellement aux autres, en particulier à celles qui semblent mieux réussir qu'elles, et sont déterminées à les surpasser.

Les personnes de type A ramènent du travail à la maison. Elles parlent toujours de leur **patron**. Elles sont préoccupées par ce que le patron a dit, ce qu'il a fait ou ce qu'il voulait dire. Elles sont obsédées par les opinions et les points de vue de leur employeur. Rien ne rend les personnes de type A plus heureuses que d'obtenir l'approbation de leur patron. Rien ne rend les personnes de type A plus contrariées que de ne pas avoir les faveurs du patron, quelle qu'en soit la raison.

La caractéristique distinctive la plus importante du type A est peut-être **un sentiment d'agressivité et d'hostilité**, en particulier à l'égard des collègues de travail avec lesquels le type A se sent en compétition permanente.

Les personnes de type A sont généralement **en colère, impatientes et irritées**. Elles travaillent de plus en plus dur, mais ne retirent que peu de satisfaction de leur travail ou de leurs réalisations. Elles ont un sentiment de désespoir, elles pensent qu'il n'y a rien à faire. Elles ont l'impression de perdre le contrôle. Elles disent constamment : « Je dois faire ceci » ou « Je dois faire cela ». Elles ont l'impression qu'il n'y a pas de moment où elles peuvent se détendre et se reposer. Elles finissent par envoyer un message à leur subconscient : « Sors-moi de là ! » Et les premiers signes de maladie cardiaque ou d'autres maladies apparaissent peu de temps après.

PRENDRE LE CONTRÔLE

Si vous reconnaissez en vous un comportement de type A, en particulier une attitude hostile et un sentiment d'urgence ou de pression temporelle, vous pouvez prendre des mesures spécifiques pour vous en débarrasser.

La première étape est simple. **Admettez-le !** Admettez que vous êtes une personnalité de type A. Beaucoup de personnes de type A sont réticentes à admettre que c'est leur travail qui les contrôle complètement, plutôt que ce soit elles qui contrôlent leur travail.

Si vous les accusez de faire preuve d'un comportement de type A, elles retourneront leur hostilité et leur agressivité contre vous et le nieront vigoureusement. Elles s'emportent lorsque leurs femmes ou leurs maris essaient de les faire ralentir. Elles se mettent sur la défensive et se mettent en colère lorsqu'on leur fait des remarques sur leur comportement.

Pour surmonter le comportement de type A (qui est généralement fatal), vous devez réaliser que vous ne trouverez jamais la paix ou le bonheur dans vos réalisations. Vous ne pouvez trouver la paix qu'en vous-même. Si votre père ne vous a jamais donné l'approbation inconditionnelle dont vous aviez besoin, vous devez accepter qu'il a fait de son mieux avec ce qu'il avait.

Il est inutile que vous vous efforciez sans cesse de gagner l'approbation de votre patron pour compenser l'amour et l'approbation que votre père n'a jamais eu à vous donner. Cela ne peut qu'abréger votre vie.

La deuxième étape à franchir pour se débarrasser d'un comportement de type A consiste à **prendre la décision de changer**. Prenez la décision de ne plus vivre comme cela. Prenez la décision de devenir une personne, un parent ou un conjoint plus détendu, plus productif et plus agréable.

De nombreuses personnes admettent qu'elles sont de type A, mais elles disent ensuite qu'elles en sont fières. Ne tombez pas dans ce piège. Il n'y a pas de quoi être fier de se tuer vingt ans plus tôt à force de travail. En fait, c'est tout simplement stupide.

La troisième étape pour surmonter le comportement de type A consiste à **apprendre à se détendre**. Et la meilleure façon de se détendre est de s'arrêter. Pratiquez la relaxation complète ou la méditation, voire la solitude, pendant vingt minutes, deux fois par jour.

Une promenade dans le parc à l'heure du déjeuner est un merveilleux antidote contre le stress. Et c'est lorsque vous êtes convaincu que vous n'avez pas le temps de faire une pause qu'il est le plus nécessaire de vous obliger à le faire. C'est lorsque vous pensez avoir le moins de temps pour prendre soin de vous que vous êtes le plus proche du point de rupture.

DISTINGUER LE TYPE A DU BOURREAU DE TRAVAIL

Il existe une différence fondamentale entre la personnalité de type A et le bourreau de travail. Ces deux types de personnalité sont très différents. Les véritables types A ne peuvent pas prendre du temps libre sans penser ou parler de leur travail. Les véritables types A se vantent de ne pas avoir pris de vacances depuis des années. Ils ramènent une mallette pleine de travail à la maison le week-end, et même s'ils partent en vacances en famille, ils emportent une charge de travail avec eux et sont toujours en train de téléphoner au bureau. L'une des caractéristiques du véritable type A est son incapacité à prendre des congés.

Une autre caractéristique des personnes de type A est qu'elles ont un locus de contrôle **externe**. Vous les entendrez dire à plusieurs reprises : « Je dois, je dois, je dois ». Elles n'ont pas l'impression de contrôler ce qu'elles font. Elles font toujours quelque chose parce que quelqu'un d'autre le veut ou l'attend.

Les bourreaux de travail sont tout à fait différents. Ils ont un locus de contrôle **interne**. Les bourreaux de travail travaillent pour atteindre des buts et des objectifs qu'ils ont eux-mêmes déterminés. Ils éprouvent un immense sentiment de satisfaction et de plaisir dans leur travail. Les bourreaux de travail peuvent travailler dur pendant dix, douze ou quatorze heures par jour, cinq, six ou sept jours par semaine, mais contrairement aux personnes de type A, les bourreaux de travail peuvent prendre un jour ou une semaine de congé, ou partir en vacances et ne pas penser ou s'inquiéter du tout du travail.

Les bourreaux de travail ont tendance à être des personnalités positives, qui s'épanouissent en faisant quelque chose d'important pour eux. Les bourreaux de travail n'ont pas d'hostilité, de colère ou de ressentiment. Ils sont pleins d'enthousiasme et de passion pour leur travail. Les bourreaux de travail font généralement ce qu'ils aiment faire, ce qu'ils apprécient vraiment.

C'est la principale différence entre le bourreau de travail et la personnalité de type A : **le plaisir** que chacun retire de son travail. Maintenant, honnêtement, lequel êtes-vous ? Le type A ou le bourreau de travail ? Votre vie peut dépendre de la précision avec laquelle vous répondez à cette question.

REGARDER LES FAITS EN FACE

La sixième cause majeure de stress, de négativité et de perte de paix intérieure est le « déni ». Le déni est au cœur de la plupart des situations de stress, de malheur et de maladies psychosomatiques.

Le déni est le comportement d'une personne **qui refuse d'affronter une réalité désagréable.** Il se produit avec tout ce qu'il y a de désagréable lorsque vous ne voulez pas admettre qu'un aspect de votre vie ne va pas bien. Vous vous réfugiez dans le déni et prétendez qu'il n'y a rien de grave. Or, ce que l'esprit imprime, le corps l'exprime. Lorsque vous restez dans le déni pendant un certain temps, cela commence à se manifester physiquement. Le déni déclenche des insomnies, des maux de tête, des problèmes digestifs, des dépressions, des accès de colère et souvent une activité frénétique.

Le déni intervient lorsqu'un aspect de votre vie ne fonctionne pas et que vous ne voulez pas l'admettre. Le déni s'accompagne toujours d'une peur d'être embarrassé ou de perdre la face. Il y a déni lorsque vous refusez d'admettre à vous-même ou à quelqu'un d'autre que vous n'êtes pas la personne que vous semblez être. Vous êtes dans le déni lorsque vous ne voulez pas admettre que vous avez changé d'avis. Vous tombez dans le déni lorsque vous ne vous sentez plus comme avant. Vous utilisez le déni pour vous cacher lorsque vous savez que vous avez commis une erreur.

LES COMBATTANTS ET LES FUYARDS

Il existe deux profils de personnalité, saine et malsaine, qui illustrent des réactions différentes au stress et au déni. Le premier est celui du « Combattant » et le second celui du « Fuyard ». Dans une grande université, des étudiants ont été testés sur ces deux profils de personnalité distincts, puis divisés en deux groupes, selon qu'ils étaient majoritairement des fuyards ou des combattants.

Le premier groupe, les fuyards, a été placé dans une pièce où chaque personne était reliée à une électrode qui lui envoyait une légère décharge électrique toutes les soixante secondes. Une horloge était accrochée au mur, à la vue des étudiants. Chaque fois que la trotteuse dépassait le chiffre douze, les étudiants recevaient une décharge au bout des doigts.

Lorsque les fuyards étaient reliés à l'électrode, ils adoptaient divers comportements pour se distraire pendant que la trotteuse se dirigeait vers le chiffre douze. Les chercheurs avaient placé une caméra vidéo dans la station afin de pouvoir observer les visages et les yeux des étudiants de ce point de vue. Lorsque l'aiguille des secondes a atteint les douze, le comportement le plus remarquable des fuyards a été de **refuser** de regarder la station lorsqu'il a signalé l'arrivée du choc. Au lieu de cela, ils ont détourné le regard. Ils évitaient d'affronter le symbole de leur stress et de leur inconfort.

À la fin de l'expérience, les fuyards ont été testés. Leur rythme cardiaque, leur fréquence respiratoire et leur tension artérielle, qui sont tous de bons indicateurs du stress, étaient de 30 à 40 % supérieurs aux valeurs mesurées avant le test.

Ensuite, les étudiants identifiés comme des combattants ont été amenés dans la salle. Ils ont également été reliés aux électrodes et on leur a dit qu'ils recevraient un léger choc électrique chaque fois que la trotteuse franchirait les douze.

Les chercheurs ont observé les combattants à l'aide d'une caméra cachée. La différence la plus notable entre les combattants et les fuyards était que, bien que les combattants aient adopté le même comportement pour se distraire et oublier le choc à venir, lorsque la trotteuse atteignait le douze, tous les combattants regardaient l'horloge en face et se préparaient mentalement à recevoir le choc sur le bout de leurs doigts.

À la fin de l'expérience, la tension artérielle et le rythme cardiaque des participants étaient presque identiques à ce qu'ils étaient avant le test.

Les hommes et les femmes qui affrontent franchement leurs problèmes et leurs difficultés sont en bien meilleure santé que ceux qui les éludent. Ils sont bien plus heureux que ceux qui espèrent qu'ils disparaîtront ou se résoudront tout seuls. Plus vous serez disposé à affronter honnêtement les difficultés et les défis auxquels vous êtes confronté, plus vous serez heureux et en bonne santé.

LA CLÉ DE LA FORCE INTÉRIEURE

En affrontant continuellement vos problèmes de manière honnête et objective, vous devenez une personne plus confiante et plus compétente. Vous devenez plus fort et plus autonome. Vous cessez d'avoir peur des situations désagréables dans votre travail ou votre vie personnelle. Vous faites face à la vie telle qu'elle est, et non pas telle que vous souhaiteriez qu'elle soit.

Pour être votre propre psychothérapeute, pour atteindre la paix intérieure et l'efficacité extérieure, il y a une question simple que vous pouvez vous poser chaque fois que vous vous sentez malheureux ou « mal dans votre peau » pour quelque raison que ce soit. Supposez tout d'abord que votre mécontentement vient de l'intérieur. Puis, plongez en vous-même et posez cette question essentielle : « Qu'y a-t-il dans ma vie que je n'affronte pas ? »

C'est une question difficile qui vous oblige à être totalement honnête avec vous-même. Elle vous oblige à cesser de vous tromper en prétendant que tout va bien. « Qu'y a-t-il dans ma vie que je n'affronte pas ? »

Il se pourrait que vous soyez dans le mauvais emploi. Peut-être n'êtes-vous pas avec la bonne personne. Vous avez peut-être l'impression que quelqu'un d'autre est meilleur que vous dans la profession que vous avez choisie. Chez les hommes, le déni est généralement associé à leur travail. Chez les femmes, le déni est le plus souvent associé à des problèmes relationnels. Chaque personne est particulièrement sensible dans les domaines où son estime personnelle est la plus impliquée. Vous êtes souvent dans le déni dans les domaines de votre vie où le changement est perçu à la fois comme inévitable et menaçant.

Quelle que soit la raison de votre malheur, vous devez être prêt à vous demander : « Qu'y a-t-il dans ma vie que je n'affronte pas ? »

Puis vous demandez : « Quelle est la **pire** chose que cela puisse être ? »

Lorsque j'ai commencé à utiliser cette technique, j'ai identifié la pire chose possible dans ma vie comme étant un problème dans mon mariage. Cela me mettait dans l'embarras et me perturbait émotionnellement au plus haut point. Je me demandais donc : « Suis-je heureux dans mon mariage ? »

Je me forçais à répondre honnêtement à cette question. Il se trouve que ma réponse était toujours « oui ».

Une fois cette possibilité écartée, je me demandais si cela pouvait avoir un rapport avec mon travail. Si ce n'était pas le cas, de quel autre domaine de ma vie pouvait-il s'agir ? Je finissais par trouver la cause du stress et je prenais des mesures pour y remédier.

Souvent, pour éviter la souffrance liée à la confrontation, on se ment à soi-même. Ils diront que la raison pour laquelle ils sont malheureux est qu'ils ont reçu une contravention ou qu'ils ont perdu quelque chose. Ce n'est qu'une façon d'éviter le vrai problème.

Chaque fois que vous commencez à souffrir d'une douleur physique ou mentale, quelle qu'elle soit, cela signifie généralement que ce que vous refusez d'affronter est lié à votre **ego**. Vous devez le rechercher, quel qu'il soit, comme un détective, afin de pouvoir l'affronter franchement. Explorez les recoins de votre esprit comme si vous traversiez une maison dans l'obscurité, armé d'une lampe torche, pour mettre en lumière chacun de vos soucis.

Il y a toujours un prix à payer pour se libérer du malheur. Il y a toujours quelque chose que vous pouvez commencer à faire ou arrêter de faire. Et vous savez toujours quel est le prix à payer. La seule question à laquelle vous devez répondre est la suivante : « Êtes-vous prêt à payer le prix ? »

PAYER LE PRIX

La règle est la suivante : quel que soit le prix, **payez-le !** Vous devrez le payer tôt ou tard, et plus vite vous le paierez, plus vite vous serez libéré de ce qui vous tracasse.

Ne compromettez jamais votre tranquillité d'esprit pour quoi que ce soit. Faites de la tranquillité d'esprit votre objectif suprême et organisez chaque aspect de votre vie en fonction de cet objectif. Si vous échangez votre tranquillité d'esprit contre quelque chose d'autre, vous n'obtiendrez *ni l'une ni l'autre*. Si vous échangez votre tranquillité d'esprit contre un emploi, vous n'obtiendrez ni votre tranquillité d'esprit ni l'emploi. Si vous échangez votre tranquillité d'esprit contre une relation, vous n'aurez ni la relation ni votre tranquillité d'esprit.

Il semble y avoir quelque chose dans la nature qui exige que vous soyez fidèle à votre sentiment de paix intérieure. Si vous ne respectez pas vos normes internes, vous en subirez toujours les conséquences. Vous finirez toujours par payer, et le prix à payer sera toujours supérieur à tout bénéfice ou avantage temporaire que vous aurez obtenu.

LE DESTRUCTEUR DE BONHEUR

La septième source de stress et de négativité est le phénomène de **la colère**. La colère est peut-être la plus destructrice de toutes les émotions négatives. Les accès de colère peuvent provoquer des crises cardiaques, des accidents vasculaires cérébraux, des éclatements de vaisseaux sanguins, des ulcères, des migraines, de l'asthme et des maladies de peau de toutes sortes. La colère incontrôlée ruine les mariages et les relations, détruit la personnalité des enfants en pleine croissance, fait perdre des emplois et des carrières, et cause plus de malheur que n'importe quelle autre émotion.

Ce qui est remarquable avec la colère, c'est qu'elle est tout à fait inutile. Elle ne produit jamais rien de bon. C'est une émotion négative purement destructrice que vous pouvez largement éliminer si vous le décidez.

La colère vient de l'intérieur, pas de l'extérieur. Elle vient de la personne que vous êtes, pas de ce que les gens disent ou font. Personne ne vous met en colère. Rien ne vous met en colère. La colère est une réaction que vous **choisissez** face à une situation particulière. Vous pouvez décider de réagir aux difficultés de manière calme et positive, ou vous pouvez décider de réagir avec colère. Vous êtes toujours libre de choisir.

QU'EST-CE QUI VOUS MET EN COLÈRE ?

La colère est déclenchée par la douleur ou par l'impression que quelqu'un vous attaque ou que l'on profite de vous. Souvent, la colère est causée par des attentes frustrées. C'est une réaction que l'on a lorsque les choses ne se passent pas bien ou que les gens ne se comportent pas comme on l'aurait souhaité. La colère peut être déclenchée par la crainte d'une perte quelconque. Souvent, vous vous mettez en colère si vous avez l'impression d'être victime ou d'être traité injustement.

Dans tous les cas, c'est votre **perception** qui déclenche le sentiment de colère. C'est la façon dont vous interprétez l'événement pour vous-même. Lorsque vous vous considérez comme une victime, votre réaction naturelle sera de vous mettre en colère. Vous pouvez même riposter verbalement ou physiquement pour vous protéger ou vous venger.

Lorsque vous vous sentez victime d'une agression, vous envoyez à votre système nerveux autonome le signal que vous êtes en danger. Ce dernier envoie immédiatement un message au cortex surrénalien et de l'adrénaline est sécrétée dans le sang. L'adrénaline entraîne une accélération des rythmes cardiaque et respiratoire. Votre tension artérielle augmente et votre système passe en « alerte rouge », prêt à se protéger, à se défendre et à contre-attaquer.

L'ensemble de votre corps se prépare **à la lutte ou à la fuite**. Si vous vous mettez en colère de manière répétée, votre résistance à la colère devient de plus en plus faible. Vous vous mettez en colère de plus en plus vite. Finalement, vous n'avez plus aucune résistance. La colère devient alors votre réponse automatique à tout problème perçu dans votre environnement. Certaines personnes sont en colère tout le temps. Tout et tout le monde les met en colère parce qu'elles se sentent victimes et attaquées par un monde hostile.

COMBATTRE OU FUIR ?

L'hypertension artérielle est principalement causée par un schéma de réactions de colère. Vous vous mettez en colère. Votre tension artérielle augmente. Votre corps se prépare à combattre ou à fuir, mais peu de temps après, la situation passe et votre tension artérielle redescend. Chaque fois que vous vous mettez en colère, votre tension artérielle augmente, puis redescend. Finalement, votre tension artérielle *reste* élevée.

La solution à l'hypertension artérielle n'est généralement pas un changement de médicament, mais un changement d'attitude face aux inévitables hauts et bas de la vie quotidienne.

Les éclats de colère sont un signe de faiblesse, témoignant d'une immaturité et d'un manque de maîtrise. Une personne qui se met constamment en colère réagit comme un enfant, sans autodiscipline ni retenue.

Prenez deux décisions : premièrement, maîtrisez votre colère et, deuxièmement, cessez d'utiliser la colère comme réponse aux choses que vous n'aimez pas. Prenez la résolution d'être plus patient et de ne pas porter de jugement tant que vous n'avez pas étudié la situation et posé quelques questions pour vous calmer.

POURQUOI LA COLÈRE S'ACCUMULE

Lorsque vous vous mettez en colère, votre corps tout entier se prépare à la riposte. Toutefois, dans une société civilisée, ces représailles sont généralement contrariées, pour l'une des trois raisons suivantes.

Premièrement, les représailles ou la contre-attaque ne sont pas toujours possibles. Si quelqu'un vous coupe la route dans les embouteillages ou cabosse votre voiture pendant que vous faites vos courses, vous pouvez vous mettre en colère, mais il n'y a pas grand-chose que vous puissiez faire. L'autre personne est partie depuis longtemps. La colère s'accumule en vous, mais n'a pas d'exutoire.

Deuxièmement, les représailles ne sont généralement pas acceptables. Si quelqu'un est grossier avec vous ou si votre patron vous engueule, il n'est pas approprié de riposter ou de l'agresser physiquement. Vous pouvez vous mettre en colère, mais vous finirez par la garder à l'intérieur, où elle s'accumulera.

Troisièmement, les représailles sont souvent déconseillées. Si un ancien joueur de football de 150 kg vous heurte dans un bar ou un restaurant, vous pouvez vous mettre en colère, mais vous auriez tort de lui rendre la pareille. Si vous revenez à votre voiture et qu'une bande de Hell's Angels est assise dessus, vous feriez mieux de retenir votre colère. Vous la réprimez donc.

Dans tous les cas, une fois que vous êtes en colère, si vous ne faites rien pour l'évacuer, elle s'accumule et finit par empoisonner votre corps. Une colère durable modifie en effet la composition chimique de votre sang. Elle finit par se manifester par des maladies de peau, des ulcères, des migraines ou pire encore. Vous exprimerez la colère accumulée contre les membres de votre famille ou contre des personnes qui ne peuvent pas se défendre, comme les employés ou le personnel d'autres entreprises.

L'ARRÊTER DÈS LE DÉBUT

La meilleure façon de gérer la colère est de s'abstenir de se mettre en colère dès le départ. Décidez à l'avance que vous ne vous laisserez pas submerger par la colère. Maîtrisez votre tendance à blâmer ou à vous emporter en vous attrapant et en vous répétant sans cesse : « Je suis responsable, je suis responsable, je suis responsable ».

Vous n'êtes peut-être pas responsable du fait que l'on vous coupe la route, mais vous êtes certainement responsable de la manière dont vous choisissez de réagir. Vous serez beaucoup plus efficace si vous réagissez de manière calme et constructive. Et vous vous sentirez beaucoup mieux.

L'ACTIVITÉ À IMPACT PHYSIQUE BRUT

Toutefois, si vous êtes déjà en colère, vous pouvez la dissiper par le contact. C'est ce que le Dr Hans Selye appelle « l'activité à impact physique brut ». Dans le cadre de ses recherches sur le stress, il a découvert que le contact, quel qu'il soit, soulage la colère. La colère passe de votre corps à l'objet avec lequel vous êtes en contact.

Selye a découvert que l'on peut évacuer la colère par l'un des quatre moyens suivants : les mains, les pieds, les dents ou la voix. Vous pouvez vous débarrasser de la colère en frappant, en donnant des coups de pied, en mordant ou en criant.

Tout sport qui nécessite de frapper quelque chose avec les mains permet de se débarrasser de la colère. Le racquetball, le handball, le volleyball, le baseball et le basket-ball sont d'excellents moyens de transférer la colère du corps à la balle. Frapper un seau de balles de golf sur un terrain d'entraînement est un véritable tonique pour les nerfs. Les hommes et les femmes qui exercent des professions très stressantes sont souvent attirés par ces sports parce qu'ils se sentent tellement mieux après une heure passée à frapper des balles. Toute leur colère se dissipe dans la balle ou l'objet.

Une grande partie de l'acné chez les adolescents et la plupart des éruptions cutanées chez les adultes sont causées par la colère refoulée. Celle-ci peut être dissipée par une activité physique intense.

Un père inquiet dont le fils souffrait d'acné lui a acheté un énorme bloc de bois et une grosse boîte de clous à dix centimes. Il lui a ensuite donné un marteau et lui a demandé de passer dix à vingt minutes par jour à enfoncer ces gros clous dans le bloc de bois. L'acné du garçon a disparu en moins de deux semaines.

Un autre père a acheté à son fils une corde de bois et une hache et l'a fait travailler à couper du bois tous les soirs après l'école. Grâce à cette activité à impact physique brut, l'acné du garçon a complètement disparu en quelques jours.

Tous les sports où l'on *donne des coups de pied*, comme le football, sont excellents pour dissiper la colère. Le simple fait de donner un coup de pied à quelque chose sert d'exutoire. On voit souvent des personnes en colère taper du pied par exaspération, comme une tentative inconsciente de se débarrasser de sentiments de colère refoulés.

Cependant, de nombreuses formes d'exercice, telles que la course à pied, la natation ou le cyclisme, ne permettent pas d'évacuer la colère, car elles n'impliquent que peu ou pas de contact. Ils peuvent vous aider à réduire le stress ou à perdre du poids, mais ils ne réduisent pas la colère.

Vous pouvez dissiper la colère en mangeant quelque chose qui demande beaucoup de mastication. Souvent, lorsque vous avez envie d'un steak, c'est parce que vous vous sentez frustré ou en colère, et le fait de mâcher vigoureusement le steak évacue la colère de votre corps vers la viande. Après un dîner copieux et lourd, vous vous sentez plus détendu parce qu'une grande partie de votre colère s'est envolée.

Les cris sont un autre moyen pour les adultes et les enfants de se débarrasser de leur colère. C'est une forme courante de libération. Les enfants se mettent en colère parce qu'ils se sentent petits et impuissants. Ils crient pour évacuer leurs frustrations. Il en va de même pour de nombreux adultes.

Il existe une forme de psychothérapie appelée « primale ». Au cours du traitement, les patients sont encouragés à crier en présence de psychothérapeutes qualifiés. On leur apprend à libérer la colère refoulée accumulée pendant l'enfance. Cette méthode est souvent très efficace pour aider les gens à maîtriser leurs émotions. C'est certainement mieux que de refouler sa colère d'une part, ou de crier sur ses proches d'autre part.

Lors d'un combat violent entre deux personnes très en colère, celles-ci *se frappent, se donnent des coups de pied, crient et mordent*. Ces réactions sont autant de moyens d'expulser la colère. Souvent, après un grand désaccord ou une bataille physique, les deux combattants deviennent des amants ou de bons amis. Toute la colère a disparu ; il ne reste que de bons sentiments.

LA MÉTHODE DU CONTRÔLE COGNITIF

Votre objectif est de devenir une **personnalité peu stressée et très performante**. Pour y parvenir, vous devez utiliser la méthode du « contrôle cognitif » déjà évoquée ici. Pour donner le meilleur de vous-même, vous devez utiliser votre capacité à penser et à contrôler vos réactions émotionnelles. Mettez en pratique la *loi de la substitution*. Pensez délibérément à des choses positives. Pensez de manière optimiste. Pensez de manière constructive. Si vous choisissez délibérément une pensée positive, vous ne pouvez pas penser simultanément à une pensée négative ou stressante. Vous substituez le positif au négatif.

Répétez-vous : « Je m'aime » ou « Je suis responsable ». Gardez l'esprit fixé sur votre objectif. Étant donné qu'un objectif est intrinsèquement positif, lorsque vous vous forcez à penser continuellement à vos objectifs, vous gardez votre esprit positif et optimiste la plupart du temps.

Si une autre personne vous met en colère, utilisez la *loi du pardon*. Laissez tomber tout sentiment de colère ou de ressentiment. Rappelez-vous que le pardon est un acte parfaitement égoïste. Votre travail, votre responsabilité, est de rester calme et positif plutôt que de laisser les choses vous mettre en colère et vous contrarier. S'il faut pour cela que vous abandonniez les sentiments négatifs que vous éprouvez à l'égard de quelqu'un d'autre, faites-le ! C'est la clé du bonheur, de la tranquillité d'esprit et de la longévité.

FAIRE DE LA TRANQUILLITÉ D'ESPRIT VOTRE OBJECTIF LE PLUS ÉLEVÉ

Vous prenez totalement en charge votre vie intérieure en décidant de faire de la paix de l'esprit votre objectif le plus élevé. Organisez votre vie en fonction de cet objectif. Devenez un détective psychologique et examinez attentivement toutes les pensées, opinions, attitudes ou réactions qui vous causent du stress, quel qu'il soit. Lorsque vous faites délibérément de la paix de l'esprit votre principe d'organisation, vous devenez une personne plus positive. Vous devenez plus détendu et plus sympathique. Vous jouissez d'une meilleure santé et vous accomplissez beaucoup plus de choses que vous n'auriez jamais pu faire autrement.

EXERCICE PRATIQUE

Examinez votre vie et identifiez **un** domaine dans lequel vous ressentez du stress ou de l'anxiété. Définissez clairement la situation stressante. Rédigez ensuite une liste de toutes les choses que vous pouvez faire immédiatement pour atténuer cette situation stressante. Pensez à l'affronter franchement et à prendre des mesures positives pour y remédier. Soyez actif plutôt que passif.

Qu'y a-t-il dans votre vie que vous n'affrontez pas ? Quel est le pire scénario possible ? Passez systématiquement en revue chaque domaine de votre vie et faites le ménage. Faites de chaque partie de votre journée une source de plaisir et de satisfaction plutôt qu'une cause de stress et d'anxiété. Faites de la paix intérieure votre objectif le plus élevé et vous ne commettrez probablement plus jamais d'erreur.

Chapitre 9

MAÎTRISER LES RELATIONS HUMAINES

La forme d'intelligence la plus importante et la mieux rémunérée aux États-Unis est l'intelligence sociale, c'est-à-dire la capacité à bien s'entendre avec les autres. Près de 85 % de votre réussite dans la vie sera déterminée par vos compétences sociales, par votre capacité à interagir positivement et efficacement avec les autres et à les amener à coopérer avec vous pour vous aider à atteindre vos objectifs.

Apprendre à développer et à maintenir des relations humaines de qualité peut avoir un impact plus important sur votre carrière et votre vie personnelle que toute autre réalisation.

La **mauvaise** nouvelle est que l'incapacité à s'entendre avec les autres est la principale cause d'échec, de frustration et de malheur dans la vie et au travail. Selon une étude, plus de 95 % des hommes et des femmes licenciés sur une période de dix ans l'ont été en raison de **mauvaises compétences sociales** plutôt que d'un manque de compétences ou d'aptitudes techniques.

Selon le psychologue Sydney Jourard, la plupart de vos joies dans la vie proviennent de vos relations heureuses avec les autres, et la plupart de vos problèmes dans la vie proviennent de vos relations malheureuses avec eux. La plupart de vos problèmes dans la vie sont des **problèmes avec des personnes.**

Heureusement, vous pouvez devenir extrêmement doué pour vous entendre avec les autres, et dans ce chapitre, vous apprendrez comment faire. Vous apprendrez une variété de méthodes éprouvées pour améliorer immédiatement vos relations avec pratiquement n'importe qui, dans presque toutes les circonstances.

DÉFINITION D'UNE PERSONNALITÉ SAINE

Chacun d'entre nous **pense, a l'impression** ou souhaite avoir une « personnalité saine ». Il existe de nombreuses définitions de la « personnalité saine », dont voici trois des plus utiles.

Premièrement, votre personnalité est saine dans la mesure où vous recherchez délibérément le **bien** dans chaque personne et dans chaque situation. Votre personnalité est malsaine dans la mesure où vous cherchez le **mal** dans les gens et les circonstances. Cherchez-vous et trouvez-vous le bien chez les autres, ou les critiquez-vous et vous plaignez-vous d'eux ? C'est la première mesure.

Deuxièmement, votre personnalité est saine dans la mesure où vous pouvez librement **pardonner** aux personnes qui vous ont blessé d'une manière ou d'une autre. La plupart des malheurs et des maladies psychosomatiques sont dus à l'incapacité de pardonner, à l'insistance à garder rancune longtemps après l'incident. L'acte même de pardonner a une influence libératrice sur votre personnalité. Les personnes en bonne santé ne haïssent pas et ne sont pas non plus préoccupées par la colère et le ressentiment à l'égard de ce qui s'est produit dans le passé. Elles gardent l'esprit libre de tout problème ancien. Elles les laissent partir. C'est la deuxième mesure.

Troisièmement, votre personnalité est saine dans la mesure où vous pouvez vous **entendre** facilement avec de nombreuses personnes différentes. Tout le monde peut s'entendre avec **quelques personnes**. Vous pouvez toujours vous entendre avec des personnes qui vous ressemblent beaucoup, qu'elles soient positives ou négatives. Mais une personne vraiment saine peut facilement s'entendre avec diverses personnes ayant des tempéraments, des personnalités, des attitudes, des valeurs et des opinions différentes. C'est la vraie mesure, le vrai test.

Il existe une relation directe entre votre propre niveau d'estime personnelle et la santé de votre personnalité. Plus vous vous **appréciez** et vous vous **respectez**, plus vous appréciez et vous respectez les autres. Plus vous vous considérez comme une personne valable et utile, plus vous considérez les **autres** comme importants et intéressants. Plus vous vous acceptez tel que vous êtes, plus vous acceptez les autres tels qu'ils sont.

Au fur et à mesure que votre estime personnelle s'améliore, vous vous entendez de mieux en mieux avec un plus grand nombre de personnes différentes, pendant de plus longues périodes. Votre vie devient plus heureuse et plus satisfaisante. Les hommes et les femmes qui ont une bonne estime d'eux-mêmes peuvent s'entendre avec presque n'importe qui, n'importe où et dans presque n'importe quelle situation.

Les hommes et les femmes qui ont une faible estime d'eux-mêmes ne peuvent s'entendre qu'avec quelques personnes, et encore, pas très longtemps. Leur manque d'estime personnelle se manifeste par de la colère, de l'impatience, des critiques, des médisances et des disputes avec les personnes qui les entourent. Ils ne s'aiment pas eux-mêmes et n'aiment donc pas vraiment les autres. En conséquence, les gens ne les aiment pas beaucoup non plus.

LA LOI DE L'EFFORT INDIRECT

La loi de l'effort indirect stipule que vous obtenez presque tout dans vos relations avec les autres plus facilement en les approchant indirectement plutôt que directement.

Par exemple, si vous voulez **impressionner** les gens, la façon la plus directe de le faire est d'essayer de les convaincre de vos qualités admirables et de vos réalisations. Mais essayer d'impressionner une autre personne en parlant de soi vous donne généralement un sentiment de ridicule, et parfois même d'embarras.

La manière indirecte d'impressionner une autre personne consiste simplement à être impressionné par elle. Plus vous êtes impressionné par l'autre personne, par ce qu'elle est ou par ce qu'elle a accompli, plus il y a de chances que l'autre personne soit impressionnée par vous.

Si vous voulez que quelqu'un **s'intéresse** à vous, le moyen le plus direct est de lui parler de vous. Mais la méthode indirecte est plus efficace. Il s'agit simplement de s'intéresser à cette personne. Plus vous vous intéressez à une autre personne, plus il est probable qu'elle s'intéresse à vous.

Si vous voulez être **heureux**, la méthode directe consiste à faire tout ce qui peut vous rendre heureux. Cependant, la joie la plus profonde et durable provient du bonheur que vous apportez aux autres. En vertu de la loi de l'effort indirect, chaque fois que vous faites ou dites quelque chose qui rend quelqu'un d'autre heureux, vous vous sentez vous-même heureux. Vous renforcez votre propre moral et votre estime personnelle.

Comment faire pour qu'une autre personne vous **respecte** ? Le meilleur moyen est de la respecter. Lorsque vous exprimez du respect ou de l'admiration pour une autre personne, celle-ci ressent du respect et de l'admiration pour vous. Dans les relations humaines, on appelle cela le principe de réciprocité. Lorsque vous faites quelque chose de bien pour quelqu'un d'autre, l'autre personne voudra vous rendre la pareille en faisant quelque chose de bien pour vous. La plupart de nos amours et de nos amitiés reposent sur ce principe.

Comment amener une personne à **croire** en vous, selon la loi de l'effort indirect ? La réponse est de croire en elle. Chaque fois que vous montrez que vous croyez ou que vous avez confiance en une autre personne, elle aura tendance à croire en vous et à avoir confiance en vous. On reçoit ce que l'on donne. Ce que vous envoyez, vous le recevez en retour.

Les applications les plus importantes de cette loi de l'effort indirect concernent le développement d'une personnalité saine **en vous-même**. Vous êtes structuré de telle sorte que tout ce que vous faites à une autre personne a un effet réciproque sur vous-même. Tout ce que vous faites pour augmenter l'estime personnelle d'une autre personne augmente votre propre estime personnelle en même temps et dans la même mesure. L'estime personnelle étant la marque d'une personnalité saine, *vous pouvez en fait améliorer la santé de votre propre personnalité en saisissant toutes les occasions d'améliorer la santé de la personnalité des autres*. Ce que vous semez dans la vie des autres, vous le récoltez dans votre propre vie.

Toutes les personnes que vous rencontrez portent un lourd fardeau. C'est particulièrement vrai dans le domaine de l'estime personnelle et de la confiance en soi. Tout le monde grandit avec un sentiment d'infériorité et, pendant la majeure partie de notre vie, nous avons besoin d'être félicités et reconnus par les autres. Quel que soit le degré de réussite ou d'élévation d'une personne, elle a toujours besoin que son image d'elle-même soit renforcée. Elle a toujours besoin que les gens lui disent des choses qui renforcent son estime personnelle et lui donnent l'impression d'avoir plus de valeur et d'être plus utile.

Il y a une phrase qui dit : « Je t'aime parce que je me sens bien quand je suis avec toi ». Cette phrase contient la clé d'excellentes relations humaines. Les hommes et les femmes les plus prospères et les plus heureux sont ceux qui font en sorte que les autres se sentent bien dans leur peau lorsqu'ils sont avec eux. Lorsque vous augmentez l'estime personnelle des autres, des opportunités s'ouvrent à vous et les gens vous aident d'une manière que vous ne pouvez pas imaginer aujourd'hui.

Pratiquez la loi de l'effort indirect. Saisissez toutes les occasions de dire et de faire des choses qui valorisent les autres. Chaque fois que vous exprimez de la gentillesse à l'égard d'une autre personne, votre propre estime personnelle s'améliore. Votre personnalité devient plus positive et plus saine. Vous imprégnez votre propre esprit de ce que vous exprimez à l'égard de quelqu'un d'autre.

FAIRE EN SORTE QUE LES AUTRES SE SENTENT IMPORTANTS

La clé pour rehausser l'estime personnelle des autres, en utilisant la loi de l'effort indirect, est simplement de **faire en sorte que les autres se sentent importants**. Tout ce que vous faites ou dites pour que les autres se sentent plus importants renforce leur estime d'eux-mêmes et augmente la vôtre dans la même mesure.

Si, tout au long de votre journée, vous cherchez à faire en sorte que les autres se sentent importants, vous serez populaire et bienvenu partout. Vous serez en meilleure santé, plus heureux et tirerez plus de satisfaction de la vie que les autres. Vous aurez moins de stress et plus d'énergie. Et surtout, vous vous apprécierez et vous vous respecterez davantage, ce qui vous procurera une plus grande sérénité.

RENFORCER L'ESTIME PERSONNELLE CHEZ LES AUTRES

Le point de départ de l'amélioration de l'estime personnelle des autres est de **cesser** de la démolir. Cessez immédiatement de faire ou de dire quoi que ce soit qui porte atteinte à l'estime personnelle d'autrui. Au minimum, restez neutre. Gardez le silence. Ne dites rien.

Les critiques destructrices, quelles qu'elles soient, diminuent l'estime personnelle plus rapidement que tout autre comportement. Les critiques destructives endommagent ou ruinent plus de relations et de personnalités que toutes les autres influences négatives réunies.

La critique destructive attaque le cœur de la personnalité humaine, déclenchant des sentiments de culpabilité, d'infériorité et de manque de mérite. Lorsqu'une personne est critiquée, même dans le cadre d'une critique dite « constructive », elle se sent immédiatement en colère et sur la défensive et veut se défendre et riposter. En vertu de la loi de réciprocité, chaque fois que vous faites ou dites quelque chose qui blesse les autres, en particulier lorsque cela porte atteinte à leur estime personnelle, vous leur donnez envie, voire besoin, de riposter, de se venger.

Depuis la petite enfance, nous sommes conditionnés pour être très sensibles à toute expression de désapprobation ou de critique de la part de quiconque, quelle qu'en soit la raison. Lorsque nous sommes critiqués, nos réflexes prennent le dessus. Notre estime personnelle s'effondre. Nos sentiments ou nos attitudes à l'égard de la personne qui nous critique deviennent immédiatement négatifs.

La meilleure décision que vous puissiez prendre est peut-être de cesser de critiquer les autres. Éliminez de votre vocabulaire et de vos conversations toute critique destructrice, quelle qu'elle soit. Devenez une personne positive en ne disant que des choses qui motivent les gens au lieu de les démolir.

La plupart des gens que vous rencontrez font du mieux qu'ils peuvent avec ce qu'ils ont à travailler. Rares sont les personnes qui commettent des erreurs délibérément ou qui font mal les choses par choix. En fait, le cerveau est conçu de telle manière qu'il est presque impossible pour une personne de faire délibérément quelque chose de mal si elle sait comment le faire correctement. Une erreur, quelle qu'elle soit, donne à la personne un sentiment d'incompétence. L'estime personnelle diminue. La représentation de soi en souffre. La personne ne s'aime pas et ne se respecte pas beaucoup. Personne ne s'inflige cela volontairement.

La plupart des critiques à l'égard des autres proviennent du jugement et de la culpabilisation, du fait que l'on se considère comme supérieur à eux d'une manière ou d'une autre. Or, juger les autres déclenche la loi « tu récoltes ce que tu sèmes ». Cela pousse les autres à vous juger plus sévèrement. Cela entraîne les mêmes conséquences négatives sur vous. Critiquer les autres amène les autres à vous critiquer.

Presque toutes les émotions négatives commencent par le jugement et la culpabilisation des autres. La raison pour laquelle vous évitez de critiquer est donc purement égoïste. Le fait d'être positif et de soutenir les autres, ou au moins d'être neutre, vous permet de rester vous-même positif et joyeux. Refuser de critiquer vous permet de rester détaché plutôt que de vous impliquer émotionnellement.

Il est facile de prendre l'habitude de critiquer et de rechercher des fautes. Pour beaucoup de gens, toute la conversation tourne autour de la médisance et de la critique. Cependant, vous devez vous défaire de cette habitude si vous êtes vraiment déterminé à développer le type de personnalité dont vous avez besoin pour atteindre le sommet.

Vous devez cesser de dénigrer les gens ou de parler négativement d'eux pour quelque raison que ce soit. Peu importe ce qu'une personne a fait, ou à quel point vous pensez que c'est mal, gardez vos opinions pour vous. Challengez-vous en trouvant des raisons de ne pas critiquer ou réprimander. Trouvez des excuses à l'autre personne, souhaitez-lui bonne chance et, le cas échéant, pardonnez-lui et laissez-la tranquille.

L'habitude de se plaindre est un autre comportement qui nuit à l'estime personnelle, tant chez celui qui parle que chez celui qui écoute. De nombreuses personnes **se plaignent** en jouant le jeu du « c'est pas terrible ». Elles disent des choses comme : « N'est-ce pas terrible ce qu'a fait untel ou un untel ? » ou « N'est-ce pas terrible que les prix soient si élevés ? » ou « N'est-ce pas terrible que les affaires aillent si mal ? » Puis elles essaient de se surpasser les unes les autres en pensant à des choses encore pires.

Henry Ford l'a très bien dit : « Ne jamais se plaindre, ne jamais expliquer ». L'habitude de trouver des raisons de se plaindre attire d'autres plaignants dans votre vie et dans votre cercle social. En vertu de la loi de la concentration, qui stipule que tout ce sur quoi vous vous attardez grandit dans votre réalité, plus vous vous plaignez, plus vous trouvez de quoi vous plaindre et plus vous trouvez de gens auprès de qui vous plaindre.

Les vrais hommes et femmes ne se plaignent jamais. S'ils ont un problème et qu'ils peuvent y faire quelque chose, ils s'activent et agissent. S'il n'y a rien à faire, ils se disent simplement : « Ce qui ne peut être guéri doit être enduré. » Ils se mettent alors à faire ce qu'ils peuvent, mais ne se plaignent jamais.

En réalité, personne ne s'intéresse vraiment à vos plaintes. Les gens ont leurs propres problèmes, et la plupart d'entre eux sont bien pires que les vôtres. Probablement 80 % des personnes à qui vous parlez de vos plaintes s'en moquent, et les 20 % restants en sont plutôt contents. Ambrose Bierce définissait le « bonheur » comme « l'émotion ressentie en voyant le malheur d'un ami ». Ce n'est que trop vrai.

Prenez la résolution de cesser de critiquer, de condamner et de vous plaindre. Comme le dit la chanson, « si vous ne pouvez pas dire quelque chose de gentil, ne parlez pas du tout, c'est mon conseil ». Si vous éliminez simplement toute forme de négativité de vos conversations, cela aura à lui seul un impact positif sur vos relations. Cela vous procurera un bien-être personnel, et les autres ressentiront la même chose à votre égard.

LES SEPT CLÉS POUR AMÉLIORER LES RELATIONS

Il existe sept comportements proactifs, positifs, constructifs et psychologiquement sains que vous pouvez mettre en pratique pour améliorer vos relations avec les autres. Chacun de ces comportements fait appel aux besoins subconscients profonds des autres, à leur besoin de se sentir importants, valorisés et respectés. Ces besoins subconscients ont été formés dans la petite enfance et si vous parvenez à les satisfaire, vous serez étonné de voir à quel point les gens vous apprécieront et, en vertu de la loi de l'effort indirect, à quel point vous vous apprécierez vous-même.

ÊTRE AGRÉABLE

Le premier comportement à adopter est tout simplement d'être agréable. Les gens aiment être entourés d'hommes et de femmes agréables, avec lesquels ils peuvent discuter librement et facilement d'une grande variété de sujets. Lorsque vous acquiescez, souriez et êtes d'accord avec une personne qui parle, celle-ci se sent plus utile et respectée, elle a le sentiment que ce qu'elle a à dire est important et que, par conséquent, elle l'est aussi.

Un comportement agréable renforce l'estime personnelle d'autrui. Le désaccord la diminue. Chaque fois que vous n'êtes pas d'accord ou que vous vous disputez avec quelqu'un, vous remettez en question ses connaissances et son intelligence. Vous lui dites qu'il a tort, que son jugement et son expérience ne valent pas grand-chose. Par conséquent, par extension, il ou elle ne vaut pas grand-chose non plus.

C'est un fait de la nature humaine que nous détestons avoir tort, et d'autant plus lorsqu'il est évident que nous avons tort. Le fait d'avoir tort sur une question nous donne l'impression d'être nous-mêmes en quelque sorte dans l'erreur. Notre estime personnelle en prend un coup. Nous nous sentons diminués et inadéquats, et nous nous considérons comme déficients ou incompétents.

Lorsque vous dites à une personne qu'elle a tort, sa réaction immédiate sera de se mettre sur la défensive, de s'entêter et d'être encore plus catégorique. Notre estime personnelle est généralement très fragile, et lorsqu'on nous dit que nous avons tort, nous réagissons rapidement pour la protéger à tout prix.

Soyez agréable. Soyez le genre de personne qui est facilement d'accord avec les autres. Rappelez-vous les mots : « Sois vite d'accord avec ton adversaire ». Si vous devenez une personne agréable et avec laquelle il est facile de s'entendre, vous créerez beaucoup moins de résistance chez les autres à vous aider ou à s'entendre avec vous. Même si l'autre personne a manifestement tort, vous devez, en vous basant sur votre connaissance des faits, vous demander : « Quelle est l'importance de cette question ? » Si ce n'est pas important, au lieu d'être en désaccord, laissez passer.

ARRÊTER D'ARGUER

En grandissant, j'ai développé un véritable talent pour *l'argumentation*. Je me disputais avec n'importe qui à propos de n'importe quoi, à la moindre occasion. Souvent, je prenais le temps de bien m'informer sur un sujet afin d'en savoir plus que la personne avec laquelle je discutais. Grâce à mes connaissances supérieures, je gagnais presque toujours. Quoi qu'il ou elle dise, je pouvais le ou la surpasser.

Cependant, je me suis vite retrouvé à passer beaucoup de temps seul. Les gens ont commencé à m'éviter délibérément. Les gens ne voulaient pas passer du temps avec moi au travail, et ils ne voulaient pas non plus socialiser avec moi après le travail. Je gagnais toutes les disputes, mais je perdais tous les amis.

On dit qu'« un homme convaincu contre son gré est toujours du même avis ». Je convainquais les gens en les submergeant de ma connaissance approfondie des faits, mais au final, c'était moi qui perdais le plus. J'avais oublié de me demander : « Qu'est-ce qui est important ici ? »

Et la réponse à cette question était que ce qui était important pour moi, c'était de m'entendre avec les autres. Ce sont les relations qui sont importantes, pas le fait d'avoir raison ou de gagner les disputes. Vous devriez utiliser cette même mesure.

Demandez-vous toujours : « Est-ce que je veux avoir raison ou est-ce que je veux être heureux ? » Et choisissez le bonheur !

Lorsque quelqu'un dit quelque chose que vous estimez incorrect, la meilleure politique est de laisser tomber. Mais si, pour une raison ou une autre, la question est si importante que vous ne pouvez pas la laisser passer, vous pouvez toujours rester d'accord en utilisant ce que l'on appelle le « désaccord d'un tiers ».

Avec cette méthode, vous mettez les mots de votre argument dans la bouche d'une tierce personne imaginaire ou non présente. Vous dites : « C'est un point très intéressant, Bill, mais si quelqu'un posait cette question, quelle serait votre réponse ? » Ensuite, mettez votre question dans la bouche de quelqu'un d'autre.

Vous pourriez demander : « Que pensez-vous que nos clients diraient s'ils savaient que nous faisons cela ? » Ou vous pouvez demander : « Comment pensez-vous que nos banquiers réagiraient si nous prenions ce genre de mesures ? » Dans chaque cas, vous pouvez continuer à être aimable et agréable tout en soulevant les questions qui vous viennent à l'esprit. Il suffit de mettre les mots dans la bouche de quelqu'un d'autre.

L'avantage de cette méthode est que si la personne a une bonne réponse, vous pouvez continuer sans avoir été désagréable. Si l'autre personne ne peut pas répondre à la question, elle peut changer d'avis sans perdre la face parce que la personne qui « pose la question » n'est pas présente et que son ego n'est pas impliqué.

Votre décision de devenir une personne agréable et facile à vivre réduira votre niveau de stress et augmentera votre capacité à influencer les autres pour qu'ils vous aident. Vous augmenterez l'estime personnelle des autres et vous vous sentirez mieux dans votre peau.

PRATIQUER L'ACCEPTATION

Le deuxième comportement à adopter pour renforcer l'estime personnelle est l'« acceptation ». Chacun d'entre nous est conditionné à rechercher l'acceptation des autres. Le nourrisson commence par regarder le visage de sa mère ou de son père pour voir s'il est aimé, respecté, désiré, important, drôle, intelligent, etc. En grandissant, nous regardons les visages des autres pour savoir comment nous nous portons. Nous avons un besoin profond d'être acceptés par les autres, même par ceux que nous ne connaissons pas.

Lorsque deux personnes se rencontrent, par exemple, que ce soit pour la première fois ou lors de rencontres ultérieures, la toute première chose qui doit s'établir entre elles est un certain niveau d'acceptation. Nous regardons les yeux, le sourire, le visage et le langage corporel de l'autre personne pour voir si elle nous accepte et si elle est contente de notre présence. Ce n'est que lorsque nous nous sentons acceptés que nous pouvons nous détendre.

De nombreux problèmes sociaux sont causés par des personnes et des groupes qui réclament d'être acceptés par les autres selon leurs propres conditions. Lorsque vous « montez au créneau » et exprimez une acceptation authentique et inconditionnelle d'une autre personne, vous augmentez son estime personnelle, vous améliorez la représentation qu'elle a d'elle-même et vous lui permettez de se sentir détendue et en sécurité en votre compagnie.

IL SUFFIT DE SOURIRE !

Et que faut-il faire pour exprimer l'acceptation ? C'est simple. Il suffit de sourire. 13 muscles suffisent pour sourire et 112 pour froncer les sourcils. Un sourire authentique adressé à une autre personne en dit long. Il dit : « Je t'accepte tel que tu es, sans condition ». Lorsque vous souriez à une autre personne, elle se sent valorisée, importante et digne d'intérêt. Elle se sent mieux dans sa peau. Et tout ce que cela vous coûte, c'est un simple sourire, l'expression d'une chaleur authentique.

Un proverbe chinois dit : « Un homme sans sourire ne devrait pas ouvrir un magasin ». Les vendeurs, les hommes d'affaires et tous ceux dont la subsistance dépend du patronage ou du soutien d'autrui doivent apprendre à pratiquer l'acceptation dans leurs relations.

La loi de la réciprocité stipule que si vous faites en sorte que les gens se sentent bien en leur souriant et en les accueillant positivement, ils voudront vous rendre la pareille en vous traitant de la même manière. Willy Loman, dans *Mort d'un commis voyageur*, a dit : « Le plus important, c'est d'être aimé ». Lorsque les gens vous apprécient, ils sont beaucoup plus enclins à coopérer avec vous. Le point de départ pour être apprécié est d'aimer les autres. Et la façon d'exprimer que vous appréciez une autre personne est de lui adresser un sourire chaleureux et sincère lorsque vous la rencontrez.

Bien sûr, le moment le plus difficile pour sourire est celui où l'on n'a pas du tout envie de sourire. Mais vous pouvez **agir** de façon à vous sentir mieux. Même si vous ne vous **sentez** pas particulièrement positif, si vous vous forcez à sourire sincèrement aux personnes que vous rencontrez pendant quelques minutes, vous commencerez à vous sentir mieux. Les nuages de négativité se dissiperont et s'envoleront. Peu à peu, vos sourires deviendront de plus en plus sincères. Vous augmenterez votre propre estime personnelle en faisant un effort pour augmenter l'estime des autres, et vous le ferez en souriant.

UNE ATTITUDE DE GRATITUDE

La troisième mesure que vous pouvez prendre pour améliorer l'estime personnelle des autres est d'exprimer votre **appréciation**. L'un des besoins les plus profonds de la nature humaine est celui d'être apprécié. Chaque fois que vous exprimez votre gratitude ou votre appréciation à l'égard d'une autre personne pour quelque chose qu'elle a fait, vous lui donnez le sentiment d'avoir plus de valeur, d'être plus compétente et d'être plus utile.

Pour exprimer sa reconnaissance, il suffit de dire « merci ». Ces mots comptent parmi les plus puissants de la langue française et constituent l'expression la plus puissante dans pratiquement toutes les langues. J'ai voyagé et travaillé dans plus de quatre-vingts pays et j'ai appris qu'il suffit d'apprendre et de dire les mots « s'il vous plaît » et « merci » partout dans le monde à chaque occasion.

DIRE « MERCI »

Les mots « merci » ont un pouvoir énorme. Chaque fois que vous les prononcez, l'estime personnelle d'une personne augmente. Vos remerciements récompensent et renforcent son comportement. Votre « merci » augmente la probabilité qu'il ou elle le répète. Si vous dites « merci » pour de petites choses, les gens feront bientôt de grandes choses pour vous.

Prenez l'habitude de dire « merci » à tout le monde pour tout ce qu'ils font. Dites « merci » à votre conjoint pour tout ce qu'il fait pour vous. Dites « merci » à vos enfants pour tout ce qu'ils font à la maison. Plus vous remerciez votre conjoint et vos enfants, plus ils se sentent positifs et heureux dans leur peau. Ils seront d'autant plus enclins à faire davantage de choses qui suscitent votre reconnaissance.

Tout au long de la journée, dites « merci » aux personnes qui font des choses pour vous. Remerciez les personnes qui vous donnent des rendez-vous. Remerciez-les pour leur temps. Remerciez-les pour leurs commentaires. Remerciez-les pour leur générosité. Remerciez-les pour leur aide. Remerciez les gens pour tout ce à quoi vous pouvez penser.

Et envoyez des « notes de remerciement ». Les notes de remerciement comptent parmi les outils les plus puissants jamais inventés pour renforcer l'estime personnelle et les relations. Lorsque vous envoyez une note de remerciement à quelqu'un, même si elle ne contient que quelques mots, cette personne se souvient souvent de vous de manière positive pendant des mois, voire des années. Vous pouvez vous démarquer de la foule en vous faisant connaître par les différentes façons dont vous exprimez votre gratitude envers les autres, par le nombre de façons différentes dont vous dites « merci ».

Développez une « attitude de gratitude ». Les personnes les plus heureuses et les plus populaires sont celles qui traversent leur vie en étant sincèrement reconnaissantes pour les choses qui leur arrivent et pour toutes les personnes qu'elles rencontrent. Une attitude de gratitude vous ouvre la voie. Une attitude de gratitude garantit une personnalité saine et une meilleure estime personnelle. Et plus vous êtes reconnaissant pour ce que vous avez, plus vous aurez de raisons de l'être.

LES PETITS ENFANTS PLEURENT POUR CELA, LES GRANDS HOMMES MEURENT POUR CELA

La quatrième façon d'augmenter l'estime personnelle des autres, de les faire se sentir plus importants, est de les approuver en toute occasion. L'expression de l'approbation, ou **l'éloge**, est l'un des moyens les plus rapides et les plus prévisibles de rendre les gens heureux et fiers. Féliciter et reconnaître les autres est le moyen le plus sûr d'améliorer leur estime personnelle, de renforcer leur comportement et de leur donner envie de vous aider et de coopérer avec vous.

L'une des définitions de l'estime personnelle est la mesure dans laquelle une personne se considère comme « digne d'éloges ». Chaque fois qu'une personne est félicitée par une autre, son estime personnelle augmente comme un thermomètre lorsqu'il fait chaud. Ken Blanchard, auteur du livre *Le manager minute*, recommande de faire des « éloges d'une minute » tout au long de la journée. Il recommande de « surprendre les gens en train de faire quelque chose de bien ». Plus vous le faites, plus ils se sentent efficaces et compétents, et plus ils sont susceptibles de répéter le comportement qui leur a valu le compliment.

Les enfants fatigués qui sont félicités et approuvés par leurs parents ou leurs enseignants sont en fait plus dynamiques et retrouvent leur énergie perdue. Lorsque les gens sont sincèrement félicités par une personne qu'ils respectent, leur enthousiasme et leur vivacité d'esprit augmentent et ils se sentent beaucoup mieux dans leur peau. Il n'y a pratiquement rien de plus efficace pour améliorer l'estime personnelle et faire en sorte que les gens se sentent bien dans leur peau que l'expression sincère d'un compliment et d'une approbation pour quelque chose qu'ils ont fait ou dit.

LES TROIS CLÉS POUR UN COMPLIMENT POSITIF

Le compliment est un art. Les grands dirigeants, les hommes d'affaires prospères et les excellents parents savent tous faire des compliments. Voici trois choses que vous pouvez faire pour optimiser l'effet des compliments que vous adressez à d'autres personnes.

Premièrement, le compliment doit être **immédiat**. Plus vous félicitez rapidement une action ou un comportement, plus l'impact est important. Certaines entreprises commettent l'erreur d'évaluer leurs employés tous les trois ou six mois, voire une fois par an. Mais lorsque vous félicitez une personne longtemps après un incident, cela n'a que très peu d'effet sur l'opinion qu'elle a d'elle-même ou sur ses actions futures. Il faut donc féliciter immédiatement, ou le plus tôt possible après le comportement.

Deuxièmement, faites des compliments **spécifiques**. Lorsque vous félicitez une action ou un comportement spécifique, vous vous assurez que cette action ou ce comportement spécifique sera répété. En revanche, si vous faites des compliments généraux, comme le font certaines personnes, cela n'a que peu d'effet sur le destinataire. Par exemple, si vous dites à votre secrétaire « Vous faites un excellent travail », vos paroles n'auront qu'un impact modéré. En revanche, si vous lui dites « Vous avez fait un excellent travail en tapant et en envoyant ce rapport jeudi », vous aurez beaucoup plus de chances de voir les prochains rapports faits et envoyés à temps.

La même règle s'applique lorsqu'il s'agit de féliciter les enfants. Au lieu de dire « Tu es un enfant formidable », dites plutôt « Tu as fait un super travail en faisant ton lit et en nettoyant ta chambre ce matin ». Quelle que ce pour quoi vous le félicitez, votre enfant sera beaucoup plus enclin à le répéter. La règle est la suivante : saluez ce que vous voulez voir se répéter, saluez-le immédiatement et de manière spécifique.

Troisièmement, dans la mesure du possible, **faites des compliments en public**. Si vous devez corriger une personne, faites-le en privé, mais félicitez-la devant les autres. Plus il y a de personnes devant lesquelles vous félicitez une personne, plus son estime et son respect personnels s'en trouvent renforcés. Les récompenses et la reconnaissance accordées devant un large public de collègues ont le plus grand impact sur l'estime personnelle d'une personne et sur le comportement qui en découle.

Les gens peuvent travailler plus dur pour gagner plus d'argent, mais ils ramperont sur du verre brisé pour obtenir plus de compliments et de reconnaissance. Tous les grands dirigeants en sont conscients et utilisent leur position pour distribuer généreusement des compliments. Napoléon a déclaré : « J'ai découvert une chose remarquable : les hommes sont prêts à mourir pour des rubans ». Le compliment est un puissant facteur de motivation lorsqu'il est fait correctement.

LES DEUX TYPES DE COMPLIMENTS

Si vous voulez qu'une personne **prenne** une habitude, comme celle de ranger sa chambre ou d'arriver à l'heure au travail, vous devez **la féliciter chaque fois qu'elle le fait**. Cette forme de compliments est appelée « renforcement continu ». Si vous félicitez continuellement le nouveau comportement que vous souhaitez voir se répéter, la personne finira par le répéter si souvent qu'elle en fera une habitude. Une fois que la personne a acquis une nouvelle habitude, vous pouvez passer au « renforcement intermittent ». Le renforcement intermittent signifie que vous ne félicitez le comportement que toutes les trois ou quatre fois qu'il se produit.

Le renforcement continu, une fois que l'habitude a été prise, peut sembler peu sincère et peut en fait être démotivant. Les compliments répétitifs peuvent même amener la personne à abandonner complètement le comportement. En revanche, le renforcement intermittent, une fois l'habitude prise, peut entraîner la répétition indéfinie du comportement. C'est l'équivalent de « faire tourner l'assiette ».

Par exemple, pour inciter vos enfants à ranger leur chambre, félicitez-les chaque fois qu'ils rangent la moindre chose. Faites-en quelque chose de très important. Continuez ainsi jusqu'à ce que les enfants commencent à ranger leur chambre volontairement ou, du moins, sans trop d'insistance. Une fois qu'ils ont pris l'habitude de ranger leur chambre, il suffit de les féliciter ou de les approuver toutes les trois ou quatre fois. Cela suffira à maintenir l'habitude « bien ancrée ».

L'ADMIRATION

Le cinquième comportement que vous pouvez adopter pour améliorer l'estime personnelle des autres et leur faire sentir qu'ils sont importants est l'admiration. Chaque fois que vous admirez une autre personne pour quelque chose qu'elle a accompli, pour un trait de personnalité ou pour une possession, vous augmentez son estime personnelle. L'admiration est un outil puissant dans les relations humaines. Comme l'a dit Abraham Lincoln, « tout le monde aime les compliments ». Vous pouvez utiliser l'admiration presque partout et dans presque toutes les situations. Il est pratiquement garanti que l'autre personne se sentira plus importante grâce à elle.

Vous pouvez admirer des traits de personnalité ou des qualités. Lorsque vous complimentez une personne pour sa ponctualité, sa générosité, sa persévérance ou sa détermination, vous lui donnez l'impression d'être plus précieuse et plus importante. Nous sommes tous fiers de nos traits de caractère positifs. Nous sommes généralement fiers de ce que nous sommes devenus. Lorsque d'autres personnes reconnaissent et admirent nos qualités, nous nous sentons mieux dans notre peau.

Vous pouvez admirer les biens des autres. Les gens investissent souvent beaucoup d'émotions dans les choses qu'ils acquièrent. Par exemple, la plupart des gens réfléchissent beaucoup au mobilier et aux installations qu'ils achètent pour leur maison. On ne peut jamais se tromper en complimentant une personne sur la beauté de sa maison ou de son salon.

Les gens réfléchissent également beaucoup à leurs vêtements. Vous êtes certain qu'une femme se sentira mieux dans sa peau si vous la complimentez sur l'un de ses vêtements ou accessoires.

Vous pouvez obtenir le même effet avec un homme en le complimentant sur ses vêtements, en particulier ses chaussures ou sa cravate. Les hommes passent généralement beaucoup de temps à réfléchir aux cravates qu'ils portent et à choisir les chaussures qu'ils achètent. Ils seront à la fois surpris et heureux que vous les admiriez.

Vous pouvez également admirer les réalisations des gens. Vous pouvez les complimenter pour l'éducation qu'ils ont reçue ou le poste qu'ils ont obtenu. Vous pouvez admirer l'entreprise qu'ils ont créée ou toute autre chose qu'ils ont accomplie.

Admirer les réalisations d'une personne renforce son estime personnelle et lui permet de se sentir bien dans sa peau. Si vous souhaitez sincèrement admirer une autre personne pour quelque chose, vous trouverez d'innombrables occasions de le faire. Tout le monde a accompli quelque chose qui mérite votre admiration. Votre tâche consiste à le trouver et à le ou la complimenter à ce sujet.

Permettez-moi toutefois d'ajouter une mise en garde. N'exprimez votre appréciation, votre approbation ou votre admiration que lorsque vous le ressentez sincèrement. Ne manquez jamais de sincérité dans vos tentatives de rehausser l'estime personnelle des autres. Les gens sont comme des détecteurs de mensonges humains. Ils peuvent détecter le manque de sincérité dans une salle bondée. Ne vous en rendez pas coupable.

Il n'y a qu'une seule exception à cette règle : un sourire non sincère vaut toujours mieux qu'un froncement de sourcils sincère. Mais dans tous les autres cas, vos compliments doivent être sincères. Vous devez penser honnêtement ce que vous dites. Si vous ne le faites pas, les gens auront l'impression que vous essayez de les manipuler. Si c'est le cas, vous obtiendrez la réaction inverse de celle que vous souhaitiez. L'estime personnelle de l'autre personne diminuera et elle réagira à votre égard avec méfiance et défiance.

Ces cinq premières choses que vous pouvez faire pour que les autres se sentent plus importants commencent toutes par la lettre A. La première est d'être **agréable**. La deuxième est d'exprimer son **acceptation**, en souriant aux personnes que vous rencontrez. La troisième est d'exprimer son **appréciation**, en disant « merci » en toute occasion. Le quatrième est d'exprimer son **approbation**, c'est-à-dire de féliciter et de reconnaître les autres pour les choses positives qu'ils font. La cinquième consiste à exprimer son **admiration**, c'est-à-dire à complimenter les gens pour leurs réalisations, leurs traits de caractère ou leurs biens. Ce comportement de votre part est le fondement de bonnes relations avec les autres. Chaque fois que vous adoptez ces comportements, vous améliorez le bien-être des autres à votre égard et le vôtre propre s'en trouve renforcé.

« MAGIE BLANCHE »

La sixième mesure que vous pouvez prendre pour que les autres se sentent importants commence également par un A, et c'est **l'attention**. La vie est l'étude de l'attention. Vous accordez toujours votre attention à ce que vous appréciez le plus, à ce qui vous intéresse le plus, à ce qui est le plus important pour vous. Votre attention est votre vie. Là où va votre attention, vont aussi vos pensées, vos sentiments, votre vie.

Dans vos relations avec les autres, la quantité d'attention que vous leur accordez est le principal indicateur de l'importance qu'ils ont pour vous. Vous accordez toujours plus d'attention aux personnes et aux choses que vous appréciez le plus. Le contraire de l'attention est l'indifférence. Vous ignorez les personnes et les choses que vous n'estimez ni n'appréciez.

Lorsque vous accordez de l'attention à une personne, vous lui dites : « Je t'estime et je te considère comme quelqu'un d'important ». Lorsque vous ignorez une personne, vous dites : « Je te considère comme quelqu'un d'insignifiant et de peu de valeur ». Le simple fait de prêter attention à une personne augmente son estime personnelle. Le fait d'ignorer une personne diminue son estime personnelle. L'indifférence la met souvent en colère et la met sur la défensive.

L'une des principales causes d'émotions négatives est le sentiment d'être ignoré par les autres. Le fait d'être ignoré, que ce soit par un conjoint, un patron ou même un serveur dans un restaurant, nous donne l'impression d'être dévalorisés et diminués. C'est pourquoi les personnes qui ont des relations humaines efficaces sont très sensibles et conscientes de la nécessité de prêter une attention appropriée aux autres.

Comment fait-on pour accorder une attention appropriée aux autres ? En pratiquant la « magie blanche » de l'écoute. L'écoute est la véritable mesure de l'attention dans les relations humaines. C'est en écoutant que l'on montre l'importance que l'on accorde à l'autre et à ce qu'il dit. Ce n'est qu'en écoutant, et en écoutant bien, une autre personne que vous lui montrez qu'elle a de la valeur et qu'elle est importante. Les meilleurs dirigeants et vendeurs, les meilleurs managers et amis sont tous d'excellents auditeurs.

Devenir un bon auditeur présente trois avantages principaux. Le premier est que **l'écoute renforce la confiance.** Lorsque quelqu'un nous écoute, nous lui faisons davantage confiance. Le moyen le plus rapide d'instaurer la confiance entre deux personnes est que chacune d'entre elles écoute attentivement et apprécie l'autre. Lorsque vous écoutez attentivement, l'autre personne vous apprécie et vous fait davantage confiance que si vous ne l'écoutez pas. Elle est alors beaucoup plus disposée à se laisser influencer par vous.

Le deuxième avantage d'une bonne écoute est que **l'écoute renforce l'estime personnelle.** Lorsque vous écoutez attentivement une personne, son estime personnelle augmente. Lorsque quelqu'un vous écoute attentivement, votre estime personnelle augmente également. Vous vous sentez plus important. Vous avez l'impression d'être une personne de plus grande valeur.

Le troisième avantage de l'écoute est **qu'elle développe l'autodiscipline.** Écouter attentivement une autre personne exige une maîtrise personnelle et un contrôle de soi considérables. Une personne moyenne **parle** environ 150 mots par minute, alors que vous pouvez **écouter** à un rythme de près de 600 mots par minute. L'écoute active exige que vous contrôliez votre attention et que vous restiez concentré sur la personne qui parle. Plus vous parviendrez à vous obliger à écouter sans vous laisser distraire, plus vous serez efficace dans d'autres domaines de votre vie.

NE RESTEZ PAS ASSIS LÀ !

La première partie de l'écoute active consiste à **écouter attentivement**. Faites face à l'orateur directement, au lieu de le regarder de biais. Penchez-vous légèrement vers l'avant, en direction de l'orateur. Si vous êtes debout, déplacez votre poids sur la pointe des pieds afin de projeter votre énergie vers l'avant. Observez attentivement la bouche et les yeux de votre interlocuteur. Cela indique à l'orateur que vous êtes totalement attentif à ce qu'il dit. Cela montre clairement à l'interlocuteur que vous êtes totalement absorbé par la conversation.

La deuxième partie de l'écoute active consiste à **écouter sans interrompre**. La plupart des gens n'écoutent pas vraiment lorsque quelqu'un parle. Ils sont tellement occupés à penser à ce qu'ils vont dire lorsque l'autre personne reprendra son souffle qu'ils entendent rarement ce que l'autre personne est réellement en train de dire.

Chaque fois qu'un orateur sent que l'auditeur n'attend qu'une occasion pour intervenir, ou que les pensées de l'autre personne sont ailleurs, peut-être occupées à préparer une réponse, l'orateur se sent irrité, mal à l'aise et souvent insulté. En revanche, lorsque l'orateur sent que l'autre personne est à son écoute et prête attention à ce qu'il dit, il se sent plus utile. Écoutez donc patiemment, calmement, comme s'il n'y avait rien d'autre au monde que vous préféreriez entendre que ce que cette personne est en train de dire, aussi longtemps que cette personne prend pour le dire.

La troisième partie de l'écoute active consiste à faire **une pause avant de répondre**. Lorsqu'un orateur a fini de parler, faites une pause de trois à cinq secondes avant de dire quoi que ce soit. Pendant cette pause, trois choses se produiront.

Premièrement, vous entendrez mieux votre interlocuteur. Lorsque vous laissez quelques secondes à l'autre personne pour assimiler ses remarques, vous la comprenez mieux.

Deuxièmement, lorsque vous faites une pause, vous **évitez d'interrompre** l'autre personne si elle vient de faire une pause pour rassembler ses idées. Lorsque vous faites une pause de trois à cinq secondes, vous donnez à l'autre personne la possibilité de continuer au lieu de l'interrompre. Il y a peu de choses plus irritantes ou insultantes que d'être interrompu au milieu d'une pensée ou d'une phrase.

Troisièmement, lorsque vous faites une pause avant de répondre, vous indiquez clairement, par votre silence, que vous considérez ce qui vient d'être dit comme important. Vous y réfléchissez attentivement. C'est un grand compliment pour l'orateur que de voir l'auditeur s'asseoir tranquillement et réfléchir à ses remarques avant de répondre, quelle que soit la réponse.

La quatrième partie d'une bonne écoute consiste à **poser des questions pour obtenir des éclaircissements**. Posez des questions pour vous assurer que vous avez bien compris ce que l'autre personne a dit. Un vieux dicton dit que « les hypothèses erronées sont à l'origine de tous les échecs ». Lorsque vous supposez que vous comprenez, sans vérifier, il arrive très souvent que vous ne compreniez pas du tout ce que l'autre personne a dit. C'est particulièrement vrai dans les conversations entre hommes et femmes.

L'une des meilleures questions que vous puissiez utiliser pour « vérifier la perception », pour vous assurer que ce que vous avez **entendu** et ce que la personne **a dit** sont la même chose, est de demander simplement : « Que voulez-vous dire ? » ou « Que voulez-vous dire, exactement ? »

D'après mon expérience dans les domaines de la vente, du marketing, du conseil et de la formation, si vous avez le moindre doute sur ce que la personne veut vraiment dire, c'est que vous n'avez probablement *pas* compris. Il est essentiel, pour une bonne communication et une bonne écoute, de poser des questions pour s'assurer de la clarté des propos. Et vous ne pouvez jamais poser la question « Que voulez-vous dire ? » sans obtenir plus de clarté.

Le meilleur moyen d'élargir une conversation, de multiplier les occasions d'écouter et d'améliorer votre compréhension est sans doute de poser des questions ouvertes.

Une question ouverte est une question à laquelle on ne peut répondre par un « oui » ou un « non ». Les questions ouvertes commencent par, comme le dit le poème de Rudyard Kipling, « . . . six honnêtes hommes à mon service/ (Ils m'ont appris tout ce que je savais); /Ils s'appellent Quoi et Pourquoi et Quand/Et Comment et Où et Qui ».

L'avantage supplémentaire de poser des questions ouvertes est que vous avez davantage l'occasion d'écouter, d'instaurer la confiance et de comprendre pleinement ce que l'autre personne pense et ressent. Rappelez-vous que vous n'apprenez jamais rien lorsque vous avez la bouche ouverte. Lorsque vous parlez, vous ne pouvez dire que ce que vous savez **déjà**. En revanche, lorsque vous écoutez, vous pouvez apprendre quelque chose de nouveau.

La cinquième partie de l'écoute active consiste à **renvoyer** à la personne les mots qu'elle a prononcés. Paraphrasez ce qu'elle a dit avec vos propres mots. Lorsque vous paraphrasez et que vous restituez les paroles, vous félicitez l'orateur. Vous montrez à quel point vous avez été attentif. En fait, tant que vous n'êtes pas en mesure de restituer correctement le sens des propos d'un orateur, vous n'avez pas vraiment compris.

Essayez ceci lorsqu'une autre personne finit de parler. Faites une pause de trois à cinq secondes, puis dites : « Laissez-moi m'assurer que je vous ai bien compris. Ce que vous êtes en train de dire, c'est ça. » Puis reprenez le tout avec vos propres mots.

Chaque fois que vous faites l'effort d'écouter si attentivement que vous êtes capable de restituer les paroles d'une personne, vous augmentez **votre** capacité à communiquer. Vous établissez une plus grande confiance entre vous deux. Vous renforcez l'estime personnelle de l'autre personne et vous développez votre autodiscipline.

L'ÉCOUTE EMPATHIQUE

L'écoute empathique consiste à se préoccuper sincèrement de l'autre et à lui servir de caisse de résonance, plutôt que d'essayer de résoudre soi-même ses problèmes.

Les thérapeutes utilisent cette technique d'écoute empathique en restituant les paroles de la personne sous une forme différente. Si la personne dit, par exemple : « Je suis vraiment frustré par mon travail », vous pourriez dire : « On dirait que vous vous sentez dépassé par la façon dont les choses se passent au travail ».

Lorsque vous **renvoyez** les paroles d'une personne, vous l'aidez souvent non seulement à mieux comprendre le problème, mais aussi à se faire une idée de la solution.

Il existe deux types d'écoute empathique : *la réflexion simple* et *la réflexion interprétative*. Dans la réflexion « simple », vous reformulez ce que l'orateur a explicitement déclaré sans y ajouter quoi que ce soit et sans chercher à découvrir des significations cachées ou des messages implicites. Vous retranscrivez simplement avec vos propres mots ce que vous venez d'entendre et vous y répondez.

Si une personne dit : « Je suis très inquiet », vous lui répondez simplement : « Vous semblez très inquiet ».

Dans la réflexion « interprétative », vous ne vous contentez pas de répéter ce que l'orateur a dit. Vous réfléchissez plutôt à ce qui vous semble être le message sous-jacent. « Quelque chose semble vraiment vous préoccuper dans votre travail ; se pourrait-il que votre patron vous mette trop de pression ? »

Avec la réflexion interprétative, vous pouvez faire l'une des deux choses suivantes. Vous pouvez tout d'abord résumer ce que l'autre personne a dit, puis identifier des **thèmes** dans ces messages. Par exemple, vous pouvez identifier un thème tel que la colère ou la frustration. Vous pouvez dire : « Je sens que vous êtes vraiment en colère ou frustré dans cette situation ». Vous n'y ajoutez pas de sens plus profond.

Le deuxième type de réflexion interprétative consiste à essayer de paraphraser les pensées ou les sentiments que l'orateur n'a pas exprimés, mais que vous soupçonnez d'être le **véritable** message. Vous essayez de traiter le problème de fond plutôt que le symptôme.

Par exemple, un jour, alors que mon fils Michael avait dix-huit mois, mon aînée, Christina, qui avait presque cinq ans, est entrée dans la cuisine en pleurant et en disant : « Je déteste mon frère ».

Avant de comprendre l'écoute interprétative, j'aurais dit quelque chose comme : « Oh, non, tu aimes ton frère et tu le sais ». Au lieu de cela, réagissant au message qui n'était pas dit et comprenant la rivalité entre frères et sœurs, je lui ai dit : « Tu as l'impression que nous accordons trop d'attention à ton petit frère et que nous ne t'en accordons pas assez, n'est-ce pas ? »

À ce moment-là, Christina a fondu en larmes et a dit : « Oui, j'ai parfois l'impression que vous l'aimez plus que vous ne m'aimez ». Elle ne détestait pas vraiment Michael ; elle avait simplement besoin d'être rassurée sur le fait que nous l'aimions toujours autant.

Cette forme de réflexion interprétative ou d'écoute empathique est très utile. Elle vous oblige à aller au-delà des mots de l'interlocuteur et à chercher les vraies raisons de son ressenti.

En pratiquant l'écoute réflexive, vous pouvez être très utile, non seulement aux membres de votre propre famille, mais aussi à vos amis et aux personnes avec lesquelles vous travaillez. Parfois, tout ce dont une personne a besoin, c'est d'un point de vue, reflété par un ami sincère, pour pouvoir comprendre ce qu'elle doit faire pour résoudre ses propres problèmes.

Vous pouvez fournir ces informations en étant un auditeur sensible et compétent.

LE PRINCIPE DU BOOMERANG

La septième façon d'améliorer l'estime personnelle des autres est d'utiliser le principe du boomerang. Ce principe veut que « toute émotion sincère que vous exprimez à l'égard d'une autre personne vous reviendra en boomerang, tôt ou tard ».

Shakespeare a écrit : « Le parfum subsiste toujours au creux de la main qui offre la rose ». Chaque fois que vous exprimez un sentiment positif à quelqu'un d'autre ou à propos de quelqu'un d'autre, il vous reviendra tôt ou tard, comme un boomerang. Si vous exprimez une pensée ou une idée négative, le même principe s'applique. Veillez donc à ce que ce que vous dites des autres corresponde à ce que vous voulez qu'ils vous renvoient.

Résistez à la tentation de critiquer, de condamner ou de vous plaindre. Entraînez-vous à être agréable et à accepter les autres. Exprimez votre appréciation, votre approbation et votre admiration. Écoutez attentivement les autres lorsqu'ils parlent et n'oubliez pas le boomerang. Si vous faites tout cela, les autres se sentiront bien dans leur peau et vous serez le bienvenu partout où vous irez.

L'ART DE LA CONVERSATION

Jusqu'à présent, tout ce dont nous avons parlé dans ce chapitre s'exprime au mieux dans l'art de la conversation. C'est en conversant avec d'autres personnes, en donnant et en recevant facilement, en échangeant des idées, des informations et des opinions, qu'une personne démontre la qualité de sa personnalité. Voici quelques idées qui vous aideront à mieux converser dans n'importe quelle situation professionnelle ou sociale.

IL SUFFIT DE SUIVRE LES RÈGLES

La première règle d'une bonne conversation est **d'indiquer le sujet à votre interlocuteur**. Parlez aux gens de sujets qui les intéressent. Tous les sujets, y compris ceux qui étaient autrefois tabous dans les conversations, sont acceptables s'ils intéressent votre interlocuteur. Vous pouvez discuter de politique et de religion si vos interlocuteurs le souhaitent. Mais si vous constatez que vous n'obtenez aucune réponse sur un sujet particulier, abandonnez rapidement et parlez d'autre chose.

L'une des meilleures façons d'entamer une conversation est simplement de demander à la personne : « Quel genre de travail faites-vous ? » Si vous connaissez le travail de la personne en général, son poste ou son secteur d'activité, posez une question telle que : « Que faites-vous exactement là-bas ? » ou « Comment ça se passe au travail ? »

Quelle que soit la réponse que vous obtenez concernant la profession ou les activités spécifiques de la personne, l'une des questions les plus intéressantes que vous puissiez poser à une autre personne est la suivante : « Comment avez-vous commencé à travailler dans ce secteur (ou ce domaine d'activité) ? »

La plupart des gens considèrent leur parcours personnel comme l'une des histoires les plus fascinantes jamais racontées. Lorsque l'orateur s'arrête, vous pouvez poursuivre la conversation en demandant : « Et ensuite, qu'avez-vous fait ? »

Les questions « Comment avez-vous commencé à travailler dans ce secteur ? » et « Et ensuite, qu'avez-vous fait ? » vous permettront de poursuivre la conversation presque indéfiniment.

L'élément le plus important pour adapter votre conversation à votre interlocuteur est peut-être d'être sensible au degré d'intérêt manifesté par l'autre personne. S'il s'agit, commence à regarder autour de lui ou au loin, c'est le signe que vous devez changer de sujet et passer à quelque chose de plus intéressant.

Dans ce cas, il suffit de faire une pause, puis de poser une question commençant par l'un des mots suivants : **Quoi ? Où ? Quand ? Comment ? Pourquoi ? ou Qui ?** « Depuis combien de temps vivez-vous ici ? » « Où êtes-vous allé à l'école ? » « Quand avez-vous commencé à travailler dans cette entreprise ? »

La deuxième règle d'une bonne conversation est **d'attendre son tour**. Cela signifie, bien entendu, qu'il ne faut pas faire de monologue. Si vous vous rendez compte que vous avez parlé pendant trois minutes d'affilée, sans question ni commentaire de la part de vos interlocuteurs, vous pouvez être certain que vous parlez d'un sujet qui n'intéresse que vous. Nous commettons tous cette erreur. Rappelez-vous que si les autres n'interviennent pas, vous êtes en train de faire un discours et non de tenir une conversation.

Attendre son tour signifie également ne pas interrompre les gens qui parlent. Et lorsque vous êtes interrompu, par exemple lorsque quelqu'un d'autre rejoint le groupe, la chose la plus polie à faire est aussi la plus difficile : **se taire.** Ne revenez pas en arrière et ne terminez pas une histoire à moins qu'on ne vous le demande.

Une bonne conversation a un flux et un reflux faciles, comme la marée qui monte et descend. Chaque personne a la possibilité de parler et d'écouter. Si l'une des parties est privée de la possibilité de parler, la conversation devient unilatérale et la personne qui parle sera considérée comme ennuyeuse.

La troisième règle d'une bonne conversation est **de réfléchir avant de parler**. Évitez de dire quoi que ce soit qui puisse mettre quelqu'un mal à l'aise, le rendre malheureux ou le gêner. Faites preuve de tact et soyez conscient des sentiments et des sensibilités des autres.

Le contraire du tact est tout simplement la désinvolture. Un bon moyen d'éviter de manquer de tact est de ne pas être catégorique sur quoi que ce soit. Benjamin Franklin, dans son autobiographie, raconte comment il a totalement changé sa personnalité et son efficacité avec les autres en faisant précéder chacune de ses opinions des mots « Il me semble que » ou « Certaines personnes disent que », etc. Si vous présentez vos opinions de manière provisoire, pour indiquer que vous êtes ouvert à la possibilité de vous tromper, il sera beaucoup plus facile pour les autres de vous écouter et d'apprécier vos idées.

Veillez à indiquer que vous pensez que d'autres points de vue et d'autres goûts sont aussi valables que les vôtres. Il n'y a rien de blanc ou de noir dans les domaines qui dépendent fortement des opinions ou des goûts de chacun. Vos opinions sur la politique, la religion, le sexe, la nutrition ou tout autre sujet sur lequel il existe de nombreux points de vue différents, ne sont que : **vos opinions**. Si vous indiquez clairement que vous êtes ouvert à d'autres opinions et à d'autres interprétations, les gens seront beaucoup plus ouverts aux vôtres.

Pour une bonne conversation, **respectez l'intimité des autres** et réservez-vous un peu d'intimité. Certaines personnes prennent l'habitude d'interroger d'autres personnes et de leur poser un grand nombre de questions dont les réponses ne les regardent pas. Gardez vos questions générales et impersonnelles et donnez à l'autre personne la possibilité de décider si elle souhaite ou non s'ouvrir à vous.

N'accablez pas vos connaissances de vos problèmes. Les réunions sociales et les cocktails sont propices aux confessions et aux longues discussions sur les problèmes d'une personne. Ne critiquez jamais, ne condamnez jamais et ne vous plaignez jamais. Soyez positif et joyeux. Gardez vos problèmes pour vous.

Il est utile de se rappeler que tout ce que vous dites peut être utilisé contre vous. La loi de Bumham dit que « tout le monde sait tout ». Tout ce que vous dites à quelqu'un, quelles que soient les circonstances, finira par être connu de tout le monde, et en particulier de la pire personne que vous souhaiteriez entendre. Faites attention à ce que vous dites ; il n'y a pas de secrets dans la vie sociale ou professionnelle. Un « secret » a été bien défini comme « quelque chose que l'on ne dit qu'à une seule personne à la fois ». Les secrets n'ont de valeur que s'ils peuvent être partagés.

Enfin, pour être un excellent interlocuteur, **soyez naturel**. Soyez vous-même. Laissez votre personnalité s'exprimer. Ne dites que ce qui vous met à l'aise. Si, pour une raison quelconque, une petite voix intérieure vous dit de garder le silence, écoutez-la. Parlez facilement et spontanément, sans chercher à impressionner ou à être impressionné par quelqu'un. Dites simplement ce qui vous vient naturellement à l'esprit.

Les meilleurs interlocuteurs et les personnes les plus agréables à côtoyer sont celles qui sont détendues, positives et totalement naturelles.

LE TERRAIN DE JEU VOUS APPARTIENT

L'art de la conversation et de l'interaction sociale est le terrain de jeu où vous pouvez développer toutes vos compétences personnelles à leur plus haut degré. Vous pouvez mettre en pratique chacune des recommandations que nous avons abordées dans ce chapitre pour faire en sorte que les autres se sentent importants. Vous pouvez éviter **de critiquer, de condamner ou de vous plaindre** lorsque vous discutez avec d'autres personnes. Vous pouvez vous entraîner à être **agréable**, même si vous n'êtes pas d'accord avec le point de vue de l'autre personne. Vous pouvez le faire comme une discipline, comme un exercice de développement personnel.

Vous pouvez pratiquer **l'acceptation** en souriant aux personnes que vous rencontrez et en regardant leur visage et leurs yeux. Vous pouvez pratiquer **l'appréciation** en disant « merci » pour tout ce que les gens font pour vous. Vous pouvez pratiquer **l'approbation** et la reconnaissance en félicitant les autres pour leurs réalisations. Vous pouvez pratiquer **l'admiration** en interrogeant les gens sur eux-mêmes et en admirant leurs traits, leurs qualités et leurs réalisations.

Et surtout, vous pouvez pratiquer **l'attention**, la « magie blanche » de l'écoute active. Cette habitude, comme toute autre, fera de vous le genre de personne que les autres ont envie de côtoyer.

Une histoire célèbre a été racontée à propos de Dale Carnegie. Elle raconte qu'il fut un jour invité à une fête organisée à New York en l'honneur d'une femme fortunée qui venait de rentrer d'un voyage en Afrique.

Lorsque Dale Carnegie arriva à la fête, il fut présenté à cette femme, qui lui dit immédiatement : « Oh, M. Carnegie, j'ai entendu dire que vous étiez l'un des meilleurs interlocuteurs de New York. Est-ce vrai ? »

Dale Carnegie a répondu : « Merci beaucoup, madame. Et j'ai entendu dire que vous reveniez d'un voyage en Afrique. Pourquoi avez-vous décidé d'aller en Afrique ? »

Lorsqu'elle lui a expliqué pourquoi elle était allée en Afrique, Dale Carnegie a demandé : « Et qui avez-vous emmené en Afrique avec vous ? » « Et quand êtes-vous allée en Afrique ? » « Quand êtes-vous revenue ? » « Où êtes-vous allée quand vous étiez en Afrique ? » « Comment êtes-vous arrivé là ? » « Et qu'avez-vous fait exactement quand vous étiez là-bas ? »

Les deux interlocuteurs ont conversé pendant environ vingt minutes. Pendant cette période, elle a répondu aux questions de M. Carnegie dans 95 % des cas. Le lendemain, dans les pages sociales d'un journal new-yorkais, elle était citée en ces termes : « M. Dale Carnegie est certainement l'un des meilleurs interlocuteurs de New York. »

Vous pouvez vous aussi devenir un brillant interlocuteur en apprenant à parler et, surtout, à écouter.

Bien s'entendre avec les autres est peut-être la chose la plus importante que l'on puisse apprendre à faire. Lorsque j'étais enfant, j'étais très impopulaire. J'avais peu d'amis, et ceux que j'avais étaient, pour la plupart, des inadaptés sociaux comme moi. Mon incapacité à me comporter de manière à ce que les gens aient envie de me côtoyer a jeté une ombre sur mes premières années. Elle m'a freiné jusqu'à ce que j'apprenne le grand secret des relations.

Ce secret, c'est que vous pouvez devenir populaire et sympathique en faisant deux choses. Premièrement, **sortez de vous-même** et **entrez dans la vie** et les préoccupations des autres. Intéressez-vous sincèrement à eux. Posez-leur des questions et écoutez-les. Pensez à la manière dont vous pouvez les aider.

Pratiquez la loi des semailles et de la récolte. Faites aux autres ce que vous voudriez qu'ils fassent pour vous.

Deuxièmement, travaillez sur vous-même et sur vos objectifs. Développez vos talents uniques. Soyez bon dans ce que vous faites. Mieux vous ferez ce qui est important pour vous, plus vous vous apprécierez. Et plus vous vous appréciez et vous vous respectez, plus vous êtes à l'aise et efficace avec les autres. Rien ne réussit mieux que la réussite.

Visualisez, affirmez et agissez en conséquence. Travaillez sur vous-même comme si votre avenir en dépendait, car c'est le cas. Vous pouvez devenir l'une des personnes les plus positives et les plus efficaces dans votre monde, et vous le deviendrez lorsque vous mettrez ces idées en pratique dans toutes vos relations.

Chapitre 10

MAÎTRISER LES RELATIONS PERSONNELLES

L'une des caractéristiques d'une personne pleinement mature et qui se réalise est qu'elle a la capacité de s'engager dans des relations intimes à long terme et de maintenir ces relations pendant de longues périodes. Les hommes et les femmes aux personnalités les plus saines, ceux qui sont les plus **unis** en tant qu'êtres humains, sont ceux qui semblent avoir la plus grande capacité pour ces relations d'amour.

Le choix d'un partenaire, ainsi que la qualité de votre vie familiale et de votre foyer, influencent votre réussite en tant qu'être humain autant, sinon plus, que tout autre élément. Vos relations sont l'expression directe de la personne que vous êtes vraiment. La loi des correspondances stipule que votre monde extérieur de relations correspondra exactement à votre monde intérieur de pensées et de sentiments. Si votre monde intérieur est positif et aimant, votre monde extérieur de relations sera heureux et satisfaisant.

Benjamin Disraeli, Premier ministre de l'Angleterre au XIXe siècle, a dit un jour : « Aucun succès dans la vie publique ne peut compenser un échec à la maison ». Vos relations personnelles doivent primer sur tout le reste. Au fur et à mesure que vous évoluez et devenez une meilleure personne, vos relations devraient également évoluer et s'améliorer, dans les mêmes proportions.

Par la loi de l'attraction, vous attirerez dans votre vie le genre de personnes qui sont tout à fait comme vous, le genre de personnes dont la façon de penser et de se comporter correspond à vos pensées et sentiments dominants. En devenant plus positif, optimiste et aimant, vous attirerez naturellement dans votre vie des personnes plus positives, plus optimistes et plus aimantes.

Selon la loi des semailles et de la récolte, vous récolterez exactement ce que vous avez semé, et il n'y a pas de domaine où cela est plus vrai que dans vos relations. Vous le voyez tout autour de vous, dans toutes vos interactions avec les autres.

Vous obtenez de votre mariage ou de votre relation amoureuse exactement ce que vous y mettez. Plus vous vous investissez dans une relation, plus vous en retirerez de l'amour, de la satisfaction et de la joie. Les hommes et les femmes naissent incomplets et ont besoin l'un de l'autre pour devenir entiers. Ils naissent avec des qualités et des caractéristiques complémentaires. Chacun a besoin de l'autre pour accomplir sa destinée humaine. Les relations heureuses vont de pair avec la tranquillité d'esprit, la longévité, la santé, le bonheur et l'abondance. Les hommes et les femmes qui ont de mauvaises relations, ou qui n'en ont pas du tout, sont en plus mauvaise santé et meurent plus jeunes que les hommes et les femmes qui vivent heureux ensemble.

En fait, selon Ronald Adler et Neil Towne dans leur livre *Communication et interactions*, les personnes socialement isolées sont deux à trois fois plus susceptibles de mourir prématurément que celles qui ont des liens sociaux solides. Les hommes divorcés meurent de maladies cardiaques, de cancers et d'accidents vasculaires cérébraux deux fois plus vite que les hommes mariés. Le taux de tous les types de cancer est jusqu'à cinq fois plus élevé chez les hommes et les femmes divorcés que chez les célibataires. Ne serait-ce que pour votre désir de vivre une vie longue et heureuse, vous devriez prendre très au sérieux l'établissement et le maintien d'excellentes relations avec les personnes les plus importantes de votre vie.

LE POINT DE DÉPART

L'estime personnelle, c'est-à-dire la mesure dans laquelle vous vous appréciez et vous vous respectez, détermine votre personnalité et votre niveau de bonheur. Une haute estime personnelle conduit à des performances élevées et à la réussite dans tous les domaines de la vie, tandis qu'une faible estime personnelle précède et accompagne la plupart des échecs et des frustrations.

La première partie de l'estime personnelle est la composante purement **émotionnelle**, la façon dont vous vous sentez dans votre peau, séparé de toute autre personne ou de toute autre chose. La deuxième partie de l'estime personnelle est déterminée par le niveau de **compétence** que vous percevez dans ce que vous faites. Il s'agit de la mesure dans laquelle vous vous sentez performant dans les domaines importants de votre vie. C'est ce qu'on appelle **l'estime personnelle basée sur la performance**, et c'est un élément essentiel de votre personnalité.

Lorsque vous avez le sentiment d'être bon dans ce que vous faites, d'être performant, vous jouissez d'une haute estime de vous-même dans ce domaine. Ce sentiment renforce l'autre composante de l'estime personnelle, le sentiment de valeur personnelle. Si vous travaillez bien, vous vous sentez bien ; si vous vous sentez bien, vous travaillez bien. L'un dépend de l'autre.

Parce que vos relations sont au cœur de votre vie, pour que vous puissiez jouir d'une estime personnelle durable, vous devez savoir au fond de vous que vous êtes capable de nouer et d'entretenir une relation amoureuse positive, saine et constructive avec une autre personne.

Le sentiment d'infériorité ou d'incompétence dans vos relations mine votre estime personnelle et votre confiance en vous. Tout ce que vous faites pour mieux vous entendre avec les personnes importantes de votre vie améliore votre estime personnelle. L'efficacité avec les autres vous donne le sentiment d'être plus compétent et plus complet et vous permet de devenir plus facilement plus efficace dans les autres domaines de votre vie.

Il existe une relation directe entre **la qualité** de vos relations et **votre niveau d'estime** et d'acceptation de soi. On ne peut s'apprécier que dans la mesure où l'on s'accepte pleinement, et le degré d'appréciation que l'on a de soi-même est largement déterminé par la mesure dans laquelle on se sent accepté par les autres.

La plupart d'entre nous ont été élevés dans une forme d'acceptation **conditionnelle**, et souvent dans le rejet et la désapprobation de nos parents. En tant qu'adultes, nous recherchons l'amour et l'acceptation inconditionnels des autres, et en particulier **d'une personne** qui nous est chère, pour compenser ce que nous pensons avoir manqué dans notre enfance. Notre santé mentale en dépend.

L'ACCEPTATION DE SOI

Vous ne pourrez jamais vous sentir libre de vous aimer vraiment tant que vous ne vous accepterez pas complètement, tant que vous n'accepterez pas à la fois vos forces *et* vos faiblesses. Et la clé pour **s'accepter soi-même** est d'être accepté inconditionnellement par au moins une autre personne que l'on respecte et admire, et mieux encore, que l'on aime. Ce n'est que lorsque quelqu'un d'autre vous accepte, « avec toutes ses imperfections », que vous pouvez vous détendre et vous accepter comme une personne précieuse et digne d'intérêt.

LA CONSCIENCE DE SOI

Pour pouvoir vous accepter, vous devez d'abord prendre **conscience de vous-même**. Vous devez comprendre *pourquoi* vous pensez, ressentez et agissez comme vous le faites. Vous devez être conscient de l'impact des expériences formatrices de votre vie. Vous devez comprendre comment et pourquoi vous êtes devenu la personne que vous êtes aujourd'hui.

Ce n'est qu'en atteignant un niveau plus élevé de conscience de soi que l'on peut passer à un niveau plus élevé d'acceptation de soi. Vous devez être plus conscient de qui vous êtes vraiment avant de pouvoir vous accepter. Et ce n'est qu'avec un niveau élevé d'acceptation de soi que l'on peut jouir de l'estime de soi : la clé d'une personnalité heureuse et saine.

L'OUVERTURE

La conscience de soi, à son tour, est basée sur **l'ouverture**. On ne se comprend vraiment que dans la mesure où l'on peut se dévoiler, ou se partager, avec au moins une autre personne. *L'ouverture appropriée* signifie que vous pouvez dire à quelqu'un d'autre, en qui vous avez entièrement confiance, exactement ce que vous pensez et ressentez, sans craindre la désapprobation ou le rejet.

La psychothérapie est basée sur l'ouverture. Les psychothérapeutes réussissent dans la mesure où ils parviennent à amener le patient à s'ouvrir à eux et à leur dire exactement ce qui les rend malheureux ou inefficaces.

Un psychologue a récemment déclaré : « Si tout le monde apprenait à vraiment écouter les autres, 75 % des psychothérapeutes aux États-Unis seraient au chômage d'ici mercredi prochain ». Pour s'ouvrir honnêtement à une autre personne, il faut lui faire confiance. Vous devez savoir que l'autre personne se soucie de vous et qu'elle ne vous jugera pas ou ne vous condamnera pas pour quelque chose que vous avez dit ou fait dans le passé.

Le grand problème émotionnel du vingtième siècle est la culpabilité. La culpabilité naît d'un sentiment de dévalorisation résultant de critiques destructrices et d'erreurs que vous estimez avoir commises dans le passé. La plupart d'entre nous ont fait et dit des choses qu'ils regrettent. Nous avons blessé d'autres personnes et nous en sommes désolés. Nous pouvons commencer à nous libérer de ces sentiments négatifs en racontant à quelqu'un d'autre ce que nous avons fait ou dit. Cette forme de catharsis, ou de purification, nous libère et nous permet de reprendre le cours de notre vie. Le repentir n'est pas seulement bon, il est essentiel pour l'âme, pour le bonheur à long terme.

L'ouverture honnête est parfois effrayante. Elle exige que l'on prenne un risque, que l'on se rende vulnérable. Mais c'est la condition sine qua non de la santé mentale. Lorsque vous dévoilez vos pensées et vos sentiments ouvertement et honnêtement à une autre personne, vous vous comprenez mieux. Vous prenez davantage conscience de votre véritable nature. Vous percevez votre vie et vous-même sous un angle plus éclairé.

En devenant plus conscient de qui vous êtes, vous apprenez à vous accepter pleinement. Cette acceptation inconditionnelle de soi élève votre confiance et votre respect de vous-même. Elle renforce votre bien-être dans chaque action. Vous vous libérez des sentiments négatifs qui peuvent vous freiner et vous empêcher de progresser. En vous confiant, vous pouvez évacuer ce qui vous pèse et reprendre le cours de votre vie.

L'INTIMITÉ ET LA CROISSANCE VONT DE PAIR

L'un des objectifs du mariage et des relations intimes est de vous donner la possibilité d'évoluer et de vous épanouir pleinement. Dans une relation de confiance, vous vous sentez libre de dire à l'autre ce que vous avez fait dans le passé et ce que vous pensez et ressentez dans le présent. En vous confiant honnêtement, vous développez une compréhension plus profonde de votre propre humanité. Vous devenez plus tolérant et plus compatissant à l'égard des faiblesses humaines des autres. Vous développez des aspects de votre personnalité qui seraient restés en sommeil en l'absence d'une relation d'amour total.

La plupart des choses que nous faisons dans la vie, nous les faisons soit pour obtenir de l'amour, soit pour compenser le manque d'amour. Tout le monde a besoin d'être aimé et accepté inconditionnellement par au moins une autre personne. Une fois que vous avez satisfait ce besoin essentiel de sécurité émotionnelle, vous vous sentez alors libre de vous consacrer à ce que vous pouvez accomplir dans votre vie quotidienne. L'amour est comme l'argent : si vous en avez en abondance, vous n'y pensez pas beaucoup. Mais si cela vous est retiré ne serait-ce qu'un instant, cela devient votre seule préoccupation.

La punition la plus grossière infligée aux prisonniers est de les enfermer à l'écart de tous les autres êtres humains, c'est-à-dire de les mettre à l'isolement. Priver une personne de contact humain, d'interaction humaine, est la pire chose que l'on puisse lui faire.

Votre plus grande aspiration devrait être d'évoluer et de devenir le genre de personne qui attire une relation amoureuse idéale dans votre vie. Cette relation vous permet de jouir du bonheur et de la joie pour lesquels vous avez été créé.

Tout ce qui a été dit dans le chapitre précédent sur la maîtrise des relations humaines s'applique à vos relations amoureuses.

En outre, il y a beaucoup d'autres choses que vous pouvez faire, ou cesser de faire, qui peuvent améliorer considérablement la façon dont vous vous entendez avec l'autre personne importante de votre vie. Commençons par les six règles du succès dans les relations.

LES SIX RÈGLES POUR DES RELATIONS RÉUSSIES

La première règle est que les **similitudes s'attirent**. Vous serez toujours plus heureux et plus compatible avec une personne dont les intérêts, les goûts et les valeurs sont similaires aux vôtres. La loi de l'attraction stipule que vous serez attiré par une personne dont les attitudes et les croyances sont en harmonie avec les vôtres.

Le premier domaine dans lequel les similitudes sont nécessaires dans les mariages et les relations est celui des attitudes à l'égard de l'argent, à savoir comment on le gagne, comment on l'économise et comment on le dépense. Le deuxième domaine concerne les attitudes à l'égard des enfants, par exemple, s'il faut en avoir, combien et comment les élever. Le troisième est l'attitude à l'égard de la sexualité. Le quatrième est la religion et le cinquième les attitudes à l'égard des questions politiques et sociales. Les attitudes à l'égard des gens, des activités sociales et de la manière d'occuper le temps libre sont également des mesures importantes de la compatibilité. Les similitudes se retrouvent également dans les domaines spirituels, qui peuvent parfois être plus importants que les autres.

Dans tous les cas, vous serez plus heureux et plus compatible avec une personne dont les croyances et les valeurs fondamentales dans ces domaines sont les plus semblables aux vôtres. La plupart des malheurs et des désaccords dans les mariages et les relations se résument à des désaccords fondamentaux sur ces questions de base de la vie.

La deuxième règle du succès dans les relations est que les **opposés s'attirent**, mais seulement en termes de tempérament. La nature exige toujours l'équilibre et l'harmonie. Et l'équilibre est particulièrement nécessaire dans les tempéraments de deux personnes qui se sont réunies pour ne faire qu'un.

Il existe un test simple de compatibilité que vous pouvez appliquer à vos relations intimes. Il s'agit du « test de la conversation ». Dans une relation où vous êtes compatible avec le tempérament d'une autre personne, les conversations se déroulent facilement. Chacun peut parler autant qu'il en a besoin, et chacun a la possibilité d'écouter autant qu'il en a besoin.

Cet équilibre est très important. Chaque personne doit parler autant qu'elle le souhaite pour se sentir en bonne santé et entière. Si les gens n'ont pas l'occasion de parler avec la personne avec laquelle ils sont engagés, ils chercheront à satisfaire leurs besoins de communication ailleurs. Presque toutes les liaisons conjugales sont le résultat d'un besoin de communiquer plus pleinement avec un autre être humain.

Lorsque les gens ont un tempérament équilibré, 90 % du temps qu'ils passent ensemble est consacré à des conversations fluides, dans un sens ou dans l'autre. Les 10 % restants seront occupés par des silences agréables.

Cependant, si une personne doit parler 70 % du temps et n'écouter que 20 % du temps, et que l'autre personne doit également parler 70 % du temps et n'écouter que 20 % du temps, il y aura un conflit sur ce que l'on appelle le « temps d'antenne ». Elles se battront continuellement pour savoir qui parlera le plus, qui comblera ses besoins au détriment de l'autre.

Dans ce type de relation, il y aura une personne qui aime **plus** et une personne qui aime **moins**. La personne qui aime le plus se mordra toujours les lèvres et cédera pour permettre à la personne qui aime le moins de faire tout ce qu'elle veut. La personne qui aime moins contrôle la relation.

Toutefois, cette solution n'est que temporaire. Elle conduit inévitablement à des sentiments de frustration et d'insatisfaction de la part de la personne qui aime davantage et qui n'a pas l'occasion de s'exprimer suffisamment. Ces sentiments refoulés finissent par se manifester par des problèmes de santé ou des comportements nuisibles.

Un autre exemple d'incompatibilité est celui où les deux parties n'ont besoin de parler que 30 % du temps et sont à l'aise pour écouter 60 ou 70 % du temps. Dans ce cas, 40 % du temps passé par le couple est consacré à des silences gênants. Ils se trouveraient l'un à côté de l'autre, presque sans mots, se sentant mal à l'aise sans trouver le moyen de briser ce silence. Il s'agit là aussi d'un exemple d'incompatibilité de tempérament.

Le test de conversation peut s'appliquer à vos relations avec n'importe lequel de vos amis, à n'importe quel niveau, et quel que soit leur sexe. Vos meilleurs amis sont ceux avec qui vous avez des conversations et des silences faciles. Ce sont ceux avec lesquels vous êtes le plus compatible. Mais il est **très** important que vous soyez compatible avec votre partenaire ou votre conjoint sur le plan de la conversation si vous voulez être heureux dans votre relation.

La troisième règle pour une relation réussie est un **engagement total** de la part des deux personnes. L'engagement total exige une détermination sincère à faire de la relation une réussite. Si les deux personnes sont compatibles dans leurs valeurs et attitudes de base et ont un tempérament équilibré, il leur est beaucoup plus facile de s'engager pour la vie. Un engagement total signifie qu'aucune des parties n'envisage ou ne discute jamais la possibilité d'une séparation, d'une rupture ou d'un divorce. L'engagement total exige que l'on renonce aux ponts physiques et émotionnels et que l'on refuse d'envisager toute autre option que la réussite de cette relation.

De nombreuses personnes évitent de s'engager totalement dans une relation, même dans un mariage, parce qu'elles ont été blessées dans des relations antérieures. Elles pensent que si elles gardent leurs options ouvertes, elles auront toujours une échappatoire émotionnelle. Cependant, ce manque d'engagement conduit presque invariablement à créer la situation exacte que la personne craint. La relation s'effrite progressivement alors que l'un ou les deux partenaires commencent à se rétracter, voyant la séparation comme la solution aux problèmes inévitables entre deux individus.

W. Scott Peck, dans son livre *Le Chemin le moins fréquenté*, donne une belle définition de l'amour. Il dit : « **L'amour est l'engagement total en faveur du plein développement du potentiel de l'autre** ». Quand on aime vraiment une autre personne, on veut qu'elle réalise tout son potentiel, et qu'elle devienne tout ce qu'elle est capable de devenir. Si l'un ou l'autre a la moindre réticence ou hésitation à créer ou à soutenir toutes les opportunités de croissance et de développement de son partenaire, il s'agit peut-être d'une relation, mais probablement pas d'un véritable amour.

Ce qui est merveilleux chez l'être humain, c'est que nous sommes véritablement **libres** sur le plan émotionnel uniquement quand nous abandonnons toutes autres options et nous nous consacrons entièrement à une seule personne. Ce n'est qu'à ce moment-là que nous sommes capables de développer la relation de haute qualité dont nous avons besoin pour achever notre évolution en tant qu'êtres humains.

La quatrième règle pour des relations réussies est **l'affection**. Il est plus important et plus satisfaisant d'aimer sincèrement son partenaire que d'être amoureux. Dans une relation à long terme, il arrive que l'on tombe amoureux et que l'on se désintéresse de l'amour. Le type et l'intensité des émotions que chacun ressent pour l'autre varient au fil du temps. Mais si les deux personnes s'apprécient et se respectent, la relation peut durer indéfiniment.

Lorsqu'une personne cesse d'apprécier ou de respecter l'autre, pour quelque raison que ce soit, la relation est généralement terminée. De nombreux couples tombent amoureux, puis se séparent et ne se parlent plus jamais parce qu'ils n'ont jamais pris le temps de s'apprécier, d'apprendre à apprécier et à respecter sincèrement l'autre en tant qu'individu plutôt qu'en tant que partenaire romantique.

Les mariages et les relations peuvent ne pas fonctionner, mais s'ils étaient initialement fondés sur l'affection et le respect, les deux parties pourraient encore communiquer et interagir à un niveau adulte sans les sentiments négatifs qui accompagnent les relations qui se sont terminées sans qu'il y ait eu de réelle affection ou de respect.

LE TEST DU MEILLEUR AMI

Le « test du meilleur ami » est un excellent moyen de savoir si vous êtes dans la bonne relation. Dans la relation idéale, votre partenaire sera votre meilleur(e) ami(e). Il n'y aura personne au monde avec qui vous préféreriez être, partager, parler ou passer du temps que votre conjoint.

Si, pour une raison quelconque, vous n'avez pas l'impression que votre conjoint ou partenaire est votre meilleur(e) ami(e), si vous n'avez pas l'impression que vous préféreriez être avec lui ou elle plutôt qu'avec quelqu'un d'autre, c'est que quelque chose ne va pas dans la relation.

Dans tous les entretiens avec des couples qui sont ensemble depuis longtemps, l'homme et la femme décrivent l'autre comme *leur meilleur ami au monde.*

Le point de départ d'une relation romantique à long terme est le sentiment **d'avoir rencontré** son meilleur ami. L'une des indications de ce sentiment est la quantité de rires que vous avez ensemble. La fréquence des éclats de rire au sein d'une relation est un baromètre de sa santé. Lorsque deux personnes sont en accord parfait, elles rient beaucoup ensemble et des mêmes choses. Lorsque deux personnes ne sont pas en accord, quelle qu'en soit la raison, elles ne trouveront pas grand-chose en commun pour rire. Leurs sens de l'humour seront différents.

La cinquième règle pour des relations réussies est que **les images de soi similaires s'attirent** et sont les plus compatibles. Vous serez toujours attiré par une personne qui est à peu près aussi heureuse et positive que vous et avec laquelle vous serez le plus compatible.

Dans une relation, le climat dominant, qu'il penche vers l'optimisme ou le pessimisme, révèle souvent la compatibilité des visions que chacun a de lui-même. Il est intéressant de noter que les personnes ayant une image d'elles-mêmes **négative** seront attirées l'une par l'autre, tout comme les personnes ayant une image d'elles-mêmes **positive**. Elles se marieront, s'installeront et seront très heureuses ensemble pendant de nombreuses années, voire toute leur vie. Leur relation sera basée sur le fait qu'elles sont toutes deux des personnalités largement négatives. Les images de soi similaires s'attirent, quelles qu'elles soient.

Attribuez à votre partenaire une note sur une échelle de 1 à 100. Estimez le pourcentage de temps où il ou elle est positif(ve) et optimiste par rapport au pourcentage de temps où il ou elle est négatif(ve) et pessimiste. Faites ensuite le même test.

Vous constaterez que vous êtes très à l'aise avec une personne qui est à peu près aussi heureuse ou malheureuse que vous. C'est pourquoi on dit que « qui se ressemble s'assemble » et qu'« on se sent mieux quand d'autres souffrent aussi ».

Si deux personnes s'engagent dans une relation et que l'une d'entre elles est beaucoup plus heureuse que l'autre, il y aura toutes sortes de conflits et de malheurs. La plupart des relations et des mariages qui échouent sont le résultat d'un déséquilibre des images de soi.

Une étude a révélé que quatre divorces sur cinq en Amérique sont le fait de femmes « en colère et qui n'en peuvent plus ». Il est étonnant de constater le nombre de maris et de femmes qui se sentent freinés par la négativité de leur conjoint. Il s'agit d'un problème grave dans les relations amoureuses en Amérique aujourd'hui, et il n'y a pas de solution simple pour y remédier.

La sixième règle pour des relations réussies est qu'il doit y avoir **une bonne communication**. La première raison du succès des mariages est que les deux partenaires communiquent bien l'un avec l'autre. Ils sont sur la même longueur d'onde. Chacun peut sentir ce que l'autre ressent et pense. Ils parviennent indépendamment aux mêmes conclusions. Ils semblent presque « partager un cerveau ».

La principale raison de l'échec d'une relation est une mauvaise communication. Le couple se comprend mal et se dispute continuellement sur des questions plus ou moins importantes. Chacun est convaincu qu'il a raison et que l'autre a tort. Ils ont du mal à accepter l'idée que les deux points de vue puissent être corrects, si l'on y réfléchit bien.

Pour établir et maintenir une communication de qualité au sein d'une relation, il vous faut à la fois **beaucoup** de temps ininterrompu ensemble et des moments de grande **qualité**. Les couples ont besoin d'être seuls ensemble. Ils ont besoin de passer de longs moments à se parler et à s'écouter pour que leurs canaux de communication restent clairs. Lorsque deux personnes sont tellement occupées qu'elles ne prennent plus le temps de se parler, vous pouvez être sûr que des problèmes se profilent à l'horizon.

Pour bien communiquer, il faut savoir parler et écouter, ce qui s'apprend. Mais une **excellente** communication entre un homme et une femme nécessite également de comprendre les différences majeures qui existent entre eux.

VIVE LA DIFFÉRENCE

Les hommes et les femmes sont différents à bien des égards et ont des styles de communication distincts. En général, les hommes sont *directs* et les femmes *indirectes*. Les hommes sont plus axés sur les résultats et l'achèvement que les femmes. Les femmes sont plus préoccupées par les relations et le processus de communication que les hommes. Cela peut souvent conduire à des malentendus fondamentaux.

Prenons le cas d'un homme et d'une femme qui conduisent depuis deux ou trois heures. Alors qu'ils passent devant un McDonald's, la femme lui dit : « Chéri, tu as soif ? »

L'homme, sans regarder autour de lui, répond simplement : « Non » et continue à conduire. Elle se mord la lèvre et se sent blessée par son insensibilité. Il ignore allègrement ce qu'elle demandait réellement et ne se doute pas qu'elle est maintenant malheureuse.

De manière indirecte, elle disait : « J'ai soif ; pourquoi ne pas nous arrêter pour boire quelque chose ? » Cependant, à cause de la façon dont elle l'a formulée, cela lui est passé complètement au-dessus de la tête. Il n'a pas compris.

Un autre exemple de cette différence de style de communication est le shopping. Pour un homme, faire les courses est un processus simple dont le résultat est attendu. Il entre, il achète ce qu'il est venu chercher et il repart. Les hommes en général n'aiment pas faire les courses ; ils se sentent mal à l'aise et veulent en finir le plus vite possible. L'idéal pour un homme est d'entrer et de sortir du magasin en laissant sa voiture en marche sur le parking.

Pour de nombreuses femmes, en revanche, le shopping est un processus, voire une activité récréative. Une femme n'a même pas besoin d'acheter quoi que ce soit.

Le shopping est une expérience sensorielle pour une femme, et lorsqu'elle fait du shopping avec une autre personne, cela devient également une expérience sociale. La conversation qui s'engage est aussi importante, sinon plus, que ce qu'elle achète. C'est quelque chose que les hommes ont du mal à comprendre.

Voici un autre exemple de cette différence entre les styles de communication. Les hommes sont orientés vers la clôture et l'achèvement. Lorsqu'une femme commence à discuter d'un problème avec lui, il répondra presque immédiatement par ce qu'il considère comme une solution logique.

Il dira : « Pourquoi ne fais-tu pas ceci ou n'essaies-tu pas cela ? » Il retournera ensuite à la lecture de son journal ou portera son attention sur autre chose. Il pensera honnêtement qu'il a été utile et qu'il a correctement abordé la question : son problème.

Ce qu'il ne réalise pas, c'est que la femme ne demande généralement pas de solution, pas plus qu'elle ne souhaite ses conseils ou ses recommandations. Ce qu'elle veut, c'est avoir la possibilité de discuter de la situation, de traiter le problème **en dialoguant** avec l'homme de sa vie. Elle sait probablement déjà ce qu'elle va faire ou ne pas faire. Ce qu'elle recherche, c'est une occasion de communiquer, en utilisant cette situation ou ce problème particulier comme base de la conversation.

L'une des choses que les hommes peuvent faire pour améliorer leur communication avec les femmes de leur vie est tout simplement de s'abstenir de donner des conseils, sauf s'il est clair que c'est ce qu'elles veulent. Au lieu de cela, écoutez attentivement, faites des pauses, posez des questions, répondez et paraphrasez ce qu'elles disent pour vous assurer que vous avez bien compris.

DEMANDEZ-LUI COMMENT S'EST PASSÉE SA JOURNÉE

L'une des meilleures choses qu'un homme puisse faire lorsqu'il rentre à la maison le soir, ou lorsqu'ils se retrouvent le soir, est de demander à sa femme comment s'est passée sa journée.

La plupart des hommes considèrent leur journée de travail comme l'expérience la plus fascinante depuis l'aube de la civilisation. Cependant, lorsqu'un homme demande à sa compagne de lui raconter sa journée avant qu'il ne lui parle de la sienne, il est souvent étonné de voir à quel point sa journée a été **plus** intéressante que la sienne.

Si un homme s'enquiert auprès de la femme qu'il aime pour savoir comment s'est passée sa journée, elle sera sans doute prise au dépourvu la première fois, et sa réaction pourrait être courte et désinvolte. Elle ne croira pas vraiment qu'il est vraiment intéressé. Elle pensera qu'il est juste gentil. Il doit donc insister. Lorsqu'elle dit : « Je suis allée au travail, j'ai déjeuné avec untel et untel et je suis rentrée à la maison », il doit lui demander, comme un détective : « Qu'as-tu fait ce matin ? Où es-tu allée déjeuner ? Qu'as-tu fait ensuite ? Qu'as-tu fait cet après-midi ? Comment ça se passe avec cette personne à ton travail ? », et ainsi de suite. S'il s'intéresse un peu à sa journée, il s'apercevra qu'elle est souvent aussi intéressante que la sienne.

L'avantage de cette approche est qu'il passe moins de temps à parler de son travail après qu'elle a eu l'occasion de parler de sa journée. N'oubliez pas que ce n'est pas le contenu de la conversation qui est important. **C'est le processus**. Le fait d'exprimer un intérêt sincère pour votre partenaire ou votre conjoint et d'écouter attentivement l'autre personne lorsqu'elle parle, permet d'approfondir la compréhension et d'améliorer la communication. Ce n'est qu'ainsi que vous pourrez maintenir la relation vivante et la développer.

LA QUESTION CLÉ

La question la plus importante que vous devez poser et à laquelle vous devez répondre en permanence pour maintenir une relation fructueuse est la suivante : « Qu'est-ce qui est important ici ? »

Ce qui est important, ce n'est pas de gagner la dispute ou d'avoir raison, mais de maintenir la qualité de la relation. Ce qui est important, c'est que vous continuiez à vous aimer et à vous respecter et que vous viviez ensemble dans la paix et l'harmonie.

En vous demandant continuellement « Qu'est-ce qui est important ici ? », vous y voyez plus clair et vous serez guidé pour faire et dire ce qui est le plus approprié.

Utilisez la règle d'or des relations. Demandez-vous régulièrement : « Qu'est-ce que ça ferait d'être marié avec moi ? » Ou encore : « Que se passerait-il si mon compagnon ou ma compagne me traitait comme je le ou la traite ? »

Si vous faites à votre partenaire ce que vous aimeriez qu'on vous fasse, et si vous vous abstenez de faire ou de dire quoi que ce soit que vous n'aimeriez pas que votre partenaire fasse ou dise, vous serez beaucoup plus conscient de l'impact de vos paroles et de votre comportement.

La prise de conscience est vraiment la clé. La vie est l'étude de l'attention. Si vous prêtez attention aux petites choses dans votre relation, les grandes choses se feront d'elles-mêmes.

LES SIX PROBLÈMES DANS LES RELATIONS, ET COMMENT LES RÉSOUDRE

Il existe un millier de raisons pour lesquelles les relations ne fonctionnent pas, mais vous pouvez probablement les résumer à six problèmes majeurs. Ces six problèmes sont à l'origine de la plupart des disputes, des désaccords et des divorces. Ils sont tous liés à l'estime personnelle et à l'image de soi de l'une ou des deux parties à la relation.

Le premier problème majeur dans les relations est **le manque d'engagement**. Cela se reflète dans la relation ou le mariage « à mi-chemin » si courant aujourd'hui. Au lieu d'un engagement total, il n'y a qu'un engagement partiel. L'un ou l'autre dit : « Tu fais la moitié du chemin et je ferai l'autre moitié ». Cependant, dès que l'une des parties décide de ne faire que 49 % du chemin, une rupture se crée dans la relation. Et ce type de rupture a tendance à s'élargir plutôt qu'à se réduire. Les parties s'enfoncent. L'une ou l'autre ne fait plus que 48 % du chemin, puis 40 %, puis 30 % et ainsi de suite jusqu'à ce qu'elle arrête complètement d'essayer.

On en trouve un exemple dans le cas d'un couple qui se marie, mais qui garde chacun un compte bancaire séparé. Les dépenses du ménage sont divisées en parts égales. Chaque dollar est considéré comme appartenant à l'un ou à l'autre. Ils se prêtent même de l'argent l'un à l'autre et tiennent un compte précis de qui doit quoi à qui. J'ai vu un cas où les dépenses du ménage étaient divisées au centime près, y compris le coût du timbre pour envoyer la facture d'électricité !

Deux de mes amis, appelons-les Mary et Joe, ont vécu ensemble pendant onze ans. Ils ont toujours parlé de se marier, mais n'ont jamais réussi à prendre une décision. Cependant, à partir du moment où ils ont emménagé ensemble, chacun a acheté et payé le mobilier et les accessoires de l'appartement séparément de l'autre. Au dos de chaque objet de l'appartement se trouvait un petit autocollant indiquant à qui il appartenait. Ils n'ont jamais mélangé leurs fonds ou leurs biens. Au bout de onze ans, lorsqu'ils ont décidé de se séparer, ils ont pu partager tous leurs biens en moins de deux heures. Ils avaient inconsciemment prévu de se séparer pendant onze ans en ne s'engageant jamais complètement dans leur relation.

Un autre exemple d'engagement partiel est le contrat de mariage ou l'accord prénuptial. La lecture de ces contrats est intéressante. Le premier paragraphe de l'un de ces contrats stipule : « Les deux parties, très amoureuses et ayant l'intention de vivre ensemble dans le bonheur chaque jour de leur vie, concluent le présent contrat ».

Le reste du contrat prénuptial détaille longuement la manière dont les biens seront répartis lors de la séparation. En fait, ils planifient les détails de la séparation avant même de se marier.

Lorsque l'une des parties n'est pas disposée à s'engager totalement dans la relation, cette réticence suscite chez l'autre des sentiments de rejet et de manque de valeur. L'un des deux a l'impression de ne pas être à la hauteur. Il ou elle pense que c'est la raison pour laquelle l'autre n'est pas prêt à s'engager totalement et sans ambigüité envers elle.

Lorsque Barbara et moi nous sommes mariés, le pasteur nous a montré les différents vœux de mariage que nous pouvions prononcer. Nous pouvions choisir notre propre formulation pour la cérémonie. Alors que nous passions en revue les différents vœux, je lui ai demandé : « Où sont les mots « jusqu'à ce que la mort nous sépare » ? »

Le pasteur, un homme très bien, m'a expliqué que ces mots avaient été supprimés de la plupart des cérémonies de mariage aujourd'hui. La plupart des jeunes ne voulaient pas que leurs vœux de mariage contiennent quelque chose d'aussi clair et sans équivoque. Ils voulaient quelque chose qui leur permette plus de flexibilité et plus d'options.

Je lui ai demandé si nous pouvions le remettre en place. Il m'a répondu que nous pouvions faire ce que nous voulions. J'ai donc insisté pour que les mots « Jusqu'à ce que la mort nous sépare » fassent partie de notre cérémonie de mariage. J'ai estimé qu'un vœu de mariage aussi vague que celui qu'il nous a montré, « Tant que nous nous aimerons tous les deux », était le genre de vœu de mariage qui suggérait qu'ils n'étaient probablement pas vraiment sérieux quant à la survie à long terme du mariage.

Le moyen de surmonter un manque d'engagement est de s'engager complètement dans la relation. S'y engager à fond.

N'envisagez jamais la possibilité que la relation échoue. Si, sans que ce soit de votre faute, la relation ne fonctionne pas, au moins ce ne sera pas parce que vous vous êtes engagé à moitié.

Le deuxième problème majeur dans les relations est **d'essayer de changer l'autre personne ou de s'attendre à ce que l'autre personne change.** Il s'agit d'une autre forme subtile de rejet. C'est une autre façon de dire : « Tu n'es pas assez bien pour moi tel que tu es ».

Chaque fois que vous essayez de changer une autre personne, vous laissez entendre qu'elle est indigne et vous déclenchez des sentiments de colère et de ressentiment.

Le fait est que les gens ne changent pas beaucoup. Comme l'a dit l'humoriste Flip Wilson, « ce que vous *voyez* est ce que vous *obtenez* ». Si la personne que vous envisagez d'épouser ne correspond pas à ce que vous **souhaitez**, c'est avant le mariage, et non après, qu'il faut agir.

La solution au problème d'essayer de changer l'autre, d'essayer de lui faire perdre du poids, d'arrêter de fumer, de faire de l'exercice, de devenir plus positif ou quoi que ce soit d'autre, est simplement d'accepter la personne telle qu'elle est. Si vous ne pouvez pas accepter le comportement et la personnalité de l'autre personne, cela devrait vous mettre la puce à l'oreille. L'acceptation est largement déterminée par la compatibilité. L'acceptation est un bon indicateur pour savoir s'il s'agit de la bonne relation pour vous. La non-acceptation avant le mariage est de loin préférable à la gestion de la situation après le mariage.

Parfois, lorsque vous cessez d'essayer de changer l'autre personne et que vous l'acceptez inconditionnellement, elle commence à changer par son propre choix. Les êtres humains peuvent être pervers. Souvent, ils persisteront dans un comportement qui vous irrite simplement parce que vous essayez continuellement de les faire changer. Lorsque vous cessez d'essayer de les changer, ils modifient souvent leur comportement volontairement.

Le troisième problème majeur dans les relations est **la jalousie**. La jalousie est toujours ressentie dans l'esprit et le cœur de la personne qui éprouve cette émotion. Shakespeare appelait la jalousie le « monstre aux yeux verts ». Il s'agit d'une terrible émotion négative qui naît d'un sentiment de faible estime de soi et d'inadéquation personnelle.

La personne qui éprouve de la jalousie doute de sa valeur en tant que personne. Elle a le sentiment que « personne ne pourra jamais m'aimer vraiment, étant donné le genre de personne que je suis ».

Ce type de personne a probablement souffert de critiques destructrices dans son enfance et d'expériences négatives avec le sexe opposé à l'âge adulte. Si une personne n'a jamais reçu l'amour inconditionnel de ses parents ou, pire encore, si ses parents l'ont rejetée ou désapprouvée pendant son enfance, elle sera très vulnérable à l'âge adulte si elle n'est pas pleinement aimée et acceptée par les autres.

L'antidote à la jalousie est de réaliser qu'elle n'a rien à voir avec l'autre personne. Elle n'a à voir qu'avec la faible estime personnelle de la personne qui en souffre. Pour vaincre la jalousie, il faut travailler sur son estime personnelle, en se répétant sans cesse : « Je m'aime, je m'aime, je m'aime ».

Lorsque votre estime personnelle est suffisamment élevée, lorsque vous vous aimez et vous respectez suffisamment, rien de ce que les autres font ou ne font pas ne vous fera douter de votre valeur personnelle. Vous serez émotionnellement autonome, indépendant du comportement des autres pour ce qui est de la façon dont vous vous sentez vous-même.

Il n'est jamais intelligent de rendre **délibérément** une autre personne jalouse. La jalousie est une émotion douloureuse et destructrice, et ce n'est pas le genre de chose qu'un ami inflige à un autre. Chacun d'entre nous a besoin de se sentir en sécurité dans la relation à laquelle il se livre, et la provocation délibérée de la jalousie ébranle cette sécurité. La jalousie nous rend malheureux et malheureuse.

Le quatrième problème majeur dans les relations est **l'apitoiement sur soi**. Cela se produit lorsque vous vous sentez désolé pour vous-même pour quelque chose que votre partenaire a fait ou n'a pas fait à votre égard ou pour vous. En général, les personnes qui s'apitoient sur leur sort l'ont appris d'un de leurs parents qui pratiquait l'apitoiement sur soi comme méthode d'interaction à la maison.

Souvent, les gens se laissent aller à l'apitoiement, « Pourquoi moi ! » lorsque leur partenaire est tellement occupé ou heureux au travail qu'ils se sentent délaissés. La solution à l'apitoiement n'est *pas* d'obliger votre partenaire à faire ou à cesser de faire quelque chose. L'antidote est d'être tellement occupé par vos propres objectifs que vous n'avez pas le temps de vous apitoyer sur votre sort.

Vous êtes responsable de vos propres émotions. Vous êtes la cause de votre bonheur ou de votre malheur. Personne ne vous oblige à ressentir quoi que ce soit. Si vous vous apitoyez sur votre sort, c'est parce que vous avez choisi de vous apitoyer sur votre sort. Et vous pouvez **choisir** une autre réaction si vous le souhaitez. La base de l'apitoiement sur soi est la notion erronée que quelqu'un d'autre est responsable de votre bonheur.

L'apitoiement sur soi est une forme de faiblesse et de manque de sincérité qui vous empêche de devenir un être humain pleinement épanoui. Si vous êtes dans une relation où l'autre personne s'apitoie sur son sort, soyez aussi compatissant et compréhensif que possible, puis encouragez-la à s'occuper de quelque chose qui lui plaît.

Le cinquième problème majeur dans les relations est celui **des attentes négatives**. Cela se produit lorsque vous vous attendez constamment à ce que l'autre personne fasse quelque chose qui vous déçoive. Le fait est que vos attentes ont tendance à être satisfaites. Si vous vous attendez à ce que de bonnes choses se produisent, vous serez rarement déçu. Si vous vous attendez à ce que votre partenaire vous déçoive, vous serez rarement déçu.

La règle est de toujours **attendre le meilleur** de votre partenaire. Les mots les plus merveilleux qu'une personne puisse dire à une autre sont peut-être : « Je t'aime et je crois en toi ». Dites-lui toujours que vous avez une confiance et une foi totales en sa capacité à faire tout ce qu'il ou elle se met en tête.

C'est merveilleux de partir travailler le matin en sachant que la personne la plus importante de votre vie croit totalement en vous. Et il est merveilleux de rentrer chez soi le soir avec une personne qui a une foi totale en sa capacité à réussir, quels que soient les obstacles. La plupart des hommes et des femmes qui ont le mieux réussi dans la vie doivent leur succès aux attentes positives inébranlables de leur partenaire.

Le sixième problème majeur dans les relations est **l'incompatibilité**. L'incompatibilité est un sujet très sensible, que beaucoup de gens n'aiment même pas aborder. Pourtant, il s'agit de l'un des problèmes les plus courants dans les relations, et peut-être la raison la plus fréquente pour laquelle les gens sont malheureux dans leur mariage.

En général, lorsque deux personnes se rencontrent et tombent amoureuses, elles sont attirées l'une par l'autre par des choses qu'elles ont en commun. Cependant, au fil des années et des changements, elles évoluent souvent dans des directions différentes. Elles développent de nouveaux intérêts, de nouveaux goûts et de nouvelles opinions. Ce qui était important pour elles lors de leur première rencontre ne l'est plus autant et perd son pouvoir d'union.

La période la plus fréquente d'incompatibilité dans les mariages semble se situer entre vingt-huit et trente-deux ans. Durant la vingtaine, les individus évoluent et changent plus rapidement qu'à n'importe quelle autre période de leur vie adulte. Si un couple se marie au début de la vingtaine, il risque de se rendre compte à la fin de cette période qu'il n'a plus grand-chose en commun. Les deux personnes peuvent se rendre compte qu'elles sont devenues incompatibles.

LES SIGNES AVANT-COUREURS

Le premier signe qu'un couple n'est plus compatible est qu'il ne rit plus. Ils ne plaisantent plus ensemble et ne se trouvent plus beaucoup de choses drôles en commun.

Le deuxième signe est que la conversation se tarit. Ils semblent avoir peu de choses à se dire. La maison devient un lieu fonctionnel où le couple se contente de vivre, plutôt qu'un lieu de chaleur et d'harmonie partagées.

Chacun se préoccupe de son travail, des enfants ou d'autre chose. Chacun fait ce qu'il a à faire. Chacun fait bonne figure devant ses voisins et ses amis.

De nombreuses personnes malheureuses dans leur mariage se plongent dans leur travail, douze ou quatorze heures par jour, pour ne pas avoir à rentrer chez elles. Et moins elles passent de temps avec l'autre, plus la relation se dégrade. Elles ont de moins en moins de choses en commun.

Si vous constatez que les rires et les conversations disparaissent de votre relation, il est temps d'agir. Si vous avez l'impression que vous et l'autre personne n'avez plus grand-chose en commun, vous devez faire tout ce qui est en votre pouvoir pour reconstruire la relation. Vous devez reconnaître que vous avez un problème grave, qui perturbe votre vie, et vous asseoir ensemble pour en discuter. Vous devez faire tous les efforts possibles pour recréer ce que vous aviez autrefois.

Peut-être devriez-vous prendre un peu de temps libre et partir en voyage. Peut-être devriez-vous commencer à vous intéresser aux activités de l'autre ou développer de nouveaux centres d'intérêt communs. Si vous avez investi plusieurs années et beaucoup d'émotions dans la construction de votre relation, et surtout s'il y a des enfants, vous devez faire tout ce qui est en votre pouvoir pour sauver la situation.

COMMENT FAIRE RENAÎTRE L'AMOUR

L'un des moyens les plus puissants pour remettre de l'amour dans une relation est de se rendre compte que l'amour est un verbe : **l'amour** est un mot d'action. « Aimer » exige que vous fassiez les choses qu'une personne aimante ferait si vous voulez ressentir l'émotion qu'une personne amoureuse ressentirait. Il se pourrait que vous puissiez **agir de manière à retrouver l'amour** que vous avez perdu pour cette personne.

Vous apprenez à aimer une autre personne en faisant des choses très agréables avec et pour elle. Les petites attentions, les petites faveurs, les gentillesses, les cadeaux et autres choses qui rendent l'autre personne heureuse vous poussent à l'aimer davantage. Lorsque vous cessez de faire ces petites choses, vous pouvez commencer à vous détacher. Les liens émotionnels commencent à se relâcher. La flamme commence à s'éteindre.

Le mot grec qui désigne ce processus de ravivage de l'amour par l'action est *praxis*. Le principe de la praxis stipule que vous générez des émotions en vous en faisant des choses cohérentes avec ces émotions, encore et encore, jusqu'à ce qu'elles s'enflamment. Vous agissez de manière à éprouver des sentiments, comme nous l'avons vu au chapitre 3, le programme principal.

Vous pouvez remettre de l'amour dans votre relation en faisant à nouveau ce que vous faisiez pendant la période de séduction. Vous pouvez commencer à être plus attentionné, plus attentif, plus compréhensif et plus sympathique. Si *vous vous comportez* comme un conjoint aimant, vos sentiments à l'égard de l'autre personne commenceront peut-être à s'améliorer. Vous pouvez agir pour retrouver l'amour.

En pensant à l'autre avec amour et en lui parlant de manière aimante et courtoise, vous pouvez souvent raviver les sentiments qui vous ont un jour rapprochés. Recherchez dans l'autre personne les qualités que vous admiriez autrefois. Pardonnez et oubliez les erreurs que l'autre personne a pu commettre. Plus que tout, pour retrouver le chemin de l'amour, il faut que vous vouliez vraiment rester avec cette personne, que vous vouliez vraiment reconstruire et préserver cette relation.

QUE FAIRE SI LA RELATION NE PEUT ÊTRE SAUVÉE ?

Il peut arriver, comme c'est souvent le cas, que la flamme se soit complètement éteinte dans votre relation. Il n'y a plus aucun désir de faire les sacrifices émotionnels nécessaires pour sauver la relation. Les deux parties sont en effet devenues incompatibles.

L'incompatibilité est la raison la plus fréquente de la rupture d'une relation. L'adulte moyen sort avec de nombreux membres du sexe opposé pour trouver ne serait-ce qu'**une** personne avec laquelle il est compatible. Pourquoi serait-il si surprenant que deux personnes évoluent et se développent en deux personnes différentes ? Pourquoi serait-il si surprenant que deux personnes deviennent incompatibles ?

Vous voyez souvent des couples assis au restaurant qui mangent tranquillement sans se parler. Ou bien vous verrez des gens conduire ensemble en regardant la circulation sans parler. Ces signes indiquent que le couple est devenu incompatible.

COMMENCER PAR L'ACCEPTATION

La meilleure chose à faire lorsque deux personnes sont devenues incompatibles est tout simplement de l'accepter. William James, de Harvard, a dit : « La première étape dans la résolution d'une difficulté est d'accepter qu'il en soit ainsi ».

Une grande partie du malheur et des maladies psychosomatiques est due au **déni**, au refus d'admettre que quelque chose ne va pas dans votre relation. Le déni, ou résistance interne, est source de stress et de tension. Le refus de faire face à une situation aussi embarrassante et menaçante pour l'estime personnelle qu'une relation ratée est une cause majeure de maladie, d'insomnie, de maux de tête et d'expression d'émotions négatives telles que l'irritabilité, la colère et la dépression. Ce sont tous des symptômes d'une cause sous-jacente, qui peut être l'incompatibilité dans la relation.

L'un des moyens les plus utiles pour faire face à toute difficulté dans la vie est de se demander : « S'agit-il d'un fait ou d'un problème ? » S'il s'agit d'un *problème*, il est possible d'y apporter une solution. Il y a quelque chose que vous pouvez faire, et vous pouvez mettre votre intelligence à contribution pour trouver un moyen de résoudre le problème.

Toutefois, s'il s'agit *d'un fait*, la chose la plus intelligente à faire est de l'accepter. Les faits sont comme la météo : il n'y a rien que vous puissiez faire à leur sujet, si ce n'est les intégrer dans votre vision du monde et prendre des dispositions à leur égard. De nombreuses personnes se rendent inutilement malheureuses en confondant *le fait* de l'incompatibilité avec *le problème* de l'incompatibilité. Lorsque le feu s'éteint dans une relation, lorsque les cendres refroidissent et que l'incompatibilité s'installe, il est temps pour l'une des parties ou pour les deux de regarder les choses en face, honnêtement, et de faire quelque chose pour y remédier.

La raison pour laquelle vous vous engagez dans une relation avec une autre personne est que vous pouvez être **plus heureux** avec cette relation que sans. De nombreuses personnes s'engagent dans des relations afin d'être plus heureuses et plus satisfaites, mais elles se retrouvent malheureuses et moins satisfaites. Elles s'accrochent alors à tort à la relation, oubliant la raison pour laquelle elles s'y sont engagées.

La raison pour laquelle vous choisissez d'être avec une autre personne plutôt que d'être seul est de rendre votre vie meilleure, plus riche et plus agréable. Ce n'est pas pour souffrir et être malheureux. Une relation malheureuse vous prive de votre bonheur et nuit à votre potentiel plus que tout autre facteur.

De nombreuses personnes restent dans de mauvaises relations parce qu'elles ont *peur de ce que les autres pourraient dire*. Elles ont peur de perdre la face devant leurs parents, leurs amis et les personnes avec lesquelles elles travaillent. Elles se forcent à sauver les apparences en public alors que, derrière les portes closes, elles sont très malheureuses. Elles se sentent souvent piégées dans une relation dont elles ne peuvent sortir sans ressentir une gêne intense auprès de leur entourage.

Le fait est que **personne d'autre ne se soucie** autant que vous de votre relation. Dans la plupart des cas, vous constaterez que les personnes que vous pensez être les plus touchées par l'échec de votre mariage ne sont pas du tout concernées. La plupart des gens ont tellement de problèmes qu'ils n'ont ni le temps ni l'énergie de penser à vous et à vos problèmes. En fait, la plupart des gens passent la majeure partie de leur temps, toute la journée, à penser à eux-mêmes. Même si vous êtes très proche d'une autre personne (un fils, une fille ou un meilleur ami), cette autre personne passe très peu de temps à penser à vous au cours de la journée.

Votre vie entière peut être en train de s'effondrer, mais pour la plupart des autres personnes, ce qu'elles vont manger au déjeuner aujourd'hui est plus important que vos problèmes. De nombreuses personnes constatent que lorsqu'elles décident enfin de quitter une relation malheureuse, leur décision n'a pratiquement **aucun effet** sur leur entourage. D'autres s'en moquent tout simplement. Elles peuvent exprimer un peu de sympathie et poser quelques questions, principalement par curiosité, mais elles doivent ensuite rentrer chez elles pour le dîner et passer à autre chose, vous laissant seul.

LAISSEZ TOMBER

D'après les séminaires et les ateliers que j'ai organisés avec des milliers de personnes et de couples, la chose la plus stupide que vous puissiez faire est de rester dans une mauvaise relation parce que vous pensez que, d'une manière ou d'une autre, elle va blesser ou contrarier quelqu'un d'autre si vous la quittez.

La chose la plus intelligente que vous puissiez faire est d'être parfaitement égoïste sur le plan émotionnel. Si vous n'êtes pas heureux et que vous ne pouvez pas sauver la situation, faites-vous au moins plaisir. Faites ce qui **vous** rend heureux. Vous ne pourrez jamais rendre quelqu'un d'autre heureux en étant vous-même malheureux. Seules les personnes heureuses peuvent rendre les autres heureux. Ne vous sacrifiez jamais sur l'autel du bonheur de quelqu'un d'autre. Vous n'atteindrez jamais votre propre bonheur, ni celui de l'autre.

L'AMOUR EST LA CHOSE LA PLUS IMPORTANTE

La chose la plus importante dans la vie est l'amour. La sécurité et la joie qu'apporte une relation amoureuse sont peut-être ce qu'il y a de plus merveilleux que l'homme et la femme puissent vivre.

Vous devez faire tout ce qui est en votre pouvoir pour construire et entretenir une relation amoureuse avec une autre personne, notamment en l'écoutant, en lui exprimant votre gratitude et votre appréciation, en la traitant avec gentillesse, courtoisie, douceur, patience et surtout compassion. Vous devez faire tous les efforts possibles pour construire une relation d'amour dans laquelle vous pourrez vivre indéfiniment.

Mais si cela ne fonctionne pas, ayez le courage et le caractère d'accepter que rien dans la vie humaine n'est ni parfait ni permanent. Ayez l'honnêteté d'accepter que la chose la plus gentille que vous puissiez faire pour quelqu'un d'autre est d'atteindre votre propre bonheur. Si vous affrontez la vie telle qu'elle est, et non telle que vous souhaiteriez qu'elle soit, vous serez fidèle à vous-même et aux personnes les plus importantes de votre vie.

EXERCICE PRATIQUE

Puisque les relations heureuses sont essentielles à votre estime personnelle et à votre bonheur, prenez la décision de mettre de l'ordre dans votre relation principale. Prenez la résolution de vous asseoir avec l'autre personne et de lui demander : « Que pouvons-nous faire de plus, ou de moins, pour que cette relation soit merveilleuse ? »

Changez l'ordre de vos priorités, de vos valeurs, si nécessaire, et faites en sorte que votre relation soit plus importante que tout le reste. Soyez prêt à faire des sacrifices, des changements, si nécessaire, pour assurer la qualité et la stabilité de votre foyer et la santé émotionnelle de la personne à laquelle vous tenez plus que tout autre.

Une relation solide, positive et pleine d'amour est la base sur laquelle vous pouvez construire une vie merveilleuse. Elle est la véritable manifestation de l'excellente personne que vous êtes en train de devenir. C'est la clé de la santé et du bonheur. Votre relation est le reflet de la personne que vous êtes vraiment et l'assurance d'un grand avenir.

Chapitre 11

MAÎTRISER L'ART D'ÊTRE PARENT

La relation la plus importante et la plus durable que vous ayez jamais nouée commence lorsque vous mettez un enfant au monde. Les revenus, les emplois, les amitiés, la santé et même les mariages peuvent aller et venir, mais votre rôle de parent dure aussi longtemps que vous vivez. L'impact de votre rôle de parent peut affecter votre enfant et les enfants de vos enfants pendant des générations. Être parent est probablement la responsabilité la plus profonde qu'un adulte puisse jamais assumer.

Personne ne naît avec les compétences d'un bon parent. Nous commençons tous en tant qu'amateurs. Heureusement, vous pouvez apprendre beaucoup de choses sur la manière d'être un parent efficace en lisant et en demandant conseil à des amis, à des parents, à des médecins et à des experts en la matière. Il existe de nombreux livres, magazines et articles de qualité contenant des conseils et des idées qui peuvent vous aider considérablement à devenir le genre de parent que vous voulez être.

QUEL EST LE VÉRITABLE RÔLE DES PARENTS ?

Le rôle le plus important des parents est d'aimer et d'élever leurs enfants et de leur donner une bonne estime personnelle et de la confiance en soi. Si vous élevez vos enfants en leur donnant une excellente image d'eux-mêmes, si vous les rendez impatients de partir à l'assaut du monde, vous avez rempli votre responsabilité au sens le plus élevé du terme. À l'inverse, si vous donnez à votre enfant tout ce qui est de nature matérielle, mais que vous l'élevez en lui faisant perdre sa confiance en soi et son estime personnelle, vous avez échoué dans votre rôle principal.

L'adulte moyen passe probablement cinquante ans de sa vie à surmonter les cinq premières années. Abraham Maslow a enseigné que nous avons deux grands types de besoins que nous nous efforçons de satisfaire. Il s'agit du besoin de réaliser notre potentiel, notre besoin d'« être », et du besoin de compenser les déficiences que nous percevons. L'enfant élevé sans amour suffisant a tendance à le rechercher toute sa vie, plutôt que de s'efforcer de réaliser son potentiel. La chose la plus gentille qu'un parent puisse faire est peut-être de donner à son enfant l'amour et le soutien émotionnel dont il a besoin pour grandir et s'épanouir, en créant un climat dans lequel l'enfant se sent totalement aimé par les personnes les plus importantes de sa vie.

L'enfant qui grandit développe une personnalité saine en proportion directe de la qualité et de la quantité d'amour qu'il reçoit. Tout comme une plante a besoin de soleil et de pluie, un enfant a besoin d'amour et de soins.

Les parents veulent ce qu'il y a de mieux pour leurs enfants. Ils veulent les élever pour qu'ils soient heureux et en bonne santé. Comment se fait-il alors que tant d'enfants grandissent en se sentant insuffisamment aimés ? Pourquoi les parents privent-ils leurs enfants de l'amour dont ils ont besoin pour grandir sainement ?

POURQUOI LES PARENTS N'AIMENT PAS ASSEZ

Deux raisons majeures expliquent que les parents n'aiment pas suffisamment leurs enfants. Premièrement, les parents ne s'aiment pas eux-mêmes. Les parents qui ont une faible estime d'eux-mêmes ont beaucoup de mal à donner plus d'amour à leurs enfants qu'ils n'en ressentent pour eux-mêmes.

La deuxième raison pour laquelle les parents n'aiment pas suffisamment leurs enfants est qu'ils ont souvent l'idée erronée que leurs enfants sont là pour répondre à leurs attentes. L'une des principales causes de friction entre parents et enfants est le sentiment ou la perception qu'ont les parents que leurs enfants ne sont pas « à la hauteur » de ce qu'ils attendent d'eux.

De nombreux parents considèrent leurs enfants comme des biens meubles, comme une forme de propriété. Ils estiment que leurs enfants ne se comportent correctement que lorsqu'ils font et disent ce que leurs parents veulent qu'ils fassent. Si le comportement de l'enfant diffère des attentes des parents, la mère ou le père réagit par des critiques. Sans le vouloir, ils retirent leur amour et leur approbation à l'enfant. Ils marchent sur la ligne de vie émotionnelle de leur enfant. L'enfant se sent mal aimé. Les bases de problèmes de personnalité ultérieurs sont ainsi jetées. Tout comportement négatif ou antisocial est un appel à l'aide, une tentative d'échapper aux sentiments de culpabilité, de colère et de ressentiment qui naissent de la critique au début de la vie.

LES ENFANTS NE SONT PAS DES BIENS

Le point de départ pour élever **des enfants formidables** est de réaliser que vos enfants ne sont pas votre propriété. Ils n'appartiennent qu'à eux-mêmes. Ils sont un cadeau qui vous vient d'en haut, et un cadeau temporaire de surcroît.

Je dis à mes enfants qu'ils m'ont été envoyés par Dieu et que mon travail consiste à les aimer et à prendre soin d'eux jusqu'à ce qu'ils grandissent. Je les traite comme s'ils étaient des cadeaux précieux qui m'ont été prêtés pour une courte période. Mon travail ne consiste pas à les rendre conformes à mes attentes, mais à les encourager à développer leur propre singularité et leur individualité.

Chaque enfant est différent des autres et vient au monde avec son propre programme, ses propres talents, intérêts et capacités. Personne ne peut savoir avant longtemps ce que votre enfant peut et va devenir. Le travail de l'enfant n'est pas de se conformer aux attentes de ses parents, mais de grandir, de s'épanouir et de devenir tout ce qu'il est capable de devenir.

Kahlil Gibran, dans son merveilleux livre *Le Prophète*, exprime magnifiquement cette idée. Il dit :

« Vos enfants ne sont pas vos enfants. Ils sont les fils et les filles de l'appel de la vie à elle-même. Ils viennent à travers vous mais non de vous. Et bien qu'ils soient avec vous, ils ne vous appartiennent pas. »

« Vous pouvez leur donner votre amour, mais pas vos pensées, car ils ont leurs propres pensées. Vous pouvez héberger leurs corps, mais pas leurs âmes, car leurs âmes habitent la Maison de Demain, que vous ne pouvez pas visiter, pas même en rêve. Vous pouvez vous efforcer de leur ressembler, mais ne cherchez pas à ce qu'ils vous ressemblent. Car la vie ne recule pas et ne s'attarde pas sur hier. Vous êtes les arcs d'où partent vos enfants, comme des flèches vivantes. »

LES ENFANTS SONT UN DON PRÉCIEUX

Lorsque vous considérez vos enfants comme des cadeaux précieux dont vous ne pouvez profiter que pendant une courte période, vous envisagez différemment votre rôle de parent. Lorsque vous célébrez et encouragez la nature spéciale et la personnalité de votre enfant, il ou elle grandit comme une fleur au soleil. En revanche, si vous essayez d'amener votre enfant à être ce qu'il n'est pas, son esprit s'étiole et son potentiel de bonheur et de joie se flétrit comme une feuille d'arbre à l'automne.

La loi de la correspondance stipule que votre monde extérieur de relations reflétera votre monde intérieur de pensées et votre véritable personnalité. Ce que sont vos enfants et ce qu'ils deviendront sera en grande partie le reflet de ce que vous êtes en tant que personne. Chaque fois que vous avez un problème avec votre enfant, recherchez en vous-même et demandez : «

Qu'y a-t-il en moi qui pourrait être à l'origine de cette situation ? »

La plupart des parents blâment et critiquent leurs enfants lorsque ceux-ci font quelque chose qui ne leur plaît pas. Cependant, les parents supérieurs se considèrent comme la source première du comportement de l'enfant. Ils se rendent compte que la pomme ne tombe jamais loin de l'arbre.

Dans les premières années de leur vie, les enfants sont presque totalement réactifs. Leur comportement, bon ou mauvais, est en grande partie une réaction à la façon dont ils sont traités par leurs parents et les personnes qui les entourent. Lorsque le parent commence à accepter la responsabilité du comportement de l'enfant, il devient possible de faire de réels progrès dans la résolution des difficultés que l'enfant peut rencontrer.

L'AMOUR FAIT LA DIFFÉRENCE

Le facteur le plus important dans l'éducation d'enfants formidables est la quantité d'amour qu'ils reçoivent. Les enfants ont besoin d'amour comme les fleurs ont besoin d'eau. On ne peut jamais donner trop d'amour à un enfant. Un flux continu d'amour et d'approbation du parent à l'enfant est la ligne de vie de l'enfant pour sa santé émotionnelle et physique. Presque tous les problèmes des enfants peuvent être attribués à la perception de l'enfant qu'il n'a pas été pleinement aimé et accepté par l'un de ses parents ou par les deux.

Le manque d'amour, réel ou imaginaire, a de graves conséquences. La privation d'amour peut entraîner des maladies physiques ou émotionnelles, voire la mort. Les dommages causés par un manque d'amour peuvent avoir un effet destructeur à long terme sur la personnalité de l'enfant. Les adultes qui ont des problèmes émotionnels sont invariablement des enfants que leurs parents n'ont pas suffisamment aimés.

Au début de ce siècle, il existait une théorie de l'éducation des enfants selon laquelle moins l'enfant avait de contacts avec les adultes au cours de ses premiers mois, mieux il se portait. On estimait que l'exposition à un trop grand nombre d'adultes exposait l'enfant à diverses infections.

Sur la base de cette théorie, l'accès aux nouveau-nés était extrêmement limité. Les nourrissons étaient touchés le moins possible. Les visites des parents étaient limitées. Hormis le changement de couches et les biberons, les enfants étaient laissés seuls dans leur berceau autant que possible. Mais une chose terrible a commencé à se produire. Les enfants accueillis dans des crèches où ils n'avaient que très peu de contacts ont refusé de se nourrir. Ils sont devenus passifs. Ils ont rapidement commencé à se flétrir et certains d'entre eux sont morts.

Cette maladie, le « miasme », était également appelée le syndrome de l'insuffisance pondérale.

Ces enfants, privés d'amour et de contact au cours des premières semaines et des premiers mois suivant leur naissance, ont en fait perdu tout désir de vivre. Ils ont commencé à mourir à un rythme alarmant.

Dans un orphelinat de l'État de New York, quarante-huit bébés sur cinquante sont morts en l'espace de six mois. Finalement, les médecins et les infirmières ont compris que les enfants avaient besoin de chaleur et de contact avec un adulte.

Lorsque les infirmières ont commencé à prendre les enfants dans leurs bras, le « miasme » s'est dissipé et les enfants ont commencé à grandir normalement.

Dans un cas célèbre rapporté dans l'une des revues de psychologie, un jeune garçon de trois ans a été confié à une baby-sitter pendant que ses parents sortaient dîner. Tragiquement, les parents ont tous deux été tués dans un accident de voiture sur le chemin du retour du restaurant. L'instant d'après, le petit garçon a été retiré de son foyer par les services sociaux et placé dans une famille d'accueil. Il n'a jamais revu ses parents aimants et il était trop jeune pour comprendre ce qui s'était passé.

Il a commencé à faire des siennes dans le foyer d'accueil. Il faisait pipi au lit, il pleurait, il se battait avec d'autres enfants et il a commencé à présenter un sérieux problème de comportement. En conséquence, il a été déplacé d'une famille d'accueil à l'autre. Et une chose remarquable s'est produite. Il a cessé de grandir. Pendant les quatre années qui ont suivi, il a connu des problèmes de foyer en foyer, et à l'âge de sept ans, il avait toujours la même taille physique qu'à l'âge de trois ans.

C'est alors qu'une chose merveilleuse s'est produite. Un couple aimant a rencontré le garçon dans un foyer d'accueil et a demandé à l'adopter. Ils l'ont ramené chez eux et ont commencé à le couvrir de chaleur et d'affection. Ils l'ont pris dans leurs bras, lui ont parlé, l'ont emmené faire des balades et l'ont inondé d'amour et d'acceptation inconditionnelle. Ils l'ont pris dans leurs bras, l'ont embrassé et lui ont tenu la main.

Au bout de quelques semaines, le petit garçon a recommencé à grandir. Au cours des neuf mois qui ont suivi, il a gagné quatre ans de taille et de poids et, à la fin de la première année passée avec ses nouveaux parents, il avait atteint la taille et le poids normaux pour son âge. L'effet puissant de l'amour sur les enfants est stupéfiant !

Il existe de nombreux exemples d'enfants qui n'ont pas réussi à s'épanouir et à grandir physiquement à cause d'un manque d'amour. Il y a encore plus d'exemples d'enfants qui n'ont pas réussi à grandir émotionnellement et mentalement parce que l'amour dont ils avaient besoin pour grandir sainement a été réduit ou interrompu pendant leur enfance.

Ces problèmes mentaux et émotionnels se manifestent par des troubles du comportement, des troubles de la personnalité, des névroses, des psychoses et de graves échecs à l'âge adulte. Le manque d'amour est certainement le problème le plus grave dont un enfant puisse souffrir pendant ses années de formation.

L'AMOUR ET L'ACCEPTATION INCONDITIONNELS

La clé pour élever des enfants formidables est de leur apporter un flux ininterrompu d'amour et d'acceptation inconditionnels. Faites comprendre à votre enfant que rien de ce qu'il ou elle fait ne pourrait jamais diminuer votre amour pour lui ou elle. Le plus beau cadeau que vous puissiez faire à votre enfant est la conviction absolue que vous l'aimez complètement, sans réserve, quoi qu'il fasse et quoi qu'il arrive.

Lorsque je dois faire preuve de rigueur ou corriger l'un de mes enfants, je commence toujours par lui dire : « Je t'aime beaucoup, mais tu ne peux pas faire ceci ou tu dois cesser de te comporter comme cela ». Je précise toujours très clairement que je suis mécontent du comportement, et non de l'enfant. J'ai *formé* mes enfants pour qu'ils comprennent parfaitement cela.

J'avais l'habitude de dire à ma petite fille, Christina : « À quel point papa t'aime-t-il ? » Elle tendait les mains et disait : « Tu m'aimes **autant que ça** ». Je lui disais alors : « Et quand je t'envoie dans ta chambre ? » Elle répondait, les bras grands ouverts : « Tu m'aimes **toujours autant** ».

Puis je lui demandais : « Et quand je te donne une fessée ou que je t'enlève tes jouets et que je t'envoie dans ta chambre ? »

Elle répondait alors, les mains tendues. : « Papa, **tu m'aimes toujours autant** ».

Je lui demandais alors, en feignant d'être surpris : « Comment est-ce possible ? » Elle me répondait : « Papa, quoi que je fasse, **tu m'aimes toujours à 100 %** ».

Le Dr Ross Campbell, dans son livre *Comment vraiment aimer votre enfant*, affirme que votre enfant vous demande toujours, d'une manière ou d'une autre : « Est-ce que tu m'aimes ? » La seule variable est la façon dont vous répondez.

Parfois, l'enfant se comporte mal pour vérifier si vous l'aimez vraiment. Plus les enfants grandissent et gagnent en maturité, plus ils sont subtils dans leur façon de poser la question : « Est-ce que tu m'aimes ? » Cependant, la question est toujours la même. L'excellent parent est celui qui répond toujours à cette question en disant à l'enfant, de toutes les manières possibles : « Oui, je t'aime vraiment ».

COMMENT LEUR FAIRE SAVOIR

Si vous voulez élever des enfants formidables, **dites-leur que vous les aimez chaque jour.** On ne dit jamais trop souvent « je t'aime » à un enfant. Même si votre enfant prétend qu'il n'a pas besoin de l'entendre, ne le croyez pas. Chaque fois qu'un enfant entend les mots « je t'aime » de la bouche de ses parents, il se sent plus en sécurité et plus confiant. Son estime personnelle augmente. Et plus il sait que vous l'aimez, plus il est libre de s'aimer lui-même.

Vous pouvez **dire** à vos enfants que vous les aimez régulièrement de trois façons. Premièrement, dites-leur que vous les aimez **en les regardant dans les yeux**. Les enfants ont des « réservoirs émotionnels » qu'ils remplissent en s'abreuvant de l'amour de leurs parents à travers leurs yeux. Chaque fois que vous regardez un enfant avec amour, vous lui donnez une bonne image de lui-même. Dès l'âge de six semaines, les enfants sont fascinés par le fait de regarder dans les yeux quelqu'un qui leur sourit avec chaleur, amour et affection.

Les enfants qui ne reçoivent pas de contact visuel affectueux de la part de leurs parents ne se sentent pas vraiment aimés. Ils ont l'impression que quelque chose ne va pas chez eux et dans leur relation avec leurs parents. Ils ne se sentent pas sûrs d'eux. Ils ont l'impression d'avoir fait quelque chose que leurs parents n'aiment pas, sans savoir de quoi il s'agit.

Dans notre société, un contact visuel soutenu s'accompagne généralement d'une critique ou d'une plainte. Nous fixons notre regard sur nos enfants lorsque nous sommes en colère contre eux, mais il est très rare que nous les regardions intensément en signe d'amour. De nombreux enfants grandissent en se sentant très mal à l'aise face à un contact visuel direct, quel qu'il soit. Ils ont l'impression qu'il s'agit d'un acte hostile et détournent le regard pour l'éviter.

Lorsque des personnes viennent de tomber amoureuses, elles s'assoient et se regardent longuement dans les yeux. C'est une façon pour un adulte de dire à un autre « je t'aime ». Vous pouvez essayer cela avec vos enfants. Vous serez surpris de l'impact d'un contact visuel soutenu et affectueux lorsque vous le leur offrez, surtout s'ils n'en ont pas fait l'expérience depuis un certain temps.

Deuxièmement, vous pouvez dire à vos enfants que vous les aimez **par un contact physique.** Prendre vos enfants dans vos bras et les embrasser est la meilleure façon de leur dire, par le toucher, que vous les aimez vraiment et que vous les appréciez. Virginia Satir, thérapeute familiale, affirme que les enfants ont besoin de quatre câlins par jour pour survivre, de huit câlins par jour pour être en bonne santé et de douze câlins par jour pour grandir. On ne peut jamais trop les serrer dans les bras et les embrasser lorsqu'ils grandissent.

Les enfants qui ne sont pas pris dans les bras de leurs parents ni embrassés finissent par croire qu'ils n'en sont pas dignes. Ils ne se sentent pas sûrs d'eux. Leur estime personnelle en souffre. Leur personnalité est affectée. Ils réagissent en adoptant un comportement destructeur.

Les recherches montrent que les enfants de sexe féminin et masculin reçoivent à peu près la même quantité de câlins au cours de la première année de leur vie. Par la suite, les enfants de sexe féminin continuent à recevoir la même quantité d'affection physique. Mais la quantité de câlins que reçoit un garçon diminue considérablement, pour atteindre environ 20 % de celle d'une fille à l'âge de cinq ans.

Certains parents pensent que si l'on donne trop d'affection à un garçon, on en fait une « poule mouillée ». Or, c'est exactement le contraire. Les garçons qui reçoivent beaucoup de câlins et de contacts physiques de la part de leurs parents grandissent et deviennent forts, masculins et sûrs d'eux. Les garçons qui reçoivent peu ou pas de contact physique de leurs parents peuvent grandir en se sentant peu sûrs d'eux, mal aimés et manquant de confiance en eux.

Selon un courant de pensée, une grande partie de l'agressivité supplémentaire dont font preuve les garçons en grandissant est liée à ce manque de câlins et de contacts physiques, par rapport à ce que reçoivent les filles. Bien que cette idée ne tienne pas compte du rôle de la testostérone qui rend les garçons plus turbulents, on ne peut jamais nuire au développement physique, émotionnel ou mental d'un garçon en lui donnant trop de chaleur physique au cours des premières années de sa vie.

Troisièmement, et c'est peut-être le moyen le plus puissant de dire à un enfant que vous l'aimez vraiment, c'est de lui accorder **une attention particulière**. Pour accorder une attention particulière, vous devez passer des moments ininterrompus avec votre fils ou votre fille. Les enfants ont besoin d'être avec leurs parents. Ils ont besoin de parler à leurs parents, d'avoir des relations avec eux, de les côtoyer pendant qu'ils grandissent. Ils ont besoin de ce temps comme ils ont besoin de nourriture pour grandir sainement.

Le débat sur le « temps de qualité » par rapport à la « durée » passe à côté de l'essentiel. Le fait est que le temps de qualité est **fonction** de la durée. Le temps de qualité, ces moments précieux et ces expériences que vous partagez avec votre enfant, est le résultat d'une grande **quantité** de temps passé avec lui. Et il n'y a pas de substitut à cela.

Vous ne pouvez pas vous contenter de dire : « Eh bien, passons du temps de qualité ». Vous devez être prêt à investir beaucoup de temps, peut-être de nombreuses heures, si vous voulez profiter des moments de « qualité » qui sont si importants dans la relation entre un parent et son enfant.

Il n'y a probablement pas de meilleur moyen de construire une relation de qualité avec votre enfant que de prévoir de longs moments ininterrompus avec lui. Vos enfants ont besoin de communiquer leurs pensées et leurs sentiments à quelqu'un d'important pour eux, et vous, en tant que parent, devriez être la personne la plus importante dans leur vie.

Si leurs parents ne prennent pas le temps de s'asseoir avec eux et de les écouter, les enfants commenceront à passer de plus en plus de temps avec leurs groupes d'amis. Ils chercheront à être approuvés et acceptés par eux, et se laisseront guider par leur comportement et leurs priorités.

L'influence la plus positive que vous puissiez exercer dans la vie de votre adolescent est d'être la **première** source d'amour, de soutien et de respect pour votre enfant. Si votre enfant ne reçoit pas cet amour et ce soutien de votre part, votre capacité à influencer son comportement commencera à diminuer rapidement. Un fossé se creusera entre vous. Il ou elle rejettera vos conseils, vos valeurs et votre vision du monde.

LES LOUANGES ET LES ENCOURAGEMENTS

Félicitez et encouragez continuellement vos enfants pour les choses positives qu'ils font, même les plus petites. Félicitez et renforcez ce que vous aimeriez qu'ils refassent. Félicitez-les pour renforcer leur estime personnelle et leur confiance en eux.

Si votre enfant rentre de l'école avec des notes allant de A à D, félicitez-le pour ses bonnes notes, puis encouragez-le à s'améliorer dans les domaines où il est faible. Les compliments sont comme un élixir, ou un tonique, pour la santé psychologique de votre enfant. La personnalité de l'enfant est formée et développée par l'amour et les compliments qu'il reçoit de vous. Lorsque vous félicitez et encouragez votre enfant pour ses réussites, vous le motivez à réussir encore plus afin qu'il reçoive davantage de félicitations et d'encouragements.

Les compliments renforcent l'estime et le respect personnels de votre enfant. Les compliments améliorent l'image que votre enfant a de lui-même. Les compliments amènent votre enfant à croire en lui-même et lui donnent la confiance nécessaire pour tenter des choses encore plus grandes et meilleures.

LA VULNÉRABILITÉ

N'utilisez jamais de **critiques destructives** à l'encontre de vos enfants. Ils sont extrêmement vulnérables à toute forme de critique de votre part. Cela les déchire de l'intérieur. Ils ne réagissent peut-être pas de manière visible, mais à l'intérieur, ils souffrent terriblement chaque fois qu'ils sont critiqués, pour quelque raison que ce soit, par les adultes importants de leur vie.

La critique destructive a détruit plus de personnalités que toutes les guerres de l'histoire. La plupart de nos problèmes de personnalité à l'âge adulte ont été provoqués par des critiques destructives de la part de l'un de nos parents ou des deux. Lorsque nous critiquons à notre tour notre enfant, celui-ci se sent mal aimé, peu méritant et peu sûr de lui. Notre enfant se sent pourri de l'intérieur. Il se sent découragé et déprimé.

Souvent, les parents critiquent leurs enfants dans le but **d'augmenter** leur efficacité. Cependant, les critiques destructives diminuent en fait l'estimation que votre enfant a de ses compétences, son image de lui-même. Au fur et à mesure que l'image que votre enfant a de lui-même diminue, son niveau d'efficacité **diminue** proportionnellement. Les critiques, quelles qu'elles soient, peuvent entraîner une détérioration des performances de votre enfant au point qu'il évite souvent toute activité. L'état de votre enfant s'aggrave alors au lieu de s'améliorer.

Dorothy Nolte a donné un merveilleux petit conseil que tous les parents devraient mémoriser. Il s'intitule *Les enfants apprennent par l'exemple* et dit ceci :

Si un enfant vit dans la critique,
il apprend à condamner.
Si un enfant vit dans l'hostilité,
il apprend à se battre.
Si un enfant vit dans le ridicule,
il apprend à être timide.
Si un enfant vit dans la honte,
il apprend à se sentir coupable.
Si un enfant vit dans la tolérance,
il apprend à être patient.
Si un enfant vit dans l'encouragement,
il apprend la confiance.
Si un enfant vit dans le compliment,
il apprend à apprécier.
Si un enfant vit dans l'équité,
il apprend la justice.
Si un enfant vit dans la sécurité,
il apprend à avoir la foi.
Si un enfant vit dans l'approbation,
il apprend à s'aimer lui-même.
Si un enfant vit dans l'acceptation et l'amitié,
Il apprend à trouver l'amour dans le monde.

N'OUBLIEZ PAS DE VOUS DEMANDER CE QUI EST IMPORTANT

Chaque fois que vous êtes confronté à une situation difficile impliquant votre enfant, vous devez, plus que jamais, vous poser la question suivante : « *Qu'est-ce qui est important ici ?* ». Et la bonne réponse est toujours que le fait d'élever votre enfant en lui donnant une bonne estime de lui-même et une grande confiance en lui est votre véritable objectif et votre véritable rôle. Il ne s'agit pas d'avoir *raison*. Il ne s'agit pas d'amener l'enfant à se conformer à vos attentes. Il s'agit de l'élever dans la joie, la santé et la confiance en soi.

Écoutez votre intuition. Après avoir lu tous les livres et suivi tous les conseils, l'intuition d'un parent aimant est presque toujours supérieure à toute autre donnée. Vous saurez toujours, au fond de vous, ce qui est bon pour votre enfant. Et tant que vos décisions et votre comportement sont guidés par l'amour, vous ferez toujours ce qu'il faut.

QUELLES CONDITIONS PRODUISENT DES ENFANTS PERFORMANTS ?

Le Dr David McClelland de Harvard, auteur de *The Achieving Society*, a mené pendant de nombreuses années des recherches sur l'éducation des enfants et sur la manière dont les styles d'éducation influent sur la motivation des enfants à réussir. Il a constaté que les ménages qui produisaient des **personnes très performantes**, définies comme des garçons et des filles qui commençaient à accomplir des choses remarquables à l'adolescence et au début de la vingtaine, présentaient deux caractéristiques principales.

UN ENVIRONNEMENT DÉMOCRATIQUE

La première caractéristique du foyer et du style d'éducation qui a produit des personnes très performantes est qu'ils sont **démocratiques.** Les opinions des enfants étaient sollicitées et respectées. Les enfants étaient encouragés à donner leur avis sur les décisions familiales dès leur plus jeune âge. On leur demandait ce qu'ils pensaient et ce qu'ils ressentaient. Leur avis était soigneusement pris en compte. Les opinions des enfants n'étaient pas nécessairement prises en compte dans tous les cas. Mais les pensées et les idées des enfants étaient appréciées. Toute la famille prenait le temps de discuter et de se mettre d'accord ensemble.

Il existe peu d'autres choses qui font qu'un enfant se sente mieux que d'être traité comme une personne intelligente et réfléchie par ses parents. Lorsque vous traitez les enfants comme s'ils étaient importants et intelligents, ils vous surprennent par leur intelligence et leur perspicacité.

Souvent, autour de notre table, lorsque je suis confronté à un problème au travail, je l'explique en termes simples à Christina, qui a douze ans, et je lui demande son avis. Elle a souvent des idées remarquables. Le vieux dicton « de la bouche des enfants » s'avère très vrai. Les enfants peuvent parfois voir les situations avec une objectivité et une clarté qui font défaut à leurs parents. Lorsque vous demandez l'avis de votre enfant, quelle que soit la situation, vous pouvez être surpris par la qualité de la réponse que vous obtiendrez. Mais le plus important est de **demander**. Cela renforce l'estime de soi et le sentiment de valeur personnelle de l'enfant. Le fait de demander à votre enfant son avis ou ses conseils montre à quel point vous le respectez et renforce son estime personnelle.

LES ATTENTES POSITIVES

La deuxième caractéristique des parents qui élèvent des enfants performants est celle des « attentes positives ». Les jeunes qui réussissent bien grandissent dans des foyers où leurs parents leur disent continuellement combien ils croient en eux et combien ils sont convaincus qu'ils feront du bon travail et accompliront de grandes choses dans leur vie.

Lorsque vous dites à votre enfant : « Tu peux le faire » ou « Je crois en toi », vous l'encouragez à croire en lui. Vous l'encouragez à faire plus d'efforts qu'il n'en ferait en l'absence de vos mots d'encouragement. Les enfants qui grandissent en recevant des attentes positives réussissent toujours mieux dans tout ce qu'ils entreprennent.

Voici un point important. Il ne faut pas confondre attentes positives et exigences. De nombreux parents pensent qu'ils expriment des attentes positives alors qu'en fait, ils exigent simplement que leurs enfants atteignent un certain niveau de performance. Une demande est toujours associée à un **amour conditionnel**, avec l'idée que si l'enfant ne répond pas aux attentes, l'amour et le soutien du parent lui seront retirés.

Il est important de faire comprendre à vos enfants que, quels que soient leurs résultats, vous les aimez totalement et inconditionnellement. Si l'enfant a l'impression que votre amour lui sera retiré s'il a de mauvais résultats, il sera nerveux et peu sûr de lui. Même s'il réussit bien, il ne tirera aucun plaisir ni aucune satisfaction durable de sa réussite.

LES DEVOIRS ET L'ÉDUCATION

Les parents qui élèvent des jeunes très performants ont une attitude particulière à l'égard des devoirs. Ils sont très clairs sur l'importance des devoirs et de la réussite scolaire. Ils insistent pour que leurs enfants fassent leurs devoirs à temps. Dans toutes les études, le facteur le plus important pour expliquer les bons résultats scolaires est l'attitude des parents à l'égard de l'apprentissage et leur implication dans l'éducation de l'enfant.

L'un des facteurs déterminants de l'excellence du travail scolaire est le lieu et le moment où les devoirs sont faits. Dans les foyers qui ont produit des enfants performants, les devoirs étaient faits à la table familiale avant ou après le dîner, la télévision éteinte et en présence des parents. Les parents aidaient les enfants à faire leurs devoirs et se familiarisaient avec les travaux de leurs enfants si nécessaire.

Les enfants peu performants, en revanche, venaient de foyers où les parents envoyaient les enfants dans leur chambre pour faire leurs devoirs, si tant est qu'ils s'intéressent à ces derniers. Lorsque les enfants sont envoyés dans leur chambre pour faire leurs devoirs, le message qu'ils reçoivent est que les devoirs, et donc le travail scolaire, ne sont pas importants. Les enfants qui n'apprennent pas à faire leurs devoirs avant l'âge de dix ans sont très rarement capables de faire un bon travail scolaire plus tard.

Si vous voulez que vos enfants donnent le meilleur d'eux-mêmes à l'école, vous devez vous impliquer totalement dans toutes les phases de leur éducation. Comme je l'ai déjà dit, la vie est l'étude de l'attention. On accorde toujours plus d'attention à ce que l'on apprécie le plus. Lorsque vous accordez une attention particulière au travail et aux activités scolaires de votre enfant, il ou elle accorde une valeur et une importance bien plus grandes à ces activités. Si vous ignorez ses devoirs et ses activités scolaires, l'enfant comprend qu'ils ne sont pas importants et a tendance à les ignorer également.

RENFORCER L'ESTIME PERSONNELLE

Vous pouvez contribuer à renforcer l'estime personnelle de votre enfant en lui apprenant à dire « je m'aime » dès son plus jeune âge. Je lui demande de se tenir devant le miroir et de répéter : « Je m'aime, je m'aime, je m'aime ». Les enfants qui apprennent à construire et à maintenir leur propre niveau d'estime personnelle ont une bien meilleure image d'eux-mêmes que les autres.

Les enfants qui ont une image d'eux-mêmes élevée et positive réussissent bien à l'école. Ils ne se livrent pas au vandalisme et ne s'attirent pas d'ennuis. Ils n'ont pas de comportement destructeur à l'égard de leur corps. Ils sont plus à même de résister aux influences négatives de leurs groupes d'amis. Ils ont un caractère plus fort.

Les enfants qui ont une bonne image d'eux-mêmes, une bonne estime personnelle, sont indépendants dans leur façon de penser. Ils sont plus enclins à penser par eux-mêmes et à s'orienter vers le succès, la réussite et l'épanouissement personnel. Ils s'attachent davantage à réaliser leur potentiel qu'à compenser leurs déficiences.

Lorsque votre enfant se sent bien dans sa peau, il développe un meilleur jugement sur les choses qui sont bonnes pour lui à long terme. Il développe sa capacité à retarder la gratification à court terme afin de bénéficier de plus grandes récompenses à l'avenir.

DONNER LE BON EXEMPLE

Si vous voulez vraiment élever des enfants heureux, en bonne santé et sûrs d'eux, vous devez donner le bon exemple, être un modèle du genre de personne que vous voulez qu'ils deviennent.

Les enfants apprennent en grande partie par imitation au cours de leurs années de formation. Ils apprennent en vous regardant, en vous écoutant et en imitant vos paroles et votre comportement.

Lorsque vous devenez parent et que vous vous érigez en modèle, vous n'avez plus le luxe de faire et de dire ce que vous voulez. Vous devez être beaucoup plus conscient de votre comportement et de son impact probable sur vos enfants.

Si vous voulez que vos enfants grandissent en adoptant de bonnes habitudes de santé, vous devez montrer l'exemple en mangeant les bons aliments et en faisant en sorte que les bons aliments soient disponibles dans votre foyer. Si vous voulez que vos enfants évitent de boire, de fumer et d'autres habitudes addictives, vous devez montrer l'exemple par votre propre comportement dans ces domaines. Si vous voulez que vos enfants passent plus de temps à lire qu'à regarder la télévision, vous devez montrer l'exemple en lisant chaque fois que l'occasion se présente. Si vous voulez que vos enfants acquièrent de la patience, du calme, de l'assurance et de la maîtrise de soi, vous devez être un modèle de ces qualités, même dans les circonstances les plus difficiles.

Les enfants regardent toujours leurs parents pour savoir comment se comporter, et le fait d'être un bon modèle peut avoir une plus grande influence que presque tout ce que vous pouvez faire dans la vie de vos enfants.

AIMER SON CONJOINT

La chose la plus gentille qu'un homme puisse faire pour ses enfants est probablement d'aimer leur mère. Et la chose la plus gentille qu'une mère puisse faire pour ses enfants est probablement d'aimer leur père. Les enfants apprennent l'amour en grandissant dans un foyer où l'amour est librement exprimé et partagé. Ils apprennent à devenir des adultes aimants en observant l'amour entre leurs parents.

Vous avez peut-être été élevé par des parents qui n'étaient pas conscients de certaines de ces choses. Ils ont pu commettre de nombreuses erreurs avec vous, en particulier l'utilisation de critiques destructrices. Ils ne vous ont peut-être jamais donné l'amour et l'affection dont vous aviez besoin.

Vous êtes une créature d'habitudes. Votre tendance naturelle en tant que parent est de faire à vos enfants les mêmes choses qu'on vous a faites. Vous faites les mêmes erreurs. Vous faites les *mêmes* choses blessantes et vous vous sentez mal. **Mais il n'est jamais trop tard.** Si vous avez pris l'habitude de critiquer votre fils ou votre fille de manière destructrice, il y a quelque chose que vous pouvez faire dès maintenant pour remédier à la situation et reconstruire le sentiment d'estime personnelle de votre enfant.

REPRENDRE LES CHOSES EN MAIN

Asseyez-vous avec votre ou vos enfants. Respirez profondément et **excusez-vous** auprès d'eux pour toutes les critiques destructrices ou les punitions physiques que vous leur avez infligées. Dites-leur que vous êtes désolé pour tout ce que vous avez dit ou fait qui les a blessés ou les a fait se sentir mal dans leur peau de quelque manière que ce soit.

L'une des principales plaintes des enfants de tous âges est que leurs parents ne leur disent jamais « je suis désolé » ou « je m'excuse » pour les erreurs qu'ils ont commises ou pour les choses blessantes qu'ils ont dites ou faites. Les enfants sont extrêmement sensibles à l'équité et à la justice. Ils se sentent en colère et blessés lorsqu'ils **ont l'impression** d'avoir été traités injustement ou accusés injustement pour quelque raison que ce soit. Si elle n'est pas résolue, cette colère peut durer des années.

En vous excusant auprès de vos enfants, vous **acceptez l'entière responsabilité** de tout ce que vous avez pu dire ou faire de culpabilisant. En vous excusant, vous montrez à votre enfant que vous êtes un être humain. Vous n'êtes pas parfait. Vous lui montrez que vous avez le caractère et le courage d'admettre que vous avez eu tort.

De nombreux parents refusent de s'excuser auprès de leurs enfants parce qu'ils craignent que ceux-ci ne les respectent pas. Ils pensent qu'ils doivent projeter une image d'infaillibilité ou que leurs enfants profiteront d'eux. Ils ont peur que s'excuser soit un signe de faiblesse. Leur ego est trop fragile pour l'envisager.

Or, c'est exactement le contraire. Lorsque vous vous excusez auprès de votre enfant, vous augmentez l'amour et le respect qu'il vous porte. Vous augmentez la probabilité que votre enfant coopère avec vous à l'avenir. Si vous ne vous excusez pas lorsque vous avez tort, vous suscitez la colère et le ressentiment de l'enfant. Vous diminuez votre propre valeur à ses yeux.

Lorsque vous vous excusez auprès de votre enfant, vous éliminez le poids de la culpabilité, de la négativité et de l'indignité qui s'est accumulé à la suite de critiques destructives dans le passé. En vous excusant et en admettant que vous étiez responsable de votre comportement, vous libérez votre enfant. Le simple fait de s'excuser, de dire « je suis désolé pour ce que j'ai fait et dit », peut avoir des résultats immédiats et étonnants.

De nombreux parents ont vu leurs enfants transformés du jour au lendemain par le simple fait de s'asseoir avec eux et de leur dire : « Je suis désolé pour tout ce que j'ai fait ou dit qui t'a blessé de quelque manière que ce soit ».

Des enfants qui ont été inaccessibles, distants et éloignés de leurs parents pendant des mois, voire des années, se sont réconciliés avec eux presque immédiatement lorsque le parent a eu le courage et le caractère d'accepter sa responsabilité et de s'excuser.

Une fois que vous vous êtes excusé, promettez de ne plus jamais utiliser de critiques destructrices. Permettez à vos enfants de vous rappeler que vous vous êtes trompé de temps en temps. À partir de ce moment-là, chaque fois que vous oublierez votre promesse, chaque fois que vous direz quelque chose sous le coup de la colère, reprenez-vous immédiatement et dites : « Je suis désolé ».

Les enfants sont très résilients. Ils ont tellement besoin de l'amour et du respect de leurs parents qu'ils pardonneront et oublieront toujours. Lorsque vous avez demandé pardon à un enfant et qu'il vous a pardonné, l'ardoise est propre. L'enfant se sent libéré, comme un prisonnier libéré. Et vous aussi, vous êtes libre.

Lorsque vous vous excusez et que vous dites que vous êtes désolé à vos enfants, vous leur permettez d'admettre qu'ils font aussi des erreurs. Ils n'ont pas besoin d'investir d'énormes quantités d'énergie émotionnelle pour masquer leurs sentiments et se défendre, comme le font la plupart des adultes. Lorsque vous montrez que vous avez le courage et le caractère d'admettre vos erreurs, vous donnez un exemple qui renforce le courage et le caractère de vos enfants. Ils se rendent compte qu'ils n'ont pas besoin d'être parfaits pour être acceptables. Ils sont importants et dignes d'intérêt tels qu'ils sont.

La relation la plus durable que vous aurez jamais est celle que vous entretenez avec vos enfants. Cette relation durera aussi longtemps que vous vivrez. Si vous traitez vos enfants avec amour, patience et compréhension, vous en récolterez les fruits tous les jours de votre vie.

UN BREF RÉSUMÉ

Tout d'abord, le rôle principal des parents est d'élever des enfants qui ont une bonne estime d'eux-mêmes et qui ont confiance en eux. Cela leur permet d'être heureux et de réussir à l'âge adulte.

Deuxièmement, les enfants ont besoin d'un flux continu d'amour inconditionnel, d'approbation et d'acceptation de la part de leurs parents. Il s'agit là d'une condition essentielle à une croissance saine. S'ils ne l'obtiennent pas, ils le rechercheront toute leur vie.

Troisièmement, dites à vos enfants que vous les aimez tous les jours, dans vos paroles et dans vos actes. Donnez-leur un contact visuel affectueux, un contact physique chaleureux et une attention particulière. Passez beaucoup de temps avec eux, emmenez-les en promenade, au cinéma, en voyage et sortez avec eux pour déjeuner ou dîner. Rien ne montre plus clairement à votre enfant à quel point vous l'aimez que le fait que vous lui consacriez beaucoup de temps.

Quatrièmement, créez un environnement propice à la réussite pour vos enfants en vous impliquant dans leur éducation et leurs devoirs. Attendez d'eux qu'ils fassent de leur mieux. Dites-leur que vous croyez en eux. Accordez de l'importance à leurs opinions et encouragez-les à contribuer à la vie de votre famille par leurs idées et leurs sentiments. Traitez-les avec respect et ils se respecteront eux-mêmes.

Cinquièmement, n'oubliez pas que vous êtes le premier modèle de votre enfant. Votre enfant, consciemment et inconsciemment, tout au long de sa vie, s'efforcera de vous ressembler et de traiter les autres comme vous le faites. Si vous traitez votre enfant avec gentillesse, patience, amour, respect et approbation, il deviendra un être humain pleinement capable et épanoui. Vous ne pouvez pas demander beaucoup plus que cela, et vous ne devriez pas vous contenter de moins.

EXERCICE PRATIQUE

Demandez-vous ce que ce serait *d'être votre propre enfant*. Mettez-vous à la place de votre enfant ou de vos enfants, puis évaluez-vous en tant que parent. Quelles sont vos forces et vos faiblesses ? Qu'est-ce que vous faites bien et qu'est-ce que vous faites moins bien ? Quelles sont les choses que vous faites qui pourraient amener vos enfants à grandir avec une estime personnelle plus faible que vous ne le souhaiteriez ? Que pouvez-vous faire, dès aujourd'hui, pour être un parent meilleur et plus aimant ?

Allez voir votre enfant et demandez-lui s'il pense que vous pourriez faire quelque chose pour être un meilleur parent. Demandez-lui s'il y a quelque chose que vous faites et qu'il n'aime pas. Écoutez attentivement ses réponses et ses observations. Ne l'interrompez pas, n'expliquez rien et ne vous défendez pas. Faites une pause avant de répondre. Demandez des éclaircissements en disant : « Que veux-tu dire ? » ou « Par exemple ? »

Paraphrasez et répondez avec vos propres mots. Enfin, engagez-vous à faire quelque chose, à agir en fonction de ce qu'il ou elle vous a dit. Les paroles sans les actes ne sont pas crédibles.

Vous pouvez devenir un parent exceptionnel en le décidant et en mettant en pratique ce que vous avez appris dans ce chapitre et dans ce livre. C'est peut-être la décision la plus importante que vous ayez jamais prise, et celle qui vous rapportera le plus.

Chapitre 12

LA MAÎTRISE :
LE POUVOIR DE L'AMOUR

Lorsque j'étais adolescent, avant de partir à la découverte du monde, j'ai passé beaucoup de temps à réfléchir au sens de la vie. « Pourquoi suis-je ici ? Quel est le sens de la vie ? Quelle est la raison d'être de l'existence ? Qui suis-je ? D'où est-ce que je viens ? Et où vais-je ? » Je suis sûr que tout le monde s'est un jour interrogé sur les raisons de son existence sur cette planète.

Dès mon plus jeune âge, j'étais arrivé à la conclusion que *l'amour* était la chose la plus importante au monde. J'ai voyagé dans plus de quatre-vingts pays sur une période de huit ans, exerçant différents métiers, apprenant différentes langues et me retrouvant dans différentes situations. Pendant tout ce temps, j'ai continué à penser que l'amour était la chose la plus importante au monde.

Il m'arrive de demander à une personne ce qu'elle pense être la chose la plus importante dans la vie. Je crois que l'on peut juger de la maturité émotionnelle d'une personne par sa réponse. À mon avis, la seule réponse correcte est l'amour. J'ai posé cette question à des hommes d'affaires, des politiciens, des professionnels et d'autres personnes de tous horizons, et j'ai constaté que même les hommes ou les femmes les plus mondains et les plus matérialistes admettaient, lorsqu'on les interrogeait, qu'au fond d'eux-mêmes, ils pensaient que l'amour était plus important que tout le reste.

Dans le premier chapitre, j'ai défini le succès comme un composé ou un mélange de sept ingrédients différents. Chacun de ces ingrédients est influencé par la quantité d'amour qu'une personne a en elle-même et envers le reste du monde.

TOUT DÉPEND DE L'AMOUR

Votre esprit est en paix dans la mesure où vous vous aimez et aimez les autres. *Votre santé et votre énergie* sont élevées dans la mesure où vous approuvez de l'amour, de l'acceptation pour vous-même et de l'amour et de l'acceptation pour les autres. Vous *entretenez des relations d'affection* dans la mesure où vous vous aimez vous-même et exprimez votre amour envers les autres. Dans de nombreux cas, l'amour est au cœur de votre *réussite financière*. Pratiquement tous les millionnaires autodidactes font ce qu'ils aiment faire. À mesure que vous vous aimez et appréciez ce que vous faites, **vous vous fixerez des objectifs et des idéaux élevés, stimulants et utiles à atteindre.** L'amour et l'acceptation de soi facilitent l'acquisition *d'une meilleure connaissance et compréhension de soi*. Enfin, l'épanouissement durable, *l'expression et la réalisation de soi* dans la vie dépendent du degré d'amour et d'acceptation inconditionnels que l'on se porte à soi-même et aux autres.

ASSOCIER L'AMOUR AUX « LOIS »

Vous êtes une créature mentale. Presque tout ce qui vous arrive est le résultat de votre façon de penser. Si vous changez ou améliorez la qualité de votre pensée, vous changez et améliorez automatiquement la qualité de votre vie. Plusieurs des lois mentales présentées dans ce livre ont trait à l'importance de l'amour et au développement d'une personnalité saine. Elles font partie de la réalisation d'objectifs et d'aspirations valables.

La loi de la croyance stipule que tout ce que vous croyez, avec des sentiments, devient votre réalité. Si vous vous aimez et vous respectez, et si vous vous croyez capable d'accomplir de grandes choses, vous êtes presque certain d'obtenir bien plus que si vous doutez de vous-même ou si vous ne croyez pas en votre potentiel personnel.

La loi des attentes stipule que tout ce que vous attendez avec confiance devient une prophétie qui se réalise d'elle-même. Si vous attendez le meilleur de vous-même et des autres, ce qui est l'expression naturelle d'une attitude aimante, vous serez rarement déçu. Vous obtiendrez beaucoup plus de choses que vous souhaitez si vous vous attendez avec confiance à ce que de bonnes choses vous arrivent et si vous vous comportez en conséquence.

La loi de l'attraction stipule que vous attirez invariablement dans votre vie des personnes et des circonstances en harmonie avec vos pensées dominantes. Lorsque vous avez des pensées bienveillantes et affectueuses à votre égard et à l'égard des autres, vous attirez à vous des personnes bienveillantes et aimantes. Ces personnes font de votre vie une joie. Elles remplissent votre vie de bonheur. Elles vous assurent l'épanouissement dans votre travail et la satisfaction dans vos relations personnelles.

La loi des correspondances stipule que votre monde extérieur sera le reflet de votre monde intérieur. Si vous êtes de nature gentille, douce et aimante, votre monde extérieur de relations, de santé et de réussite matérielle sera marqué par la santé, le bonheur et la prospérité.

La loi de la concentration stipule que tout ce sur quoi vous vous attardez se développe. Si vous choisissez continuellement d'avoir des pensées aimantes à votre égard et à l'égard des autres, vous « cultivez » davantage de relations aimantes dans tous les domaines de votre vie.

La loi de la substitution stipule que vous pouvez remplacer une pensée négative par une pensée positive. Lorsque vous choisissez consciemment le contenu de votre esprit conscient et que vous maintenez vos pensées axées sur l'amour, la patience, la tolérance et le pardon, vous évincez les pensées négatives qui perturbent votre tranquillité d'esprit, nuisent à votre santé et à votre énergie, ainsi qu'à vos relations.

L'amour nous enseigne le principe de non-résistance. La Bible dit : « Ne jugez pas pour ne pas être jugés » et « Priez pour ceux qui vous maltraitent ». Lorsque vous répondez à la colère et à la négativité par l'amour et la gentillesse, non seulement vous préservez votre propre intégrité émotionnelle et conservez une attitude mentale positive, mais vous aidez également l'autre personne.

Rien ne surprend plus une personne que le fait de voir quelqu'un qu'elle maltraite lui répondre avec douceur, courtoisie et gentillesse. Cela la libère et lui permet de cesser son comportement critique et de devenir une meilleure personne.

La loi de l'activité super-consciente stipule que toute pensée, tout plan, tout objectif ou toute idée que vous conservez en permanence dans votre esprit conscient sera concrétisé par votre esprit super-conscient. Vous pouvez avoir une vie merveilleuse, pleine de relations heureuses et affectueuses, caractérisée par la santé, l'énergie et l'expérience de la joie, en pensant continuellement aux choses que vous voulez vraiment dans votre vie et en gardant votre esprit loin des choses que vous ne voulez pas.

L'AMOUR EST LA RÉPONSE

L'amour est toujours la réponse. L'amour est la seule chose que l'on ne peut jamais avoir en trop grande quantité. On ne peut jamais avoir trop d'amour pour soi-même, et on ne peut jamais donner trop d'amour aux autres. Le manque d'amour, ou l'amour refusé, est à l'origine de la plupart des problèmes personnels et comportementaux. L'amour est non seulement la réponse, mais aussi le remède à la plupart des problèmes de la vie.

LA GRANDE ÉMOTION VOLEUSE

Quelles que soient les croyances religieuses de chacun, il est difficile de nier la vérité universelle de nombreux enseignements bibliques. L'une des plus belles lignes du Nouveau Testament est la suivante : « Dieu est amour et celui qui demeure en Dieu demeure dans l'amour et Dieu en lui ».

Il est également dit : « Il n'y a pas de crainte dans l'amour, mais l'amour parfait chasse la crainte ».

Ces mots sont importants pour nous parce que le grand voleur du bonheur humain est, et a toujours été, **la peur** d'une manière ou d'une autre : peur de l'échec, peur du rejet, peur de la critique, peur de perdre l'amour ou le respect de quelqu'un, peur d'être en mauvaise santé, peur de ne pas être à la hauteur de ce que les autres attendent de nous et une peur généralisée de ne pas être à la hauteur.

La seule façon de vous épanouir en tant qu'être humain est de diminuer progressivement le rôle que joue la peur dans votre vie et dans vos décisions. Votre but et votre idéal doivent être d'atteindre le point où vous n'avez peur de rien. Lorsque vous éliminez la peur, vous devenez complètement sûr de vous et votre monde entier s'ouvre devant vous. Et c'est **l'amour** qui dissout la peur et finit par l'éliminer de votre vie.

L'AMOUR DE SOI, LE COMMENCEMENT

L'estime et le respect de soi sont les qualités fondamentales d'une personnalité vraiment saine. Tout ce que vous faites pour améliorer votre propre estime contribue à faire de vous un être humain plus heureux. Quelle que soit la faiblesse de votre estime personnelle au départ, vous pouvez l'augmenter d'un cran à la fois, comme on le fait pour une voiture, en faisant certaines des choses dont nous avons parlé dans ce livre.

Vous pouvez vous parler en permanence de manière positive. Vous pouvez vous imaginer comme la meilleure personne possible. Vous pouvez remplir votre esprit de messages positifs d'espoir et d'inspiration. Vous pouvez fréquenter des personnes heureuses, optimistes et orientées vers un but précis. Vous pouvez organiser chaque aspect de votre vie de manière à renforcer continuellement les sentiments positifs à votre égard.

Plus vous vous aimez, plus vous aimerez les autres. La quantité d'amour et de respect que vous avez pour les autres, et qu'ils ont pour vous, est directement proportionnelle à l'amour que vous avez pour vous-même.

La loi de la réversibilité stipule que, tout comme les sentiments mènent aux actions, les actions mènent également aux sentiments. Si vous faites et dites les choses qui vont dans le sens de l'amour de vous-même, vous ne tarderez pas à ressentir de la positivité et de l'amour envers vous-même. Si vous faites et dites les choses qui correspondent aux résultats que vous souhaitez obtenir, les résultats se matérialiseront autour de vous. L'amour est le catalyseur qui active ce qu'il y a de meilleur en vous, ainsi que dans les personnes et les situations qui vous entourent.

La seule véritable mesure de vos croyances, ce sont vos actions. Ce n'est pas ce que *vous dite*s, ni ce que *vous souhaitez* ou *espérez* qui compte, mais seulement ce que *vous faites* réellement. Ce sont les actes, et non les mots, qui comptent. Vous pouvez faire plusieurs choses spécifiques qui se combinent pour créer en vous les sentiments de haute estime personnelle et de respect de soi qui rendent tout le reste possible.

LES CLÉS DU ROYAUME DE L'ACCOMPLISSEMENT PERSONNEL

Tout d'abord, vous pouvez prendre la résolution de **vous accepter inconditionnellement**, peu importe ce que vous avez fait ou n'avez pas fait dans le passé. Vous pouvez prendre du recul et apprécier vos qualités et attributs particuliers. Vous pouvez mettre l'accent sur vos points forts et ignorer les domaines dans lesquels vous n'êtes pas aussi bon que quelqu'un d'autre. Vous pouvez vous aimer et vous respecter exactement comme vous êtes plutôt que comme vous aimeriez être un jour. Le fondement de l'estime personnelle est l'acceptation de soi.

Deuxièmement, vous pouvez renforcer l'estime que vous avez pour vous-même et votre sentiment de valeur personnelle **en acceptant l'entière responsabilité de votre vie** et des conséquences de toutes vos actions. Lorsque vous devenez une personne autonome et responsable, vous refusez de blâmer ou de critiquer les autres, ou de trouver des excuses pour les choses que vous n'aimez pas dans votre vie. Vous travaillez sur les aspects qui vous déplaisent plutôt que de dépenser votre énergie créatrice à inventer des excuses ou à rejeter la responsabilité de votre situation sur les autres. Une attitude de grande responsabilité personnelle est un élément fondamental d'une bonne estime de soi, de l'amour de soi et de l'efficacité personnelle. Chacun de ces éléments interagit avec les autres et les renforce.

Troisièmement, vous pouvez **vous fixer des objectifs valables**. Le simple fait de se fixer un objectif important augmente l'estime personnelle. Cela améliore l'image que vous avez de vous-même. Seule une personne qui s'aime et qui a confiance en elle se fixera d'emblée un objectif passionnant. Et le fait d'écrire l'objectif vous permet de vous aimer et de croire davantage en vous. L'acte même de se fixer un objectif est le point de départ pour devenir le genre de personne que vous voulez être. C'est la démonstration de votre attitude de responsabilité personnelle. C'est la clé qui vous permettra de prendre votre vie en main et de vous sentir bien dans votre peau.

La quatrième façon de renforcer son estime personnelle est de **prendre soin de soi physiquement**. Lorsque vous mangez des aliments sains et nutritifs, que vous dormez beaucoup et que vous faites régulièrement de l'exercice, vous ne pouvez que vous sentir mieux dans votre peau. Plus vous prenez soin de vous, plus vous vous respectez et vous vous aimez. Ce sentiment se transmet à vos relations avec les autres. Lorsque vous vous traitez bien, vous traitez bien les autres.

Cinquièmement, et c'est peut-être le moyen le plus rapide d'améliorer son estime de soi, il suffit de **répéter « Je m'aime, je m'aime, je m'aime »** encore et encore, cinquante à cent fois par jour, jusqu'à ce que ce message s'implante profondément dans votre subconscient. En fin de compte, votre subconscient accepte pleinement cette commande comme mode de fonctionnement. Vous remarquerez alors la différence. Votre langage corporel, votre attitude, les expressions de votre visage et le ton de votre voix deviendront meilleurs. Vous vous sentirez plus positif et enthousiaste dans tout ce que vous ferez. Vous serez « programmé » pour vous sentir bien dans votre peau.

LES TROIS TYPES D'AMOUR

Les Grecs de l'Antiquité divisaient l'amour en trois catégories différentes. Le premier type d'amour est appelé *Eros*. Il s'agit de l'amour de soi. La plupart des gens ne vont jamais au-delà de cette préoccupation pour eux-mêmes et pour leurs propres sentiments dans le domaine de l'amour. La principale raison de l'échec et du malheur dans la vie est le manque d'estime de soi. En raison de leur manque d'estime personnelle, la plupart des gens se préoccupent entièrement d'eux-mêmes et de leurs propres sentiments, à l'exclusion de ceux des autres. Ils sont *bloqués* au niveau de l'Eros. Dans les cas extrêmes de névrose et de psychose, ils deviennent incapables de prendre en compte les sentiments des autres.

La deuxième forme d'amour est appelée *Filia*. Il s'agit de l'amour des autres. Une fois qu'une personne s'aime elle-même, la tendance naturelle est de se tourner vers l'extérieur pour aimer et prendre soin d'autres personnes. C'est la marque d'une personne saine et heureuse.

Chaque fois que vous vous sentez particulièrement bien dans votre peau, vous ressentez davantage de gentillesse, de patience et d'amitié envers les autres, même les étrangers. Chaque fois que vous vous sentez béni d'une manière ou d'une autre, vous avez instinctivement envie de tendre la main pour aider les moins fortunés. L'amour de soi vous rend généreux et fait de vous ne personne au grand cœur dans tout ce que vous faites.

La troisième et plus haute forme d'amour, selon les Grecs anciens, était *Charis*, d'où notre mot *charismatique*. Charis désigne l'amour universel, l'amour envers toute l'humanité, et c'est le type d'amour le plus rare. Seules quelques rares personnes s'élèvent à ce niveau de développement personnel. Bon nombre des plus grands hommes et femmes ayant jamais vécu, tels que Jésus, Bouddha et Saint François d'Assise, étaient réputés pour leur étonnante capacité à aimer de manière si expansive. Et ces grands amoureux de l'humanité ont eu plus d'impact positif sur l'histoire de l'humanité que tous les rois et souverains qui ont jamais vécu.

L'AMOUR TRANSFORME LE MONDE

Jésus de Nazareth est appelé « l'apôtre de l'amour ». Les adeptes du christianisme considèrent que Jésus a été l'homme parfait, qui a exprimé un amour total et inconditionnel pour tous les hommes, même dans les circonstances les plus éprouvantes et les plus douloureuses. C'est ce modèle ou cet idéal d'amour parfait que la plupart des gens s'efforcent d'atteindre tout au long de leur vie.

Le prince Siddhartha, le Bouddha Gautama, qui a fondé le bouddhisme au sixième siècle avant J.-C., continue d'être une source d'inspiration pour des millions de personnes en raison de sa nature totalement aimante et de ses enseignements qui permettent de surmonter la peur et d'atteindre la félicité.

Saint François d'Assise est célèbre pour avoir exprimé un amour sans bornes, allant jusqu'aux oiseaux, aux animaux, aux fleurs et même aux simples vers et insectes. Cet amour inconditionnel pour toutes les créatures vivantes a fait de saint François d'Assise un modèle et un héros pour des millions de personnes à travers les générations.

Le Dr Albert Schweitzer d'Afrique, que j'ai rencontré et avec qui j'ai travaillé en 1965, est reconnu comme étant peut-être le plus grand humanitaire du vingtième siècle. Sa philosophie globale s'appelait « le respect de la vie ». Il a vécu et pratiqué cette philosophie pendant plus de cinquante ans, répondant aux besoins des populations d'Afrique centrale. Son exemple est devenu une source d'inspiration pour des millions de personnes à travers le monde.

De nos jours, Mère Teresa de Calcutta est peut-être devenue la personne la plus respectée au monde. Elle a eu un impact considérable sur le cœur et l'esprit de millions d'hommes et de femmes en raison de son amour inconditionnel pour les pauvres et les mourants de Calcutta, en Inde. Lorsqu'on lui a demandé un jour comment il se faisait que ses missionnaires de la charité semblaient si heureux dans l'accomplissement de leur tâche, consistant à apporter du réconfort à des personnes malheureuses au cours de leurs dernières heures, elle a répondu que chaque travailleur croyait aux paroles du livre de Matthieu : « Ce que vous faites au plus petit de mes frères, c'est à moi que vous le faites ».

AIMER EST UN VERBE ACTIF

Le mot « aimer » est un verbe, un verbe actif. L'amour n'est pas seulement quelque chose que l'on *ressent*, c'est quelque chose que l'on *fait*. En fait, en raison de la loi de la réversibilité, chaque fois que vous adoptez un comportement aimant envers quelqu'un d'autre, vous approfondissez et intensifiez votre sentiment d'amour envers cette personne. L'action d'amour et de bonté génère le sentiment d'amour et de bonté.

De la même manière que vous pouvez agir sur l'amour que vous donnez, vous pouvez agir sur *le retour* de cet amour, même si vous avez l'impression que l'amour que vous avez connu auparavant a diminué ou a disparu.

Le mot grec pour cela est « Praxis ». Praxis signifie que c'est *la pratique* des actions qui accompagnent l'émotion qui crée l'émotion elle-même.

Vous pouvez agir pour retrouver l'amour en traitant l'autre personne exactement comme vous le feriez si vous étiez profondément amoureux d'elle. Vous pouvez nourrir l'amour dans votre relation en traitant l'autre comme au temps des premiers émois ou lors de vos moments les *plus passionnés*. Si vous continuez à vous comporter ainsi tout au long de votre relation, vous garderez vivants les sentiments qui vous ont unis. Mais si une personne oublie et commence à considérer la relation comme acquise, si elle cesse de faire les choses qui signifient et démontrent l'amour, les sentiments d'amour peuvent disparaître et des problèmes risquent de surgir.

LA CLÉ DU BONHEUR

Les hommes et les femmes les plus heureux sont ceux qui cherchent continuellement à montrer de l'amour, de la gentillesse et de l'affection aux personnes qui les entourent. Non seulement ils sont très aimés et très respectés par les autres, mais ils sont aussi les plus sains et les plus bénis de tous les êtres humains.

Il existe un merveilleux poème de Leigh Hunt, intitulé « Abou Ben Adhem » :

Abou-Zeid-Ben-Adhem, (sa tribu se prolonge !)
Une nuit s'éveilla de la paix d'un doux songe,
Et vit, au clair de lune éclairant ses lambris,
Et leur donnant l'éclat et la blancheur des lis,
Un bel Ange écrivant les immortelles pages
D'un livre d'or. Adhem, le plus Sage des Sages
Avait la paix du cœur qui rend audacieux :
« Qu'écris-tu là ? » dit-il au messager des cieux. Au son de cette voix l'Esprit leva la tête,
Et d'un regard divin accueillant la requête :
« J'inscris, dit-il, le nom de chaque serviteur.»
Adhem de demander : « Mon nom est-il du nombre ? »
« Non, je ne le vois pas ! »
répondit soudain l'Ombre. « Eh bien ! » reprit Adhem, d'un ton plus bas, mais doux,
« Eh bien ! inscris mon nom, et, soit dit entre nous,
Note-moi, comme un homme, ami de tous ses frères,
Et prêt à soulager en tous temps leurs misères ! »
L'Ange écrivit, et puis s'en fut. Après le jour Vint la nuit ; et d'Adhem de nouveau le séjour
S'éclaira cette fois d'un faisceau de lumière...
Le livre d'or parut-sur sa page première
Étincelait ce nom comme un rayon de feu : Abou-Zeid-Ben-Adhem, le favori de Dieu

SEMER ET RÉCOLTER

Vous ne pourrez jamais avoir plus d'amour pour vous-même que celui que *vous exprimez* aux autres. L'amour ne grandit que par *le partage*, et le seul moyen d'avoir plus d'amour pour soi-même est de le donner. Plus vous donnez, plus vous avez d'amour.

De même, moins vous exprimez d'amour, moins vous avez d'amour pour vous-même. Si vous n'exprimez pas d'amour du tout, vous vous replierez sur vous-même et vous vous mettrez en colère, critiquerez et serez malheureux.

L'antidote aux sentiments de peur, de doute et de manque d'estime de soi est d'aller trouver quelqu'un d'autre que vous pouvez aider, quelqu'un d'autre envers qui vous pouvez exprimer de l'amour. Le meilleur remède au malheur est de rendre quelqu'un d'autre heureux.

Pour la plupart des gens, c'est l'inverse qui se produit. Lorsqu'ils se sentent malheureux ou mal aimés, ils pensent que la solution est que quelqu'un d'autre les rende heureux, que quelqu'un d'autre les aime et résolve leurs problèmes. Or, aimer est quelque chose que *l'on fait*. L'amour s'exprime par un comportement positif et constructif envers les autres. Si vous vous entraînez à exprimer l'amour, vous n'aurez aucun problème à recevoir de l'amour en retour, et finalement à en remplir votre vie. Vous contrôlez la quantité d'amour que vous avez dans votre vie par la quantité que vous donnez aux autres. Soyez généreux !

Elizabeth Barrett Browning a écrit l'un des plus beaux poèmes sur l'amour jamais mis sur papier. C'est l'un de mes préférés depuis de nombreuses années et il s'intitule « Comment je t'aime ? »

> Comment je t'aime ? Laisse-m'en compter les formes.
> Je t'aime du fond, de l'ampleur, de la cime
> De mon âme, quand elle aspire invisible
> Aux fins de l'Etre et de la Grâce parfaite.
> Je t'aime au doux niveau quotidien du

Besoin, sous le soleil et la chandelle.
Je t'aime librement, comme on tend au Droit ;
Je t'aime purement, comme on fuit l'Eloge.
Je t'aime avec la passion dont j'usais
Dans la peine, et de ma confiance d'enfant.
Je t'aime d'un amour qui semblait perdu
Avec les miens – je t'aime de mon souffle
Rires, larmes, de ma vie ! – et, si Dieu choisit,
Je t'aimerai plus encore dans la mort.

À travers les âges, les hommes et les femmes les plus sages sont arrivés à la conclusion que rien n'est plus important que l'amour. Puisque vous êtes une personne responsable, c'est à vous d'améliorer la qualité de votre vie en augmentant et en améliorant votre expression d'amour et de gentillesse envers les gens de votre entourage.

LA NÉGATIVITÉ EST UN OBSTACLE

Les plus grands obstacles à l'expérience et à l'expression de l'amour sont *les émotions négatives*, en particulier la peur, la colère, la culpabilité et le ressentiment. Presque tout le monde nourrit encore des sentiments négatifs à l'égard de quelqu'un qui l'a blessé dans le passé. De nombreuses personnes conservent de la colère et du ressentiment à l'égard de leurs parents pendant quarante ou cinquante ans, si ce n'est jusque dans leur tombe. Il n'est pas rare que les gens éprouvent encore de la colère et du ressentiment à l'égard d'une personne ayant eu une relation ou un mariage antérieur. Souvent, un emploi raté ou une entreprise qui tourne mal génèrent ces émotions négatives. Si une personne s'accroche à ces sentiments, en y repensant constamment, elle les maintient vivants année après année, bien après que l'incident soit révolu.

LIBÉREZ-VOUS

Vous pouvez libérer votre esprit et votre cœur de la négativité que vous avez accumulée au fil du temps grâce à une action décisive : accordez un pardon général à tout le monde pour tout ce qu'ils ont fait pour vous blesser de quelque manière que ce soit.

La porte qui s'ouvre sur une vie d'amour et de joie est le pardon. Votre capacité à pardonner librement aux autres et à oublier les blessures est la véritable marque de l'intégrité, du courage, du caractère et d'une personnalité pleinement développée.

De nombreuses personnes s'accrochent à leurs ressentiments car elles estiment en avoir payé le prix fort, au point de les trouver impossibles à lâcher. Parfois, la vie entière des gens est construite autour de leurs blessures et de leurs souffrances passées. Elles n'ont pas grand-chose d'autre à se mettre sous la dent et ne cessent de ressasser leurs expériences négatives.

Ces personnes finissent par se rendre physiquement et mentalement malades. Leur colère et leur négativité refoulées finissent tôt ou tard par éclater et gâcher toutes les nouvelles relations qu'elles essaient de construire. Elles sabotent leur propre avenir. Dans tous les cas, il n'y a qu'une seule solution : pardonner et lâcher prise.

Pardonner à une autre personne est un acte parfaitement *égoïste*. Vous le faites pour être libre. Vous pardonnez pour pouvoir connaître le bonheur et la joie pour lesquels vous avez été créé. Et voici un petit test : si vous avez vraiment pardonné à une autre personne, vous pouvez vous le prouver en lui rendant service ou en lui envoyant un cadeau. Ce n'est qu'ainsi que vous pourrez vous prouver, une fois pour toutes, que vous êtes enfin libéré des émotions négatives associées à cette personne. (Reportez-vous à « la lettre » décrite au chapitre 5).

Si vous constatez que vous ne pouvez toujours pas vous résoudre à rendre service à l'autre personne, cela devrait vous renseigner sur vos véritables sentiments. Cette incapacité à pardonner vous empêche peut-être de vous aimer et d'aimer les autres. Il se peut que vous ayez le pied sur le frein de votre propre bonheur futur.

LA PLUS GRANDE D'ENTRE ELLES

L'une des plus belles descriptions de l'amour dans la Bible se trouve au chapitre 13 des premiers Corinthiens. Ce passage a été lu en entier lors de notre mariage :

> Je peux parler les langues des hommes et les langues des anges. Mais si je n'aime pas les autres, je suis seulement une cloche qui sonne, une cymbale bruyante.
>
> Je peux avoir le don de parler au nom de Dieu, je peux comprendre tous les mystères et posséder toute la connaissance. Je peux avoir une foi assez grande pour déplacer les montagnes. Mais si je n'aime pas les autres, je ne suis rien !

Je peux distribuer toutes mes richesses à ceux qui ont faim, je peux livrer mon corps au feu. Mais si je n'aime pas les autres, je n'y gagne rien !

L'amour est patient, l'amour rend service. Il n'est pas jaloux, il ne se vante pas, il ne se gonfle pas d'orgueil.

L'amour ne fait rien de honteux. Il ne cherche pas son intérêt, il ne se met pas en colère, il ne se souvient pas du mal.

Il ne se réjouit pas de l'injustice, mais il se réjouit de la vérité.

L'amour excuse tout, il croit tout, il espère tout, il supporte tout.

L'amour ne disparaît jamais. Les paroles dites au nom de Dieu s'arrêteront, le don de parler en langues inconnues disparaîtra, la connaissance finira.

En effet, nous ne connaissons pas tout, et les paroles dites au nom de Dieu ne sont pas complètes.

Mais quand tout deviendra parfait, ce qui n'est pas complet disparaîtra.

Quand j'étais enfant, je parlais comme un enfant, je pensais comme un enfant. Maintenant, je suis un homme et je n'agis plus comme un enfant.

À présent, nous ne voyons pas les choses clairement, nous les voyons comme dans un miroir, mais plus tard, nous verrons face à face. À présent, je ne connais pas tout, mais plus tard, je connaîtrai comme Dieu me connaît.

> Maintenant, trois choses sont toujours là : la foi, l'espérance et l'amour. Mais la plus grande des trois, c'est l'amour.

De nombreux hommes sages et intelligents ont écrit de longues explications sur le sens profond du chapitre 13 des premiers Corinthiens, mais on peut dire que ce passage nous dit que lorsque nous devenons des êtres humains totalement aimants, nous comprenons tout, nous pardonnons tout et nous éprouvons une joie véritable dans tous les aspects de notre vie.

LA PÉRIODE DE TEST

L'un des moments les plus importants pour être aimant est celui où l'on a le moins envie d'aimer. Le moment où vous devez puiser dans vos réserves de patience, de gentillesse et de compassion est celui où vous êtes le plus mécontent d'une autre personne. Un comportement odieux ou désagréable est généralement un appel à l'aide et à la compréhension. C'est une façon d'exprimer la frustration de ne pas se sentir vraiment aimé et accepté. Il y a de la sagesse dans les mots : « Une réponse douce détourne la colère ».

Lorsque vous vous occupez d'une personne difficile avec calme et amour, vous constatez souvent un miracle humain. Vous verrez souvent son attitude et son comportement changer. Vous verrez souvent une personne difficile s'adoucir et sa personnalité s'illuminer. Mais surtout, lorsque vous agissez avec amour, vous préservez votre intégrité personnelle et émotionnelle. Vous vous sentez bien dans votre peau. Vous vous sentez responsable de votre vie intérieure et extérieure.

UNE SIMPLE QUESTION POUR ÊTRE GUIDÉ

Il y a quelques années, le livre à succès *In His Steps* a été écrit à propos d'une petite ville américaine où tout le monde s'est mis à vivre selon les valeurs les plus élevées qu'ils connaissaient. Avant de dire ou de faire quoi que ce soit, chaque habitant de la ville se posait la question suivante : « Que ferait Jésus ? »

En d'autres termes, que ferait une personne vraiment honnête, vraiment gentille, vraiment aimante, vraiment patiente, pleine de compassion et de sagesse dans cette situation ?

C'était une histoire merveilleuse. Après avoir surmonté les problèmes initiaux liés à l'incompréhension, tous les habitants de la ville ont connu une plus grande paix et un plus grand bonheur. Les gens et les entreprises étaient plus prospères. Les malentendus ont été rapidement dissipés. La ville entière transmettait un sentiment de joie, de bonheur et de paix.

CHANGEZ VOTRE MONDE

Vous ne pouvez pas changer le monde, mais vous pouvez lui présenter une meilleure personne, **vous-même**. Vous pouvez travailler sur vous-même pour devenir le genre de personne que vous admirez et respectez. Vous pouvez devenir un modèle et montrer la voie aux autres. Vous pouvez vous contrôler et vous empêcher d'agir ou de parler de manière négative envers qui que ce soit, pour quelque raison que ce soit. Vous pouvez insister pour que les choses soient toujours faites de manière agréable plutôt que blessante.

Vous pouvez utiliser **la méthode du contrôle cognitif** pour garder votre esprit calme et positif en ayant des pensées bienveillantes et aimantes à l'égard des autres. Vous pouvez court-circuiter votre colère en pensant gentiment à ceux qui vous ont blessé. En disant « Que Dieu le bénisse » ou « Que Dieu la bénisse », plutôt que de penser à l'exaspération qu'il ou elle crée en vous, vous pouvez neutraliser vos émotions négatives, retrouver votre calme et votre clarté d'esprit. Vous faites un pas de plus sur le chemin qui vous mènera à devenir un être humain exceptionnel.

LE SENS DE LA VIE

« Avec tout ce que tu obtiens, obtiens l'amour. » Tout ce que vous avez lu sur le sens et le but de la vie vous ramène à l'idée et à l'importance de l'amour. Tout ce que vous faites pour vous aimer et vous respecter vous rend plus apte à exprimer de l'amour envers les autres. Chaque fois que vous faites ou dites quelque chose de gentil ou d'aimable à l'égard d'une autre personne, vous augmentez la quantité d'amour que vous avez pour vous-même. L'action est réciproque. L'un engendre l'autre.

Chaque fois que vous vous engagez dans un acte d'amour, vous rendez le monde meilleur. Chaque fois que vous exprimez de l'amour envers quelqu'un d'autre, qu'il semble en avoir besoin ou non, vous enrichissez et améliorez la qualité de sa vie. En même temps, vous enrichissez et améliorez la qualité de votre propre vie. Vous vous placez du côté des anges. Vous faites de votre vie une bénédiction pour les autres et une expérience merveilleuse pour vous-même.

L'un des plus beaux écrits sur l'amour est *La clé d'or* d'Emmet Fox. C'est une source d'inspiration pour moi depuis de nombreuses années.

> L'amour chasse la peur.
> Il couvre une multitude de péchés.
> Il est absolument invincible.
> Il n'y a pas de difficulté qu'un amour suffisant ne puisse vaincre ;
> Il n'y a pas de maladie qu'un amour suffisant ne puisse guérir ;
> Il n'y a pas de porte qu'un amour suffisant ne puisse ouvrir ;
> Il n'y a pas de fossé qu'un amour suffisant ne puisse combler ;
> Il n'y a pas de mur qu'un amour suffisant ne puisse abattre ;
> Il n'y a pas de péché qu'un amour suffisant ne puisse racheter.
> Peu importe que le problème soit profondément enraciné,
> Que la perspective soit sans espoir.
> Quel que soit l'enchevêtrement, quelle que soit l'ampleur de l'erreur.
> Un amour suffisant dissoudra tout.
> Si seulement vous pouviez aimer suffisamment, vous seriez l'être le plus heureux et le plus puissant du monde.

Si vous voulez vraiment réussir et être heureux dans tout ce que vous faites, dans chaque partie de votre vie, vous devez apprendre et faire preuve d'amour en toute occasion, à chaque fois que l'occasion se présente. L'expression de l'amour et les actes de gentillesse doivent être aussi naturels pour vous que l'inspiration et l'expiration.

Il y a quelques années, j'ai rencontré une femme charmante, une grand-mère, qui m'a raconté une histoire merveilleuse. Elle m'a raconté qu'elle avait été élevée dans un foyer avec des parents vraiment aimants, qui lui avaient toujours enseigné, ainsi qu'à ses frères et sœurs, combien il était important d'exprimer et de ressentir de l'amour pour tout le monde, quel que soit leur comportement.

Lorsque sa mère est décédée, ses frères et sœurs se sont réunis pour partager les biens de leurs parents. Cette femme était mariée à un riche industriel ; elle n'avait aucun besoin financier. En fait, elle ne voulait qu'une seule chose de la maison de ses parents : une plaque qui avait été accrochée au-dessus de la cheminée du salon pendant toute son enfance. Ses parents montraient souvent cette plaque lorsqu'un problème survenait avec une autre personne, et les conseils qui y figuraient l'avaient guidée tout au long de sa vie. On pouvait y lire :

On ne vit qu'une seule vie, qui est bientôt terminée ;

Seul ce qui est fait avec amour durera.

Si votre vie est guidée par cette idée puissante, la somme totale de la sagesse de tous les grands amoureux et penseurs de tous les temps, vous ne commettrez probablement plus jamais d'erreur.

On ne vit qu'une seule vie, qui est bientôt terminée ;

Seul ce qui est fait avec amour durera.

Lorsque vous regarderez le paysage de votre vie, vous constaterez que vos biens les plus précieux sont les pensées et les souvenirs des personnes que vous avez aimées et qui vous ont aimé.

Vos plus grandes erreurs, vos plus grands regrets sont tous liés à l'amour, au fait de ne pas avoir assez aimé ou avoir été assez aimé.

L'amour est le début et la fin. **Votre but dans la vie est de devenir une personne totalement aimante.** La vie est l'étude de l'attention. C'est une question de priorités, de choix. Votre vie est ce que vous en faites par les priorités que vous fixez et les choses sur lesquelles vous choisissez de concentrer votre attention. Votre tâche consiste à vivre dans la joie, ce qui n'est possible qu'en remplissant votre esprit de pensées d'amour, de compassion et de pardon.

On ne vit qu'une seule vie, qui est bientôt terminée ;

Seul ce qui est fait avec amour durera.

C'est le secret des siècles, le véritable fondement de toute grandeur humaine. C'est la valeur fondamentale et le principe unificateur essentiel des personnes vraiment exceptionnelles. Et la chose la plus merveilleuse à propos de l'amour, c'est que vous pouvez décider d'en remplir votre vie. C'est à vous de choisir. Il l'a toujours été.

Je vous souhaite bonne chance. Je vous souhaite succès et bonheur. Et surtout, je vous souhaite de **l'amour.**

Annexe A

BRIAN TRACY / CONFÉRENCIER

Brian Tracy est l'un des conférenciers professionnels les plus populaires au monde. Il s'adresse chaque année à plus de 100 000 hommes et femmes dans le cadre de conférences et de séminaires privés et publics. Ses séminaires rapides, informatifs et divertissants sur la réussite personnelle, la vente, le leadership et la motivation attirent un public nombreux aux États-Unis, au Canada, en Europe et en Asie.

Brian intervient régulièrement auprès d'entreprises, d'associations, de réunions annuelles et de conventions. Il s'adresse aux dirigeants et au personnel de centaines d'organisations, grandes et petites, en adaptant soigneusement chaque intervention aux besoins spécifiques de l'auditoire. Parmi ses clients figurent Ford Motor Company, Federal Express, Southwestern Bell, Northwest Mutual Life Insurance, IBM, Million Dollar Round Table, United Van Lines, Culligan, Baxtor-Travenol, Blue Cross/ Blue Shield, Domino's Pizza, Arthur Anderson, Hewlett-Packard, et bien d'autres encore.

Si vous souhaitez que Brian intervienne dans votre organisation, téléphonez au 619-481-2977 et demandez un dossier d'information complet, comprenant une cassette de démonstration audio et vidéo, des données biographiques et une liste de clients.

Annexe B

BRIAN TRACY INTERNATIONAL

Brian Tracy a produit plus de 100 programmes d'apprentissage audio et vidéo couvrant l'ensemble du spectre des performances humaines et d'entreprise. Ces programmes, dont l'élaboration a nécessité plus de vingt-cinq ans de recherche et d'expérience, comptent parmi les outils d'apprentissage les plus efficaces au monde.

Les programmes de formation multimédia de Brian sont utilisés dans les entreprises et les organisations, grandes et petites, pour améliorer l'efficacité de la gestion, augmenter les ventes et permettre aux individus d'atteindre des niveaux de performance plus élevés. Ils ont été traduits en quatorze langues et sont présentés dans trente et un pays.

Chaque programme est conçu pour garantir un apprentissage rapide et des résultats immédiats. Grâce à un format vidéo unique, où Brian enseigne personnellement chaque partie de chaque programme, combiné à un processus d'animation spécial comprenant des exercices, des jeux de rôle, des techniques d'auto-analyse et un renforcement par bande audio, chaque étudiant sort de la formation avec un tout nouveau niveau de performance.

Les programmes de formation peuvent être autonomes ou combinés en une série de formations présentées sur plusieurs mois pour un impact maximal. Chaque programme est riche en contenu et conçu pour être adapté aux besoins spécifiques du client.

Le séminaire Phoenix sur la psychologie de la réussite

Ce séminaire/atelier, basé sur les principes enseignés dans ce livre, est peut-être l'exercice de transformation personnelle et d'entreprise le plus puissant au monde aujourd'hui. Cet atelier vidéo axé sur la personne permet aux individus d'atteindre leur potentiel maximum. Ils en ressortent avec un plus grand sens de la clarté, de la responsabilité personnelle et de l'engagement envers eux-mêmes et l'organisation.

Les participants deviennent plus positifs, plus déterminés et plus autonomes. Ils apprennent à se fixer des objectifs, à s'organiser pour être plus efficaces et à fonctionner en tant que membres d'équipes de qualité.

Le programme du séminaire Phoenix se compose de vingt-sept séances avec des cahiers d'exercices détaillés, un guide pour l'instructeur, des exercices et des cassettes audio de renforcement pour chaque personne. Il est relativement facile à présenter et très agréable à suivre. Il peut être dispensé par des animateurs internes certifiés ou par des professionnels externes.

Les compétences professionnelles en matière de vente - La nouvelle psychologie de la vente

Il s'agit du programme sur cassette audio le plus vendu au monde dans le domaine de la vente. Depuis qu'il a été amélioré et mis sous forme de formation vidéo, il a été qualifié de « cours de vente professionnelle le plus efficace jamais mis au point ».

Le point fort de ce cours réside dans sa simplicité ; il est dépourvu de théorie et de jargon, et repose sur vingt-cinq années de vente dans la rue. Les participants, même les professionnels expérimentés et les diplômés de l'université qui vendent depuis un certain temps, sont stupéfaits de voir à quel point les idées enseignées dans ce cours les aident à réaliser davantage de ventes.

Des particuliers et des entreprises font état d'une augmentation immédiate et soutenue de leurs ventes de 10 %, 20 % et 30 % par an après avoir participé à ce programme. Il est rapidement devenu la formation de base de nombreuses organisations. Il est flexible, économique et relativement facile à mettre en place.

La nouvelle psychologie de la vente comprend trente-cinq séances avec des exercices d'application qui permettent d'adapter le matériel de cours aux besoins de l'entreprise cliente. L'analyse préalable au programme comprend une enquête sur les vendeurs de l'entreprise, les responsables des ventes, les clients, les produits et services et la concurrence. Sur la base de ces informations, le cours est organisé autour de besoins spécifiques afin de résoudre des problèmes de performance spécifiques.

Le séminaire se déroule sur trois jours dans une salle de classe. Il peut être animé par du personnel interne certifié ou par des professionnels externes. Les résultats commerciaux sont immédiats, mesurables et durables.

Les techniques de vente avancées - La nouvelle psychologie de la vente II

Il s'agit du programme de deuxième cycle destiné aux professionnels expérimentés qui vendent des produits ou des services complexes sur un marché en évolution rapide, sensible aux coûts et hautement concurrentiel.

Les techniques de vente avancées sont un programme de formation à la vente moderne, à la pointe de la technologie, qui rassemble les idées et les méthodologies de vente les plus utiles jamais développées pour aider les vendeurs à vendre à plusieurs interlocuteurs et à plusieurs décideurs. Il associe vingt années de recherche à une vie de pratique pour créer une approche totalement pratique et non théorique de la vente sur un marché difficile et sophistiqué.

Il s'agit d'un complément idéal aux Compétences professionnelles en matière de vente. Il s'agit d'un programme multimédia comprenant vingt-quatre séances vidéo, accompagnées de cahiers d'exercices individuels, d'exercices d'application et d'un renforcement sur cassette audio. Il peut être animé par du personnel interne certifié ou par des professionnels externes.

La planification stratégique pour les professionnels de la vente

Ce programme unique garantit virtuellement que chaque vendeur atteindra son quota de ventes dans les délais et le budget prévus. Les dix parties de ce programme sont conçues pour guider chaque personne à travers un processus de planification stratégique pour la période de vente à venir. Il leur montre comment fixer des objectifs ambitieux et élaborer des plans détaillés. Il montre aux vendeurs comment organiser leurs activités quotidiennes, hebdomadaires et mensuelles pour obtenir des résultats commerciaux fiables et prévisibles.

Cette approche, qui consiste à planifier précisément la manière dont les objectifs de vente doivent être atteints, est à la fois puissante et efficace. Les vendeurs en ressortent avec plus de clarté, d'objectifs et de détermination personnelle, ainsi qu'un meilleur moral. La planification stratégique pour les professionnels de la vente garantit théoriquement un retour élevé sur l'investissement de l'entreprise dans la formation à la vente, le marketing, la publicité, la promotion et le développement de produits.

Le séminaire est conçu pour être organisé sur une journée ou une journée et demie par des animateurs internes ou des instructeurs externes.

La gestion supérieure des ventes

C'est le ciment qui maintient tous les efforts de vente de l'entreprise. Elle permet à l'entreprise d'obtenir les meilleurs résultats en matière de ventes. Selon Mc Kinsey and Company, le travail du directeur commercial est le pivot de l'organisation des ventes. L'amélioration des compétences du directeur commercial peut contribuer à augmenter le volume des ventes plus rapidement que n'importe quel autre changement que l'entreprise peut apporter.

La gestion supérieure des ventes constitue le cours le plus complet, le plus pratique et le plus puissant jamais élaboré sur la gestion des ventes. Il transforme les directeurs commerciaux moyens en excellents directeurs commerciaux presque du jour au lendemain, en leur montrant comment améliorer immédiatement les résultats en matière de ventes.

La gestion supérieure des ventes couvre vingt-quatre sujets allant du recrutement, de l'entretien et de la sélection à la formation, la gestion, la motivation, la délégation et la discipline.

Ce cours est la clé de la construction d'une force de vente de classe mondiale capable de surpasser la concurrence sur n'importe quel marché. Il devrait être obligatoire pour tous les directeurs de vente, quel que soit leur niveau d'expérience. Les résultats des ventes de l'entreprise sont sans commune mesure avec les efforts déployés pour mettre en place le programme.

La gestion supérieure des ventes est conçue pour être dispensée sur trois jours avec une assistance vidéo, des cahiers d'exercices complets, des exercices d'application et des cassettes audio de renforcement. Le cours peut être animé par des instructeurs internes ou des professionnels externes.

La gestion du temps pour obtenir des résultats

Ce programme adopte une approche globale pour enseigner aux gens une philosophie de la gestion qui modifie leurs attitudes à l'égard du temps et de son utilisation. Il s'agit d'une approche globale de la gestion de la vie qui apporte des améliorations immédiates en termes d'efficacité et d'efficience.

Les participants apprennent à fixer des objectifs et des priorités, à éliminer les pertes de temps, à vaincre la procrastination et à se concentrer pour une efficacité maximale.

Les diplômés de ce cours en ressortent plus positifs, plus concentrés et avec plus d'énergie et d'engagement pour accomplir leur travail. Ils apprennent à gagner deux heures supplémentaires par jour de temps productif, avec moins de stress et un plus grand sentiment de fierté personnelle.

Ce programme multimédia comprend douze séances accompagnées d'un support audio, d'une vidéo et d'un cahier d'exercices. Il est facile à présenter et à suivre, et peut être animé par des instructeurs internes ou externes.

Atteindre l'excellence personnelle et d'entreprise

Il s'agit d'un séminaire d'une journée d'information, de développement des compétences et de réflexion sur l'efficacité personnelle et d'entreprise qui apporte des résultats immédiats.

Les participants apprennent les douze dimensions de la performance et de la productivité personnelles. Ils apprennent la qualité, le service, l'éthique, le travail d'équipe et la responsabilité individuelle. Ils apprennent la responsabilité, la communication, les objectifs et les priorités.

Ce cours est le programme de base idéal pour améliorer la productivité, les performances et le moral au sein de l'organisation. Il apporte à chacun un langage commun et des dénominateurs communs pour résoudre les différences individuelles.

Atteindre l'excellence personnelle et d'entreprise est un atelier multimédia conçu pour être mené sur une journée. Il se compose de douze séances avec des cahiers d'exercices et des cassettes audio de renforcement. Le cours peut être animé par des instructeurs internes ou des formateurs externes.

Les consultants et animateurs professionnels de Brian Tracy International (BTI) sont formés et certifiés pour mettre en place les programmes de formation décrits ci-dessus dans des entreprises de toutes tailles.

Les services de BTI comprennent le conseil, le diagnostic, la personnalisation de chaque programme, l'animation et les services de suivi pour assurer la rétention et l'application.

BTI propose des programmes de formation pour formateurs pour chacun des séminaires et ateliers décrits ci-dessus. Le personnel interne peut être formé afin de personnaliser la présentation interne de n'importe lequel de ces programmes.

Pour plus d'informations sur les programmes et services de BTI, veuillez consulter notre site web à l'adresse suivante : www.briantracy.com.

Je vous invite à me faire part de vos réussites et de vos expériences en appliquant ces idées à votre vie. Bonne chance!